피지컬AI와 가상자산법

전북대학교 동북아법연구소

| 주 | 인포피아

이 저서는 2021년 대한민국 교육부와 한국연구재단의 지원을 받아 수행된 연구임
(NRF-2021S1A5C2A02089229)

연구총서 4 서문

책을 펴내며

전북대학교 동북아법연구소 특히 가상재화법센터 연구진은 지능정보기술혁신으로 가상공간에서 생성되고 활성화되어, 가상경제는 물론 현실에서도 중심 재화로 자리 잡아 가는 다양한 가상재화들(Virtual Goods)에 대한 각 법 영역의 국내외 연구성과와 판례들을 종합적으로 탐구해 오고 있다.

본서는 다양한 가상재화 중에서도 가상자산에 대한 법적 위상과 인식의 변화를 최근 입법과 판례들 역시 적극적으로 반영하고 있다. 특히 미국의 GENIUS법과 홍콩 스테이블코인 조례는 스테이블코인 등 디지털자산을 활용한 화폐와 금융의 대변혁을 예고하고 있다. 또한 가상공간에서 데이터 네트워크 거버넌스 확보와 이를 활용하여 가공할 속도로 발전하는 피지컬 AI, 생성형 AI, 제조업 AI 등을 두고 각국은 치열한 첨단기술전쟁을 겪고 있다. AI 기술을 둘러싼 그간의 많은 다양한 사건들과 입법들 또한 가상재화에 대한 구체적 법률과 표준화된 법적 기준의 필요성을 다시 한번 상기시켜 준다. 우리도 글로벌 동향과 규제 변화에 대한 신속한 법적 대응이 필요하다. 본서는 이러한 배경에서 가상재화의 새로운 법이론을 선도적으로 연구한 결과물 중 하나이다.

전북대학교 동북아법연구소 가상재화법센터 연구진은 이미 중국, 대만, 일본, 몽골 등 여러 동북아 법학 기관들과 많은 교류를 하고 있는 연구인프라를 더욱 확장하여 인도, 베트남, 튀르키예 연구기관들과 공동연구 및 학술교류를 계획하고 실천해 나가고 있다. 이를 통해 우리 연구진은 한국법을 중심으로 동북아지역 및 글로벌 차원에서의 법학연구 및 정책 개발에 기여하고자 광범위한 연구벨트를 조성하고 있다. 전북대학교 동북아법연구소 가상재화법센터 연구진은 앞으로도 우리나라 더 나아가 동북아지역 법문화 발전에 기여하려는 꿈을 현실로 만들기 위해 우보만리(牛步萬里)의 정신으로 한 걸음 한 걸음씩 전진해 나갈 것이다.

저자들을 대표하여

전북대학교 동북아법연구소장 송 문 호

차 례

제01장
자율주행자동차법제 개선방안

제02장
Die südkoreanische Strafrechtsordnung zu Autonomen Fahrzeuge in der Risikogesellschaft

제03장

韓國の人工知能基本法の主要內容

제04장
중국 자율주행차 법제와 책임 귀속 논의의 비교법적 고찰

제05장
인공지능(AI)의 무과실책임론

제06장
현행 AI 제조물 규율 법제와 새로운 입법의 필요성

제07장

Generative AI-Generated Content and Copyright Protection: Legal Boundaries and Institutional Innovation from a Chinese View

제08장
자동화 프로그램과 관련한 가상자산거래의 새로운 문제
- 최근 판례 평석 및 문제 제기 -

제9장
홍콩 스테이블코인 조례의 주요 내용과 시사점

제10장
Strategy for Defense and Evidence Presentation by Chinese Enterprises in Responding to U.S. Section 337 Intellectual Property Investigations

제11장

Modernising Access to Justice through the Application of Virtual Hearing in India; Focusing on e-Lok Adalat in India

제01장

자율주행자동차법제 개선방안

송 문 호

I. 머릿말

자율주행이란 사람의 개입 없이 차량이 운행될 수 있도록 하는 기술과 시스템을 말한다. 이 기능은 센서, 카메라, 레이더, LiDAR, GPS 및 차량 주변 환경을 실시간으로 해석하고 반응하는 인공지능(AI)의 정교한 알고리즘의 조합을 통해 이루어지는 기술이다.[1] 자율주행은 일반적으로 SAE기준에 따라 단계별로 구분한다. 그중 의미 있는 자율주행단계로서 Level 3(조건부 자동화) 시스템은 특정 조건에서 자율주행의 모든 기능을 처리할 수 있지만 시스템 요청 시 운전자가 이를 대신할 준비가 되어 있어야 한다. Level 4(고도 자동화) 차량은 도시 지역이나 고속도로와 같은 특정 조건이나 환경에서 사람의 개입 없이 작동할 수 있지만, 이러한 영역 외부에서는 사람의 개입이 필요할 수 있다. Level 5(완전 자동화) 차량은 사람이 개입 없이 모든 조건에서 스스로 주행할 수 있다.[2]

1) 그 핵심적인 기술을 요약하면, 센서, 카메라, 라이다, 레이다, 초음파 센서를 통해 주변 환경을 인식; 지도 데이터 및 GPS: 정확한 위치 파악과 경로 계획 지정; 연결성: 통신을 통해 차량은 다른 차량, 인프라 및 보행자와 상호 작용하여 안전성과 효율성 확보; 인공지능 및 머신 러닝: 주행 환경을 이해하고, 최적의 주행 경로를 계획하며 스스로 안전한 주행 가능.

2) SAE(Society of Automotive Engineers) Level 0(자동화 없음): 인간 운전자가 운전의 모든 측면을 책임진다. Level 1(운전자 지원): 시스템은 조향 또는 가속/감속 중 하나를 지원할 수 있지만 동시에 둘 다 지원할 수는 없다. 대표적인 것이 적응형 크루즈 컨트롤이다. Level 2(부분 자동화): 시스템은 조향과 가속/감속을 모두 제어할 수 있지만 인간 운전자는 계속해서 운전 환경을 모니터링해야 한다.

현재 현대자동차, LG전자, 삼성전자, SKT, Naver Labs와 여러 관련 중소기업 등이 각 해당 영역에서 자율주행자동차와 자율주행기술을 개발하여 2016년 이후 약 440대가 전국에서 Level 3 자율주행자동차량을 시범운행 중이지만, 안전성 확보문제 때문에 아직 상용화하고 있지는 않다. Level 4 이상 자율주행은 시험운행을 거쳐 안전진단을 받은 후 2024년 6월 10일 처음으로 일반도로 운행 허가를 받아 운행하고 있으며, 만약의 경우를 대비하여 관제센터에서 원격주행으로 자율주행 시스템을 통제하는 방식으로 진행되고 있다.[3] 또한 2025년 3월 4일 자율주행자동차 시범운행지구 위원회는 고속도로 44개 노선 전 구간 5224㎞에서 화물운송 자율주행을 허가하는 내용을 심의·의결하여 자율주행 화물운송 서비스가 시행될 것이다.
자율주행기술은 사고를 줄이고[4], 교통흐름을 개선하며, 장애인, 고령자 등 운전할 수 없는 사람들에게 이동의 자유를 제공함으로써 교통혁명을 일으킬 수 있는 잠재력을 가지고 있다. 그러나 이러한 자율주행자동차가 보편화되기 위한 전제로서 아직 기술, 법, 윤리 등 해결해야 할 문제들이 많다. 대표적인 문제점으로 지적되고 있는 분야로는 기술적 측면에서 안전성, 해킹, 법적 측면에서 사고 책임의 귀속, 윤리적 측면에서 트롤리 딜레마(trolley dilemma)[5] 등이다. 특히 자율주행자동차의 사고책임 귀속의 주체에 대해서는 자율주행자동차의 사람 운전자의 운행지배 역할이 단계적으로 감소하거나 없어지고, 운전자 과실

---

3) 예를 들어, 대중교통 경기 안양 18인승 버스, 인천공항 셔틀, 대구 택시, 세종 버스, 20ton 화물트럭 등이다. "운전자도 필요 없다" Level-4 무인차량 도로에.. (2024.06.30./뉴스데스크/MBC) 같은 내용 https://www.youtube.com/watch?v=RhAW3zmA2v4

4) https://www.hani.co.kr/arti/science/technology/1146122.html 현재 자율주행자동차 사고위험은 6.8배 낮다고 알려진다.https://www.digitaltoday.co.kr/news/articleView.html?idxno=491833.

5) 한국인터넷진흥원, '도덕적 판단은 인간의 몫'... 독일 자율주행자동차 윤리가이드라인, 2017.10.05., 2016년 사이언스지에는 툴루즈대학 경제학과 장 프랑스와 본느폰 교수 등이 '자율주행자동차의 사회 딜레마'라는 논문을 통해 사람들이 공리주의적 판단을 하면서도 그런 기준으로 만들어진 차를 구입하는 데는 주저할 수 있다는 현상을 밝혔다. 승객과 보행자중 누구를 선택하는 게 올바르다고 보는가?

인정 부분이 크게 줄어 운행책임 인정 가능성이 낮아지게 된다는 점에서 차량제조사, 주행프로그램 원격운영자 등에 대한 형사책임 등 전반적으로 매우 방대한 법적 문제들을 종합적으로 새로운 차원에서 고려해야 한다.

국토교통부는 2022.9. '모빌리티 혁신 로드맵'을 발표하고 2023 ~ 2025년까지 자율주행자동차 Level 3, 그리고 2026 ~ 2030년까지 Level 4의 자율주행자동차를 상용할 수 있도록 관련 법제를 정비하겠다고 밝히고 있다. 따라서 Level 4 이상 자율주행자동차의 본격적인 상용화 이전에 자율주행자동차 관련 법제의 정비가 이루어질 것으로 예상되고 있으나, 구체적인 규정과 규제들은 아직 밝혀진 바 없다. 따라서 현행 자율주행자동차 관련 법률과 규정들을 검토하여 향후 입법에 대한 개선 및 이상적인 입법방안에 대한 논의가 필요하다.

II. 자율주행자동차 현행법 규정과 문제점

1. 현행 자율주행자동차 주요 법규정 개관

현행법상 자율주행자동차와 관련된 대표적인 법률로는 「자율주행자동차 상용화 촉진 및 지원에 관한 법률」(이하 '자율주행자동차법'이라 함)과 「도로교통법」, 「자동차 관리법」, 신설된 「모빌리티 혁신 및 활성화 지원에 관한 법률」 등이 있다. 「자율주행자동차법」은 자동차 안전기준을 완화하고, 자율주행자동차의 연구와 시범운행을 촉진하기 위하여 시범운행지구를 두는 등 여러 가지 규제 특례를 두고 있다. 「도로교통법」은 '자율주행시스템', '자율주행자동차' 등에 관한 정의 규정을 두고 자율주행자동차 운전자의 준수사항을 두고 있으며, 「자동차관리법」은 안전운행요건을 갖추어 자율주행자동차의 임시운행허가를 받을 수 있도록 하고 있고, 「자동차 및 자동차부품의 성능과 기준에 관한 규칙」은 부분자율주행시스템 (Level 3)에 관한 안전기준을 두어 자율주행자동차의 상용화에 대비하고 있다.

(1) 도로교통법

자율주행자동차는 시스템 우선 모드에서도 「도로법」, 「도로교통법」을 포함한 모든 공공도로 주행 관련 제반 법령을 준수하도록 제작되어야 한다(「자율주행자동차의 안전운행요건 및 시험운행 등에 관한 규정」 제3조 제2항). 「도로교통법」은 운전자 또는 승객의 조작 없이 주변 상황과 도로 정보 등을 스스로 인지하고 판단하여 운행할 수 있는 자율주행시스템을 갖춘 자동차(제2조 제18호의3)도 '자동차'로 규정하고 있다. 또한 '운전'은 도로에서 차마 등을 그 본래의 사용방법에 따라 사용하는 것으로, 조종 또는 자율주행시스템을 사용하는 것을 포함한다 (제2조 제26호). 유사시 운전자의 직접 운전이 요구되는 부분자율주행 (Level 3)의 경우, 운전자는 「도로교통법」 제50조의2 제1항의 자율주행자동차 운전자의 준수사항을 비롯하여 운전자로서의 주의의무를 부담한다. 그로 인하여 사상의 결과가 발생하였다면 고의·과실 여부에 따라 형법상 살인·상해, 손괴 또는 업무상과실치사상의 죄책을 질 수 있다.

(2) 자율주행자동차법

자율주행자동차법은 자율주행자동차에 관한 기본법으로서 시범운행지구 등 각종 규제 특례에 관하여 우선 적용된다. 그러나 다른 법률에 이 법의 규제 특례보다 완화된 규정이 있으면 그 법률에 따른다(제3조). 동 법률은 자율주행과 관련된 각종 지원, 시범 운행지구 지정 및 운영, 유상운송 특례, 자동차 안전기준 특례, 지능형 교통체계 표준 특례, 도로시설 특례 등을 통해 자율주행차의 연구 및 시범 운행에 필요한 규제 특례를 규정한 법률이다. 또한 시범운행지구를 특정하여 허가를 얻어 자율주행 유상운송과 화물자동차 운송사업을 할 수 있으며(제9조 내지 제10조) 보험가입을 의무화하고 있다(제19조).[6]

---

6) 자율주행자동차 임시운행허가 신청인은 교통사고 피해에 대한 적절한 손해배상을 보장하기 위해 「자동차손해배상보장법」 제5조 제1항 및 제2항에 따른 보험 등에 가입해야 한다(「자율주행자동차의 안전운행요건 및 시

이와 더불어 자동차관리법 제2조 제1호의3을 준용하여 '자율주행자동차'를 '운전자 또는 승객의 조작없이 스스로 운행이 가능한 자동차'로 정의하고, 그 종류를 크게 '부분 자율주행자동차(1호)'와 '완전 자율주행자동차(2호)'로 구분하고 있다(제2조 제2항). 부분 자율주행자동차는 제한된 조건에서 자율주행시스템으로 운행할 수 있으나 작동한계상황 등 필요한 경우 운전자의 개입을 요구하는 자율주행자동차로서, SAE 기준 Level 3 자율주행 단계에 해당한다. 완전자율주행자동차는 자율주행시스템만으로 운행할 수 있어 운전자가 없거나 사람의 개입이 필요 없는 경우로서 적어도 SAE 기준 Level 4 이상의 자율주행 단계에 해당한다고 해석된다.

(3) 자동차관리법

현재 자동차는 자동차관리법에 따라 자동차등록원부 등에 등록한 후에만 운행이 가능하나(제5조), 자율주행자동차를 시험·연구목적으로 운행하려는 자는 허가대상, 고장감지 및 경고장치, 기능해제장치, 운행구역, 운전자 준수사항 등과 관련한 안전운행 요건을 갖추어 국토교통부장관의 임시운행허가를 받으면 자동차를 운행할 수 있다(제27조 제1항). 그런데 자동차관리법 시행규칙 제26조의2에 의하면, 위와 같은 요건 외에도 자율주행자동차는 자율주행기능장치에 고장이 발생하는 경우 이를 감지하여 운전자에게 경고하는 장치(1호), 운전중 언제든 운전자가 자율주행기능을 해제할 수 있는 장치(제2호), 노약자 등 교통약자의 보행 안전성 확보를 위하여 자율주행자동차의 운행을 제한할 필요가 있다고 고시한 구역에서는 자율주행기능의 사용금지(3호), 운행정보저장장치(4호), 자율주행자동차임을 알리는 표지(5호), 자율주행기능장치에 대한 보안기능(6호), 그 밖에 자율주행자동차의 안전운행을 위하여 필요사항으로서 고시하는 사항(7호) 등을 갖추는 것이 필요하다.

(4) 자동차 및 자동차부품의 성능과 기준에 관한 규칙 (이하 '자동차규칙'이라 함)

험운행 등에 관한 규정」 제4조 제2항).

자동차규칙은 자율주행시스템의 종류를 '부분 자율주행시스템', '조건부 완전자율주행시스템', '완전 자율주행시스템' 세 가지로 구분하고 있다(제111조). '부분 자율주행시스템'은 지정된 조건에서 자동차를 운행하되 작동한계상황 등 필요한 경우 운전자의 개입을 요구하는 자율주행시스템이라고 규정하고 있으며 이에 대하여 적용되는 운행가능영역 지정과 안전기준을 별도의 별표로 정하고 있으므로(동규칙 제111조의 2 내지 3), 자율주행시스템은 이에 따른 안전기준 또한 준수하여야 한다. 부분 자율주행시스템은 Level 3 자율주행에 해당하는 것으로, 이에 해당하는 [별표 27]은 자동차로 유지기능, 운전자모니터링, 기록장치에 관한 자세한 기술적 요구사항을 규정하고 있다[7]. 그러나 '조건부 완전자율주행시스템', '완전 자율주행시스템'에 대한 Level 4 이상의

---

7) 예를 들어 보면: 라. 부분 자율주행시스템의 운전전환요구에 대한 기준
1) 작동상태에 있는 부분 자율주행시스템은 운전전환요구가 필요한 상황을 인지할 것
2) 운전전환요구의 시작은 다음의 기준에 따라 이루어질 것
가) 운전전환요구가 예상되는 경우에는 해당 상황이 발생하기 15초 이전에 운전전환요구를 시작할 것
나) 예상되지 않는 상황이 발생한 즉시 운전전환요구를 시작할 것
다) 전자제어장치 등 부분 자율주행시스템에 고장이 발생한 경우 즉시 운전전환요구를 시작할 것. 다만, 심각한 고장이 발생한 경우에는 운전전환 요구를 시작하지 않고 위험최소화운행을 즉시 시작할 수 있다.
3) 운전전환요구의 과정은 다음의 기준에 따라 이루어질 것
가) 부분 자율주행시스템은 지속적으로 작동해야 하며, 안전한 작동을 위해 자동차를 감속시킬 수는 있으나 정지시키지는 않을 것. 다만, 주행차로 전방에 자동차가 정지되었거나 장애물 등이 있는 등 부득이한 경우에는 자동차를 정지시킬 수 있다.
나) 위 가) 단서에 따라 자동차가 정지된 때부터 4초 이내에 운전자의 운전조작이 없으면 비상점멸표시등을 점멸시킬 것
다) 운전전환요구를 한 때부터 10초 이내에 운전자의 대응이 없으면 그 이후부터 위험최소화운행을 자동으로 시작할 것
4) 운전전환요구의 경고는 시각·청각, 시각·촉각, 시각·청각·촉각 중 선택하여 사용해야 하며, 운전전환요구 후 4초 이내에 경고신호를 증가하기 시작할 것
5) 다음의 어느 하나에 해당하면 운전전환요구를 중지할 것
가) 운전자가 운전조작을 하는 경우
나) 위험최소화운행이 시작된 경우

자율주행에 관한 규정은 아직 없다.

(5) 자율주행자동차의 안전운행요건 및 시험운행 등에 관한 규정

위 규정은 국토교통부 고시 제2023-610호로 「자동차관리법 시행규칙」 제26조의2 제3항에 따른 자율주행자동차의 임시운행에 필요한 세부요건 및 확인방법 등 안전운행요건을 정하고 있다. 이 규정이 정하고 있는 자율주행자동차의 종류는 A형, B형, C형으로 분류하고 있다(위 규정 제3조의1, 별표 2). A형 자율주행자동차는 조향핸들 및 가속·제동페달이 있고 시험운전자만 있거나 시험운전자 및 탑승자가 있는 유형의 자율주행자동차이다. B형 자율주행자동차는 조향핸들 및 가속·제동페달이 없고 시험운전자만 있거나 시험운전자 및 탑승자가 있는 유형이다. C형 자율주행자동차는 무인 자율주행 배송로봇과 같이 운전자와 탑승자가 승차할 수 없는 구조로 화물운송 또는 특수한 기능을 수행하는 유형의 자율주행자동차이다. B형 자율주행자동차는 시험운전자가, C형 자율주행자동차는 원격으로 비상점멸표시등 점멸과 함께 자율주행자동차를 비상정지시킬 수 있게 하는 조종장치 및 비상정지 된 해당 자동차를 안전지역으로 이동시킬 수 있게 하는 수동제어장치와 안내문구를 갖추어야 한다(이 규정 제10조 제2항, 제3항). 또한 운행기록장치(제17조), 영상기록장치(제18조), 시험운전자 지정 및 관리(제19조), 무인 자율주행 요건(제19조) 등 세부사항을 규정하고 있다.

(6) 기타

자율주행자동차에는 도로법 제2조에 따른 도로에서 운행할 때, 교통안전법 제55조 제1항에 따른 운행기록장치를 장착하고 정보를 저장해야 한다. 운행기록장치를 통해 저장할 수 없는 정보의 경우에는 별도의 기록장치를 장착하여 해당 정보를 저장해야 한다(자율주행자동차의 안전운행요건 및 시험운행 등에 관한 규정 제17조).[8] 또한 「자동차손해

8) 교통안전법 시행규칙 제30조는 운행기록의 보관 및 한국교통안전공단 등

배상 보장법 시행령」 제33조의12 제9항, 제33조의15 제1항을 근거로 만들어진 자율주행자동차사고조사위원회 구성·운영 등에 관한 규정[9]은 자율주행자동차사고 조사와 관련된 중요한 사항들을 심의·의결한다(제6조). 사고조사위원회는 자율주행정보 기록의 수집·분석을 통해 사고와 자율주행시스템간의 관련성을 파악함으로써 사고원인을 규명하고, 이해관계자에게 자율주행자동차사고 관련 정보를 제공하는 것을 목적으로 사고조사를 수행하고(제13조) 자율주행자동차사고로 인한 피해자, 해당 자동차의 제작자 등 또는 자율주행자동차사고로 인하여 피해자에게 보험금 등을 지급한 보험회사에게 정보를 제공한다(제24조).

2. 현행법 체계의 문제점

자동차 운행과 도로교통에 대한 기본법인 도로교통법은 자율주행자동차의 체계 및 분류를 하위 규정에 위임하는 형식을 취하고 있다. 이는 독일, 일본 그리고 중국[10] 등과 다른 입법 태도여서 기본법으로서 통일적인 기준을 제시하지 못하며, 자율주행차에 관한 나머지 도로교통법상 규정들은 그때그때 필요에 따라 땜질한 수준으로 개정해 왔다고 생각된다.

자율주행자동차법은 자율주행자동차 시범운행에 관한 특례를 정한 법률로서 현재 일반화되어 있지 않은 자율주행차의 이용 촉진과 여건 조성에 관한 법이며 전체적으로 절차법적 성격을 가지고 있다. 반면에 자율주행자동차 운행에 대한 실체적, 기술적인 요건은 주로 자동차 관리법과 자동차규칙에서 규정하고 있다. 이 법령들은 현재 시험과 연구 목적을 전제로 자율주행자동차의 임시운행허가에 대한 사고예방과 안

교통행정기관에 제출방법과 제출의무 등을 규정하고 있다.

9) 국토교통부 고시 제2021-927호 제정 2021. 6. 28.

10) 중국 정부는 SAE 기준이 외국의 기술과 산업 관행을 기반으로 하여 중국의 실정에 부합하지 않는 부분이 있다는 판단하에 2021년「차량 운전 자동화 등급」을 발표하여 독자적인 국가표준을 마련하였다. 全国汽车标准化技术委员会, "GB/T 40429-2021《汽车驾驶自动化分级》 正式发布"(2021.9.17.); 汽车驾驶自动化分级 차량 운전 자동화 등급 표1.

전에 중점을 두고 마련한 규정들로서 전체적으로 산만하고 혼란스러운 측면이 있다.

또한 전체적으로 보아 자율주행차를 규율하는 법률들과 여타 규정들의 체계와 개념 정의는 서로 달라 통일성을 결여하고 있으며, 같은 법률과 규정내에서도 서로 모순되거나 충돌하는 경우들이 있다.

자율주행자동차와 관련한 현행 법체계는 주로 운전자와 자율주행시스템이 역할을 분담하는 Level 3 자율주행단계에 머물러 있다. 자율주행자동차를 운행하기 위한 요건과 관련하여 현행법상 Level 3 자율주행에 관한 규정은 어느 정도 갖추어진 것으로 볼 수 있으나, 현재 시범운행되고 있는 Level 4 이상 자율주행에 관해서는 법제도의 보완이 필요하다. Level 4 이상 자율주행은 인공지능을 활용하여 설계되어 운행하는데 이러한 문제들에 대한 자율주행자동차 도로교통 관련 법제에 대한 연구도 적지 않게 발표되고 있다.[11] 여러 나라들은 SAE Level 4 이상의 자율주행자동차의 상용화를 염두에 두고 관련 법제를 정비하고 있고, 우리나라 역시 국토교통부, 경찰청 등 관계부처에서 '완전 자율

---

11) 권양섭/홍태석, 자율주행자동차 사고발생유형 및 원인규명을 위한 법제도적 방안, 법학연구 통권 70호 (2018) 11 이하는 '항공 · 철도 사고조사에 관한 법률'을 제정을 주장한다. 황창근/이중기, 자율주행자동차 운행을 위한 행정규제의 시론적 고찰, 홍익법학 17(2) (2016)는 향후 통일적으로 가칭 '자율주행자동차의 운행과 책임에 관한 특례법'을 신설하는 것이 현실적이라고 주장하였다. 반면 이준섭, Level 3의 자율주행자동차 상용화를 위한 도로교통법의 개선방안, 동아법학 11(1) (2017)은 자율주행자동차와 도로교통을 규율하는 법령은 자율주행자동시스템 발전 수준에 따라 신속하게 대응해야 한다고 한다. 김연주, 자율주행자동차에 대한 도로교통법 대응에 관한 소고 - 운전면허규정을 중심으로., 강원법학, 61 (2020)는 자율주행기술은 계속 진행 중이므로 「도로교통법」은 일상생활에서 직접 체감하는 사항이 많기 때문에 향후 개정 과정에 '법적 안정성' 측면을 강조한다. 한성훈, 자율주행자동차의 기술단계에 따른 형사책임에 관한 연구, 형사법연구, 32(3) (2020)은 자율주행자동차 운행으로 인한 사고에 대한 형사책임은 우선 운행/운전의 행위자가 누구인지 확정하는 문제부터 시작된다고 하면서, 향후 자율주행자동차와 관련한 법령 입법과정에서는 운전자와 운행자의 개념과 범위를 명확히 할 필요가 있다고 하였다. 송기복, 자율주행 시대의 도래와 경찰의 과제, 경찰법연구, 19(1) (2021)은 자율주행자동차운전자는 시스템 사용조건 미 충족 시 동 자동차 운전금지 규정이 필요하다고 하였다.

주행 시대에 대비한 도로교통안전 추진전략'을 발표하여 향후 수년간 단계적인 접근을 통하여 안전한 자율주행자동차의 운행을 통한 도로교통안전을 확보하겠다는 계획을 추진하고 있으므로 책임소재의 문제 등을 감안하여 정교한 법이론을 기초로 한 구체적인 입법이 필요하다.

III. 현행 자율주행자동차 법제 개선방안

1. 도로교통법의 정비

도로교통법은 제2조(정의) 18의2호, 18의3호, 26호, 제49조(모든 운전자의 준수사항 등) 제1항 4호, 제56조의2(자율주행자동차 운전자의 준수사항 등), 제56조의3(자율주행자동차 시험운전자의 준수사항 등)에서 자율주행자동차에 관한 규정을 두고 있다. 또한 제56조의2에서 제1항을 위반하여 자율주행시스템의 직접 운전 요구에 지체없이 대응하지 아니한 자율주행자동차의 운전자에 대해서는 벌칙규정(제156조)을 두고 있으며, 제56조의3 제1항을 위반하여 자율주행자동차 안전교육을 받지 아니한 사람에 대해서는 과태료를 부과하고 있다(제160조 10호)[12].

(1) 제2조

도로교통법은 자율주행시스템과 자율주행자동차의 정의를 하위 법규 등에 위임하고 있고(제2조 18의2와 18의3, 26호), 자율주행자동차법 제2조는 자동차관리법 제2조 제1호의3을 준용하고 있다. 자동차관리법 제2조 1의3에 의하면 자율주행자동차를 "운전자 또는 승객의 조작 없이 운행가능한 자동차"라고 하고 있다.[13] 한편 자율주행자동차법 제2조

12) 부칙 제2조(자율주행자동차 시험운전자의 준수사항에 관한 경과조치) 이 법 시행 당시 임시운행허가를 받은 자율주행자동차를 운전하는 사람으로서 교통안전교육을 받지 아니한 사람은 제56조의3의 개정규정에도 불구하고 같은 개정규정 시행 이후 6개월 이내에 교통안전교육을 받아야 한다.

제2항은 자율주행자동차의 종류를 크게 두 종류로 규정하고 있는데, 필요한 경우 운전자의 개입을 요구하는 '부분 자율주행자동차(1호)'와 운전자가 없거나 운전자 또는 승객의 개입이 필요하지 아니한 자율주행자동차로서 '완전 자율주행자동차(2호)'로 구분하고 있다.

이에 반해 자동차규칙은 자율주행시스템의 종류를 아래와 같이 세 가지로 구분하고 있다(제111조). 1. 부분 자율주행시스템: 지정된 조건에서 자동차를 운행하되 작동한계상황 등 필요한 경우 운전자의 개입을 요구하는 자율수행시스템 2. 조건부 완전자율주행시스템: 지정된 조건에서 운전자의 개입 없이 자동차를 운행하는 자율주행시스템 3. 완전 자율주행시스템: 모든 영역에서 운전자의 개입 없이 자동차를 운행하는 자율주행시스템. '부분 자율주행시스템'은 SAE 기준의 조건부 자동화(3단계), '조건부 완전자율주행시스템'은 SAE의 고도 자동화(4단계), '완전 자율주행시스템'은 완전자동화(5단계)에 상응한다.

이에 더해 국토교통부 고시인 자율주행자동차의 안전운행요건 및 시험운행 등에 관한 규정 제3조의1, 별표 2는 자율주행자동차의 종류를 A형, B형, C형으로 분류하고 운행에 필요한 각종 요건을 규정하고 있다. 그 중 C형은 사실상 SAE의 5단계에 해당하지만 운전자와 탑승자 없이 화물운송 또는 특수한 기능을 수행하는 유형의 자율주행자동차이다.

위와 같이 현행법은 자율주행자동차를 2단계로 분류하는 경우와 3단계로 분류하는 경우 그리고 특수목적 기능을 수행하는 경우로 규정하고 있어 통일적인 기준을 제시하지 못하고 혼란을 야기할 수 있다. 독일의 2021년 개정 도로교통법 § 1a는 고도의 또는 완전 자율주행 기능을 갖춘 자동차를 직접 표현하면서 (1)은 규정에 따라 기능을 사용하는 경우에 고도의 자율주행 또는 완전자율주행 기능에 의한 자동차의 운행이 허용된다고 하고 있다.[14] 또한 일본은 2022년 도로교통법 개정을 통해

---

13) 도로교통법은 제2조 18의2.에서 "자율주행시스템"이란 「자율주행자동차 상용화 촉진 및 지원에 관한 법률」 제2조 제1항 제2호에 따른 자율주행시스템을 말한다. 이 경우 그 종류는 완전 자율주행시스템, 부분 자율주행시스템 등 행정안전부령으로 정하는 바에 따라 세분할 수 있다. 또한 18의3. "자율주행자동차"란 「자동차관리법」 제2조 제1호의3에 따른 자율주행자동차로서 자율주행시스템을 갖추고 있는 자동차를 말한다. 라고 규정하고 있다.

'자율주행 Level 4'를 '특정자동운행'이라고 규정하고 있다. 특정자동운행이란 자동운행장치를 사용하는 조건에 따라서 사용하고, 운전자가 없는 상태에서 차량을 운행하는 것을 의미한다(일본 도로교통법 제2조 제1항 제17호의2). 대부분 주요 국가들의 경우 약간의 차이를 제외하고는 지금까지 통용되어 왔던 SAE 분류 기준을 따르고 있고[15] 하위규정이 아닌 기본법에서 자율주행의 개념을 선언하고 있다. 우리도 이를 정비하여 기본법인 도로교통법에 규정하여 기준을 선언할 필요가 있다.[16]

(2) 제48조 제1항

도로교통법상 자율주행자동차 정의 및 운전과 관련하여 몇 가지 모순이 발견된다. 현행 도로교통법 제48조 제1항은 "모든 차 또는 노면전차의 운전자는 '조향장치와 제동장치, 그 밖의 장치를 정확하게 조작하여야 하며..."라고 규정하고 있어 사람 운전자의 개입을 필수적으로 요구하지 않는 자율주행자동차의 개념(제2조)과 서로 모순되어 충돌하고 있다.
그런데 도로교통법 제2조의 자율주행자동차의 정의와 제48조 제1항의 조향·제동 및 그 밖의 장치 조작 의무와의 모순관계는 도로교통법 다른 조문과의 체계적 해석을 통해 보완할 수 있는 가능성이 있다. 즉 2024년 3월 신설한 제56조의2 제1항을 반대해석하면 행정안전부령으

14) § 1a (1) Der Betrieb eines Kraftfahrzeugs mittels hoch- oder vollautomatisierter Fahrfunktion ist zulässig, wenn die Funktion bestimmungsgemäß verwendet wird.

15) 이웅영/송문호, 중국 자율주행차 법제와 책임 귀속 논의의 비교법적 고찰, 법학논고(경북대) 제87집 (2024. 10.) 241 이하; 강지현, 4차산업혁명시대, 자율주행자동차 운행을 위한 법제 개선방안 - 개정 독일 도로교통법제의 대응과 시사점 -, 한국부패학회보 제28권 제1호 (2023. 3.), 89; 김연주, 자율주행자동차 도입실현 확대를 위한 도로교통 안전 법제 환경 정비 방안 -일본 도로교통법 개정안을 중심으로-, 과학기술법연구 제31집 제2호 (2025.6.), 53.

16) 유주선, 자율주행자동차 3단계 및 4단계 관련 민사법적 연구 -독일과 일본 제도를 중심으로-, 金融法硏究 제21권 제1호 (2024) 60. 우리나라도 2023년 1월 국가기술표준원에서 SAE의 6단계를 수용하여 우리나라 표준으로 정한 바 있다.

로 정하는 완전 자율주행시스템에 해당하는 운전자에 대해 조향장치, 제동장치 및 그 밖의 장치에 대한 직접 조작의무의 예외를 인정하고 있으므로 이미 Level 4에 해당하는 자율주행자동차를 개념적으로 인정하고 있다고 해석할 수 있다. 또한 "자동차의 운전자는 자율주행시스템의 직접 운전 요구에 지체 없이 대응하여 조향장치, 제동장치 및 그 밖의 장치를 직접 조작하여 운전하여야 한다"고 규정하고 있으므로 Level 3에 해당하는 자율주행자동차 운전자는 비상상황 등 시스템 요청시 운전인수 의무를 규정하고 있다고 해석할 수 있다.

그리고 제49조 제1항 제4호 단서에서는 자율주행자동차의 신기술 개발을 위한 장치를 장착하는 경우 교통단속용 장비의 기능을 방해하는 장치를 한 차나 그 밖에 안전운전에 지장을 줄 수 있는 차량 운전에 대한 예외를 허용하는 규정을 두고 있다. 따라서 제56조의2 제1항과 제49조 제1항 제4호 단서를 근거로 한 체계적 해석을 통해 제48조 제1항에 대해서는 완전 자율지동차에 대한 예외가 인정되고 있다는 해석도 가능하다고 할 수 있다.

그러나 이는 입법의 상호충돌을 보완하기 위한 2차적인 해석 가능성일 뿐이므로 제48조 제1항을 보완·개정하여 자율주행시스템을 갖춘 자동차에 대한 조향·제동 및 그 밖의 장치를 정확하게 조작하여야 하는 의무의 예외를 인정하거나 면제하는 명확한 규정을 두는 것이 도로교통법의 체계성에도 부합하며, 혼선을 방지하는 입법조치가 될 것이다.

(3) 제56조의2

도로교통법은 제4장에서 운전자의 일반적인 의무를 규정하고 있는데 자율주행자동차의 운전자도 도로교통법에서 정하는 운전자로서의 주의의무, 예컨대 무면허운전 등의 금지(제43조), 주취운전금지(제44조), 과로, 질병, 약물 등 영향 하에서 운전금지(제45조), 난폭운전금지(제46조의3), 안전운전의무(제48조)를 비롯하여 모든 운전자의 준수사항(제49조)이 적용된다. 다만 자율주행시스템을 사용하여 운전하는 경우에는 제56조의2에서 명시하고 있는, 운전 중 휴대전화 사용금지(제49조

제1항 제10호), 방송 등 영상표시장치의 영상표시 금지(동항 제11호), 영상표지장치 조작금지(동항 제11호의2) 규정들은 적용되지 않는다. 자율주행자동차의 운행방식상 운전자가 매체를 통해 운행정보를 이용해야할 특성을 감안하여 일반적 의무를 최소한으로 완화한 것이다. 그러나 사람운전자의 존재가 없을 수 있는 완전 자율주행시스템을 규정하고 있는 자동차규칙, 국토교통부 고시인 자율주행자동차의 안전운행요건 및 시험운행 등에 관한 규정 등 하위법과 비교해보면 통일적인 기준을 제시하지 못하고 있다.

기술적으로 운전자의 개입을 전제로 하지 않는 Level 4 이상의 자율주행자동차에서는 사람 운전자의 존재 자체가 없을 수 있는데, 일반자동차와 자율주행자동차를 명확하게 구분하여 명시하지 않은 한, 자율주행자동차도 자동차이고 현재 도로교통법상 운전자와 운전 개념에 해당하므로 운전자의 일반적인 의무를 지켜야 한다. 도로교통법은 자율주행자동차 운행 중에도 전체적으로 일반적인 준수의무를 규정하고 있는데, 사람 운전자 개입 없이 Level 4 이상의 자율주행자동차 운행의 경우에는 준수사항의 의무가 더욱 완화되거나 차원을 달리하게 되므로 이에 대한 입법상의 고려가 필요하다.[17]

---

17) 독일의 경우도 유사한 문제점이 발견되는데 도로교통법 제1b조 제1항 제1문에 의하면 고도 또는 완전 자동주행 기능을 이용하여 운전할 때 운전자는 교통상황과 차량조향에 주의를 기울일 필요가 없다. 그런데 시스템에 의한 주행 시 예를 들어 인포테인먼트 시스템(Infotainment-System) 조작이나 휴대전화 메세지 작성과 같은 이른바 운전자의 '비운전 활동(Fahrfremde Täigkeiten)'이 어디까지 허용될 수 있는지 명확하지 않다. 연방 교통.디지털 인프라부는 운전자가 핸들에서 손을 떼고, 도로를 주시하지 않으면서 차량에 탑재된 인포테인먼트 시스템을 이용하여 메일작업과 같은 활동을 할 수 있다고 언급하고 있지만(Deutscher Bundestag, Beschlussempfehlung und Bericht des Ausschusses für Verkehr und digitale Infrastruktur zu dem Gesetzentwurf der Bundesregierung, BT-Drs. 18/11776, 29.03.2017, S. 10.), '도로교통령(StVO)' 제23조 제1a항에 의하면 그러한 행위는 운전 중 금지된 휴대전화 및 기타 전자기기의 사용에 해당하기 때문이다(강지현, 앞의 논문, 88). 일본도 유사한 규정을 두고 있는데, 일본의 레벨 3 자율주행시 운전자에 대해서는 도로교통법 제71조 제5호에 정한 휴대전화용 장치와 자동차 네비게이션 등의 영상표시용 장치의 이용을 제한하는 조항을 적용하지

2. Level 4 이상 자율주행자동차 법규정비

(1) Level 4 이상 자율주행자동차법제 미비

현행 자율주행자동차법제는 Level 4 이상의 자율주행자동차에 관하여는 개선과 보완이 필요할 뿐만이 아니라, 그렇지 않으면 향후 자율주행자동차산업에서 발생할 여러 문제를 규율하지 못한다. 전술한 자동차관리법 시행규칙 제26조의2(자율주행자동차의 안전운행요건)와 국토교통부고시인 자율주행자동차의 안전운행요건 및 시험운행 등에 관한 규정되어 있는 여러 기능적 요건을 충족하는 한 자율주행자동차는 운행이 가능하다. 자동차규칙은 제111조에서 완전 자율주행시스템의 개념을 규정하고 있지만 제111조의3에서 승용자동차에 설치되는 부분자율주행시스템의 안전기준에 대해서만 별표 27에서 규정하고 있어 Level 4 이상의 자율주행자동차에 대한 규정은 아직 없다. 부분 자율주행자동차는 제한된 조건에서 자율주행시스템으로 운행할 수 있으나 작동한계상황 등 필요한 경우 운전자의 개입을 요구하는 자율주행자동차로서, SAE 기준 Level 3 자율주행 단계에 해당한다. 반면 완전자율주행자동차는 자율주행시스템만으로 운행할 수 있어 운전자가 없거나 사람의 개입이 필요 없는 경우로서 적어도 SAE 기준 Level 4[18] 이상의 자율주행 단계에 해당한다. 결국 현행법상 Level 4 이상 자율주행자동차에 대한 구체적인 규정은 아직 없는 상태이므로 현재 시범운영하고 있고 향후 상용화될 Level 4 이상 자율주행자동차의 운행을 규율하는 구체적인 법규들을 마련하여야 한다.

않는 것으로 하였다. 자율주행 시스템이 정상적으로 작동하고 있는 동안에 한해 운전자는 스마트폰의 사용과 자동차 네비게이션 등을 작동시키는 것이 가능하도록 되었다(김연주, 앞의 논문, 57).

18) SAE기준 Level 4 단계의 자율주행시스템은 특정 제한 조건하에서 자율주행시스템으로만 주행이 가능하며, 자율주행모드로 주행시 위급상황이 발생해도 시스템이 운전자의 운전인수(take over)를 요구하지 않고 최소 위험회피모드를 스스로 작동시키는 주행단계이다.

(2) 독일의 Level 4 이상 자율주행자동차법제

독일은 2021년 개정 도로교통법에서 자율주행자동차 관련 기술 및 산업의 발전을 이루어야 한하는 목적으로 '완전자율기능(vollautomatisierter Fahrfunktion)'이란 용어를 사용하면서, 운행시 사람 운전자의 존재를 전제하지 않는 자율주행자동차의 운행을 규정하고 있다(제1a조 제1항, 제2항).[19] 제1d조 제1항은 교통법규를 준수하고 교통사고 예방시스템을 갖추는 등의 기술 요건을 갖춘 차량을 운전자 없이 독립적으로 운행할 수 있는 자율주행자동차(Kraftfahrzeug mit autonomer Fahrfunktion)라고 규정한다. 즉, 완전 자율주행자동차 상용화를 위한 기본법적 체계를 먼저 마련한 것이다.[20] 제1조 제4항은 자율주행자동차 운전자의 정의를 신설하여 "설사 운전자가 자율주행기능 기능을 사용방법에 맞게 이용하여 자동차를 직접 조종하지 않더라도, 제1a조 제2항의 의미에 따라 고도의 또는 완전 자율주행기능을 작동시키고 차량을 조정하는 운전자이다."라고 규정하고 있다. 이 외에도 제1e조의 자율주행의 허용 요건, 자율주행 관련 데이터 기록 및 제공 규정(StVG §1g), 보유자(Halter), 기술감독관(Technische Aufsicht), 제작사(Hersteller)의 의무에 관한 사항이 신설되거나 확대되었다(§ 1f).[21] 또한 의무보험법(PflVG)을 개정하였고 '자율주행자동차 승인 및 운행에 관한 시행령'(AFGBV)을 제정하여 도로교통법 제1d조부터 제1h조까지의 규정을 구체화하였으며 Level 4 자율주행차의 운행 허가 기준을 명확히 하여 제조자가 운행 허가를 신청할 때 준수해야 할 요건들을 규정하였다.[22]

---

19) 차종진, Level 4 자율주행자동차 상용화를 위한 2021년 독일 도로교통법 개정과 시사점, 4차 산업혁명 법과 정책 제3호 (2021), 240 이하.

20) 독일연방 교통디지털인프라부(Bundesministerium für Verkehr und digital Infrastruktur) 장관은 2017년 도로교통법 개정과 달리 2021년 개정은 Level 4 자율자동차의 상용화를 위한 것이라 밝히고 있다. 구체적인 개정 내용은 Burmann/Heß/Hühnermann/Jahnke, Straßenverkehrsrecht, 28. Auflage (2024) § 1a ff.; 강지현, 앞의 논문, 89 이하 참조.

21) 자세한 내용은 이승준, Level 4 자율주행자동차의 사고시 형사책임에 대한 외국의 입법동향과 방향성, 비교형사법연구 제25권 제2호 (2023), 71 이하.

이러한 법규 제·개정을 통해 독일은 4단계 이상의 자율주행차가 보다 안전하고 체계적으로 도로에서 운행될 수 있도록 법적 기반을 마련했으며, 각 이해관계자의 책임을 명확히 규정하여 기술적·운영적 안정성을 확보하는 데 중점을 두었다.

(3) 일본의 Level 4 이상 자율주행자동차법제

일본은 2022년 4월 도로교통법 개정을 통해 소정의 허가기준을 충족시키는 경우에 운전자의 존재를 전제로 하지 않는 Level 4에 상당하는 자동운행을 가능하게 하는 '특정자동운행' 허가제도를 마련하였고 특정자동운행을 운전의 개념에서 제외하였다(일본 도로교통법 제2조 제1항 제9호, 제17호, 제17호의2). 일본은 위 개정으로 ① Level 4에 상당하는 운전자가 없는 상태에서의 자동운행(특정자동운행)을 하려고 하는 자는 도도부현 공안위원회의 허가가 필요하고, ② 특정자동운행의 경로를 포함한 시정촌의 장 등으로부터 의견을 청취하여야 하고, ③ 특정자동운행계획에 따라 특정자동운행을 실시하여야 하는 등, 허가를 받은 자의 준수사항이나 교통사고의 경우 등에는 특정자동운행주임자 등에 의한 대응을 의무화하는 등의 제도를 도입하였다.[23] Level 4 이상

22) 독일 연방도로교통청(KBA)이 자율주행자동차의 운행을 관리하는 주체임을 명확히 하였으며, 자율주행자동차의 제조사와 소유자에게는 시장감시 협조의무가 부여되어 있다.

23) 이에 따라 특정자동운행을 하고자 하는 자는 특정자동운행을 하려고 하는 장소를 관할하는 도도부현공안위원회에 경로나 교통사고발생시의 대응방법 등을 기재한 특정자동운행계획 등을 제출하고, 허가를 받아야한다. 또한, 허가를 받은 자(특정자동운행실시자)는 차내 또는 원격감시를 하기 위한 차외의 정해진 장소에 특정자동운행주임자를 배치하고, 특정자동운행계획에 따라 특정자동운행을 할 의무를 부담함과 함께, 당해 특정자동운행주임자는 교통사고가 있는 경우에 필요한 조치를 강구하여야 한다. 이는 교통규칙중 정형적 · 일반적인 운전조작에 관한 교통규칙에 대하여는 자동운전시스템에 의해 준수되는 것을 전제로, 자동운전시스템만에 의한 대응이 곤란한 교통규칙에 대하여 특정자동운행실시자나 특정자동운행주임자에게 준수를 의무화함으로써 자동운전하에서 교통규칙의 준수를 담보한다고 하는 제도 취지에 기한 것이다.

자율주행자동차 운행관련자와 의무·준수내용은 아래와 같다.[24]

[일본 도로교통법상 특정자동운행 관계자]

관계자	역 할
특정자동운행실시자 (제75조의16 제1항)	• 특정자동운행허가를 받은 자 • 레벨 4의 자동운전 이동서비스를 하려는 사업자
특정자동운행주임자 (제75조의21, 22, 23)	• 특정자동운행용자동차가 특정자동운행을 할 때에, 원격 또는 사내에서 자동운행장치의 작동상태의 감시를 하는 자 • 레벨 4의 자동운행이동서비스의 운행을 담당하는 책임자
현장조치업무실시자 (제75조의19 제3항)	• 교통사고 발생시에 현장에 나가 실시자와 주임자의 지시에 따라 도로에 있어서의 위험을 방지하는 등의 현장대처에 필요한 조치를 실시하는 자
특정자동운행업무종사자 (제75조의19 제1항)	• 특정자동운행주임자, 현장조치업무실시자 기타 특정자동운행을 위하여 사용하는 자

[일본 도로교통법상 특정자동운행 관계자의 의무 · 준수사항]

단 계	의무자	의무 · 준수 내용
운행 전	특정자동운행 실시자	• 특정자동운행계획 준수의무 • 특정자동운행주임자 및 현장조치업무실시자 지정 • 특정자동운행업무종사자가 원활하고 확실하게 업무를 수행할 수 있도록 교육
운행 중	특정자동운행 실시자	• 특정자동운행관리장소에 원격감시장치 설치조치 또는 특정자동운행주임자를 특정자동운

24) 자세한 내용은 배상균, 레벨 4 자율주행자동차 등장에 따른 형사법적 문제 검토 - 일본 도로교통법 개정사항을 중심으로 -, 외법논집 제48권 제2호 (2024.5), 79 이하; 김연주, 앞의 논문, 51 이하; 이승준, 앞의 논문, 78 이하.

		행용자동차에 승차시키는 조치 • 특정자동운행용 자동차의 잘 보이는 위치에 '특정자동운행중'임을 표시
	특정자동운행 주임자	• 특정자동운행중 원격감시장치의 작동상태 감시 • 원격감시장치가 정상적으로 작동하지 않음을 인지했을 때 특정자동운행종료
교통사고시	특정자동운행 주임자	• 사고현장의 가장 가까운 소방기관에 통보 • 현장조치업무실시자를 사고현장으로 향하도록 조치 • 사고현장의 가장 가까운 경찰서에 사고발생 일시 등을 보고 • 부상자 구호 및 도로에서의 위험 방지 등 필요한 조치 (원격 조작이 아닌 탑승 중인 경우)
	현장조치업무 실시자	• 도로에서의 위험방지 등 필요한 조치
운행종료	특정자동운행 주임자	• 경찰관의 지시, 명령 등에 따라 즉시 자동운행용자동차를 통행시키기 위한 필요한 조치 • 특정자동운행용자동차가 긴급 자동차 또는 소방용 차량의 통행을 방해하지 않도록 필요한 조치 • 특정자동운행용자동차가 불법 주차로 인정되는 경우, 특정자동운행용자동차의 주차 방법을 변경하거나 특정자동운행용자동차를 불법 주차가 이루어진 장소에서 이동시키기 위한 필요한 조치

3. 자율주행자동차 데이터 관리

(1) 우리 데이터 관리 관련 규정

자율주행자동차법 제20조는 자율주행자동차를 운행하는 과정에서 수집한 익명처리하여 정보를 활용하는 경우에 「개인정보 보호법」, 「위치

정보의 보호 및 이용 등에 관한 법률」 및 「정보통신망 이용촉진 및 정보보호 등에 관한 법률」의 적용을 받지 아니한다고 규정한다.[25)]

자율주행자동차의 안전운행요건 및 시험운행 등에 관한 규정 제17조는 자율주행자동차의 운행기록장치를 장착하여야 하고, 다음 각 호에 해당하는 정보를 저장하여야 한다. 1. 자율주행자동차의 속도 2. 분당 엔진회전수 또는 구동모터 회전수 3. A형 자율주행자동차의 경우 제동·가속제어 조종장치의 신호 및 작동주체 4. B형 자율주행자동차 및 C형 자율주행자동차의 경우 제어신호 정보 및 작동주체, 제10조에서 정한 조종장치 작동상태 5. GPS 위치정보 6. 종방향 및 횡방향 가속도 7. 시간대별 자율주행시스템의 작동모드 8. 조향핸들의 각도 또는 조향바퀴의 각도 9. 자동변속장치의 변속단 위치. 역시 제18조(영상기록장치) 영상기록장치를 설치하여 사고 전·후 자율주행시스템의 작동 여부 등의 주행상황을 확인할 수 있어야 한다고 규정한다.

그리고 자율주행자동차사고조사위원회 구성·운영 등에 관한 규정 제14조 (자율주행정보 기록장치에 기록할 정보) 제1항은 국토교통부장관이 고시하는 정보란 「자동차 및 자동차부품의 성능과 기준에 관한 규칙」 제111조의3에 따른 별표 27 제4호에서 정한 정보를 말한다고 하여 Level 3에 한하고 Level 4는 규율대상이 아니라는 것을 밝히고 있다.

(2) 독일 데이터 관리 관련 규정

독일 도로교통법법은 보유자가 자율주행자동차 운행 시 생성되는 데이터의 저장 대상, 저장의무자 및 의무 발생 요건을 규정하였다(StVG §1g). 자율주행기능이 있는 자동차 제조업체는 데이터 저장 장치를 장착해야 한다. 제조업체는 자율주행 기능에서 자동차 작동 중에 처리되는 개인정보보호 설정 및 데이터 처리에 대해 차량 보유자에게 정확하고 명확하며 평이한 언어로 알려야 한다. 자동차 관련 소프트웨어는

---

25) 또한 시행령은 도로상황 정보, 교통상황 정보, 그밖에 자율주행자동차의 안전한 운행에 필요한 정보와 정밀도로지도 등을(제2조, 제3조) 자율주행시스템과 송신 또는 수신해야 한다

자율주행 기능에서 처리되는 데이터가 저장 및 전송되는 방식에 대한 옵션을 제공해야 하며 소유자가 적절한 설정을 할 수 있도록 해야 한다(동조 제2항). 저장 대상 데이터는 ① 차량식별번호, ② 위치정보, ③ 무인자율주행기능 이용 및 비활성화 횟수 및 시간, ④ 대체 운전 기능 지시 횟수 및 시간, ⑤ 소프트웨어 버전 및 시스템 모니터링 관련 데이터, ⑥ 환경 및 기상 조건, ⑦ 통신 네트워크의 특성 및 한계(전송 대기 시간 및 전송 대역폭 등), ⑧ 활성화.비활성화된 수동.능동 안전 시스템의 명칭 및 상태 데이터, ⑨ 차량의 종.횡방향 가속, ⑩ 속도, ⑪ 조명장비 상태, ⑫ 전원 상태, ⑬ 외부에서 차량으로 전송된 명령 및 정보 등이다. 자동차보유자가 자율주행차 운행 중 수집한 데이터는 그에게 귀속되며, 보유자는 기술감독관 개입시, 충돌 상황 발생시(특히 사고 및 사고가 임박한 경우), 예정되지 않은 차선변경이나 경로이탈 시, 운행 장애 발생시 위 법이 정한 13가지 유형의 데이터를 기록하고 연방 교통국(KBA)에 이를 제공할 의무를 부담한다. 데이터 저상 및 제공 의무는 무인자율주행기능 한계 상황에 대한 조사를 위해 부과된 것으로, 데이터 수집 최소화 및 데이터 효율의 관점을 고려하여 대상 범위를 설정한 것이다. 연방 교통국은 3년이 경과하면 데이터를 삭제해야 하며, 비식별정보는 공익목적을 위해 활용할 수 있다. 무인사율주행자가 수십한 정보는 원칙적으로 자동차 보유자에게 귀속된다는 전제에서, 보유자의 정보 주권을 보장하기 위해 저장 범위 및 요선 능을 엄격하게 정하고 있다.[26]

(3) 평가와 대책

독일은 자율주행자동차 제조업체는 자율주행자동차 작동 중에 처리되는 개인정보보호 설정 및 데이터 처리에 대해 보유자에게 알리고, 자동차 관련 소프트웨어는 자율주행 기능에서 처리되는 데이터가 저장 및 전송되는 방식에 대한 옵션을 제공해야 하며 보유자가 적절한 설정을 할 수 있도록 한다. 독일 도로교통법은 데이터 관리와 운영의 주체

26) 강지현, 앞의 논문, 92.

를 명확하고 적절한 방식으로 배분하여 자율주행데이터 관리 원칙을 규정하고 있다.[27]

반면 우리 데이터 관리 관련 규정은 자율주행자동차 자체의 운행데이터에 한정하여 규정하고 있어 자율주행 주변상황이나 사고의 경우에 대한 데이터는 명시하고 있지 않다. 현행 자동차 및 자동차부품의 성능과 기준에 관한 규칙상 Level 3 자율주행에 한정하여 규정하고 있으므로 Level 4는 규율대상이 아니다. 또한 우리 현행 법제는 독일의 기술감독관 일본의 특정자동운행주임자 같은 안전책임자가 없으므로 Level 4이상 자율주행 특히 FSD(Full Self Driving)기술 발전에 한계가 있을 수밖에 없다.

자율주행자동차의 원활한 개발과 운행을 위해서는 종합적인 데이터의 기록, 전송, 저장과 이를 수집하여 분석하는 것이 필수적인데, 2023년 3월 개정된 개인정보보호법은 자율주행자동차가 카메라로 거리 정보를 수집하는 과정에서 '이동형 영상정보 처리기기'는 촬영사실을 명확히 표시하여 이를 알 수 있게 한다면 합법적으로 거리정보 등을 수집할 수 있게 허용하였다.[28] 또한 개정된 동 시행령은 드론과 같이 이동형 영상정보처리기기의 촬영방법의 특성상 촬영사실을 알리기 어려운 경우에는 홈페이지 등을 통해 공고하는 방법도 사용할 수 있도록 하여 데이터 수집을 용이하게 하였다.[29] 그러나 자율주행자동차법은 자율주

27) 일본의 경우 다섯째, '특정정비' 개념 변경과 함께 제조사로부터 자동차 정비사업자에게로 기술정보제공을 의무화하였다. 이는 자율주행자동차 도래로 인해 자율주행장치 점검정비가 적절하게 이루어지도록 하기 위한 목적이 있다. 유주선, 앞의 논문, 62 이하.

28) 개인정보보호법 제25조의2(이동형 영상정보처리기기의 운영 제한) 제①항 제2호 촬영 사실을 명확히 표시하여 정보주체가 촬영 사실을 알 수 있도록 하였음에도 불구하고 촬영 거부 의사를 밝히지 아니한 경우. 이 경우 정보주체의 권리를 부당하게 침해할 우려가 없고 합리적인 범위를 초과하지 아니하는 경우로 한정한다. [본조신설 2023. 3. 14.]

29) 개인정보보호법 시행령 제27조의2(이동형 영상정보처리기기 촬영 사실 표시 등) 법 제25조의2 제1항 각 호에 해당하여 이동형 영상정보처리기기로 사람 또는 그 사람과 관련된 사물의 영상을 촬영하는 경우에는 불빛, 소리, 안내판, 안내서면, 안내방송 또는 그 밖에 이에 준하는 수단이나 방법으로 정보주체가 촬영 사실을 쉽게 알 수 있도록 표시하고 알려야 한다.

행자동차를 운행하는 과정에서 수집한 정보의 경우 처음부터 익명처리를 요구하므로, 절차를 거쳐 별도의 시간과 자본 등이 투입해야 하는 부담을 덜어줄 방안을 모색할 필요가 있다. 즉 자율주행자동차 제작자나 소프트웨어 개발자 등이 자율주행 시스템 성능 및 안전성 향상을 목적으로 한정하여 다양한 정보를 수집하고 활용할 수 있도록 특례 규정을 두는 것이 바람직하다.

참고로 미국과 함께 자율주행자동차산업의 양대 산맥인 중국은 행정부처의 정책성 문건이 법률 못지않은 효력을 발휘하므로,[30] 데이터 수집과 운영에 대한 정책적 지원에 힘입어 베이징, 선전, 우한 등 여러 도시에서 자율주행차를 운행하며 2023년에 7,000만㎞의 자율주행 데이터를 쌓아 미국과 동등한 수준에 이르렀다.[31] 중국이 자율주행차 강국으로 거듭나고 있는 현실을 감안하면, 자율주행의 기술적 경로가 아직 명확하지 않은 현 단계에서는 유연하고 민첩한 규제 방법이 더 적합할 수도 있다. 우선 허용·사후 규제 방식의 규제샌드박스를 보다 적극적으로 활용할 필요가 있을 것이다.[32] '자율주행차의 안전운행 요건 등에 관한 규정'에 따른 요건을 충족하지 못해 자율주행 실증사업을 수

다만, 드론을 이용한 항공촬영 등 촬영 방법의 특성으로 인해 정보주체에게 촬영 사실을 알리기 어려운 경우에는 보호위원회가 구축하는 인터넷 사이트에 공지하는 방법으로 알릴 수 있다. [본조신설 2023. 9. 12.]

30) 이상우, AI 시대, 중국 데이터 정책 동향의 이해, 중국전문가포럼(2024.5.29.).

31) 국내 자율주행 누적 운행 거리 1위 기업인 오토노머스에이투지의 운행 데이터는 약 40만㎞에 불과하다(중앙일보, "우한에만 로보택시 500대…한국 자율주행 경험, 중국 1%뿐"(2024.7.9.)). 구글의 계열사인 웨이모는 2023년 한해 상업용 운행기록이 약 70만 건이었는데, 웨이모보다 5년 늦게 자율주행 사업에 뛰어든 바이두는 2023년 한해 로보택시 탑승 건수 73만 2000건을 달성했다(오피니언뉴스, "美·中 자율주행 치고 나가는데…한국은 '느릿느릿'"(2024.9.11.)).

32) 중국은 2021년 '14.5' 규획을 발표하면서 인공지능, 자율주행, 5G의 보급 및 6G 기술 등 첨단과학기술 발전에 있어 이른바 '국가실험실' 운영을 언급하였는데, 우리나라도 중국의 '국가실험실' 정신을 받아들일 필요가 있다는 견해로는 김정진·선종수, 자율주행자동차 관련 도로교통법제 정비와 중국 법제의 시사점, 4차산업혁명 법과 정책 제3호, 4차산업혁명융합법학회 (2021), 132 참조.

행할 수 없는 스타트업에게 기회를 부여한 모빌리티 규제샌드박스 실증 특례는 규제샌드박스 활용의 좋은 예이다.[33] 정부가 기획형 규제샌드박스를 먼저 실시하고 관련 법규를 정비해 나간다면[34] 자율주행자동차 기술의 해외유출을 방지하고 국내산업을 육성할 수 있는 기초가 마련될 수 있을 것이다.[35]

IV. 맺음말

자동차산업 글로벌 선도 국가들인 독일과 일본 등은 먼저 자율주행자동차 입법을 서둘러 법적 기반을 마련하고 자율주행자동차 관련 기술 및 산업 발전의 주도권을 놓치지 않으려는 목적을 숨기지 않고 있다. 이에 반해 우리 자율주행자동차를 규율하는 현행 법제는 시험·연구목적을 전제로 자율주행자동차의 임시 운행허가에 대한 규정이 대부분이고 그때그때 필요에 따라 제·개정 해옴으로 인해 전반적으로 통일성 결여와 낙후성을 면치 못하고 있다. 물론 자율주행자동차 기술 발전의 흐름에 따라 사후적으로 대응하는 측면으로 이해할 수도 있다. 전반적으로 신법[36] 및 특별법 규정으로 충분할 것인지 아니면 기존 법을 개정하여 수용가능할 것인지의 문제도 논의의 대상이 되어야겠지만, 이러한 논의에 앞서 우리 자율주행자동차 법제의 현재 상태를 검토해 보는 작업이 우선되어야 할 것이다.

자동차 운행과 도로교통에 대한 기본법인 현행 도로교통법은 자율주행

---

33) 상용차신문, 대형 화물차 간선운송 자율주행 실증 규제 완화(2024.2.16.)

34) 이웅영/송문호, 앞의 논문, 262 이하.

35) “68만km 달리고도 수익 0원"…1위 자율주행 스타트업 일본行” 업계에서는 국내 제도 미비와 시장 부재가 복합적으로 작용한 결과라고 한다. https://www.hankyung.com/amp/2025080532981

36) ‘자율주행차 운행 안전법’(가칭) 제정 견해로는 송정민, 과실범에 있어서의 주의의무와 자율주행자동차 사고의 법적 책임, 일감법학 제57호 (2024. 4), 198; 이른바 (가칭)자율자동차 안전책임자를 도입하여 자배법에 법률적 지위를 인정하는 방안이 마련해야 한다는 견해는 유주선, 앞의 논문, 56.

자동차의 정의, 체계 및 분류를 하위 규정에 위임하는 형식을 취하고 있다. 그러나 기본법으로서 자율주행에 관한 통일적인 기준을 제시하고 혼란을 방지하기 위해서는 다양한 하위 법령을 통해 구체화하더라도 적어도 정의 개념과 기본 원칙들은 도로교통법에 규정하는 것이 합리적이다. 주요 국가들의 경우 약간의 차이를 제외하고는 지금까지 통용되어 왔던 SAE 분류 기준을 따르고 있고 하위 규정이 아닌 기본법에서 자율주행의 개념과 체계 등을 선언하고 있다. 이를 위해 우선 도로교통법 제2조, 제48조 제1항, 제56조의2를 개정하여야 한다. 우리 현행 법제는 독일의 기술감독관 일본의 특정자동운행주임자 같은 안전책임자를 두고 있지 않으므로 Level 4 이상 자율주행 특히 FSD(Full Self Driving)기술 발전에 한계가 있을 수밖에 없다. 전체적으로는 현행법상 Level 3 자율주행단계를 넘어 현재 시범운영하고 있고 향후 상용화될 Level 4 이상 자율주행자동차의 운행을 규율하는 구체적인 법규들을 입법하여야 한다. 이를 위해 정부가 우선 데이터 관리에 관한 특례에 관한 사항 등 기획형 규제샌드박스를 먼저 실시하고 관련 법규를 정비해 나가는 것이 합리적이다.[37)]

37) 이외에도 자율주행자동차가 본격적으로 상용화 되려면 도로교통법상 자율주행모드별 운전자 주의의무의 구체화, 자동차규칙 등에서의 좌석배치 관련기준 개정도 논의되어야 하며, 현행 자동차손해배상보장법상 자동차 운전자의 운행지배성이 감소함에 따라 제조물책임법상 차량제조사와 자율주행이 실현되는 도로를 관리하는 국가와 지방자치단체의 책임을 어떻게 조율할지의 다양한 문제들도 해결해야 한다.

▮참고문헌

강지현, 4차산업혁명시대, 자율주행자동차 운행을 위한 법제 개선방안 - 개정 독일 도로교통법제의 대응과 시사점 -, 한국부패학회보 제28권 제1호 (2023. 3.)

권양섭/홍태석, 자율주행자동차 사고발생유형 및 원인규명을 위한 법제도적 방안, 법학연구 통권 70호 (2018)

김연주, 자율주행자동차에 대한 도로교통법 대응에 관한 소고 - 운전면허규정을 중심으로., 강원법학, 61 (2020)

김연주, 자율주행자동차 도입실현 확대를 위한 도로교통 안전 법제 환경 정비 방안 -일본 도로교통법 개정안을 중심으로-, 과학기술법연구 제31집 제2호 (2025.6.)

김정진·선종수, 자율주행자동차 관련 도로교통법제 정비와 중국 법제의 시사점, 4차산업혁명 법과 정책 제3호, 4차산업혁명융합법학회 (2021)

배상균, 레벨 4 자율주행자동차 등장에 따른 형사법적 문제 검토 - 일본 도로교통법 개정사항을 중심으로 -, 외법논집 제48권 제2호 (2024.5)

송기복, 자율주행 시대의 도래와 경찰의 과제, 경찰법연구, 19(1) (2021)

송정민, 과실범에 있어서의 주의의무와 자율주행자동차 사고의 법적 책임, 일감법학 제57호 (2024. 4)

유주선, 자율주행자동차 3단계 및 4단계 관련 민사법적 연구 -독일과 일본 제도를 중심으로-, 金融法硏究 제21권 제1호 (2024)

이웅영/송문호, 중국 자율주행차 법제와 책임 귀속 논의의 비교법적 고찰, 법학논고(경북대) 제87집 (2024. 10.)

이상우, AI 시대, 중국 데이터 정책 동향의 이해, 중국전문가포럼 (2024.5.29.)

이준섭, Level 3의 자율주행자동차 상용화를 위한 도로교통법의 개선방안. 동아법학 11(1) (2017)

이승준, Level 4 자율주행자동차의 사고시 형사책임에 대한 외국의 입법동향과 방향성, 비교형사법연구 제25권 제2호 (2023)

차종진, Level 4 자율주행자동차 상용화를 위한 2021년 독일 도로교통법 개정과 시사점, 4차 산업혁명 법과 정책 제3호 (2021)

한국인터넷진흥원, '도덕적 판단은 인간의 몫'... 독일 자율주행자동차 윤리가이드라인, 2017.10.05.

한성훈, 자율주행자동차의 기술단계에 따른 형사책임에 관한 연구. 형사법연구, 32(3) (2020)
황창근/이중기, 자율주행자동차 운행을 위한 행정규제의 시론적 고찰. 홍익법학 17(2) (2016)

Burmann/Heß/Hühnermann/Jahnke, Straßenverkehrsrecht, 28. Auflage (2024)
BT-Drs. 18/11776, 29.03.2017.

https://www.hankyung.com/amp/2025080532981
https://www.youtube.com/watch?v=RhAW3zmA2v4
https://www.hani.co.kr/arti/science/technology/1146122.html
https://www.digitaltoday.co.kr/news/articleView.html?idxno=491833.

제02장

Die südkoreanische Strafrechtsordnung zu Autonomen Fahrzeuge in der Risikogesellschaft

Prof. Dr. Moon Ho Song

I. Vorwort

Autonomes Fahren bezieht sich auf Technologien und Systeme, die es ermöglichen, dass Fahrzeuge ohne menschliches Eingreifen betrieben werden. Dies wird durch eine Kombination aus Sensoren, Kameras, Radar, LiDAR, GPS und ausgeklügelten Algorithmen der künstlichen Intelligenz (KI) erreicht, die die Umgebung des Fahrzeugs in Echtzeit interpretieren und darauf reagieren.[1] Autonomes Fahren wird in der Regel in Stufen nach SAE(Society of Automotive Engineers)-Standards eingeteilt. In Korea haben die Hyundai Motor Company, LG Electronics, Samsung Electronics, SKT und Naver Labs usw. autonome Fahrzeuge und autonome Fahrtechnologien in ihren jeweiligen Bereichen entwickelt, und seit 2016 haben landesweit etwa 440 autonome Fahrzeuge der Stufe 3 pilotiert, die jedoch aufgrund von Sicherheitsproblemen noch nicht kommerzialisiert wurden. Autonomes Fahren der Stufe 4~5 wird betrieben, daß es am 10.

1) Zusammenfassend lässt sich sagen: Sensoren, Kameras, Lidar-, Radar- und Ultraschallsensoren zur Wahrnehmung der Umgebung; Daten und GPS: genaue Lokalisierung und Routenplanung; Konnektivität: Durch Kommunikation interagieren Fahrzeuge mit anderen Fahrzeugen, Infrastrukturen und Fußgängern, um Sicherheit und Effizienz zu gewährleisten. KIverstehen die Fahrumgebung, planen die beste Fahrroute und fahren sicher aus eigener Fähigkeit.

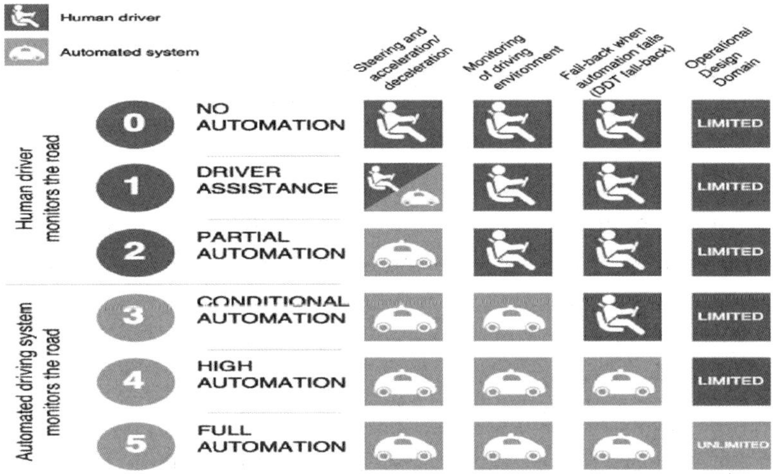

Juni 2024 nach einer Probefahrt und einer Sicherheitsdiagnose zum ersten Mal die Erlaubnis zum Betrieb auf öffentlichen Straßen erhalten hat, und dieses autonome Fahrsystem wird im Notfall durch Tele-fahren vom Kontrollzentrum aus gesteuert.[2] Die Technologie des autonomen Fahrens hat das Potenzial, den Verkehr zu revolutionieren, indem sie Verkehrsunfall reduziert, den Verkehrsfluss verbessert und Menschen, die nicht fahren können wie Behinderte und ältere Menschen, Bewegungsfreiheit bietet. Jedoch gibt es Voraussetzungen für den flächendeckenden Einsatz autonomer Autos noch viele Fragen, die gelöst werden müssen, wie z. B. Technologie, Recht und Ethik. Typische Probleme sind die Sicherheit aus technischer Sicht, Hacking, die Zurechnung der Unfallverantwortung aus rechtlicher Sicht und das Trolley-Dilemma[3] aus ethischer Sicht usw..

---

2) https://www.youtube.com/watch?v=RhAW3zmA2v4

3) 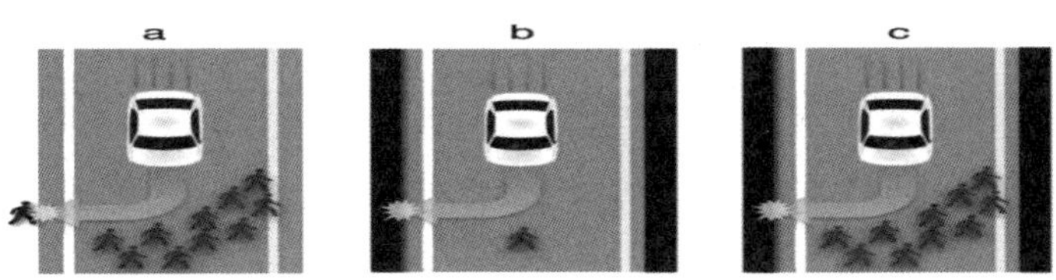

Die Fragen der Strafrechtslehre im Zusammenhang mit autonomen Fahrzeuge stellen das gesamte Strafrecht vor grundlegende und komplexe Herausforderungen. Typische strafrechtliche Diskussionen, die in diesem Zusammenhang angesprochen werden sollten, sind die folgenden.

- Beziehung zu den geltenden Straßenverkehrsgesetzen und anderen Kraftfahrzeuggesetzen sowie zu Gesetzesänderungen und Gesetzgebung;
- Risikostrafrecht und allgemeines Strafrecht;
- erlaubtes Risiko;
- Kausalität und objektive Zurechnung;
- allgemeine Fahrlässigkeit beim Betrieb autonomer Fahrzeuge;
- die Anwendbarkeit des Vertrauensgrundsatzes;
- Haftung für Unfälle, die durch Herstellungsfehler bei autonomen Fahrzeugen verursacht werden;
- Rechtspersönlichkeit, Handlungslehre, Straffähigkeit und Schuldfähigkeit der KI für autonomes Fahren;
- strafrechtliche Produkthaftung für Hersteller autonomer Fahrzeuge;
- (strafrechtliche) Haftung für die Nichteinhaltung von Risikokontroll- und Aufsichtspflichten, wie z. B. remote operator (Kalifornien, USA), technische Aufsicht (Deutschland) und bestimmte automatisierte Betreiber (Japan);
- Es geht um die Garantenpflicht des Entwerfers, Herstellers, Verkäufers und Betreibers und die Voraussetzungen für die Feststellung des Unterlassungstatbestands.

Darüber hinaus handelt es sich bei dem ethischen Trolley -Dilemma um ein sehr klassisches Thema, das durch die Rechtsprechung der Notstandslage und Entschuligung im Strafrecht längst behandelt wird.

Insbesondere im Hinblick auf das Thema der Zurechnung der Unfallverantwortung für autonome Fahrzeuge sollte die Frage der strafrechtlichen Verantwortung von Fahrzeugherstellern und Fernbetreibern von Fahrprogrammen auf einer neuen Ebene betrachtet werden, da die Rolle des menschlichen Fahrers bei der Steuerung des Betriebs autonomer Fahrzeuge schrittweise reduziert bzw. beseitigt wird. Daher ist es notwendig, die rechtlichen Grundlagen der Produkthaftung nicht nur im Zivil- und Handelsrecht, sondern auch im Strafrecht weiterzuentwickeln. Wenn die Regelung jedoch einseitig in die Richtung geht, die zivil- und strafrechtliche Haftung der Hersteller für Unfälle zu betonen, werden die autonome Fahrzeugindustrie und -technologie unweigerlich schrumpfen. Es muss immer ein Gleichgewicht gewahrt bleiben, um eine angemessene Verteilung der rechtlichen Verantwortung zwischen Nutzern autonomer Fahrzeuge und Herstellern sicherzustellen.

Ⅱ. Aktuelle Gesetze und Probleme über autonome Fahrzeuge in Korea

1. Überblick über die aktuellen Gesetze und Regeln autonomer Fahrzeuge

Zu den Gesetzen im Zusammenhang mit autonomen Fahrzeugen gehören nach geltendem Recht das „Gesetz zur Förderung und Unterstützung der Kommerzialisierung autonomer Fahrzeuge“ (im Folgenden als „Gesetz über autonome Fahrzeuge“ bezeichnet)[4], das „Straßenverkehrsgesetz“, das

4) Es wurde am 30. April 2019 erlassen und trat am 1. Mai 2020 in Kraft.

„Kraftfahrzeugmanagementgesetz" und das kürzlich erlassene „Gesetz über die Unterstützung von Mobilitätsinnovationen und Revitalisierung". Das Gesetz über autonome Fahrzeuge lockert die Sicherheitsstandards für Kraftfahrzeuge und richtet Pilotzonen ein, um die Forschung und den Probebetrieb autonomer Fahrzeuge zu fördern. Das Straßenverkehrsgesetz legt die Definition von autonomem Fahrsystem, autonomem Fahrzeug und die Anforderungen fest, die autonome Fahrzeugfahrer einhalten müssen. Das Kraftfahrzeugmanagementgesetz ermöglicht die vorübergehende Betriebserlaubnis für autonome Fahrzeuge, indem es die Anforderungen für einen sicheren Betrieb erfüllt. „Die Regierungsregeln über die Leistung und Standards von Kraftfahrzeugen und Automobilteilen" (im Folgenden als „Automobilregeln" bezeichnet) bereiten die Kommerzialisierung autonomer Fahrzeuge vor, indem Sicherheitsstandards für teilautonome Fahrsysteme(Stufe 3) festgelegt werden.
Unter ihnen definiert das Gesetz über autonome Fahrzeuge die Stufe des autonomen Fahrens und gemäß Art. 2 Nr. 1.3 des Kraftfahrzeugmanagementgesetzes autonome Fahrzeuge als „Fahrzeuge, die selbstständig ohne die Bedienung des Fahrers oder der Passagiere betrieben werden können" und unterteilt die Typen (Art. 2) grob in „teilautonome Fahrzeuge (Nr. 1)" und „vollständig autonome Fahrzeuge (Nr. 2)". Teilautonome Fahrzeuge - SAE Standards Stufe 3 - sind solche, die menschliches Eingreifen erfordern, d.h. die nicht allein vom autonomen Fahrsystem bedient werden können oder die eine ständige Beobachtung des Fahrers erfordern (Art. 2 Abs. 2. Nr. 1). Ein vollständig autonomes Fahrzeug kann nur mit einem autonomen Fahrsystem betrieben werden und erfordert weder einen Fahrer noch ein menschliches Eingreifen (Art. 2 Abs. 2. Nr. 2), was als gleichwertig mit der autonomen Fahrstufe von mindestens Stufe 4~5 der SAE-

Standards ausgelegt wird.

Das Straßenverkehrsgesetz definiert auch ein Fahrzeug, das mit einem autonomen Fahrsystem ausgestattet ist (Art. 2 Nr. 18.3), das die Umgebung und Straßeninformationen selbstständig erkennen und beurteilen kann, ohne dass der Fahrer oder die Passagiere eingreifen müssen, als ein Fahrzeug. Darüber hinaus bezieht sich der Begriff 'Fahren' auf die Benutzung eines Fahrzeugs auf der Straße gemäß seiner ursprünglichen Verwendungsweise, einschließlich der Verwendung von Lenksystemen oder autonomen Fahrsystemen (Art. 2 Nr. 26). Im Falle des teilautonomen Fahrens (Stufe 3), das ein direktes Fahren des Fahrers erfordert, ist der Fahrer für die Sorgfaltspflicht als Fahrers verantwortlich, einschließlich der Compliance-Anforderungen an den Fahrer eines autonomen Fahrzeugs in Art. 50.2 Abs. 1 des Straßenverkehrsgesetzes. Wenn dadurch ein Unfall eintritt, kann die Person, je nachdem, ob sie vorsätzlich oder fahrlässig begangen wurde, für Totschlag, Körperverletzung, Beschädigung oder berufliche Fahrlässigkeit mit Todesfolge strafrechtlich schuldig gemacht werden.

Derzeit können Kraftfahrzeuge nur nach der Eintragung in das Kfz-Zulassungsregister gemäß dem Gesetz über Kraftfahrzeugmanagement (Art. 5) betrieben werden. Wenn man zu Test-oder Forschungszwecken ein autonomes Fahrzeug betreiben will, kann man mit einer vorübergehenden Betriebserlaubnis vom Minister von Land und Verkehr ein autonomes Fahrzeug führen, indem er die Anforderungen für einen sicheren Betrieb in Bezug auf den Gegenstand der Genehmigung, die Fehlererkennungs- und Warnvorrichtung, die funktionsdeaktivierende Vorrichtung und den Betriebsbereich erfüllt (Art. 27, Abs. 1). Nach dem Gesetz über

Kraftfahrzeugmanagement müssen autonome Fahrzeuge jedoch zusätzlich zu den oben genannten Anforderungen mit einer Vorrichtung ausgestattet sein, die den Fahrer erkennt und warnt, wenn ein Ausfall des autonomen Fahrfunktionsgeräts (Nr. 1) auftritt, einer Vorrichtung, die es dem Fahrer ermöglicht, die autonome Fahrfunktion während der Fahrt jederzeit auszuschalten (Nr. 2), und einem Verbot der Nutzung autonomer Fahrfunktionen, um die Sicherheit von Fußgängern für ältere Menschen und verkehrsgefährdete Personen zu schützen (Nr. 3), einem Fahrinformationsspeicher (Nr. 4), einem Schild, das darauf hinweist, dass es sich um ein autonomes Fahrzeug handelt (Nr. 5), einer Sicherheitsfunktion (Nr. 6) und anderen Angelegenheiten, die für den sicheren Betrieb autonomer Fahrzeuge als erforderlich zu melden sind (Art. 26 Abs. 2 der Durchsetzungsregeln des Gesetzes über Kraftfahrzeugmanagement).
Da die Automobilregeln die für "teilautonome Fahrsysteme" geltenden Sicherheitsstandards in einem gesonderten Anhang festlegen (Art. 111.3), müssen auch autonome Fahrsysteme den Sicherheitsstandards entsprechen. Das teilautonome Fahrsystem entspricht dem autonomen Fahren der Stufe 3 und [Anhang 27] legt die technisch ausführlichen Anforderungen an Fahrzeugwartungsfunktionen, Fahrerüberwachung und Aufzeichnungsgeräte fest, aber es gibt keine Vorschriften für autonomes Fahren über Stufe 4 als Standard für die Anforderungen an den Fahrübergang.

2. Probleme der aktuellen Gesetzgen über autonome Fahrzeuge

Die derzeitige Gesetzgebung muss nicht nur in Bezug auf autonome Fahrzeuge ab Level 4 verbessert und ergänzt werden, sondern regelt auch nicht verschiedene Probleme, die in Zukunft in der vollautonomen Fahrzeugindustrie auftreten werden. Das autonome Fahrsystem der Stufe 4 ist eine Stufe, in der das System den minimalen Risikozustand selbstständig ausführt, ohne dass der Fahrer auch im Notfall beim Fahren im autonomen Fahrmodus übernehmen muss. In geltenden Gesetzgen gibt es jedoch einen Konflikt in Bezug auf die Definition eines autonomen Fahrzeuges. Das Gesetz über autonome Fahrzeuge, Automobilregeln und die Unterregeln definieren ein autonomes Auto als ein Fahrzeug, das ohne das Eingreifen eines Fahrers oder Beifahrers betrieben werden kann. Das geltende Straßenverkehrsgesetz setzt jedoch voraus, dass der Fahrer eines Autos oder einer Straßenbahn "die Lenkung, das Bremssystem und andere Einrichtungen korrekt bedienen muss" (Art. 48 Abs. 1), was der obigen Definition eines autonomen Fahrzeugs widerspricht.

Das Straßenverkehrsgesetz legt in Kapitel 4 die Pflichten des Fahrers fest, auch als Fahrer eines autonomen Fahrzeugs muss er diese Pflichten einhalten, aber im Falle des Fahrens mit einem autonomen Fahrsystem gelten das Verbot der Nutzung eines Mobiltelefons während der Fahrt (Art. 49 Abs. 1 Nr. 10), das Verbot der Anzeige von Bildern von Videoanzeigegeräten wie Rundfunk (Nr. 11 desselben Absatzes) und das Verbot des Betriebs von Videoüberwachungsgeräten (Nr. 11. 2 desselben Absatzes) nicht. Bei autonomen Fahrzeugen der Stufe 4~5, die technisch kein Eingreifen des Fahrers erfordern, gibt es jedoch möglicherweise überhaupt keinen menschlichen Fahrer, und da autonome Fahrzeuge auch Autos sind, fallen sie unter das derzeitige Konzept von Fahrer und Fahren nach dem Straßenverkehrsgesetz. Wenn ein autonomes Fahrzeug der Stufe 4~5 ohne menschlichen Fahrer betrieben wird und es zu einem Verkehrsunfall kommt, kann es schwierig sein, den Straftatbestand der fahrlässigen Körperverletzung oder Todesfolge nach Art. 268 des StGB festzustellen. Auch wenn es keine menschlichen Fahrer gibt, bleibt die Frage, ob das bestehende Konzept von Fahrer und Fahren nach dem Straßenverkehrsgesetz beibehalten werden soll, daher eine neue Diskussion erforderlich ist.

Autonome Fahrzeuge der Stufen 3 und 4 können auf jeder Straße betrieben werden, solange sie die verschiedenen funktionalen Anforderungen erfüllen, die in Art. 26. 2. der Durchsetzungsregel des Gesetz über Kraftfahrzeugmanagement und den vom Ministerium von Land und Verkehr notifizierten Regeln über Anforderungen an den sicheren Betrieb und Testläufe autonomer Fahrzeuge festgelegt sind, aber es gibt keine Vorschriften für autonome Fahrzeuge der Stufe 4 gemäß den Automobilregeln, so dass Autos in dieser Phase noch nicht kommerziell verkauft werden dürfen. Damit autonome Fahrzeuge der Stufen 3 und 4 kommerzialisiert werden können, sollten außerdem die Lockerung der Sorgfaltspflicht des Fahrers für jeden autonomen Fahrmodus gemäß dem Straßenverkehrsgesetz und die Überarbeitung der Standards in Bezug auf die Sitzanordnung in den Automobilregeln erörtert werden.

Auf der anderen Seite ist es für die reibungslose Entwicklung und den Betrieb autonomer Fahrzeuge unerlässlich, eine große Menge an Daten zu sammeln und zu analysieren, und in dieser Hinsicht wurden mit der Durchsetzung des überarbeiteten Gesetzes zum Schutz personer Daten (teilweise geändert durch das Gesetz Nr. 19234 vom 14. März 2023) Fortschritte bei der Datenerfassung erzielt. Wenn ein autonomes Fahrzeug Video vom Gesicht eines Passanten und vom Nummernschild ohne die Pseudonymisierung macht, während es Straßeninformationen mit einer Kamera sammelt, besteht die Möglichkeit, dass das Problem eines Verstoßes gegen das alte Gesetz zum Schutz personer Daten entsteht. Nach dem neuen Gesetz zum Schutz personener Daten (Art. 25. 2) können jedoch mobile Video informationsverarbeitungsgeräte wie autonome Fahrzeuge legal Straßeninformationen sammeln, solange es keine klare Ablehnung der relevanten Person gibt, in der die Tatsache der Aufnahme klar gekennzeichnet und bekannt ist. Darüber hinaus erlaubt die überarbeitete Vollstreckungsverordnung des neuen Gesetzes die Verwendung einer Methode zur Bekanntmachung der Tatsache der Videoaufnahme über die Website, wenn es aufgrund der Art der Aufnahmemethode des mobilen Bildinformationsverarbeitungsgeräts schwierig ist, die Tatsache der Videoaufnahme zu melden.[5)]

Wie bereits erwähnt, steckt das derzeitige Rechtssystem in Bezug auf autonome Fahrzeuge hauptsächlich in der Stufe 3 des autonomen Fahrens fest, in der sich der Fahrer und das autonome Fahrsystem die Rollen teilen. Hinsichtlich der Anforderungen an den Betrieb autonomer Fahrzeuge kann davon ausgegangen werden, dass die Regelungen zum

---

5) Für den Fall, dass eine Person oder ein mit ihr verbundener Gegenstand mit einem mobilen Bildinformationsverarbeitungsgerät gemäß Art. 27. 2 Abs. 1 der Vollstreckungsverordnung des Gesetzes über den Schutz personener Daten, Art. 25. 2 des Gesetzes, fotografiert wird, wird die betroffene Person in einer Weise angezeigt und benachrichtigt, die es der betroffenen Person leicht macht, die Tatsache des Filmens durch Licht, Ton, Informationstafeln, Leitfäden, Durchsagen oder andere gleichwertige Mittel oder Methoden zu erkennen. Wenn es jedoch aufgrund der Art der Aufnahmemethode, wie z. B. Luftaufnahmen mit Drohnen, schwierig ist, die betroffene Person über die Tatsache des Filmens zu informieren, kann dies durch Veröffentlichung eines Hinweises auf der vom Schutzausschuss eingerichteten Website mitgeteilt werden. [Neugründung am 12. 9. 2023.]

autonomen Fahren der Stufe 3 nach geltendem Recht bis zu einem gewissen Grad vorbereitet wurden, das Rechtssystem jedoch für autonomes Fahren der Stufe 4~5 ergänzt werden muss. Viele Staaten bereiten entsprechende Gesetze mit Blick auf die Kommerzialisierung autonomer Fahrzeuge der SAE-Stufe 4~5 vor, und Korea fördert in den nächsten Jahren einen Plan zur Gewährleistung der Straßenverkehrssicherheit durch den sicheren Betrieb autonomer Fahrzeuge durch einen schrittweisen Ansatz, indem es die „Strategie zur Förderung der Straßenverkehrssicherheit für die Ära des vollständig autonomen Fahrens" des Ministeriums von Land und Verkehr und der Nationalen Polizeibehörde usw. ankündigt.

Ⅲ. Strafrechtliche Fragen zu autonomen Fahrzeugen der Stufe 4~5

Ein autonomes Fahrzeug ist ein Auto, das von einem autonomen Fahrsystem gesteuert wird, das auf einem Deep-Learning-Algorithmus basiert, und es ist so konzipiert, dass es die äußere Umgebung durch Sensoren erkennt und einen Weg findet, Probleme durch Reinforcement Learning durch Deep-Learning-Algorithmen zu lösen. Autonomes Fahrzeug folgen dem bestehenden automobilbezogenen Rechtssystem, erfordern jedoch aufgrund der Art des Betriebs auf der Grundlage KI eine neue strafrechtliche Perspektive. Da Unfälle, die durch autonome Fahrzeuge verursacht werden, durch das Eingreifen mehrerer Betreiber wie Fahrer, Hersteller und Verkäufer verursacht werden, können sie in Abhängigkeit von den verschiedenen Ursachen, die von den einzelnen Komponenten und dem Stadium der Fahrautomatisierung ausgehen, in verschiedenen Arten auftreten. Daher ist es notwendig, den Gegenstand und die rechtlichen Grundlagen der strafrechtlichen Verantwortlichkeit für jede mögliche Unfallart zu klären.

In Bezug auf das Thema der strafrechtlichen Verantwortlichkeit im Falle eines Unfalls während des Betriebs des autonomen Fahrens der Stufe 4~5 gibt es Meinungen, die die Verantwortung des Herstellers anerkennen[6] oder die die Verantwortung für das autonome Fahrsystem anerkennt[7] und die Ansicht, dass es schwierig ist, jemanden strafrechtlich zur Verantwortung zu ziehen[8]. Soll die KI als autonomes

6) Park, Seyoung, Zuweisung der Verantwortung für Unfälle mit autonomen Fahrzeugen und Verbesserung der Verkehrsgesetzgebung - mit Schwerpunkt auf den Empfehlungen des neuen Autonomous Vehicle Act im Vereinigten Königreich, Bobhaknonchong Vol. 42, Nr. 4 (2022), 160; Bae, Sangkyun, Ein Überblick über die zivil- und strafrechtliche Haftung im Zuge der Entwicklung der autonomen Fahrzeugtechnologie - mit Schwerpunkt auf Diskussionen in Japan, Bobjo Nr. 724 (2017), 33; Sunghoon Han, A Study on Criminal Liability in the Technology Stage of Autonomous Vehicles, Criminal Law Review Vol. 32, Nr. 3 (2020), 292. Kim, Hyungjoon, Criminal Liability for Autonomous Vehicle Traffic Accidents, Central Law Review Vol 19, Nr. 4, (2017), 72 argumentiert, dass der Hersteller durch die Einführung einer Produkthaftung nach dem Strafgesetzbuch haftbar gemacht werden sollte, da er nicht für Fahrlässigkeit haftbar gemacht werden kann, wenn die Herstellung den geltenden Gesetzen und technischen Standards entspricht.

7) Unter der Prämisse, dass der Status eines Fahrers von einer natürlichen Person ab Level 4 nicht mehr erkannt werden kann und keine strafrechtliche Verantwortlichkeit auferlegt werden kann, wird das Argument, dass autonome KI-Fahrzeuge in Zukunft Gegenstand einer strafrechtlichen Haftung werden könnten, in Yoon, Youngseok, "Imputed Subject of Criminal Liability Arising from the Operation of Autonomous Vehicles", Hongik Law Review Vol. 20, No. 1 (2019), 536 diskutiert

8) Lee, Jongyoung/Kim Jeongim, "Legal Issues in the Operation of Autonomous Vehicles", Central Law Review Vol. 17, Nr. 2 (2015), 167, 174 argumentieren, dass, da Fahrer von der Sorgfaltspflicht befreit sind, die strafrechtlichen Sanktionen, die den Verstößen gegen die Pflichtpflicht nach dem Straßenverkehrsgesetz untergeordnet sind, nicht angewendet werden können, und im Falle von Herstellern gibt es keine Strafen nach dem Produkthaftungsgesetz, und selbst wenn es geändert wird, ist es für

Fahrsystem strafrechtlich verfolgt werden, stellt sich die Frage, ob die KI wie eine Person den Betrieb der autonome Fahrzeuge dominiert hat und ob die KI für einen Verkehrsunfall verantwortlich ist. Fraglich ist auch, ob das autonome Fahrsystem in der Lage sein wird, die Bedeutung seiner Handlungen zu verstehen, die rechtlichen Auswirkungen seiner Handlungen zu erkennen und die Verantwortung als Schuld für diejenigen zu übernehmen, die sich zu illegalen Handlungen entschlossen haben.

Nach dem derzeitigen kor. Strafrechtssystem ist es im Falle eines autonomen KI-Fahrzeugs ohne Eingreifen des menschlichen Fahrers schwer zu sagen, dass das autonome KI-Fahrzeug den Betrieb des Fahrens tatsächlich steuert und kontrolliert. Im Jahr 2021 hat Deutschland das Straßenverkehrsgesetz geändert, um Fahrzeuge der Stufe 4 für den öffentlichen Straßenverkehr zu ermöglichen, und ein technisches Aufsichtssystem eingeführt. Japan hat das Straßenverkehrsgesetz im Jahr 2022 geändert, um das bestehende Konzept des ‚Fahrens', das auf der Prämisse des Fahrers basiert, durch das Konzept des "spezifischen automatischen Betriebs" zu ändern, und ein dreistufiges Verantwortungssystem für den jeweiligen Bediener des automatischen Betriebs, den Aufsichter und den Außendienstmitarbeiter eingeführt. Obwohl die Staaten mit der Gesetzgebungsarbeit zu Level 4 begonnen haben, werden die Lösungen für Detailfragen wie den Umfang der Sorgfaltspflicht von Entwicklern autonomer Fahrsysteme, das Vertrauensprinzip und den Grad der Vorhersehbarkeit im Falle

---

das Strafrecht nicht geeignet, eine bestimmte Person strafrechtlich zu haften, da die Verantwortung für Herstellungsfehler angesichts der Komplexität des Herstellungsprozesses nicht als bestimmte Person bestimmt werden kann.

von fahrlässigen Straftätern sowie die Frage des Notstandes immer noch diskutiert und liefern keine klaren Antworten.
Aus diesem Grund besteht die Tendenz, den zivilrechtlichen Schadenersatz zu stärken, anstatt eine neue Strafrechtslehre zu präzisieren. Gleichzeitig gibt es eine gesetzgeberische Tendenz, die Verkehrssicherheit beim Betrieb autonomer Fahrzeuge zu gewährleisten und den Fahrer von der Verantwortung bei der Verwendung autonomer Fahrsysteme zu befreien, indem neue Konzepte eingeführt werden[9], wie z. B. ein spezifischer Aufsichter für autonomes Fahren oder ein technischer Aufsichter oder Remote Operator[10], in Deutschland wie in Japan. Die Tatsache, dass der "Uniform Automated Operation of Vehicles Act" der Uniform State Judicial Commission der U.S.A noch nicht die gesetzliche Ebene erreicht hat, zeigt, dass es nicht einfach ist, eine unabhängige Instanz der strafrechtlichen Verantwortlichkeit zu finden.[11]

Ⅳ. Autonome KI-Fahrzeuge und Risikostrafrecht

1. Künstliche Intelligenz und Risikostrafrecht

Tesla, ein führendes Unternehmen im Bereich autonomer Fahrzeuge, soll von Anfang an auf FSD (Full Self Driving) d.h. KI auf Rädern gesetzt haben, während andere Autohersteller

---

9) Junhwan Park, Analyse der legislativen Trends und Fragen im Zusammenhang mit autonomen Fahrzeugen in Korea und im Ausland, NARS Legislative Policy Nr. 127 (2023), 54.

10) Im Fall von Kalifornien, USA, wurde der Remote Operator neu definiert (13 CCR 3.7 §227.02, 13 CCR 3.8 §228.06 usw.).

11) Seungjoon Lee, Ausländische Gesetzgebungstrends und -richtungen zur strafrechtlichen Haftung bei Unfällen autonomer Fahrzeuge der Stufe 4, Journal of Comparative Criminal Law Vol. 25, Nr. 2 (2023), 93.

darüber nachdachten, wie sie Computer in ihre Fahrzeuge einbauen könnten. Teslas Denkweise wurde später zu einer Gelegenheit, die Denkweise anderer Hersteller autonomer Fahrzeuge zu ändern. Im Allgemeinen sind sich alle einig, dass die Ära der KI angebrochen ist und sich auch in Zukunft spektakulär weiterentwickeln wird. Derzeit erreichen die wettbewerbsfähigen, aggressiven Investitionen der globalen Big-Tech-Unternehmen in KI neue Höchststände, insbesondere in der generativen KI, aber die meisten von ihnen haben noch nicht den erwarteten wirtschaftlichen Nutzen gebracht.

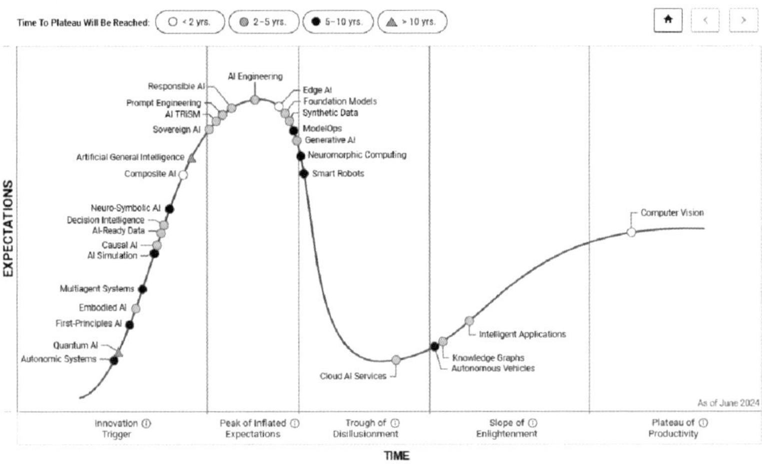

Der Gartner Hype Cycle hilft Ihnen, die tatsächlichen Risiken und Chancen technologischer Innovationen zu verstehen. Demnach besteht jeder Zyklus der technologischen Revolution aus fünf Phasen.[12] Derzeit gleicht die Investition in KI einem Wettrüsten. Der Technologiewettbewerb, der den Charakter einer Vorbereitung auf Notfälle hat, wird zwangsläufig im Stadium der Desillusionierung auf die Probe gestellt. Laut dem Gartner Hype Cycle Phases of the Technology Revolution

12) https://www.seldon.io/the-significance-of-ai-engineering-in-the-gartner-hype-cycle-for-artificial-intelligence-2024-report

befinden sich autonome Fahrzeuge derzeit im Tal des Disillusionments.[13)]

Aufgrund ihrer Fähigkeit, mechanische Aufgaben unendlich zu wiederholen, ohne wie Menschen müde oder gelangweilt zu werden, ist die KI in die technologische Entwicklung eingetaucht, um in modernen Industrien wie der Robotik auf verschiedene Weise eingesetzt zu werden. Man träumt manchmal von einer rosigen optimistischen Zukunft hinsichtlich neuer Spitzentechnologien und Hoffnungen auf Technokratismus, oder sie äußern die vage Befürchtung, dass die KI eines Tages den Menschen übertreffen und dominieren wird, wie in vielen SF-Filmen. Diese widersprüchliche Haltung entspringt der Befürchtung, dass KI über die Ebene der Vorprogrammierung und des automatischen Betriebs hinausgehen könnte, und die Ebene des Indeterminismus erreichen könnte, die dem inhärenten freien Willen des Menschen entspricht. Mit

13) 1. Die Trigger-Phase der Innovation beginnt, wenn ein Ereignis, wie z. B. eine neue Produkteinführung, die Aufmerksamkeit der Menschen auf sich zieht, wie z. B. chatGPT. 2. Die Phase, in der überhöhte Erwartungen ihren Höhepunkt erreichen, ist, wenn das Interesse an einem neuen Produkt steigt, aber es mehr Hype als Beweise dafür gibt, dass Innovation das liefern kann, was benötigt wird. 3. Das Tal des Disillusionments tritt ein_, wenn die ursprüngliche Begeisterung nachlässt und Early Adopters von Leistungsproblemen und einem niedrigen ROI (Return on Investment) berichten. Der Erfolg, das Scheitern und die praktische Anwendung fast aller Innovationen werden in dieser Phase weitgehend bestimmt. Ein typisches Beispiel ist die 3D-Druckertechnologie, die in der Phase des Disillusionments zu kämpfen hat. Zum Beispiel war das erste Smartphone IBM Simon im Jahr 1992, aber es wurde verkauft, weil es der Öffentlichkeit zu unbekannt war und es keinen App Store gab, so dass das Ökosystem nicht geschaffen wurde. Später, im Jahr 1996, produzierte Nokia ein Smartphone, und im Jahr 2007 wurde das bahnbrechende iPhone der ersten Generation mit dem App Store (Anwendung) und dem iTunes-Ökosystem kombiniert und ist seitdem führend in der Smartphone-Branche. 4. Die Aufklärungsphase tritt ein, wenn Early Adopters die ersten Vorteile sehen und zu verstehen beginnen, wie andere die Innovation auf ihr Unternehmen anwenden können. 5. Produktivitätsplateaus deuten auf einen Punkt hin, an dem mehr Benutzer echte Vorteile sehen und Innovation zum Mainstream wird.

anderen Worten, KI ist keine geschlossene Einheit, die nur auf eine vorgegebene Weise arbeitet, sondern eine "offene Maschine", die externe Informationen selbstständig erkennen und ihre eigenen Urteile fällen kann, so dass die KI Entscheidungen treffen und in eine Richtung handeln kann, die für den Menschen immer schwieriger vorherzusagen ist.
Systeme der KI, die sich derzeit in erschreckendem Tempo weiterentwickeln und schwer vorhersehbar sind, sind weltweit komplex und eng vernetzt, und kleine Fehler oder Defekte können sich zu schwer vorhersehbaren Kettenunfällen ausweiten und enorme Schäden anrichten. Dieses Risiko ist kein individuelles oder lokales Phänomen der modernen Gesellschaft, sondern eine globale Krise.[14)]
Die Technologie der KI, die mit der ganzen Welt verbunden ist, ist einer Vielzahl von Risiken ausgesetzt, deren Art und Ausmaß des Schadens schwer vorherzusagen sind. Man kann daher von einer "Risikogesellschaft der KI " bezeichnen.[15)]
Die Theorie des Risikostrafrechts geht über die traditionelle Auffassung des Strafrechts seit der Neuzeit hinaus, die besagt, dass das Subsidiaritätsprinzip, „nullum crimen, nulla poena sine lege“, Schulprinzip des Strafrechts zu beachten

---

14) Ulrich Beck/Sungtae Hong(übers.), Risikogesellschaft - Auf dem Weg zu einer neuen Moderne, 2019, 44, 56.

15) Ulrich Becks Buch "Risikogesellschaft" befasste sich ursprünglich mit dem Risiko der Biochemie und der Kernenergie nach dem Zweiten Weltkrieg. Dann, im Gefolge der globalen Finanzkrise und des 11. Septembers, wurde der "Klimawandel" in den Kern der "globalen Risikogesellschaft" zurückversetzt. Er starb 2015, zu diesem Zeitpunkt waren die Risiken von "KI" und " autonome Fahrzeuge" noch nicht thematisiert worden. Da er jedoch den Prozess und das Phänomen der Flucht vor der "Arbeit" als das Wesen einer Risikogesellschaft ansah, wird seine Ansicht nun durch KI deutlicher, so dass KI als ein Phänomen gesehen werden sollte, das mit einer höheren Version der "Risikogesellschaft" und nicht mit der "industriellen Revolution" zusammenhängt. https://www.khan.co.kr/opinion/column/article/201603222107235

sind, und argumentiert, dass das Strafrecht präventiv auf routinemäßige und unklare Risiken reagieren sollte.[16] Das Risikostrafrecht zielt in der Regel auf Risiken ab, die in großem Maßstab ein breites Spektrum von Risiken darstellen können, wie z. B. Umwelt, Drogen, Terrorismus, Kernenergie usw.. Autonome Fahrzeuge auf Basis künstlicher Intelligenz unterliegen ebenfalls einem neuen Risikostrafrecht aufgrund der Vielzahl von Risiken, die schwer vorherzusagen sind, und der hohen Wahrscheinlichkeit schwerer Unfälle. Das Risikostrafrecht versucht, die "Sicherheit des Überlebens ohne Angst" zu gewährleisten, indem es die Tat in der Phase vor der Begehung der Straftat bestraft (Vorverlagerung).[17] Es ist gekennzeichnet durch die (1) Verallgemeinerung der Rechtsgüter - Erweiterung des Umfangs der Straftaten ohne Opfer -, (2) die Erweiterung des Sonderstrafrechts, (3) die Ausweitung abstrakter gefährlicher Straftaten und (4) die Priorität des Strafrechts.[18] Im Gegenteil wird im Bereich des Verkehrsstrafrechts die strafrechtliche Verantwortlichkeit in der Risikogesellschaft reduziert, obwohl das Autofahren ein sehr großes Risiko darstellt, hat man im täglichen Leben keine Angst vor Gefahren und ist daran gewöhnt, so dass man aus Gewohnheit fahren, ohne ein Gefühl der Gefahr zu haben. Letztendlich basiert die rechtliche Reaktion auf das Risiko nicht auf der Höhe des Risikos, sondern auf dem Risikogefühl.[19] Das Risikogefühl der Gesellschaft bei

---

16) Byun, Jongpil, Risk Society, Risk, and Response to Criminal Law - Focusing on the Current Stand and Trends of Domestic and International Debates, Journal of Comparative Criminal Law, Bd. 14, Nr. 2 (2012), 540 ff.

17) Kurt Seelmann/Kim Younghwan (Übers.), Risikostrafrecht, Journal of Law (Hanyang Uni.), Bd. 14 (1997), 346.

18) Kim, Ilsoo/Seo, Bohak, Strafrecht AT., 13. Auflage (2018), S. 61.

autonomen Fahrzeuge besteht darin, dass der Fahrer keine Person, sondern eine KI ist. Autonome Fahrzeuge warten auf eine gesellschaftliche und rechtliche Bewertung, wie Risiken rational verteilt werden können.

2. Erlaubtes Risiko und Risikomanagement- und Aufsichtspflichten

Da das Risikostrafrecht eine Ausweitung der Strafe zur Folge hat, ist es nicht möglich, alle bestehenden Risiken zu regulieren, und übermäßige Eingriffe des Strafrechts können die Entwicklung innovativer Technologien und der Gesellschaft behindern. Daher ist es wichtig, den Umfang der sozialverträglichen Risiken so klar wie möglich zu bestimmen und die Rechtsgrundlage für Risiken zu schaffen, die über die erlaubten Risiken hinausgehen.[20] Es besteht das unvermeidliche Risiko einer Verletzung von Rechtsgütern des gesellschaftlichen Lebens, aber es ist der ‚Rechtsgrundsatz des erlaubten Risikos', ein solches Risiko wegen ihres gesellschaftlichen Nutzens in gewissem Umfang zuzulassen. Das Verkehrsstrafrecht ist ein repräsentativer Bereich, in dem der Rechtsgrundsatz des erlaubten Risikos gilt und der Umfang der Sorgfaltspflicht mit dem Vertrauensprinzip begrenzt wird. KI-basierte autonome Fahrzeuge bergen das Risiko, jederzeit Fehler zu verursachen, und es sollten

---

19) Gu, Gilmo, Strafrechtliche Regelungen zu autonomen Fahrzeugen in einer Risikogesellschaft, Journal of Law (Chosun Uni.) Vol. 27, Nr. 1 (2020.4.), 7.

20) Für die Ansicht, dass der Rechtsgrundsatz des erlaubten Risikos als Gegengewicht oder Puffer fungieren sollte, um die Ausweitung des Risikostrafrechts zu steuern, vgl. Kwanghoon Cho, Development of the Theory of Allowed Risk in the Criminal Law of Risk, Youngsan Law Review, Bd. 11, Nr . 2 (2014), S. 74 ff.

gesetzliche Standards geschaffen werden, wie viel Fehler unter Berücksichtigung des Ausmaßes und der Größe des auftretenden Risikos toleriert werden kann. Die ersten Entwürfe finden sich dazu [Regel 3] unter den 20 ethischen Regeln zum autonomen Fahren, die im Jahr 2017 in Deutschland von der Ethikkommission des Bundesministeriums für Verkehr und digitale Infrastruktur veröffentlicht wurden. [Regel 3] „Die Gewärleistungsverantwortung für die Einfürung und Zulassung automatisierter und vernetzter Systeme im öffentlichen Verkehrsraum obliegt der öffentlichen Hand. Fahrsysteme bedürfen deshalb der behördlichen Zulassung und Kontrolle. Die Vermeidung von Unfällen ist Leitbild, wobei technisch unvermeidbare Restrisiken einer Einführung des automatisierten Fahrens bei Vorliegen einer grundsätzlich positiven Risikobilanz nicht entgegenstehen." Es wurde erklärt, dass ein gewisses Maß an Risiko akzeptiert werden kann, solange bestätigt wird, dass der Nutzen und die Bequemlichkeit der Gesellschaft nicht gegen den Grundsatz der Verhältnismäßigkeit mit dem entstehenden Risiko verstößt, und dies ist der strafrechtlich erlaubte Risikorahmen. Darüber hinaus werden zur Sicherstellung der Grenzen für die Wahrnehmung der Rechtsgutschutzfunktion die staatliche Genehmigung und Kontrolle autonomer Fahrsysteme als Grundvoraussetzungen festgelegt.

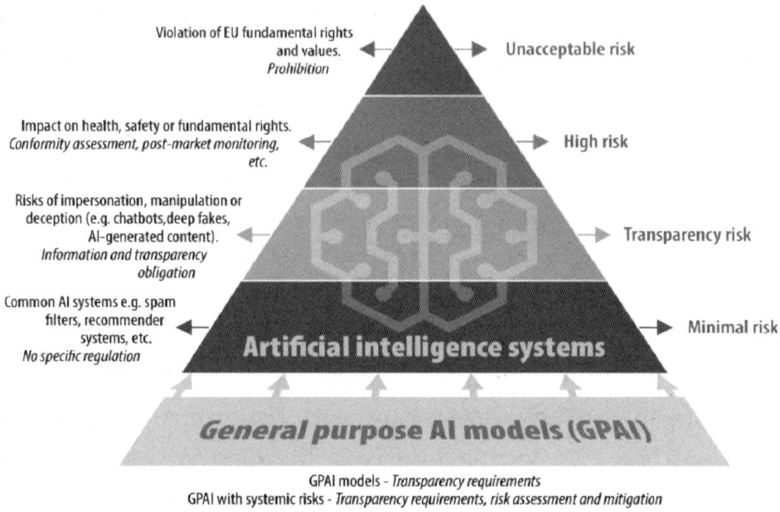

[Der Risikoansatz des EU AI Act (Europäische Kommission)]

Am 13. März 2024 verabschiedete das Europäische Parlament weltweit zum ersten Mal das ‚European Artificial Intelligence Act (EU AI Act)', ein umfassendes Gesetz zur KI. Die EU Kommission schlägt - wie bereits in ihrem Weißbuch aus dem Jahr 2020 - einen risikobasierten Ansatz mit den folgenden vier Risikostufen für Systeme der KI vor: unannehmbares Risiko, hohes Risiko, geringes Risiko und minimales Risiko, und legt unterschiedliche Verpflichtungen fest. KI mit unannehmbarem Risiko wird verboten, mit hohem Risiko wird strenge Pflichten auferlegt, mit geringem Risiko wird Transparenzpflichten auferlegt und mit minimalem Risiko wird keine spezifischen Pflichten auferlegt. Nach dieser Risikoabstufung stellt der Einsatz von KI im Straßenverkehr ein hohes Risiko (high-risk AI systems) dar, da das Leben und die Gesundheit der Menschen gefährdet werden können. Die Haftung für Unfälle während des Betriebs autonomer Fahrzeuge wird durch die Verantwortlichkeiten vieler verbundener Stellen wie zivil- und strafrechtliche Eigentümer, Fahrer, Hersteller und Betreiber sehr kompliziert, so dass es nicht möglich ist, hier alle Fragen zu erwähnen.

Insbesondere umfasst die (strafrechtliche)Produkthaftung auf der Grundlage von Art. 98[21] des kor. ZGB und Art. 346[22] des kor. StGB auch Hersteller der beweglichen Sachen. Für die Anwendbarkeit des ProdHaftG ist zunächst ein Produkt erforderlich. Ein Produkt ist jede bewegliche Sache, auch wenn sie einen Teil einer anderen beweglichen oder unbeweglichen Sache bildet. Fraglich ist dabei, ob auch Software unter den Produktbegriff subsumiert werden kann. Diese Frage ist im Zusammenhang mit automatisierten und vernetzten Fahrzeugen von großer haftungsrechtlicher Bedeutung, da die Software die elektronischen Komponenten des Fahrzeugs und somit auch die Fahrvorgänge steuert. Es sollte diskutiert werden, ob es Softwarehersteller umfassen könnte, die in die Fahrzeuge integriert sind, die für den Betrieb autonomer Fahrzeuge unerlässlich sind, und Anbieter von Softwareplattformen oder Dienstleistern, die sie in ihren eigenen Clouds zur Verfügung stellen. In der Debatte um die Revision von Art. 98 des kor. ZGB gibt es derzeit unterschiedliche Auffassungen zu diesem Thema. Diese Frage ist in automatisierten und vernetzten Fahrzeugen sehr wichtig, da die Software die elektronischen Komponenten des Fahrzeugs und damit die Fahrvorgänge steuert. Die Pflichten der Hersteller für hohes Risiko-KI-Systeme können dabei in die auf den Zeitpunkt des Inverkehrbringens des Produkts bezogenen Entwurfs-, Herstellungs- und Beratungspflichten sowie

---

21) „(Definition der Sache) In diesem Gesetz bezieht sich der Begriff „Sache" auf physische Gegenstände, Elektrizität und andere Naturkräfte, die man beherrschen kann."

22) „(Macht) Bei den Verbrechen dieses Kapitels wird Kraft, die verwaltet werden kann, als Eigentum angesehen."

die über den Zeitpunkt des Inverkehrbringens hinausgehenden Produktbeobachtungspflichten unterschieden werden. Besonders intensiv ist die Produktbeobachtungspflicht in der Regel bei komplexen Neuentwicklungen, die ein größeres Schadenspotenzial aufweisen, wozu wohl auch Fahrzeuge mit autonomer Fahrfunktion gehören. Auch wenn das Schadenspotenzial gleich oder vergleichbar mit dem eines konventionellen Produkts ist, unterliegen vernetzte Fahrzeuge und ihre Infrastruktur tendenziell einer erhöhten Produktbeobachtungspflicht.[23)]

Autonome Fahrzeuge gelten nach dem EU AI Act als ein hohes Risiko KI und sind eine neue KI-Technologien, deren Sicherheit für die breite Öffentlichkeit noch nicht ausreichend überprüft wurde und daher ein hohes Risikopotenzial besteht. Daher kann der strafrechtliche Grundsatz des erlaubten Risikos nicht wie bei einem normalen Auto angewendet werden. Zunächst sollte die Verwaltungsbehörde im Einklang mit der Rechtsgutschutzaufgabe des Staates, die den mit autonomen Fahrzeugen verbundenen Unternehmen strenge Verpflichtungen auferlegen und Strafbestimmingen für Verstöße verhängen, um die institutionelle Sicherheit zu gewährleisten. Der allgemeine Inhalt, den die zuständige Verwaltungsbehörde regeln sollte, besteht darin, den Herstellern zunächst Risikokontroll- und Aufsichtspflichten aufzuerlegen. Die Hersteller sollten verpflichtet werden, den Betriebsfortschritt von autonomen Fahrzeuge, die sie selbst nach Algorithmen der KI beurteilen, kontinuierlich zu überwachen und die notwendigen Maßnahmen wie die Aussetzung der Produktion und den unverzüglichen Rückruf im Falle eines Defekts oder Unfalls, der Schäden verursachen kann, und dabei Nichteinhaltung sollten Strafen verhängt werden.[24)] Kommt es zu

---

23) Sedlmaier/Krzic Bogataj: Die Haftung beim (teil-)autonomen Fahren, NJW Vol. 75 no.41 (2022), 2953.

24) Zu einer ähnlichen Ansicht siehe Lim, Seoksoon, Attribution of

einem Unfall, weil der Hersteller seine Pflicht, solche Risiken von vornherein zu vermeiden, vernachlässigt oder die erforderlichen Maßnahmen nicht ergriffen hat, kann er für dessen Unterlassung gegebenenfalls strafrechtlich verantwortlich gemacht werden. Darüber hinaus sollten die Nutzer verpflichtet werden, das gesamte Betriebssystem autonomer Fahrzeuge regelmäßig zu überprüfen, und es sollten Strafbestimmungen für die Nichteinhaltung festgelegt werden, um die Fahrsicherheit zu erhöhen.

3. Zivil- und strafrechtliche Haftung für Unfälle mit autonome KI-Fahrzeuge

Nach dem geltenden Straßenverkehrsgesetz bezieht sich ein ‚Fahrer' auf ein Mensch, dann das künstliche Fahrsystem ist kein Fahrer, so dass KI nach dem Straßenverkehrsgesetz nicht strafbar ist. Das geltende Recht erkennt jedoch bereits die Rechtspersönlichkeit einer juristischen Person neben einem Mensch an. Nach der h.M in Korea erkennt die Straffähigkeit von Unternehmen angesichts der Tatsache an, dass das geltende Strafrecht Strafbestimmungen für natürliche und juristische Personen vorsieht. Derzeit wird bei der Revision des kor. ZGB über den Begriff von Sache elektronischer Aufzeichnungen wie Daten und die Frage, ob KI als Rechtspersönlichkeit wie eine e-Person anerkannt werden kann, debattiert. Die Entschließung des Europäischen Parlaments zu zivilrechtlichen Vorschriften für Robotik(Civil Law Rules on Robotics) wird empfohlen, dass Roboter den Status von E-Personen erhalten, wenn sie autonom Entscheidungen treffen oder unabhängig mit anderen interagieren.[25] Da E-Personen

Responsibility for Artificial Intelligence in Criminal Law, Criminal Policy Research Volume 27, Nr. 4 (2016), 81.

einen Rechtsstatus haben, ist es demnach möglich, durch KI verursachte Schäden geltend zu machen. Es gibt verschiedene Möglichkeiten, die Inhalte und Verfahren der tatsächlichen Haftung durch ein System wie die Registrierung von E-Personen zu ergänzen, ein Haftpflichtversicherungssystem oder ein Fondssystem zu betreiben, um Schäden wesentlich zu ersetzen, und sogar ein juristischen Personsystem anzuwenden.[26] Anstatt jedoch das Bewusstsein oder die Emotion von KI-Robotern anzuerkennen, werden die oben genannten Inhalte aus technischer Sicht als Versuche angesehen, eine zivilrechtliche Haftung durch die Begründung von Rechtsbeziehungen oder Schadensersatz für die Handlungen des Roboters zu gewähren.[27] Nach den progressive Ansichten verfügt die KI über die gleichen geistigen Fähigkeiten wie der Mensch, einschließlich der Urteilsfähigkeit, der Fähigkeit zur emotionalen Kommunikation, der Autonomie und der Fähigkeit zum reflektierenden Denken und sogar der Fähigkeit zum normativen Urteil, sodass sie die Fähigkeit zu zivilrechtliche Rechten und die strafrechtliche Schuldfähigkeit erkennen kann. Es gibt auch eine fortschrittliche Ansicht, dass sich die Bedeutung der Systemtheorie[28] oder der Rechtsnormen, die auf

---

25) Suwon Baek, Eine Studie über rechtliche Diskussionen und Implikationen der elektronischen Menschen- und elektronischen Persönlichkeitserkennung, Journal of Foreign Law, Bd. 43, Nr. 4 (2019), 96.

26) Yonghoon Kim, Legislative Überlegungen zu Verantwortlichkeiten beim Betrieb autonomer Fahrzeuge - unter Bezugnahme auf schwedischen Vision Zero, , Hongik Law Review Vol. 24, Nr. 4 (2023), 397.

27) Am 19. Juli 2017 wurde in Südkorea das "Basic Bill on Robots" vorgeschlagen, das die Grundlage für die Gewährung eines rechtlichen Status für Roboter mit künstlicher Intelligenz als elektronische Persönlichkeiten legen sollte, aber aufgrund des Ablaufs seiner Amtszeit am 29. Mai 2020 verworfen wurde. https://likms.assembly.go.kr/bill/billDetail.do?billId=PRC_C1Y7K0H7Z1E9L0A9M5H7P0T8V9S7R2

die Fiktion bestehender biologischer, menschenzentrierter Rechtstheorien hinweisen, immer mit der Zeit verändert hat, so dass es möglich ist, die Handlungsfähigkeit der KI zu erkennen.[29] Dieser Diskurs lässt uns die Argumentation von Yuval Harari überdenken, die vom Ende des Homo sapiens als biologischem Menschen und Post-Menschen spricht.[30]

Die Anforderungen und Voraussetzungen für die Anerkennung einer Strafbarkeit, die die stärkste staatliche Strafe als Sanktionsinstrument einsetzt, sind nicht nur deutlich strenger als die zivilrechtliche Haftung, sondern haben auch das Potenzial, die

---

28) Nach der von N. Luhmann formulierten "Systemtheorie", einem postanthropozentrischen Gedanken, wird anerkannt, dass wir wie Menschen kommunizieren können, auch wenn wir keine biologischen Menschen sind. Das Aufkommen der KI argumentiert, dass die menschliche Welt aus Kommunikation besteht und dass systemzentrierte Kommunikation, nicht menschenzentriertes Verhalten, zu einer wichtigen Betriebsweise in der modernen Wissenschaft und Technologie wird. Zum Beispiel Chunsoo Yang, The Fourth Industrial Revolution and Law, 2017, S. 104-113.

29) Eric Hilgendorf, "Könen Roboter schuldhaft handeln?", in: Beck, Susanne. (Hrsg), Jenseits von Mensch und Maschine, Nomos, 2012, 129-132; Gleß/Weigend, Intelligent Agenten und das Strafrecht, ZStW 126 (2014), 576. argumentieren, dass, da sich der Umfang eines persönlichen Subjekts mit der Fähigkeit zu Rechten im Laufe der Geschichte geandert hat, sich auch das Konzept und die Kategorie der strafrechtlichen Verantwortung ändern können, so dass eine KI-Entität als Subjekt anerkannt werden kann. Wenn das Konzept des freien Willens, das eine Voraussetzung für die Fähigkeit zur Verantwortung ist, nicht theoretisch bewiesen ist und der freie Wille nur eine Fiktion ist, dann ist es nicht möglich zu handeln. Es gibt kein Problem mit der Übertragung von Rechtsbegriffen wie der Haftung auf autonome Maschinen. Die Tatsache, dass metaphysische Fragen wie die Frage nach dem freien Willen in der Praxis weitgehend ignoriert werden, und dass es umso fragwürdiger ist, zu fragen, was "freier Wille" für Maschinen bedeutet, wenn das Problem des freien Willens des Menschen ungelöst bleibt. Es wird auch die Ansicht vertreten, dass es möglich sein wird, KI strafrechtlich zur Verantwortung zu ziehen, wenn die komplexen Rechenformeln, die in die KI eingefügt werden, funktional mit der moralischen Selbstbewertung und Selbstkontrolle des Menschen vereinbar sind.

30) Yuval Harari/Cho, Hyunwook (Übers.), Sapiens, (2015); Yuval Harari/Kim, Myungjoo(Übers.), Homodeus, (2017).

Technologie und das Geschäft autonomer Fahrzeuge zu untergraben, wenn das Strafrecht überstürzt eingreift. Aus diesem Grund wird die Auffassung vertreten, dass die strafrechtliche Verantwortlichkeit im Falle eines Verkehrsunfalls mit autonomen Fahrzeuge in eine zivilrechtliche Haftung umgewandelt werden sollte.[31] Nach dieser Meinung kann die Einführung einer Art lockerer Form des Strafschadensersatzsystems unklare Situationen lösen, etwa ob es sich bei der für die Straftat verantwortlichen Person um den Entwicklungsleiter, den Hersteller oder den Händler handelt. Die realpassende Lösung für die zivilrechtliche Haftung ist die Entwicklung einer autonomen Autoversicherung. In den kor. einschlägigen Regeln der "Ordnungen über die Anforderungen an den sicheren Betrieb und den Testbetrieb von autonomen Fahrzeugen usw." (Mitteilung Nr. 2021-1532 des Ministeriums für Land und Verkehr) heißt es: „Ein Autobesitzer oder eine Person mit dem Recht, ein Auto zu benutzen, die eine vorübergehende Fahrerlaubnis zum Zweck der Erprobung oder Erforschung eines autonomen Autos erhalten möchte, haftet gemäß Art. 3 des Kfz-Schadensersatzgarantiegesetzes für Verkehrsunfallschäden, die durch den Betrieb des Autos verursacht werden.“ „Ein Antragsteller für eine vorübergehende Betriebserlaubnis für ein autonomes Fahrzeug muss eine Versicherung gemäß Art. 5 Absätze 1 und 2 des Kfz-Schadensersatzgarantiegesetzes abschließen, um eine angemessene Entschädigung für Verkehrsunfallschäden sicherzustellen.“ Darüber hinaus hat die kor. Financial Services Commission ein spezielles Vertragsprodukt ausschließlich für autonome Geschäftsfahrzeuge

31) Eun, Jongseong/Kim, Joopyo/Kim, Sieun, Studie zum Versicherung santrag nach Unfällen mit autonomen Fahrzeuge, Journal of Commercial Law Bd. 36, Nr. 3 (2017), 376-378.

entwickelt und ihren Standard-Sondervertrag angekündigt. Der Hauptinhalt wird in den Allgemeinen Geschäftsbedingungen für die Entschädigung von Verkehrsunfällen während des autonomen Fahrmodus klargestellt, und im Falle eines Unfalls entschädigt die Versicherungsgesellschaft im Voraus, und im Falle eines Defekts am autonomen Fahrzeug ist der Autohersteller verpflichtet, die nachträgliche Entschädigung in den Allgemeinen Geschäftsbe dingungen anzugeben. Darüber hinaus wurde die Pflicht des Autobesitzers zur Mitarbeit bei der Untersuchung der Unfallursache in die Allgemeinen Geschäftsbedingungen aufgenommen und beschlossen, die Versicherungsprämie unter Berücksichtigung des Hinzukommens neuer Risiken wie Systemfehler und Hacking auf einem Niveau anzuheben, das um 3,7 % über der aktuellen Geschäftswagenversicherungsprämie liegt.[32)]

Seit 1981 hat Korea die strafrechtliche Verantwortung fahrlässiger Straftäter im Zusammenhang mit Verkehrsunfällen bereits weitgehend in Zivilsachen umgewandelt, indem es sie durch eine Verkehrsunfallversicherung auf der Grundlage des Sondergesetzes über Verkehrsunfälle regelt. Nach diesem Gesetz sind Sachunfälle nicht strafbar, wenn Schadensersatz vereinbart oder eine Kaskoversicherung abgeschlossen wird. Im Falle einer fahrlässigen Körperverletzung bei einem Personenunfall wird der Täter nicht bestraft, wenn Schadensersatz vereinbart oder eine Kaskoversicherung abgeschlossen wird. Folgende Fälle werden aber bestraft: Wenn es jedoch unter 12 Vorbehaltsklauseln Bestimmungen fällt, wie z. B. Überqueren der Mittellinie, Übertreten einer Ampel usw., Fluchtfahren nach dem Unfall, Nichteinhaltung des Alkoholtests, schwere Körperverletzungsfolge

32) Financial Services Commission führt Versicherungsprodukte für autonome Fahrzeuge im Einklang mit der Entwicklung der Technologie der vierten industriellen Revolution ein, Pressemitteilung, 17.9.2020.

und keine Verpflichtung zur Zahlung von Versicherungsgeldern. Zudem werden Täter immer dann bestraft, wenn sie nach einem Unfall flüchten oder die notwendigen Maßnahmen nicht ergreifen. Wenn das Sondergesetz über Verkehrsunfälle überarbeitet wird, um die Unfallmerkmale autonomer Fahrzeuge widerzuspiegeln, wird davon ausgegangen, dass eine Lösung durch Versicherungen möglich sein wird. Da die allgemeine persönliche Versicherung für autonome Fahrzeuge jedoch noch nicht eingeführt wurde in Korea, werden die Sonderregelungen des Sondergesetzes über Verkehrsunfälle derzeit nicht angewendet. Aber wenn in Zukunft ein persönliches autonomes Fahrzeugversicherungssystem für Unfälle mit autonomen Fahrzeugen vorbereitet wird, können durch die Überarbeitung des Sondergesetzes über Verkehrsunfälle bei Unfällen mit autonomen Fahrzeugen Sonderregelungen angewendet werden.

V. Abschließende Bemerkungen

Historisch gesehen hat sich das Paradigma des Strafrechts mit der technologischen Revolution verändert, und der Konflikt zwischen Rechtstheorien aufgrund der Entwicklung von Naturwissenschaft und Technik hat sich bis zum Schulenstreit in Europa vor etwa 100 Jahren fortgesetzt und neue Gesetzgebung, Rechtsprechungen und Veränderungen in der gesamten Strafrechtsordnung mit sich gebracht. Gegenwärtig unterscheidet sich der Beginn des allgemeinen Wandels von Strafrechtsordnung durch die Entwicklung der KI-technologie in der vierten industriellen Revolution nicht wesentlich von der damaligen Situation vor etwa 100 Jahren.

Es stimmt auch, dass zivilrechtliche Ansätze zu autonomen

Fahrzeuge, wie z. B. das Konzept der E-Person als Gegenstand der zivilrechtlichen Haftung, die Einrichtung einer autonomen Fahrzeugeversicherung und die Produkthaftung, Vorrang vor dem Strafrecht haben, das eine relativ starke Ethik hat. Es gibt jedoch keine Möglichkeit, die falschen Entscheidungen der Betreibergesellschaften zu verhindern, die auftreten können, wenn die Kosten für Schäden, die von den am Betrieb autonomer Fahrzeuge Beteiligten getragen werden, niedriger sind als die von der Verwaltungsbehörde auferlegten Risikokontroll- und Aufsichtskosten. Um den sicheren Betrieb autonomer Fahrzeuge im Einklang mit der Rechtsgutschutzaufgabe des Staates zu gewährleisten, ist es für Gewährleistung der institutionellen Sicherheit wichtig, den mit autonomen Fahrzeugen verbundenen Unternehmen strenge Risikokontroll- und Aufsichtspflichten auferlegen und Strafbestimmingen für Verstöße verhängen. Wenn ein Defekt mit hoher Wahrscheinlichkeit eines Unfalls entdeckt wird oder die Sicherheit gefährdet sein könnte, ist es außerdem zwingend, die erforderlichen Maßnahmen wie die Aussetzung der Produktion oder den Rückruf zu ergreifen, und es sollten Strafen für die Nichteinhaltung der Verpflichtungen verhängt werden. Kommt es zu einem Unfall, weil der Hersteller seine Pflicht, solche Risiken von vornherein zu vermeiden, vernachlässigt oder die erforderlichen Maßnahmen nicht ergriffen hat, kann er für dessen Unterlassung gegebenenfalls strafrechtlich verantwortlich gemacht werden.

제03장

韓國の人工知能基本法の主要內容

朴 洙 永

Ⅰ. はじめに

「인공지능 발전과 신뢰 기반 조성 등에 관한 기본법(人工知能発展と信頼基盤造成などに関する基本法)」(以下「人工知能基本法」という)が2024年12月26日に国会を通過し、2025年1月21日に公布され、2026年1月22日から施行される。この法は、2024年5月31日から発議された19件の類似法案[1)]を統合し、科学技術情報放送通信委員会がこれらを併合·審査し、11月26日に代案を作り、12月26日に国会本会議で可決されたものである[2)3)]。これにより、韓国は、人工知能の発展支援と人工知能社会の信頼基盤造成という二つの軸を中心に規律する人工知能に関する包括的な規制法をEUに続き、世界で2番目に制定した[4)5)]。特に、19件の法

1) 2019年12月17日、汎政府合同の「AI国家戦略」で人工知基本法制が設けられるなど、人工知基本法の制定により立法の方向性が可視化された。第21代国会でも毎年、基本法の性格の法案が発議され、合計10件が発議された。特に、第21代国会では、2021年4月21日、EUの人工知能法案の公開および2022年11月30日、OpenAIのChatGPT登場など主要な対内外的変化があった。以後、第22代国会では7ヶ月以内に合計19件の法案が発議された。

2) 韓國では基本法の以前に人工知能が問題となる個別法として「ドローン活用の促進および基盤造成に関する法律(ドローン法)」と「知能型ロボット開発および普及促進法(知能型ロボット法)」があった。

3) 法案審査過程で利用者保護および学習用データの著作権保護などを要求する市民団体と関係機関の慎重論もあったが、AI3大強国跳躍のために基本法制定をこれ以上先送りできないという産業界の要求と与党と野党の共感が大きく、迅速に法律を制定し、その後の立法を通じて補完することにした。

4) EUのAI法の全面施行は2026年8月からなので、施行時期においては韓国の人工知能基本法が世界初の人工知能規制の事例となる。

5) 米国の州法であるコロラド(Colorado)のAI法まで考慮すれば3番目である。

案のうち9件の法案に'産業'という表現が含まれていたが、法の題名から'産業'が除外されたが、これは産業だけでなく研究・学術分野での人工知能発展を包括するためのものである[6]。

人工知能基本法は、人工知能に関する国家レベルのガバナンス体系を確立し、人工知能産業を体系的に育成し、人工知能によって発生しうる危険を事前に予防するための内容で構成され、本文は43個の条文で、附則は3個の条文で基本的な事項となっている[7]。

された。人工知能基本法がEUのAI法の影響を受けていることは否めない。高影響人工知能に対する規制、安全性確保義務、透明性規制などは相当部分がEUAI法の内容と似ている[8]。

科学技術情報通信部は、2025年9月8日に国家人工知能戦略委員会の公式発足とともに、施行予定の人工知能基本法の施行令草案(以下「施行令草案」という)を公開した。施行令草案は、人工知能産業育成のための支援対象および基準、人工知能事業者に賦課される透明性・安全性確保義務の履行方式・例外など人工知能基本法が施行令に委任している基準・手続きなどを規定している。特に、①生成型・高影響人工知能事業者に課される透明性確保義務の履行方法、②高影響人工知能の基準、③高影響人工知能の該当可否に対する判断基準と関連義務の履行方案、④国内代理人の指定義務の範囲など、関連事業者に影響を及ぼしうる内容を多数規定しており、注目する必要がある。

本稿では、人工知能基本法の主な内容を考察する。施行令草案の場合には、主要部分に対してのみ扱うこととする。

---

6) 채은선, "우리나라 「인공지능기본법」의 주요 내용 및 관련고려사항", 경제규제와 법 제18권 제1호(통권 제35호). 2025.5., 서울대학교 공익산업법센터, 94面

7) EUのAI法は、113個の規定と13個の付属書で構成されている。

8) 김현경, "AI 규제 입법의 문제점에 대한 검토 - EU AI Act와 한국의 AI 기본법간 비교, 분석을 중심으로 -", 성균관법학 제37권 제1호, 2025. 3., 성균관대학교 법학연구원, 82面.

Ⅱ. 人工知能基本法の総則

1. 人工知能基本法の目的と性格

(1) 人工知能基本法の目的(法第1条)

人工知能基本法は、人工知能の健全な発展と信頼基盤の造成に必要な基本的な事項を規定することにより、国民の権益と尊厳性を保護し、国民の生活の質の向上と国家競争力を強化するのに資することを目的とする(法第1条)。したがって、条文構成の相当部分が政策推進のための支援施策に主眼点を置いており、法の実効性確保方式もやはり刑罰よりは政府の調査による違反行為の中止や是正措置に重点を置いている[9]。

近年、人工知能の性能が飛躍的に発展するにつれて、人工知能の活用が急速に拡大している。特に、生成型人工知能の登場により、人工知能が多様な潜在的な恵をもたらすと予想される一方、同時に人工知能の危険性に対する憂慮も提起されてきた。このような背景のもと、人工知能基本法は、人工知能の健全な発展を支援し、人工知能社会の信頼基盤づくりに必要な基本的な事項を規定することで、韓國の人工知能の新しい基準を設ける目的で提案されました[10]。

(2) 人工知能基本法の性格

人工知能基本法が'基本法'に該当するかどうかについては異論があり得るが、'基本法'の題名に合致するよう、技術の発展と社会の変化に合わ

9) 김현경, "「AI 기본법」 주요 내용과 시행과제", KISO저널 제58호, 2025, (사)한국인터넷자율정책기구, 13面.
10) AI 기본법 제정안의 주요 내용 및 시사점(https://www.bkl.co.kr/law/insight/newsletter/detail?searchCondition=&searchKeyword=AI&searchDateFrom=&searchDateTo=&orderBy=orderByNew&pageIndex=1&whichOne=NEWSLETTER&menuType=law&lawNo=&expertNo=&newsletterNo=5848&memberNo=&fieldNo=&lang=ko&logFunction=)

せて他の個別法令に共通する原則と方向性を提示する人工知能基本法として発展を続けていくべきである。一方、人工知能基本法は、公共及び民間を包含し、国防、医療、教育、金融などあらゆる分野に適用されると、人工知能政策推進体系、技術開発及び産業育成のための支援など多数の振興施策を盛り込んでいる'一般法'的な性格を持つといえる[11]。規制対象であるAIのうち、いずれか一つに該当すれば、単一主務官庁が同じ規制の束を執行するAIに関する水平規制体系(horizontal regulatory framework)を持っている[12]。人工知能基本法は、全分野で共通して適用可能な原則と遵守すべき事項、政府および人工知能事業者など当事者別の役割などを定めるために基本法および一般法の形式を取ったものと見られる[13]。

[人工知能基本法の構成]

<table>
<tr><td colspan="2" rowspan="5">第1章 総則</td><td>第1条 (目的)</td></tr>
<tr><td>第2条 (定義)</td></tr>
<tr><td>第3条 (基本原則および国家等の責務)</td></tr>
<tr><td>第4条 (適用範囲)</td></tr>
<tr><td>第5条 (他の法律との関係)</td></tr>
<tr><td colspan="2" rowspan="7">第2章
人工知能の健全な発展と信頼基盤造成のための推進体系</td><td>第6条 (人工知能基本計画の樹立)</td></tr>
<tr><td>第7条 (国家人工知能委員会)</td></tr>
<tr><td>第8条 (委員会の機能)</td></tr>
<tr><td>第9条 (委員の除斥・忌避および回避)</td></tr>
<tr><td>第10条 (分科委員会等)</td></tr>
<tr><td>第11条 (人工知能政策センター)</td></tr>
<tr><td>第12条 (人工知能安全研究所)</td></tr>
<tr><td rowspan="4">第3章
人工知能技術の開発および</td><td rowspan="3">第1節
人工知能産業基盤の造成</td><td>第13条 (人工知能技術開発および安全な利用の支援)</td></tr>
<tr><td>第14条 (人工知能技術の標準化)</td></tr>
<tr><td>第15条 (人工知能学習用データ関連施策の樹立等)</td></tr>
<tr><td>第2節
人工知能技</td><td>第16条 (人工知能技術導入・活用の支援)</td></tr>
</table>

11) 김현경, "「AI 기본법」 주요 내용과 시행과제", 12面; 채은선, 前掲論文, 94面.
12) 박상철, "인공지능 기본법의 시행 전 개정 필요성 - 규제 조항의 체계·축조상 문제점을 중심으로 -", 정보법학 제28권 제3호, 2024, 한국정보법학회, 7面.
13) 채은선, 前掲論文, 94~95面.

<table>
<tr><td rowspan="10">産業育成</td><td rowspan="10">術の開発および人工知能産業の活性化</td><td>第17条（中小企業等のための特別支援）</td></tr>
<tr><td>第18条（創業の活性化）</td></tr>
<tr><td>第19条（人工知能融合の促進）</td></tr>
<tr><td>第20条（制度改善等）</td></tr>
<tr><td>第21条（専門人材の確保）</td></tr>
<tr><td>第22条（国際協力および海外市場進出の支援）</td></tr>
<tr><td>第23条（人工知能集積団地の指定等）</td></tr>
<tr><td>第24条（人工知能実証基盤の造成等）</td></tr>
<tr><td>第25条（人工知能データセンター関連施策の推進等）</td></tr>
<tr><td>第26条（韓国人工知能振興協会の設立）</td></tr>
<tr><td rowspan="10" colspan="2">第4章
人工知能倫理および信頼性確保</td><td>第27条（人工知能倫理原則等）</td></tr>
<tr><td>第28条（民間自律人工知能倫理委員会の設置等）</td></tr>
<tr><td>第29条（人工知能信頼基盤造成のための施策の用意）</td></tr>
<tr><td>第30条（人工知能安全性・信頼性の検・認証等の支援）</td></tr>
<tr><td>第31条（人工知能透明性確保義務）</td></tr>
<tr><td>第32条（人工知能安全性確保義務）</td></tr>
<tr><td>第33条（高影響人工知能の確認）</td></tr>
<tr><td>第34条（高影響人工知能と関連する事業者の責務）</td></tr>
<tr><td>第35条（高影響人工知能影響評価）</td></tr>
<tr><td>第36条（国内代理人指定）</td></tr>
<tr><td rowspan="5" colspan="2">第5章　補則</td><td>第37条（人工知能産業の振興のための財源の拡充等）</td></tr>
<tr><td>第38条（実態調査、統計および指標の作成）</td></tr>
<tr><td>第39条（権限の委任および業務の委託）</td></tr>
<tr><td>第40条（事実調査等）</td></tr>
<tr><td>第41条（罰則適用における公務員擬制）</td></tr>
<tr><td rowspan="2" colspan="2">第6章　罰則</td><td>第42条（罰則）</td></tr>
<tr><td>第43条（過怠料）</td></tr>
</table>

2. 用語の定義(法第2条)

人工知能基本法第2条は、人工知能、人工知能システム、人工知能技術、高影響人工知能、生成型人工知能、人工知能産業、人工知能事業者、利用者、影響を受ける者、人工知能社会、人工知能倫理など人工知能 に関連する用語を定義している。また人工知能、人工知能システム、人工知能技術、高影響人工知能、生成型人工知能、人工知能産業、人工知能事業者、利用者、影響を受ける者などを具体的な規律対象を設定した。これに対し、最近では改正方案として人工知能の定義を削除し、法上人工知能システム定義で統一し、法上に混在した人工知能体系も人工知能システムに一元化する代案もも議論されている。

(1) 人工知能・工知能システム・人工知能技術

人工知能基本法上、「人工知能(Artificial Intelligence)」とは、学習、推論、知覚、判断、言語の理解など、人間が持つ知的能力を電子的方法で具現したことをいう(法第2条第1号)。人工知能基本法上、「人工知能システム」とは、様々なレベルの自律性と適応性をもって、与えられた目標のために、実際および仮想環境に影響を及ぼす予測、推薦、決定などの結果物を推論する人工知能基盤システムをいう(法第2条第2号)。人工知能基本法上、「人工知能技術」とは、人工知能を具現するために必要なハードウェア・ソフトウェア技術またはその活用技術をいう(法第2条第3号)。

米国は「人工知能」を定義し、EUは「人工知能システム」を定義したが、人工知基本法は両方を定義している。外国立法例[14]が反映されたのは、この法の「人工知能システム」の定義である。人工知能システムは、①特定の目標を遂行、②自律性、③適応性、④推論機能、⑤人工知能基盤システム等を備えるべきであり、これらの要件は、人工知能システムの定義に基づくものであり、現行法制の下で人工知能システムとして評価されるための最小限の基準である[15]。

人工知能基本法上の「人工知能」の定義は類似した外国立法例がないようだが、超人工知能のように人間の知的能力を越える人工知能の出現が遠くないことを参酌するならば、‘人間が持つ’という限定的な字句は削除することがより適切であり、「人工知能システム」の定義に「入力」に対す

---

14) 米国の人工知能法を市場主導(market driven)、EUの人工知能法を権利主導(rights driven)、中国の人工知能法を国家主導(states driven)に類型化することもある。: 김광수, “인공지능법의 비전과 쟁점”, 서강법률논총 제13권 제3호, 2024, 서강대학교 법학연구소, 57面.

15) 김태형・김재영, “인공지능기본법(AI 기본법) 주요내용과 소비자정책의 과제”, 소비자정책동향 제145호, 2025, 한국소비자원, 4面.

る言及がなく、'様々なレベル'という不必要な表現が入ったという批判がある[16]。

(2) 高影響人工知能・生成型人工知能

人工知能基本法が「高影響人工知能」と「生成型人工知能」についてのみ別に定義し規制しているのとは異なり、EUのAI法では、人工知能の種類を「許容不可危険(Unacceptable-risk)」、「高危険(High-risk)」、「制限された危険(Limited-risk)」、「低危険(Low-risk)」等人工知能の種類を4つに分類し規制している。人工知能基本法の「高影響人工知能」は、主に医療・交通・エネルギーなど人間の安全・健康・基本権などと関連した領域で使われる人工知能を意味する。EUのAI法の「高危険人工知能」と類似しているが、「危険」とは異なり「影響」という価値中立的用語を使用した違いがある[17]。

1) 高影響人工知能

人工知能基本法上、「高影響人工知能(High-impact AI)」とは、人の生命、身体の安全および基本権に重大な影響を及ぼしたり、危険をもたらすおそれがある人工知能システムとして活用されることをいう(法第2条第4号)。高影響人工知能の活用領域について人工知能基本法は第2条第4号各号で、①エネルギーの供給、②飲み水の生産工程、③保健医療の提供および利用体系の構築・運営、④医療機器およびデジタル医療機器の開発および利用、⑤核物質と原子力施設の安全な管理および運営、⑥犯罪捜査や逮捕業務のための生体認識情報(顔・指紋・虹彩および手のひら静脈など個人を識別できる身体的・生理的・行動的特徴に関する個

16) 정찬모, "인공지능기본법 주요 내용의 검토와 향후 과제", 法學研究 第28輯 第1號, 2025.3, 仁荷大學校 法學研究所, 75-76面.
17) AI 기본법 통과의 의의 및 산업계에 미칠 영향(https://www.lawtimes.co.kr/LawFirm-NewsLetter/204461)

人情報をいう)の分析・活用、⑦採用、貸出審査など個人の権利・義務関係に重大な影響を及ぼす判断または評価、⑧交通手段、交通施設、交通体系の主要な作動および運営、⑨公共サービスの提供に必要な資格確認および決定または費用徴収など国民に影響を及ぼす国家、地方自治団体、公共機関等(以下「国家機関等」という)の意思決定、⑩幼児教育・初等教育および中等教育における学生評価、⑪その他、人の生命・身体の安全および基本権保護に重大な影響を及ぼす領域として大統領令で定める領域などを例示している(法第2条第4号各目)。人工知能基本法は、高影響人工知能に該当する領域を列挙した10個の領域だけでなく'その他に人の生命・身体の安全および基本権保護に重大な影響を及ぼす領域として大統領令で定める領域'として追加されることができることを施行令に委任している。

EUのAI法も高危険(High-risk)人工知能システムから除外できる基準を提示しているが[18]、人工知能基本法はEU法制で人工知能規制の基本概念だった'高危険'を'高影響'に変えたが、これは、人工知能基本法が人工知能政策の基本を包括するという側面では'高影響'人工知能を人工知能基本法にともなう政策とガバナンスの対象にすることに一見合理性がある。ところが人工知能基本法の多くの部分がEUのAI法の影響を受けて'危険'を基本概念として立法案が作成されたが、立法の最後の段階で世界的な傾向だとし'高危険'を'高影響」'単純に変えたことで問題が発生した。EUの人工知能法では'High-risk'と'High-impact'を区分し'high-risk'を中心に規制体系を定めた。'高影響'という表現は汎用人工知能の体系的危険性(systemic risk)有無を評価する性質で限定的に使用した。規制を最小限の必要範囲である'高リスク'に限定しようとする当初の趣旨に逆行して、突然'高影響'に広げた結果となったのだ。人工知能基本法でこのような一般的な使用例とは異なり、'高影響人工知能'を'高危険人工知能'のような意味で定義しているのである。これに混乱を冒して、他に定義する理由もないという批判がある[19]。

---

18) EU AIA Article 7. 2.
19) 정찬모, 前掲論文, 76~77面

また、人工知能基本法は高影響人工知能から除外される手続きと方法はない。加えて'人の生命・身体の安全および基本権保護'という曖昧な方向だけを提示したまま、具体的にどのような領域が高影響人工知能とみなされる領域なのか、大綱の基準すら提示せずに'人の生命・身体の安全および基本権保護'という文句だけを繰り返し大統領令に委任しており、高影響人工知能の範囲が不確定だという批判がある[20]。

2) 生成型人工知能

人工知能基本法上、「生成型人工知能(Generative AI)」とは、入力したデータ(「データ産業振興および利用促進に関する基本法」第2条第1号によるデータをいう。以下同じ)の構造と特性を模倣し、文、音、絵、映像、その他の様々な結果物を生成する人工知能システムをいう(法第2条第5号)。

3) 人工知能産業・人工知能事業者

人工知能基本法上、「人工知能産業」とは、人工知能または人工知能技術を活用した製品(以下「人工知能製品」という)を開発・製造・生産または流通し、またはこれに関連したサービス(以下「人工知能サービス」という)を提供する産業をいう(法第2条第6号)。
人工知能基本法上、「人工知能事業者」とは、人工知能産業と関連する事業を行う者であり、①人工知能開発事業者(人工知能を開発し提供する者)、②人工知能利用事業者(①の事業者が提供した人工知能を利用して人工知能製品または人工知能サービスを提供する者)等のいずれかに該当する法人、団体、個人および国家機関等をいう(法第2条第7号)。

4) 利用者・影響を受ける者

---

20) 김현경, "AI 규제 입법의 문제점에 대한 검토 - EU AI Act와 한국의 AI 기본법간 비교, 분석을 중심으로 -", 110面; 신의수 · 한재경, "인공지능(AI) 활용 적정화를 위한 법제도 고찰 - 「AI 기본법」을 중심으로 -", 공공사회연구 제15권 1호, 2025, 한국공공사회학회, 229面.

人工知能基本法上、「利用者」とは、人工知能製品または人工知能サービスの提供を受ける者をいい(法第2条第8号)、「影響を受ける者」とは、人工知能製品または人工知能サービスによって自らの生命、身体の安全および基本権に重大な影響を受ける者をいう(法第2条第9号)。

5) 人工知能社会・人工知能倫理

人工知能基本法上、「人工知能社会」とは、人工知能を通じて産業・経済、社会・文化、行政などすべての分野で価値を創出して発展を導いていく社会をいう(法第2条第10号)。
人工知能基本法上、「人工知能倫理」とは、人間の尊厳性に対する尊重を基礎として、国民の権益と生命・財産を保護できる安全かつ信頼できる人工知能社会を具現するために人工知能の開発、提供および利用など、すべての領域で社会構成員が守らなければならない倫理的基準をいう(法第2条第11号)。

3. 基本原則および適用範囲

(1) 基本原則および国家等の責務(法第3条)

人工知能基本法は、人工知能技術と人工知能産業は、安全性と信頼性を高めて国民の生活の質を向上させる方向に発展しなければならないし、人工知能の影響を受ける者(人工知能製品または人工知能サービスによって自らの生命、身体の安全および基本権に重大な影響を受ける者、法第2条第9号)は、人工知能の最終結果導出に活用された主要基準および原理等について技術的・合理的に可能な範囲で明確かつ意味のある説明を提供されなければならないとして、その基本原則を規定したいる(法第3条第1項・第2項)。
法第2条の定義規定で「影響を受ける者」を'人工知能製品または人工知能

サービスによって自らの生命、身体の安全および基本権に重大な影響を受ける者'と定義したため(法第2条第9号)、実質的な違いはないが、この法の他の条項で使用されたことがなく、法第3条第2項で唯一使用した表現であれば、定義条項でこれを限定するよりは、まさに本条項に限定することが法利用者の便宜を高め、少しでも影響を受ける者も説明要請権を持つものと誤解される素地をなくすことが立法技術上望ましいとする見解もある[21]。

また、国家および地方自治団体は、人工知能事業者の創意精神を尊重し、安全な人工知能利用環境の造成のために努力しなければならないし、人工知能がもたらす社会・経済・文化と国民の日常生活など、すべての領域での変化に対応して、すべての国民が安定的に適応できるように施策を講じなければならないとして、国家および地方自治団体の責務を規定したいる(法第3条第3項・第4項)。

(2) 適用範囲と他の法律との関係

1) 適用範囲(法第4条)

人工知能基本法は、国外で行われた行為であっても、国内市場または利用者に影響を及ぼす場合には適用する(法第4条第1項)。しかし、人工知能基本法は、国防または国家安保目的でのみ開発・利用される人工知能対しては適用しない(法第4条第2項)。法第4条第1項は、その適用範囲において影響理論に基づいて管轄権を外国の事業者にも適用できる域外適用が可能であることを規定している。

施行令草案は、このような除外対象を具体化し、国家情報院・国防部・警察庁が行う指定業務を明示的に除外対象に含めた(施行令草案第2条)。実務的には保安・防諜、武器体系開発・運用など法令に基づく特定安保業務が除外範囲に該当する。

2) 他の法律との関係(法第5条)

---

21) 정찬모, 前掲論文, 79面.

人工知能、人工知能技術、人工知能産業および人工知能社会に関して他の法律に特別な規定がある場合を除いては、人工知能基本法で定めるところによる(法第5条第1項)。これは基本法としての役割を示したものである。また、人工知能などに関して他の法律を制定し、または改正する場合には、人工知能基本法の目的に適合するようにしなければならない(法第5条第2項)。法第5条第1項は、この法の基本法的な性格を明らかにし、著作権法、個人情報保護法のような他の法で、これとは異なり、特別な規定を設けることができることを暗黙的に示唆している。他法上の特別規定の限界を第5条第2項が言及しているが、立法権を拘束できない宣言的な規定と言える22)。しかし、「個人情報保護法」との関係は未だ明確ではなく23)、この点は立法および政策的課題として補完が要求されるため、人工知能の開発と活用の核心基盤である学習用データの処理および個人情報との関係などに対する明確な規範的方向提示が必要だという批判もある24)。

Ⅲ. 国家人工知能の発展と信頼基盤造成のための推進体系の用意

人工知能基本法上、人工知能政策の主務部署は科学技術情報通信部であり、国家人工知能委員会が政策の審議・議決を担当する。人工知能基本法第6条は、科学技術情報通信部長官が関係部処および地方自治体の

22) 정찬모, 前掲論文, 79面.
23) 人工知能基本法と個人情報保護法との関係の改善方法については、홍종현, "인공지능기본법의 제정에 따른 개인정보보호법과의 관계에 대한 공법적 고찰", 법학연구 vol.33, no.2, 통권 80호, 2025, 경상국립대학교 법학연구소, 185~198面を参照.
24) 박미사, "인공지능 학습용데이터 활용을 위한 입법 과제 - 인공지능기본법과 개인정보보호법을 중심으로 -", 공법연구 제53집 제4호, 2025.6., 한국공법학회, 113面.

意見を取り入れて、国家人工知能競争力強化のための人工知能基本計画を3年ごとに樹立・施行する義務を規定している。法第7条ないし第10条は、人工知能基本計画及び主要政策等に関する事項を審議・議決する2025年9月に発足した国家人工知能委員会(委員長:大統領)に関する事項を規定しており、第11条と第12条は、人工知能関連政策に関する人工知能政策センター、人工知能と関連して発生しうる危険から国民の生命・身体・財産などを保護するための専門機関として人工知能安全研究所の運営根拠を設けている。

1. 人工知能基本計画の樹立(法第6条)

科学技術情報通信部長官は、関係中央行政機関の長及び地方自治団体の長の意見を聞いて、3年ごとに人工知能技術及び人工知能産業の振興と国家競争力強化のために人工知能基本計画(以下「基本計画」という)を第7条による国家人工知能委員会の審議・議決を経て樹立・変更および施行しなければならない(法第6条第1項本文)。ただし、基本計画中に大統領令で定める軽微な事項を変更する場合には、この限りでない(法第6条第1項但書)。
基本計画には、①人工知能などに関する政策の基本方向と戦略に関する事項、②人工知能産業の体系的育成のための専門人力の養成および人工知能開発・活用促進基盤造成等に関する事項、③人工知能倫理の拡散など健全な人工知能社会を具現のための法・制度および文化に関する事項、④人工知能技術開発および人工知能産業振興のための財源の確保と投資の方向等に関する事項、⑤人工知能の公正性・透明性・責任性・安全性確保など信頼基盤組成に関する事項、⑥人工知能技術の発展方向およびそれに伴う教育・労働・経済・文化など社会各領域の変化と対応に関する事項、⑦その他、人工知能技術および人工知能産業の振興と国際協力など国家競争力強化のために科学技術情報通信部長官が必要であると認める事項などが含まれなければならない(法第6条第2項)。

2. ガバナンス(国家人工知能委員会)

(1) 国家人工知能委員会の構成(法第7条)

人工知能発展と信頼基盤造成等のための主要政策等に関する事項を審議・議決するために、大統領所属で国家人工知能委員会(以下「委員会」という)を置く(法第7条第1項)。委員会の委員長は大統領となり(法第7条第3項)、委員会は、委員長1人と副委員長1人を含む45人以内の委員で構成して、人工知能関連の専門知識と経験が豊富な委員(法第7条第4項第4号)が全体委員の過半数にならなければならず、特定の性のみで委員会を構成することができない(法第7条第2項)。人工知能に関する審議・議決機構として国家人工知能委員会を必須的に置くことになっているが、人工知能政策センター(法第11条)と人工知能安全研究所(法第12条)は任意機構となっている。

委員会の委員は、①大統領令で定める関係中央行政機関の長、②国家安保室の人工知能に関する業務を担当する次長、③大統領秘書室の人工知能に関する業務を補佐する首席秘書官、④人工知能関連の専門知識と経験が豊富な者のうち、大統領が委嘱する人などで構成される(法第7条第4項)。

人工知能基本法により人工知能基政策を審議・議決する'国家人工知能委員会'が大統領所属として設置される。現在の大統領令である「国家人工知能委員会の設置および運営に関する規定」を根拠に運営中である委員会の設置根拠を法律に格上げしたものである。国家人工知能委員会は汎政府人工知能コントロールタワーの役割を遂行するだろうが、人工知能基本法第8条第1項の審議・議決対象に関係部処の政策・業務調整などが含まれておらず、国家人工知能委員会が実質的な調整者の役割を遂行することが難しいこともありうる[25]。

各部処が所管範囲内で人工知能基盤の大転換を競争的に推進する場合、重複予算執行や融合領域に対する重複規制の危険があるため、国家

25) 정준화, "인공지능(AI) 기본법 시행 전 보완을 위한 입법 과제", 이슈와 논점 제2327호, 2025. 3. 4., 국회입법조사처, 1面

人工知能委員会の汎国家的コントロールタワーとしての機能が強化されなければならず、民間共同委員長導入など柔軟な運営体系への改善、各部処の人工知能関連事業を総合的に検討・評価できる権限付与が必要だという見方がある[26)]。

(2) 国家人工知能委員会の機能(法第8条)

委員会は、①基本計画の樹立・変更および施行の点検・分析に関する事項、②人工知能など関連政策に関する事項、③人工知能などに関する研究開発戦略樹立に関する事項、④人工知能などに関する投資戦略樹立に関する事項、⑤人工知能産業の発展と競争力を阻害する規制の発掘および改善に関する事項、⑥人工知能データセンター(「知能情報化基本法」第40条第1項によるデータセンターをいう。以下同じ)などインフラ拡充方案に関する事項、⑦製造業・サービス業など産業部門および公共部門での人工知能活用促進に関する事項、⑧人工知能国際規範の用意など人工知能関連国際協力に関する事項、⑨国家機関等の長および人工知能事業者等に対して人工知能の正しい使用と人工知能倫理の実践、人工知能技術の安全性・信頼性に関する勧告または意見の表明(法第8条第2項)に関する事項、⑩高影響人工知能規律に関する事項、⑪高影響人工知能に関わる社会的変化様相と政策的対応に関する事項、⑫委員会の審議事項として定めた事項、⑬その他、委員会の委員長が必要であると認めて委員会の会議に付す事項などを審議・議決する(法第8条第1項)。
委員会が国家機関等の長に法令・制度の改善または実践方案の樹立等に対して人工知能の正しい使用と人工知能倫理の実践、人工知能技術の安全性・信頼性に関する勧告または意見の表明(法第8条第2項)をしたときは、該当国家機関等の長は、法令・制度等の改善方案と実践方案等を樹立しなければならない(法第8条第3項)。

26) 최경진, "AI 기본법 개정 필요성과 개선방향", 공공정책 Vol.237, 2025.7, 한국주민자치학회, 17面.

3. 人工知能政策センターと人工知能安全研究所

(1) 人工知能政策センター(法第11条)

科学技術情報通信部長官は、人工知能関連政策の開発と国際規範の定立・拡散に必要な業務を総合的に遂行するために、人工知能政策センター(以下「センター」という)を指定することができる(法第11条第1項)。センターは、①基本計画の樹立・施行に必要な専門技術の支援、②人工知能と関連する施策の開発および関連事業の企画・施行に関する専門技術の支援、③人工知能の活用拡散による社会、経済、文化および国民の日常生活等に及ぼす影響の調査・分析、④人工知能および人工知能技術関連の政策開発を支援するための動向分析、社会・文化変化と未来予測および法・制度の調査・研究、⑤他の法令でセンターの業務で定めたり、またはセンターに委託した事業、⑥その他、国家機関等の長が委託する事業などを遂行する(法第11条第2項)。

(2) 人工知能安全研究所(法第12条)

科学技術情報通信部長官は、人工知能に関連して発生しうる危険から国民の生命・身体・財産等を保護し、人工知能社会の信頼基盤を維持するための状態(以下「人工知能安全」という)を確保するための業務を専門的かつ効率的に遂行するために、人工知能安全研究所(以下「安全研究所」という)を運営することができる(法第12条第1項)。安全研究所は、①人工知能安全関連リスクの定義と分析、②人工知能安全政策研究、③人工知能安全評価基準・方法研究、④人工知能安全技術と標準化研究、⑤人工知能安全関連国際交流・国際協力、⑥人工知能システムの安全性確保に関する支援、⑦その他、人工知能安全に関する事業として大統領令で定める事業などを遂行する(法第12条第2項)。

Ⅳ. 人工知能技術の開発および産業育成

人工知能の振興規定は、人工知能技術の開発、安全な利用の支援、標準化、学習用データ施策、創業活性化、融合促進、専門人材の養成、国際協力など幅広い分野を包括する。人工知能基本法は、人工知能産業の育成のたに研究開発支援(法第13条)、標準化(法第14条)、学習用データ施策の樹立(法第15条)、人工知能の導入・活用の支援(法第16条)等に対する政府支援の根拠を設けている。また、人工知能集積団地の指定(法第23条)、人工知能データセンター施策の推進(法第25条)、人工知能融合の促進(法第19条)等を通じて大韓民国の人工知能生態系の革新的な発展を支援しようとし、人工知能専門人材の確保(法第21条)、中小企業のための特別支援(法第17条)、創業の活性化(法第18条)など、人工知能時代を先導する人材養成と中小・新生企業の成長を促進するための事項も共に規定している[27]。

人工知能産業と関連して、人工知能の発展は既存の規制や法制との衝突、現実で利益の相反などで遮られる場合が多い。データ、著作権など既存の法制との衝突を解消し、人工知能の研究開発と産業革新を促進できる実効性のある支援制度を導入しなければならず、例えば、AIデータサンドボックス(data-sandbox)、AI学習用公共データ活用の特例、著作権の補償体系など具体的な制度の改善が求められ、個人情報保護法の基本枠組みを尊重しながらも、人工知能学習のためのデータ活用特例(サンドボックス)の導入、著作物の人工知能の学習用利用に対する特例および合理的な補償体系の用意など実効性のある制度改善が必要だという指摘がある[28]。

---

27) より具体的に韓国のAI産業生態系が直面しているグラフィック処理装置(GPU)の不足、優秀人材流出、データセンターの首都圏新設・拡張の困難などの問題を直接的に解決できなければならない。

28) 최경진, 前揭論文, 18面.

1. 人工知能産業基盤の造成

(1) 人工知能技術開発および安全な利用の支援(法第13条)

政府は、人工知能技術開発活性化のために①国内外の人工知能技術の動向・水準および関連制度の調査、②人工知能技術の研究・開発、試験および評価または開発された技術の活用、③人工知能技術の拡散、人工知能技術協力・移転など技術の実用化および事業化の支援、④人工知能技術の具現のための情報の円滑な流通および産学協力、⑤その他、人工知能技術の開発および研究・調査に関連して大統領令で定める事業等を支援することができる(法第13条第1項)。
政府は、人工知能技術の安全かつ便利な利用のために①「知能情報化基本法」第60条第1項各号の事項を人工知能技術で具現する研究開発事業、②「知能情報化基本法」第60条第3項による非常停止機能を人工知能製品または人工知能サービスで具現するための技術研究の支援および該当技術の拡散のための事業、③人工知能技術の開発における「知能情報化基本法」第61条第2項によるプライバシー等の保護に適した設計基準および技術の研究開発および普及事業、④人工知能技術の「知能情報化基本法」第56条第1項による社会的影響評価の実施と適用のための研究開発事業、⑤人工知能が人間の尊厳性および基本権を尊重する方向に開発・利用できるようにする技術または基準等の研究開発および普及事業、⑥人工知能の安全な開発と利用のための認識改善、正しい利用方法と安全環境造成のための教育および広報事業、⑦その他、人工知能の開発と利用において国民の基本権、身体と財産を保護するために必要な事業等を支援することができる(法第13条第2項)。
政府は、これによる事業の結果を誰でも容易に利用できるように公開し、普及しなければならないし、この場合、技術を開発した者を保護するために必要な場合には、保護期間を定めて技術使用料を受けることができるようにしたり、またはその他の方法で保護することができる(法第13条第3項)。

(2) 人工知能技術の標準化(法第14条)

政府は、人工知能技術、学習用データ(法第15条第1項)、人工知能の安全性・信頼性等と関連した標準化のために、①人工知能技術関連の標準の制定・改正および廃止とその普及、②人工知能技術関連の国内外標準の調査・研究開発、③その他、人工知能技術関連の標準化事業等を推進することができる(法第14条第1項)。政府は、上の①により制定された基準を告示し、関連事業者にその遵守を勧告することができるし(法第14条第2項)、民間部門で推進する人工知能技術関連の標準化事業に必要な支援をすることができる(法第14条第3項)。政府は、人工知能技術標準と関連した国際標準機構または国際標準機関と協力体系を維持・強化しなければならない(法第14条第4項)。

(3) 人工知能学習用データ関連施策の樹立等(法第15条)

科学技術情報通信部長官は、関係中央行政機関の長と協議し、人工知能の開発・活用等に使用されるデータ(以下「学習用データ」という)の生産・収集・管理・流通および活用等を促進するために必要な施策を推進しなければならない(法第15条第1項)。
また、政府は、学習用データの生産・収集・管理・流通および活用等に関する施策を効率的に推進するために支援対象事業を選定し、予算の範囲で支援することができるし(法第15条第2項)、学習用データの生産・収集・管理・流通および活用の活性化等のために様々な学習用データを製作・生産して提供する事業(以下「学習用データ構築事業」という)を施行することができる(法第15条第3項)。
科学技術情報通信部長官は、学習用データ構築事業の効率的な遂行のために学習用データを統合的に提供・管理できるシステム(以下「統合提供システム」という)を構築・管理し、民間が自由に利用できるように提供しなければならない(法第15条第4項)。これに対し、人工知能基本法が人工知能全般に対する包括的な枠組みを提示しているにもかかわらず、人工知能の開発と活用の核心基盤である'学習用データ'に対して基本的な政策方向や規範的原則・基準を明示的に提示しておらず、基本法的機能を果たしていないという批判がある[29]。

2. 人工知能技術の開発および人工知能産業の活性化

(1) 人工知能技術導入・活用の支援(法第16条)

国家および地方自治団体は、企業および公共機関の人工知能技術導入促進および活用拡散のために必要な場合には、①人工知能技術、人工知能製品または人工知能サービスの開発の支援および研究・開発成果の拡散、②人工知能技術を導入・活用しようとする企業および公共機関に対するコンサルティングの支援、③「中小企業基本法」第2条第1項による中小企業、「ベンチャー企業育成に関する特別法」第2条第1項によるベンチャー企業および「小商工人基本法」第2条第1項による小商工人(以下「中小企業等」という)の役職員に対する人工知能技術の導入および活用関連教育の支援、④中小企業等の人工知能技術の導入および活用に使用される資金の支援、⑤その他、企業および公共機関の人工知能技術の導入および活用を促進するために大統領令で定める事項等を支援をすることができる(法第16条第1項)。

(2) 中小企業等のための特別支援(法第17条)

人工知能基本法により人工知能技術および人工知能産業と関連する各種支援施策を施行するときは、中小企業等を優先的に考慮しなければならない(法第17条第1項)。政府は、人工知能産業に対する中小企業等の参与活性化のために努力しなければならず、これに関連した事項を基本計画に反映しなければならないし(法第17条第2項)、科学技術情報通信部

29) 박미사, 前掲論文, 114面.

長官は、人工知能の安全性および信頼性確保のために、中小企業等の第34条による措置履行および第35条による影響評価を支援することができる(法第17条第3項)。

(3) 創業の活性化(法第18条)

人工知能基本法第18条は、創業活性化のために政府が人工知能分野の創業活性化事業を推進し、地方自治団体は創業支援機関に出捐・出資できるようにした。
政府は、人工知能産業分野の創業を活性化するために、①人工知能産業分野の創業者発掘および育成・支援等に関する事業、②人工知能産業分野の創業活性化のための教育・訓練に関する事業、③第21条による専門人材の優秀人工知能技術に対する事業化の支援、④人工知能技術の価値評価および創業資金の金融支援、⑤人工知能関連研究および技術開発成果の提供、⑥人工知能産業分野の創業を支援する機関・団体の育成、⑦その他、人工知能産業分野の創業活性化のために必要な事業等を推進することができる(法第18条第1項)。地方自治団体は、人工知能産業分野の創業を支援する公共機関など公共団体に出捐し、または出資することができる(法第18条第2項)。

(4) 人工知能融合の促進(法第19条)

人工知能基本法第19条は、政府が人工知能と他の産業の融合を促進し、人工知能活用の活性化施策を推進するようにした。
政府は、人工知能産業とその他の産業間の融合を促進し、全分野で人工知能活用を活性化するために必要な施策を樹立して推進しなければならないし(法第19条第1項)、人工知能融合製品およびサービスの開発を支援するために必要な場合には、「国家研究開発革新法」による国家研究開発事業に人工知能融合製品およびサービスに関する研究開発課題を優先的に反映して推進することができる(法第19条第2項)。

政府は、これにより開発された人工知能融合製品およびサービスに対しては、「情報通信振興および融合活性化等に関する特別法」第37条による臨時許可および同法第38条の2による実証のための規制特例が円滑に施行されるように積極的に支援しなければならない(法第19条第3項)。

(5) 制度改善等(法第20条)

政府は、人工知能産業の発展と信頼基盤造成のために法令の整備など関連制度を改善できるよう努力しなければならないし(法第20条第1項)、これによる制度改善を促進するために、関連法・制度の研究および社会各界の意見収斂等に必要な行政的・財政的な支援を行うことができる(法第20条第2項)。

(6) 専門人材の確保(法第21条)

人工知能基本法第21条は、科学技術情報通信部長官は人工知能専門人材の養成を支援しなければならず、政府は海外専門人材の確保施策を推進できるようにした。
科学技術情報通信部長官は、人工知能技術の開発および人工知能産業の発展のために「知能情報化基本法」第23条第1項による施策により人工知能および人工知能技術関連の専門人材を養成し、支援しなければならない(法第21条第1項)。政府は、人工知能および人工知能技術関連の海外の専門人材の確保のために、①人工知能および人工知能技術関連の海外大学・研究機関・企業等の専門人材に関する調査・分析、②海外の専門人材の誘致のための国際ネットワーク構築、③海外の専門人材の国内就職の支援、④国内の人工知能研究機関の海外進出および海外の人工知能研究機関の国内誘致の支援、⑤人工知能および人工知能技術関連の国際機関および国際行事の国内誘致の支援、⑥その他、海外の専門人材の確保のために必要な事項等の施策を推進することができる(法第21条第2項)。

(7) 国際協力および海外市場進出の支援(法第22条)

人工知能基本法第22条は、政府が人工知能関連の国際協力を推進しなければならず、人工知能企業などの競争力強化と海外市場進出を支援できるように規定している。

政府は、人工知能と関連する国際的動向を把握し、国際協力を推進しなければならない(法第22条第1項)。政府は、人工知能産業の競争力強化と海外市場進出を促進するために人工知能産業に従事する個人・企業または団体等に対して①人工知能産業関連の情報・技術・人材の国際交流、②人工知能産業関連の海外進出に関する情報の収集・分析および提供、③国家間の人工知能技術、人工知能製品または人工知能サービスの共同研究・開発および国際標準化、④人工知能産業関連の外国資本の投資誘致、⑤人工知能など関連の海外専門学会および展示会の参加など広報および海外マーケティング、⑥人工知能製品または人工知能サービスの輸出に必要な販売体系・流通体系および協力体系等の構築、⑦人工知能倫理に関する国際的動向把握および国際協力、⑧その他、人工知能産業の競争力強化と海外市場進出促進のために必要な事項等の支援をすることができるし(法第22条第2項)、この支援を効率的に遂行するために大統領令で定めるところにより、公共機関またはその他の団体にこれを委託し、または代行させることができ、これに必要な費用を補助することができる(法第22条第3項)。

3. 物理的なインフラの拡充

(1) 人工知能集積団地の指定等(法第23条)

国家および地方自治団体は、人工知能産業の振興と人工知能開発・活用の競争力強化のために人工知能および人工知能技術の研究・開発を行う企業、機関や団体の機能的・物理的・地域的集積化を推進することができるし(法第23条第1項)、これによる集積化のために必要な場合には、大統領令で定めるところにより、人工知能集積団地(以下「人工知能集積団地」という)を指定し、行政的・財政的・技術的な支援をすることができる(法第23条第2項)。
国家および地方自治団体は、①偽りその他の不正な方法で指定を受けた場合、②人工知能集積団地指定の目的を達成しにくいと人工知能集積団地を指定した国家または地方自治団体の長が認める場合のいずれかに該当する場合、人工知能集積団地の指定を取り消すことができる(法第23条第3項本文)。ただし、①に該当する場合には、その指定を取り消さなければならない(法第23条第3項但書)。
④政府は、集積化を地域に効果的に定着させるために、関連業務を総合的に支援する専担機関を設置し、または指定することができるし(法第23条第4項)、これによる専担機関の運営および事業遂行に必要な費用の全部または一部を出損し、または補助することができる(法第23条第5項)。

(2) 人工知能実証基盤の造成等(法第24条)

国家および地方自治団体は、人工知能事業者が開発または移転を受けた技術の実証、性能試験、第30条による検・認証等(以下「実証試験等」という)を支援するために試験、評価等に必要な施設・装備・設備等(以下「実証基盤等」という)を構築・運営することができるし(法第24条第1項)、実証試験等を促進するために大統領令で定める機関が保有している実証基盤等を人工知能事業者に開放することができる(法第24条第2項)。

(3) 人工知能データセンター関連施策の推進等(法第25条)

政府は、人工知能の開発・活用等に利用されるデータセンター(以下「人工知能データセンター」という)の構築および運営を活性化するために必要な施策を推進しなければならないし(法第25条第1項)、これによる施策を推進するために、①人工知能データセンターの構築および運営に必要な行政的・財政的な支援、②中小企業、研究機関などの人工知能データセンター利用の支援、③人工知能データセンターなど人工知能関連インフラ施設の地域別に均衡発展のための支援等の業務を遂行することができる(法第25条第2項)。

(4) 韓国人工知能振興協会の設立(法第26条)

人工知能などと関連する研究および業務に従事する者は、人工知能の開発・利用促進、人工知能産業および人工知能技術の振興、人工知能等に対する教育・広報等のために大統領令で定めるところにより、科学技術情報通信部長官の認可を受けて韓国人工知能振興協会(以下「協会」という)を設立し、または協会に指定を受けることができる(法第26条第1項)。協会は法人とし(法第26条第2項)、①人工知能技術、人工知能製品または人工知能サービスの利用促進および拡散、②人工知能などに対する現況および関連統計調査、③人工知能事業者のための共同利用施設の設置・運営および専門人材養成のための教育など、④人工知能事業者および人工知能関連専門人材の海外進出の支援、⑤安全かつ信頼できる人工知能の開発・活用のための教育および広報、⑥この法または他の法律により協会が委託された事業、⑦その他、協会の設立目的を達成するために必要な事業として定款で定める事業等の業務を遂行する(法第26条第3項)。国家および地方自治団体は、人工知能産業の発展と信頼基盤の造成のために必要な場合、予算の範囲で協会の事業遂行に必要な資金を支援したり、運営に必要な経費を補助することができるし(法第26条第4項)、科学技術情報通信部長官は、協会の認可をしたときは、その事実を公告しなければならない(法第26条第6項)。

V. 人工知能倫理および信頼性確保

人工知能の技術的限界、誤用・濫用等により発生可能な問題を事前に予防するために、規制対象として高影響人工知能と生成型人工知能を定義し、透明性確保義務(法第31条)、安全性確保義務(法第32条)、事業者の責務(法第34条)を規定している。併せて、民間が自律的に推進する人工知能の安全性・信頼性の検証・認証(法第30条)、人工知能の影響評価(法第35条)に対する政府の支援根拠も共に用意している。

1. 人工知能の倫理

(1) 人工知能倫理原則等(法第27条)

人工知能基本法上、「人工知能倫理」とは、人間の尊厳性に対する尊重を基礎として、国民の権益と生命・財産を保護できる安全かつ信頼できる人工知能社会を具現するために人工知能の開発、提供および利用など、すべての領域で社会構成員が守らなければならない倫理的基準をいう(法第2条第11号)。
政府は、人工知能倫理の拡散のために①人工知能の開発・活用等の過程において、人の生命と身体、精神的健康等に害にならないようにする安全性と信頼性に関する事項、②人工知能技術が適用された製品・サービス等をすべての人が自由かつ便利に利用できる接近性に関する事項、③人の生と繁栄への貢献のための人工知能の開発・活用等に関する事項等の事項を含む人工知能倫理原則(以下「倫理原則」という)を大統領令で定めるところにより、制定・公表することができる(法第27条第1項)。
科学技術情報通信部長官は、社会各界の意見を収斂して、倫理原則が人工知能の開発・活用等に関与するすべての人によって実現できるように、実践方案を樹立し、これを公開および広報・教育しなければならない(法第27条第2項)。
中央行政機関または地方自治団体の長が人工知能倫理基準(その名称および形態を問わず、人工知能倫理に関する法令、基準、指針、ガイドライン等をいう)を制定したり、または改正する場合、科学技術情報通信部長官は、倫理原則および第2項による実践方案との連係性・整合性等に関する勧告または意見の表明をすることができる(法第27条第3項)。

既に公共と民間の多くの機関が人工知能倫理原則を制定・公表しているが、もしこの規定が民間が制定した倫理原則より公共が制定した倫理原則がより一層重視され、公共調達での優先考慮が事実上公共が制定した硬直的な倫理原則を強制する結果になってはならない[30]。

(2) 民間自律人工知能倫理委員会の設置等(法第28条)

人工知能技術の研究および開発を行う者が所属する教育機関・研究機関、人工知能事業者、その他、大統領令で定める人工知能技術関連の機関等の機関または団体は、倫理原則を遵守するために民間自律人工知能倫理委員会(以下「民間自律委員会」という)を置くことができる(法第28条第1項)。

民間自律委員会は、①人工知能技術の研究・開発・活用における倫理原則の遵守可否の確認、②人工知能技術の研究・開発・活用の安全および人権侵害等に関する調査・研究、③人工知能技術の研究・開発・活用の手続きおよび結果に関する調査・監督、④該当機関または団体の研究者および従事者に対する倫理原則教育、⑤人工知能技術の研究・開発・活用に適した分野別人工知能倫理指針の用意、⑥その他、倫理原則の具現に必要な業務等の業務を自律的に遂行する(法第28条第2項)。

民間自律委員会の構成・運営等に必要な事項は、該当機関または団体等で自律的に定めし、ただし、その構成を特定の性だけにすることはできず、社会的・倫理的な妥当性を評価できる経験と知識を備えた者およびその機関または団体に従事しない者をそれぞれ含めなければならない(法第28条第3項)。

科学技術情報通信部長官は、民間自律委員会の公正かつ中立的な構成・運営のために標準指針等を用意して普及することができる(法第28条第4項)。

このような民間自律委員会の設置は、用語どおり'自律'であるため義務ではなく裁量事項であるが、このような裁量事項を履行すべき対象を法

30) 정찬모, 前掲論文, 82面.

律が定めていることは矛盾的であるという批判がある[31]。

2. 信頼性確保

(1) 人工知能信頼基盤造成のための施策の用意(法第29条)

政府は、人工知能が国民の生活に及ぼす潜在的危険を最小化し、安全な人工知能の利用のための信頼基盤を造成するために、①安全かつ信頼できる人工知能利用環境の造成、②人工知能の利用が国民の日常生活に及ぼす影響等に関する見通しと予測および関連法令・制度の整備、③人工知能の安全性・信頼性確保のための安全技術および認証技術の開発および拡散の支援、④安全かつ信頼できる人工知能社会の具現および人工知能倫理の実践のための教育・広報、⑤人工知能事業者の安全性・信頼性関連の自律的な規約の制定・施行の支援、⑥人工知能事業者、利用者等で構成された人工知能関連団体(以下「団体等」という)の人工知能の安全性・信頼性増進のための自律的な協力、倫理指針制定など民間活動の支援および拡散、⑦その他、人工知能の安全性・信頼性確保のために大統領令で定める事項等の施策を用意しなければならない(法第29条)。

(2) 人工知能安全性・信頼性の検・認証等の支援(法第30条)

科学技術情報通信部長官は、団体等が人工知能の安全性・信頼性確保のために自律的に推進する検証・認証活動(以下「検・認証等」という)を支援するために、①人工知能の開発に関するガイドラインの普及、②検・認証等に関する研究の支援、③検・認証等に利用される装備およびシステムの構築・運営の支援、④検・認証等に必要な専門人材の養成の支援、⑤その他、検・認証等を支援するために大統領令で定める事項等の事業を推進することができるし(法第30条第1項)、検・認証等を受け

31) 김현경, "AI 규제 입법의 문제점에 대한 검토 - EU AI Act와 한국의 AI 기본법간 비교, 분석을 중심으로 -", 110~111面.

ようとする中小企業等に対して大統領令で定めるところにより、関連情報を提供したり、または行政的・財政的な支援をすることができる(法第30条第2項)。
人工知能事業者が高影響人工知能を提供する場合、事前に検・認証等を受けるよう努力しなければならないし(法第30条第3項)、国家機関等が高影響人工知能を利用しようとする場合には、検・認証等を受けた人工知能に基づく製品またはサービスを優先的に考慮しなければならない(法第30条第4項)。
人工知能産業の発展と振興を考慮して、検・認証を義務事項とせずに'努力しなければならない'と規定し、国家機関がこのような製品またはサービスを優先的に考慮するよう義務事項とする緩和された規制方式を選んだとみられる[32)]。

(3) 人工知能透明性確保義務(法第31条)

人工知能基本法第31条は、高影響人工知能または生成型人工知能を利用した製品またはサービスを提供する　人工知能事業者に対して、つぎのように透明性確保義務を負わせている。人工知能透明性確保義務は、高影響・生成型人工知能、そして人工知能システム全般にわたって重複的に課されているため、実際の産業現場では過度な規制になる可能性があり、その適用対象を明確にし、被害や危険が発生する可能性が高い領域に限定するなど合理的な基準の用意が必要である[33)]。
施行令草案は、人工知能透明性確保義務の例外として、製品・サービス名、利用者画面や製品の表面に表示された文句などを考慮する際、高影響・生成型人工知能基盤運用事実が明白な場合、事業者内部の業務用途だけに使われる場合には透明性確保義務が要求されないことを明示

32) Soon-Hyun Kwon, "Review and Improvement Direction of the Basic Law of Artificial Intelligence", Journal of The Korea Society of Computer and Information Vol. 30 No. 5, 2025,　34面.
33) 최경진, 前掲論文, 17面.

し、また、科学技術情報通信部長官が下位告示を通じて製品などの類型・特性や結果物の内容、利用形態および技術水準などを考慮し、透明性確保義務の全部または一部に対する適用を排除できるよう委任規定を用意している(法第31条第4項、施行令草案第22条第4項)。
今後、人工知能生成コンテンツが急激に増加し、大衆の表現手段として位置づけられると予想されるところ、表示または告知を社会文化的礼儀として定着させるようにし、法的義務賦課の対象は危険性の高いコンテンツに限定することが適切である[34]。

1) 事前告知義務(法第31条第1項)

人工知能事業者は、高影響人工知能または生成型人工知能を利用した製品またはサービスを提供しようとする場合、製品またはサービスが該当人工知能に基づいて運用されるという事実を利用者に事前に告知しなければならない(事前告知義務、法第31条第1項)。これは、高影響・生成型人工知能事業者が人工知能基盤の製品・サービスであるという事実を利用者(または消費者)に事前に知らせる義務を規定したものである。施行令草案は、製品等に直接記載する方法のほか、契約書、使用説明書、利用約款等に記載したり、利用者画面または端末機等に表示する方法、製品等を提供する場所に認識しやすい方法で掲示する方式のいずれかの方法を活用して事前告知義務を履行できるように許容している(施行令草案第22条第1項)。

2) 人工知能生成物表示義務(法第31条第2項)

人工知能事業者は、生成型人工知能またはこれを利用した製品またはサービスを提供する場合、その結果物が生成型人工知能によって生成されたという事実を表示しなければならない(人工知能生成物表示義務、法第31条第2項)。これは、生成型人工知能によって生成された結果物を

34) 정찬모, 前掲論文, 84面.

提供する場合、その結果物に対して人工知能による生成物であるという事実を表示するよう義務を負ったものである。施行令草案は、「人または機械が判読できる形式」で表示ができると規定し、人が認識することは難しいが、機械が判読できる、いわゆる非可視的なウォーターマーク(watermark)を活用できるようにしている(施行令草案第22条第2項)。

3) ディープフェイク告知・表示義務(法第31条第3項)

人工知能事業者は、人工知能システムを利用して実際と区分しにくい仮想の音響、イメージまたは映像等の結果物を提供する場合、該当結果物が人工知能システムによって生成されたという事実を利用者が明確に認識できる方式で告知または表示しなければならないし、この場合、該当結果物が芸術的・創造的表現物に該当し、またはその一部を構成する場合には、展示または享有等を阻害しない方式で告知または表示することができる(ディープフェイク告知・表示義務、法第31条第3項)。これは、特にディープフェイク(Deepfake)のような実際と区別しにくい結果物を提供する場合、その結果物に対して人工知能によって生成されたという事実を明確に分かるように告知・表示義務を課したものである。すでに性暴力犯罪の処罰等に関する特例法第14条の2(虚偽映像物等の頒布等)、公職選挙法第82条の8(ディープフェイク映像等を用いた選挙運動)などでもディープフェイクに対して規制している。
施行令草案は、人工知能事業者が①利用者が視覚、聴覚などを通じたり、ソフトウェアなどを利用して容易に内容を確認できる方法で、②主な利用者の年齢、身体的・社会的条件などを考慮して告知または表示するように関連基準を提示している(施行令草案第22条第3項)。

(4) 人工知能安全性確保義務(法第32条)

人工知能事業者は、学習に使用された累積演算量が大統領令で定める基準以上である人工知能システムの安全性を確保するために、①人工知能の寿命週期全般にわたる危険の識別・評価および緩和、②人工知能関連の安全事故をモニタリングして、対応する危険管理体系の構築等の事項を履行しなければならないし(法第32条第1項)、①・②による事項の履行結果を科学技術情報通信部長官に提出しなければならない(法第32条第2項)。これは、すべての人工知能事業者ではなく、一定水準以上の累積演算量を使用する大規模な人工知能　事業者に限定される。安全性確保義務の履行事項は、リスクの識別・評価・緩和と関連安全事故モニタリング・リスク管理体系の構築などである。

科学技術情報通信部長官は、①・②の事項の具体的な履行方式およびその結果提出等に必要な事項を定めて告示しなければならない(法第32条第3項)。

施行令草案は、安全性確保義務が課されるいわゆる「高性能」人工知能システムを、10の26乗浮動小数点演算(FLOP、Floating-Point Operation)以上のシステムの中で、科学技術情報通信部長官がその人工知能の発展水準、危険度などを考慮して下位告示を通じて用意した具体的な基準に符合する人工知能システムと明示している(施行令草案第23条)。これは、EUのAI法の10の25乗浮動小数点演算の基準と似ています。

演算量(FLOPs)だけでは人工知能の危険性を判断することはできず、モデルの危険性は単に演算量だけでなく、アプリケーションのコンテキスト、モデル構造、学習データの品質など様々な要素によって決定されるところ、そのような基準を全て施行令に包括委任したことは、包括委任禁止原則の違反であるとの批判がある[35]。

(5) 高影響人工知能の確認(法第33条)

人工知能基本法第33条は、高影響人工知能の該当可否に対する確認義務を規定している。人工知能事業者は、人工知能またはこれを利用した

---

35) 김현경, “AI 규제 입법의 문제점에 대한 검토 - EU AI Act와 한국의 AI 기본법간 비교, 분석을 중심으로 -”, 111面.

製品・サービスを提供する場合、その人工知能が高影響人工知能に該当するかについて事前に検討しなければならず、必要な場合、科学技術情報通信部長官に高影響人工知能に該当するか否かの確認を要請することができるし(法第33条第1項)、これによる要請がある場合、高影響人工知能該当するかを確認しなければならず、必要な場合、専門委員会を設置して関連諮問を受けることができる(法第33条第2項)。高影響人工に該当するかどうかについては、人工知能事業者が自主的に事前検討するようにし、必要な場合は、科学技術情報通信部長官に高影響人工に該当するかどうかを確認してもらうようにした。科学技術情報通信部長官は、高影響人工知能の基準と例示等に関するガイドラインを樹立して普及することができる(法第33条第3項)。
施行令草案は、確認を要請について、①人工知能が活用される領域、②人の生命、身体の安全および基本権にもたらす危険の影響、重大性、頻度および活用領域別特殊性、③事業者の高影響人工知能該当可否に対する事前検討結果、④高影響人工知能専門委員会の諮問結果などを考慮するよう規定し、また、科学技術情報通信部長官が追加的に考慮される事項を下位法令を通じて規定することができるとしている(施行令草案第24条)。

(6) 高影響人工知能と関連する事業者の責務(法第34条)

人工知能基本法第34条は、高影響人工知能を利用する人工知能事業者にリスク管理方案、利用者保護方案など追加的な義務を課している。
人工知能事業者は、高影響人工知能またはこれを利用した製品・サービスを提供する場合、高影響人工知能の安全性・信頼性を確保するため、①危険管理方案の樹立・運営、②技術的に可能な範囲での人工知能が導出した最終結果、人工知能の最終結果導出に活用された主要基準、人工知能の開発・活用に使用された学習用データの概要などについての説明方案の樹立・施行、③利用者保護方案の樹立・運営、④高影響人工知能に対する人の管理・監督、⑤安全性・信頼性確保のための措置の内容を確認できる文書の作成と保管、⑥その他、高影響人工知能の安全性・信頼性確保のために委員会で審議・議決された事項等の内容を含む措置を大統領令で定めるところにより履行しなければならない(法第34条第1項)。人工知能事業者が他の法令によりこれに準ずる措置を大統領令で定めるところにより履行した場合には、この措置を履行したものとみなす(法第34条第3項)。
科学技術情報通信部長官は、その措置の具体的な事項を定めて告示し、人工知能事業者にこれを遵守するよう勧告することができる(法第34条第2項)。
施行令草案は、①危険管理策の主な内容、②人工知能及びその学習用データ等についての説明方案の主な内容、③利用者保護方案、④高影響人工知能を管理・監督する者の氏名及び連絡先を人工知能事業者のホームページ等に掲示するよう規定し(施行令草案第26条第1項)[36]、関連事業者はこのような安全性・信頼性確保義務を履行したという根拠を文書で5年間保管しなければならないとしている(施行令草案第26条第4項)。
また、人工知能利用事業者は、人工知能開発事業者に関連義務履行に必要な資料の提供を要請することができ、人工知能開発事業者はこれに協力するよう努力する義務がある(施行令草案第26条第3項)。

(7) 高影響人工知能影響評価(法第35条)

人工知能事業者が高影響人工知能を利用した製品またはサービスを提供する場合、事前に人の基本権に及ぼす影響を評価(以下「影響評価」という)するために努力しなければならない(法第法35条第1項)。
国家機関等が高影響人工知能を利用した製品またはサービスを利用しようとする場合には、影響評価を実施した製品またはサービスを優先的に考慮しなければならない(法第35条第2項)。
施行令草案は、影響評価に含まれなければならない事項を①該当高影響人工知能を利用した製品又はサービスにより基本権に影響を受ける可能

36) ただし、営業秘密に該当する事項は除くことができる。

性のある対象の識別、②該当高影響人工知能に関連して影響を受ける可能性のある基本権の類型の識別、③該当高影響人工知能によって発生しうる人の基本権に対する社会的・経済的影響の内容及び範囲、④該当高影響人工知能の使用行態、⑤影響評価で活用した定量的又は定性的評価指標及び結果算出の方式、⑥該当高影響人工知能による危険の予防、損失の復旧等、⑦影響評価の結果、改善が必要な場合、その履行計画に関する事項などのように具体化しており、科学技術情報通信部長官が追加的に影響評価の内容、方法を樹立して普及できるように定めている(施行令草案第27条)。

(8) 国内代理人の指定(法第36条)

人工知能基本法第38条は、国内に住所または営業所がない一定規模以上の国外人工知能事業者に安全性・信頼性確保義務を履行できる国内代理人を指定することを義務付けている。
国内に住所または営業所がない人工知能事業者として利用者数、売上額等が大統領令で定める基準に該当する者は、①人工知能安全性確保義務(法第32条第2項)による履行結果の提出、②高影響人工知能の確認(法第33条第1項)による高影響人工知能該当有無確認の要請、③高影響人工知能と関連する事業者の責務(法第34条第1項各号)による安全性・信頼性確保措置の履行に必要な支援[37]等を代理する者(以下「国内代理人」という)を書面に指定し、これを科学技術情報通信部長官に申告しなければならない(法第36条第1項)。これは一定規模以上の国外人工知能事業者を対象とする。
国内代理人は、国内に住所または営業所がある者とすると(法第36条第2項)、国内代理人が上の①~③に関連してこの法に違反した場合には、該当国内代理人を指定した人工知能事業者がその行為をしたものとみなの(法第36条第3項)。

---

37) 法第34条第5号(安全性・信頼性確保のための措置の内容を確認できる文書の作成と保管)による文書の最新性・正確性に対する点検を含む。

施行令草案は、国内代理人を指定しなければならない事業者の対象を①前(事業)年度の売上高が1兆ウォン以上の者、②人工知能サービス部門の前(事業)年度売上高が100億ウォン以上の者、③前年度末基準直前3ヶ月間、国内利用者数が一日平均100万人以上の者、④人工知能基本法に違反して人工知能サービス利用の安全性を顕著に害する事件・事故が発生したり、発生する可能性がある場合として、科学技術情報通信部長官から関係物品・書類などを提出するよう要求された者などのいずれかに該当する者と規定している(施行令草案第28条)。

Ⅵ. 補 則

1. 実態調査、統計および指標の作成(法第38条)

人工知能基本法第38条は、基本計画及び人工知能等関連施策と事業の企画・樹立・推進のために国内外の人工知能等に関する実態調査、統計及び指標を作成・管理し、公表しなければならないと規定している。
科学技術情報通信部長官は、統計庁長と協議して基本計画および人工知能など関連施策と事業の企画・樹立・推進のために国内外人工知能などに関する実態調査、統計および指標を「科学技術基本法」第26条の2による統計と連携して作成・管理し、公表しなければならないし(法第38条第1項)、これによる統計および指標の作成のために関係中央行政機関の長、地方自治団体の長および公共機関の長に資料の提出など協調を要請することができ、この場合、協力を要請された機関の長は、特別な事情がなければ、これに従わなければならない(法第38条第2項)。

2. 事実調査(法第40条)

人工知能基本法第40条は、人工知能の透明性確保義務、安全性確保義務、高影響人工知能の安全性・信頼性確保義務と関連し、科学技術情報通信部長官に事実調査権を付与した。

科学技術情報通信部長官は、提供される結果物が人工知能によって生成されたという事実に対する表示および告知義務(法第31条第2項・第3項)、人工知能の危険の識別・評価および緩和、危険管理体系の構築など安全性確保措置履行および履行結果提出義務(法第32条第1項・第2項)、高影響人工知能の危険管理、説明、利用者保護方案の樹立・運営など高影響人工知能の安全性・信頼性確保措置履行義務(法第34条第1項)に違反する事項を発見したり、または疑いがあることが知った場合、またはその違反に対する申告を受けたり、苦情が受け付けられた場合に該当する場合には、人工知能事業者に対して関連資料を提出させたり、所属公務員に必要な調査をさせることができる(法第40条第1項)。

科学技術情報通信部長官は、調査の結果、人工知能事業者がこの法に違反した事実があると認められれば、人工知能事業者に該当違反行為の中止または是正のために必要な措置を命ずることができる(法第40条第3項)。

施行令草案は、違反事項または疑いに対して十分な資料や証拠が既に確保されている場合および申告や苦情が苦情人の私的利益のために提起された場合や公務を妨害するために提起された場合など目的が正当でないと判断される場合には、事実調査を実施しないことを許容している(施行令草案第31条)。一方、科学技術情報通信部は報道資料を通じて人工知能基本法施行の初期に企業の混乱を最小化できるように過怠料教導期間の運営を推進すると明らかにした。

高影響人工知能システムが属する領域の多様性、その他人、工知能システムを利用する事業者の事業が多様な部処と関連しうるという点を考慮する際、科学技術情報通信部所属の公務員だけが出入りが可能になるようにするより、必要な場合、関係部処所属の公務員も同行できるようにする方案も今後積極的に考慮する必要がある[38]。

38) 채은선, 前揭論文, 111面.

3. 過怠料の賦課(法第43条)

人工知能基本法第43条では、人工知能の義務に違反した者に対する過料賦課条項を規定している。高影響人工知能または生成型人工知能利用事業者の中で人工知能に基づいて運用されるという事実に対する事前告知義務(法第36条第1項)を履行しなかった者、海外事業者として国内代理人を指定(法第36条第1項)しない者、科学技術情報通信部長官が施行する事実調査によって賦課された中止命令または是止命令(法第40条第3項)を履行しない者などのいずれかに該当する者には、3千万ウォン以下の過怠料を賦課する(法第43条第1項)。これによる過怠料は、大統領令で定めるところにより、科学技術情報通信部長官が賦課・徴収する(法第43条第2項)。

Ⅶ. おわりに

人工知能基本法の立法により、人工知能事業者に対する規制体系が本格的に樹立および運営されるだろう。特に、人工知能基本法には人工知能の安全性・透明性などに関連義務および高影響人工知能に対する規制など、人工知能事業者に直接的な義務を課す内容が含まれており、該当義務違反の際、過怠金処分を受けることになる。また、国内代理人指定制度の導入により、海外の人工知能事業者に対しても厳しい規制が適用されるものと見込まれる。続いて施行令草案も発表され、まもなくガイドラインも出てくる予定です。

人工知能基本法の制定をめぐって、関連業界では様々な評価が存在する。政府次元の人工知能技術および産業振興のための法的根拠が設けられ、今後の投資が活発に行われるという肯定的な評価がある一方、一部では人工知能基本法上の規制内容が曖昧であるという点で依然として事業環境に不確実性が存在するという憂慮も提起されている。

韓国の人工知能基本法は、韓国の人工知能の成長の潜在力を損なわずに発展した外国の人工知能技術を基盤とするデジタル機器およびアルゴリズムから国民の安全を守り、人権を保護することを一次的な使命としなければならない。したがって、被害を最小化しながらも企業活動を促進する方案が必要であり、そのためには一般的な企業の負担の最小化、企業活動に対する介入要件の明確化、そして行政の監視活性化と迅速な介入などがきちんと作用しなければならないだろう[39]。

39) 김광수, 前掲論文, 34面

参考文献

· 김광수, "인공지능법의 비전과 쟁점", 서강법률논총 제13권 제3호, 2024, 서강대학교 법학연구소

· 김태형 · 김재영, "인공지능기본법(AI 기본법) 주요내용과 소비자정책의 과제", 소비자정책동향 제145호, 2025, 한국소비자원

· 김현경, "AI 규제 입법의 문제점에 대한 검토 EU AI Act와 한국의 AI기본법간 비교, 분석을 중심으로 -", 성균관법학 제37권 제1호, 2025. 3., 성균관대학교 법학연구원

· 김현경, "「AI 기본법」 주요 내용과 시행과제", KISO저널 제58호, 2025, (사)한국인터넷자율정책기구

· 박미사, "인공지능 학습용데이터 활용을 위한 입법 과제 — 인공지능기본법과 개인정보보호법을 중심으로 —", 공법연구 제53집 제4호, 2025.6., 한국공법학회

· 박상철, "인공지능 기본법의 시행 전 개정 필요성 - 규제 조항의 체계·축조상 문제점을 중심으로 -", 정보법학 제28권 제3호, 2024, 한국정보법학회

· 신의수 · 한재경, "인공지능(AI) 활용 적정화를 위한 법제도 고찰 - 「AI 기본법」을 중심으로 -", 공공사회연구 제15권 1호, 2025, 한국공공사회학회

· 정준화, "인공지능(AI) 기본법 시행 전 보완을 위한 입법 과제", 이슈와 논점 제2327호, 2025. 3. 4., 국회입법조사처

· 채은선, "우리나라 「인공지능기본법」의 주요 내용 및 관련고려사항", 경제규제와 법 제18권 제1호(통권 제35호). 2025.5., 서울대학교 공익산업법센터

· 최경진, "AI 기본법 개정 필요성과 개선방향", 공공정책 Vol.237, 2025.7, 한국주민자치학회

· 홍종현, "인공지능기본법의 제정에 따른 개인정보보호법과의 관계에 대한 공법적 고찰", 법학연구 vol.33, no.2, 통권 80호, 2025, 경상국립대학교 법학연구소

· Soon-Hyun Kwon, "Review and Improvement Direction of the Basic Law of Artificial Intelligence", Journal of The Korea Society of Computer and Information Vol. 30 No. 5, 2025

· AI 기본법 제정안의 주요 내용 및 시사점(https://www.bkl.co.kr/law/insight/newsletter/detail?searchCondition=&searchKeyword=AI&s

earchDateFrom=&searchDateTo=&orderBy=orderByNew&pageIndex=1&whichOne=NEWSLETTER&menuType=law&lawNo=&expertNo=&newsletterNo=5848&memberNo=&fieldNo=&lang=ko&logFunction=)

· AI 기본법 통과의 의의 및 산업계에 미칠 영향(https://www.lawtimes.co.kr/LawFirm-NewsLetter/204461)

제04장

중국 자율주행차 법제와 책임 귀속 논의의 비교법적 고찰

이 웅 영 · 송 문 호

I. 들어가며

자율주행이란 센서, 카메라, 레이더, LiDAR, GPS 및 차량 주변 환경을 실시간으로 해석하고 반응하는 인공지능의 정교한 알고리즘의 조합을 통해 사람의 개입 없이 차량이 운행될 수 있도록 하는 기술과 시스템을 말한다. 자율주행은 일반적으로 미국 자동차공학회(Society of Automated Engineers, SAE) 기준에 따라 단계별로 구분한다. 한국 정부는 2027년까지 운전자 개입이 필요 없는 레벨 4 수준의 자율주행차를 상용화하고, 2035년에는 자율주행 기능을 갖춘 신차 보급률을 50% 이상으로 끌어올리겠다는 「모빌리티 혁신 로드맵」을 발표한 바 있으나, 자율주행 기술 격차로 인해 시범구역 내에서도 특정 노선으로만 운행이 가능한 시범사업 수준에 머무르고 있다.

자율주행 산업에서 후발주자였던 중국은 현재 자율주행 실현에 있어 가장 적극적인 국가로 평가된다. 자율주행기술 개발 초기에는 중국의 기술이 글로벌 수준과 상당한 격차를 보였으나,[1] 정부의 적극적인 지원 정책과 대규모 투자를 바탕으로 그 격차를 빠르게 줄이고 있다. 예컨대, 2021년 중국의 바이두는 구글의 자회사인 웨이모(Waymo)에 이

1) 2017년까지 중국 내 자율주행차 특허 수는 총 2,602건에 달하나 이 중 중국인(기업)이 출원한 특허는 13.6%에 불과하였고, 국제적으로도 특허의 절대적인 양이나 질이 낮다는 분석으로는 최의현, “중국 첨단자동차 산업의 발전, 혁신 성과 그리고 한계”, INChinaBrief Vol.363, 2018년, 14~15면.

어 세계 두 번째로 운전자 없는 로보택시 서비스를 개시하였고, 2024년 4월 베이징에서는 일반도로에서 무인 자율주행 버스의 시범 운행을 시작하였다. 2024년 5월 말 기준으로, 40개 이상의 도시에서 자율주행차의 도로주행 테스트와 시범 운행이 이루어졌고, 총 3만 2천 킬로미터 이상의 테스트 도로가 개방되었으며, 7,700장 이상의 테스트 및 시범 운행 번호판이 발급되었다.[2] 한국 국가과학기술자문위원회가 2024년 초 보고한 '2022년도 기술수준평가'에 따르면 자율주행으로 대표되는 첨단 모빌리티 기술에서 중국은 한국과 일본을 앞지른 상태이다.[3]

중국이 자율주행 분야에서 두각을 나타내고 있는 배경에는 자율주행 기술과 산업의 발전을 지원하고 있는 법정책이 크게 자리하고 있으므로 이하에서는 자율주행 관련 주요 법정책을 개관해 본다. 또한, 자율주행과 관련하여 개인정보 및 데이터 보호 문제 등 다양한 법적 논점이 있는 가운데, 중국 학계에서는 자율주행차 사고시 법적 책임의 귀속에 대한 논의가 가장 활발하다. 이는 자율주행 시대를 맞아 세계 각국이 공통적으로 고민하고 있는 분야이므로 중국에서의 논의 현황을 소개하며, 마지막으로 중국의 법제와 법적 책임 귀속 논의가 우리에게 시사하는 바를 도출해 본다.

II. 중국의 자율주행 관련 법과 정책

1. 중국의 자율주행 단계에 대한 기준

중국의 자율주행 관련 법정책을 개관하기에 앞서 자율주행 단계에 대한 기준을 살펴본다. 중국은 자율주행 단계에 대한 기준이 없었기

---

2) 童钰翔, "智能网联汽车道路交通安全管理体系建设相关法律问题研究", 道路交通管理(2024.7.), 38면.

3) 미국의 첨단모빌리티 기술력을 100으로 봤을 때 중국 86.3, 일본 85.8, 한국 84.2로 평가되었다(과학기술정보통신부·과학기술기획평가원, 「2022 기술수준평가」, 2024년, 25면).

때문에 중국 자동차 제조업계는 SAE 기준(SAE J3016)을 참고하고 있었다. SAE 기준은 인간 운전자가 운전의 모든 측면을 책임을 지는 레벨 0(無 자동화), 시스템이 조향 또는 가속·감속 중 하나를 지원할 수 있지만 동시에 둘 다 지원할 수는 없는 레벨 1(운전자 지원), 시스템이 조향과 가속·감속을 모두 제어할 수 있지만 인간 운전자가 계속해서 운전 환경을 모니터링해야 하는 레벨 2(부분 자동화), 시스템이 특정 조건에서 운전의 모든 측면을 처리할 수 있지만 시스템 요청 시 운전자가 이를 내신할 준비가 되어 있어야 하는 레벨 3(조건부 자동화), 특정 조건이나 환경에서 사람의 개입 없이 작동할 수 있지만, 이러한 영역 외부에서는 사람의 개입이 필요할 수 있는 레벨 4(고도 자동화), 사람의 개입 없이 모든 조건에서 차량 스스로 주행할 수 있는 레벨 5(완전 자동화)의 여섯 단계로 구분하고 있다.

중국 정부는 SAE 기준이 외국의 기술과 산업 관행을 기반으로 하여 중국의 실정에 부합하지 않는 부분이 있다는 판단하에 2021년 8월 「차량 운전 자동화 등급」[4]을 발표하여 독자적인 국가표준을 마련하였다.[5] 중국의 「차량 운전 자동화 등급」은 SAE 기준과 유사하게 운전 자동화를 레벨 0부터 레벨 5까지의 여섯 단계로 나누고 있다.[6] SAE 기준이 레벨 0을 운전 자동화가 없는 수동 운전의 단계로 보는 것과 달리, 중국 기준은 레벨 0을 응급보조(emergency assistance) 단계라고 하여 차선이탈 경고 시스템(LDW),

---

4) 汽车驾驶自动化分级(GBT 40429-2021). 2022년 3월 1일부터 시행되고 있다.

5) 全国汽车标准化技术委员会, "GB/T 40429-2021《汽车驾驶自动化分级》正式发布"(2021.9.17.)

6) 레벨 0(응급보조). 레벨 1(부분적 운전 보조, partial driver assistance): 차량이 단일 방향(종방향 또는 횡방향 중 어느 하나)의 운전 보조 기능을 제공. 레벨 2(조합적 운전 보조, combined driver assistance): 차량이 동시에 종방향 및 횡방향의 운전 보조 기능(조향 및 가속/감속을 동시에 조작 가능)을 제공하지만, 운전자가 항상 제어를 준비해야 한다. 레벨 3(조건부 자율주행, conditionally automated driving): 특정 조건에서 차량이 모든 주행 과제를 수행할 수 있지만, 필요시 운전자가 제어해야 한다. 레벨 4(고도 자율주행, highly automated driving): 차량이 특정 조건에서 모든 주행 과제를 수행할 수 있으며, 운전자의 개입이 필요하지 않다. 레벨 5(완전 자율주행, fully automated driving): 차량이 모든 도로 및 환경 조건에서 자율적으로 운전할 수 있으며, 운전자의 개입이 필요하지 않다.

자동긴급제동장치(AEB) 등 안전 보조 장치 기능이 추가된 것을 의미한다.[7] 또, SAE 기준의 레벨 0~2는 사물·사건 감지 및 대응(Object and event detection and response, OEDR)을 운전자가 담당한다고 규정하지만, 중국은 운전자와 시스템이 OEDR를 담당한다고 규정한 점에서도 차이가 있다. 이러한 차이를 제외하면 중국의 '차량 운전 자동화 등급' 국가표준은 SAE J3016의 분류 체계와 대동소이하다. 중국의 국가표준에 따르면, 레벨 2까지는 운전 주체가 인간이며 시스템은 인간의 운전 부담을 줄여주는 동시에 긴급 상황이 발생하지 않도록 방지하거나 긴급 상황이 발생하려는 경우 일시적으로 운전에 개입하는 운전 보조 단계이고, 레벨 3부터를 시스템이 주도하는 자율주행으로 보고 있다. 후술하는 「선전 경제특구 지능형 커넥티드 차량 관리조례」[8] 제3조는 "이 조례에서 말하는 '스마트 커넥티드 차량(Intelligent Connected Vehicle, ICV)[9]'이란 자율주행시스템이 사람의 조작을 대체하여 도로에서 안전하게 주행할 수 있는 차량을 의미하며, 조건부 자율주행, 고도 자율주행, 완전 자율주행 세 가지 유형을 포함한다"고 규정하며, 2024년 6월 발표된 「베이징시 자율주행차 조례(의견수렴안)」[10] 제2조

7) SAE J3016 기준의 레벨 0는 모든 운전 작업이 운전자에 의해 수행되지만, 중국의 레벨 0는 특정 안전 보조 기능이 있을 때에만 해당 단계로 간주된다(华夏EV, "解读：《汽车驾驶自动化分级》(GB/T 40429-2021) 的5个级别"(2021.10.10.)).

8) 深圳经济特区智能网联汽车管理条例(2022.6.23. 선전시 인민대표대회 통과, 2022.8.1. 시행)

9) 지능형 커넥티드 차량은 무선 이동통신 네트워크를 통해 양방향 통신이 가능한 차량을 의미하는 것으로, 현재 세계 자동차 산업의 전환과 성장에 새로운 동력으로 부상하고 있다(중국전문가포럼, "中 스마트 커넥티드 카 '차량-도로-클라우드' 통합 발전 추진"(2024.1.19.)). 중국 국가표준으로 제시된 「지능형 커넥티드 차량 술어와 정의(의견수렴안)」에서는 지능형 커넥티드 차량을 "차량 내 센서, 제어기, 액추에이터, 통신 장치 등을 이용하여 환경 인식, 지능형 의사결정, 자동 제어 및 협력 제어, 정보 교환 등의 기능을 실현하는 차량을 통칭한다"고 정의하고 있다(智能网联汽车 术语和定义(征求意见稿)(2021.7.)). 한국에서도 2024년 2월 13일 「자동차관리법」 개정을 통해 "커넥티드자동차"의 정의 규정을 신설하였다(커넥티드자동차란 자동차를 비롯한 교통수단, 교통시설, 그 밖의 장치·시설·장비·기기 등과 무선 정보통신 기술을 활용하여 정보를 송신 또는 수신하는 자동차를 말한다(동법 제2조 제1호의7)).

10) 北京市自动驾驶汽车条例(征求意见稿)(2024.6.30.)

제2항 역시 "이 조례에서 말하는 '자율주행차'는 조건부 자율주행, 고도 자율주행, 완전 자율주행 기능을 가진 차량을 포함한다"고 규정하고 있다.

우리나라의 경우, 도로교통 관련 법규들에서 자율주행시스템을 완전 자율주행시스템, 조건부 완전자율주행시스템, 부분 자율주행시스템으로 구분하고 있으며,[11] 이들은 각각 SAE 기준의 레벨3, 4, 5에 해당한다. 「자율주행자동차 상용화 촉진 및 지원에 관한 법률」(이하 '자율주행자동차법')에서는 자율주행시스템에 대해서는 별도로 구분하지 않고, 자율주행자동차를 부분 자율주행자동차와 완전 자율주행자동차로 구분하고 있다. 부분 자율주행자동차는 제한된 조건에서 자율주행시스템으로 운행할 수 있으나 작동 한계 상황 등 필요한 경우 운전자의 개입을 요구하는 자율주행자동차를 말하며(제2조 제2항 제1호), SAE 기준의 레벨 3에 해당한다. 완전 자율주행자동차는 자율주행시스템만으로 운행할 수 있어 운전자가 없거나 사람의 개입이 필요 없는 자율주행자동차를 말하며(제2조 제2항 제2호), 적어도 SAE 기준 레벨 4 이상의 자율주행 단계에 해당한다고 해석된다.[12]

<운전 자동화 등급과 분류 요소의 관계>[13]

등급	명칭	차량 종방향 및 횡방향 동작 제어	사물·사건 감지 및 대응(ODER)	동적 운전 작업 인수	설계 운행 조건
레벨 0	응급보조	운전자	운전자 및 시스템	운전자	제한적
레벨 1	부분적 운전보조	운전자 및 시스템	운전자 및 시스템	운전자	제한적

11) 「도로교통법」 제2조 제18호의2 → 「도로교통법 시행규칙」 제2조의2 → 「자동차 및 자동차부품의 성능과 기준에 관한 규칙」 제111조.

12) 자율주행자동차의 종류는 국토교통부령으로 정하는 바에 따라 세분할 수 있으나, 2024년 9월 1일 현재까지는 이에 관한 정함이 없다.

13) 汽车驾驶自动化分级 차량 운전 자동화 등급 표1

레벨 2	조합적 운전보조	시스템	운전자 및 시스템	운전자	제한적
레벨 3	조건부 자율주행	시스템	시스템	동적 운전 작업 인수 사용자 (인수 후 운전자가 됨)	제한적
레벨 4	고도 자율주행	시스템	시스템	시스템	제한적
레벨 5	완전 자율주행	시스템	시스템	시스템	무제한적

2. 자율주행 관련 법규

(1) 법률

자율주행은 다양한 법률과 관련이 있다. 예컨대, 민법, 형법 등 전통적인 법률은 자율주행차 사고 발생시 책임 귀속 등의 문제에서 관련이 있고, 중국의 '데이터 3법'[14]은 자율주행차에 의해 수집된 개인정보 및 데이터의 수집, 보관, 처리, 역외 이전 등과 밀접한 관련이 있다. 이렇게 자율주행과 관련된 법률은 다수 있지만, 자율주행을 직접적인 대상으로 한 국가 차원의 입법은 현재까지 이루어지지 않고 있다. 2021년 3월 24일 중국 공안부가 발표한 「도로교통안전법(개정안)」 제155조는 자율주행 기능을 갖춘 차량은 폐쇄된 도로와 장소에서 테스트를 통과하고 임시 운전 번호판을 취득해야 한다고 명시하였다. 중국이 상위법률에서 자율주행에 관한 규정을 마련한 것은 이 개정안이 최초이나, 2021년 4월 개정된 「도로교통안전법」에서는 자율주행차와 관련된 조문은 반영되지 않았다. 2024년 8월 중국 공안부는 도로교통안전법의 개정을 적극적으로 추진하고 있으며, 자율주행차의 도로 진입,

14) 중국의 데이터 3법이란 「네트워크안전법」, 「데이터안전법」, 「개인정보보호법」을 말한다.

사고 발생시 책임 등에 대한 세부 규정을 마련할 예정이라고 밝혔다. 현재 「도로교통안전법」 개정은 중국 국무원 2024년 입법계획과 제14기 전국인민대표대회 상무위원회 입법계획에 포함되어 있으므로,[15] 가까운 장래에 입법이 이루어질 것으로 보인다.

(2) 지방성 법규

국가 차원의 법률이 부재한 상황에서 일부 도시는 지방성 법규를 마련해 시행 중이다. 2022년 6월 광동성의 선전시는 「선전 경제특구 지능형 커넥티드 차량 관리조례」를 제정하여 같은 해 8월 1일부터 시행하고 있는데, 이는 중국 최초의 자율주행차 관련 지방성 법규이다. 동 관리조례는 지능형 커넥티드 차량을 조건부 자율주행차, 고도 자율주행차, 완전 자율주행차 등 3단계로 구분하며,[16] 모든 유형의 자율주행차는 다른 차량과 주변 보행자가 인지할 수 있도록 차량 외부에 자율주행차임을 쉽게 알아볼 수 있는 표시를 하고, 선전시가 지정한 도로구역[17]에서만 주행하도록 하고 있다. 자율주행차가 일으키는 사고에 대해서는 자율주행 단계별로 법적 책임을 달리 규정하고 있다. 운전석에 운전자가 탑승해야 하는 지능형 커넥티트 차량이 운행 중 사고를 냈을 때에는 운전자가 배상책임을 부담하고, 운전자가 없는 완전 자율주행차량이 운행 중 사고를 냈을 때에는 차량 소유자 또는 관리자가 배상책을 부담하며(제53조), 차량의 결함으로 인한 사고 피해는 제53조에 따라 운전자, 소유자 또는 관리자가 배상을 한 후 제조자나 판매자에게 구상할 수 있다고 규정한다(제54조). 그리고, 자율주행 과정에서 축적된 데이터를 반드시 중국 내 서버에 보관하도록 하고, 당국의 승인 없이 데이터를 국외로 전송하거나 이전해서는 안 된다고 규정하고 있다(제47조). 선전시는 동 조례 시행 이후 2024년 5월까지 총 944km의

---

15) 新京报, “自动驾驶拟受法律规范，《道路交通安全法》修订列入年度立法计划” (2024.8.27.)

16) 동 조례 제3조에서 “완전 자율주행이란 자율주행시스템이 운전자가 수행할 수 있는 모든 도로 환경에서의 동적 주행 임무를 수행할 수 있으며, 인위적인 조작이 필요하지 않은 것을 의미한다”고 규정하여 완전 자율주행차의 개념을 명확히 함에 따라 운전자가 탑승하지 않는 무인 자율주행차의 도입이 제도적으로 뒷받침되었다.

17) 자동차와 도로, 자동차와 자동차 사이 무선 정보의 교류와 공유 등 자동차와 도로의 협동 인프라가 완벽하게 갖추어진 도로구역에서만 운행이 가능하다.

테스트 및 시범 도로를 개방했으며, 19개 기업의 349대 지능형 커넥티드 차량에 대해 총 1,037장의 도로 테스트 및 시범 응용 통지서를 발급하였다.[18)]

선전시의 뒤를 이어 2022년 11월 상하이시는 「상하이시 푸둥 신구 무인 자율주행 스마트 커넥티드 차량 혁신 응용 촉진 규정」[19)]을 발표하였고, 이후 쑤저우시, 항저우시, 장쑤성 등 여러 지역에서 자율주행 산업 촉진을 위한 지방 조례를 잇달아 발표하였다.

3. 자율주행 관련 주요 정책

중국 정부는 자율주행 시장을 미래 성장 동력으로 보고 다양한 정책 지원을 통해 자율주행차의 기술개발 및 상용화를 적극 추진함으로써 산업 생태계를 육성하고자 한다. 즉, 중국 정부의 자율주행차에 대한 정책 방향은 신산업을 육성하기 위한 지원에 그 초점이 맞추어져 있다. 이하에서 중국의 자율주행 관련 주요 정책을 살펴본다.

(1) 중국 제조 2025

자율주행 산업에 대한 정부 차원의 육성은 2015년 5월 중국 국무원이 발표한 '중국 제조 2025'[20)]에서 시작되었다. '중국 제조 2025'는 중국 제조업이 규모는 크지만 강하지 못하다는 인식 하에, 세계 최고 제조강국 실현을 위해 실행할 향후 30년 간의 3단계 혁신계획으로, 자율주행차 기술을 포함한 여러 첨단 기술 개발을 강조하면서 자율주행차에 대한 장기적 발전계획을 구상하였다.[21)]

---

18) 低速无人驾驶编辑部, "国内10+城市已为自动驾驶立法"(2024.7.16.)

19) 上海市浦东新区促进无驾驶人智能网联汽车创新应用规定(2022.11.23. 상하이시 인민대표대회 통과, 2023년 1월 1일 시행).

20) 国务院关于印发《中国制造2025》的通知(国发〔2015〕28号)(2015.5.19. 발표)

21) 중국 정부는 '중국 제조 2025'를 발표하면서 자동차 산업을 디지털화, 네트워크, 지능화, 신에너지, 신소재, 신장비 등 산업혁명과 관련된 기술혁신의 가장 포괄적이고 규모가 큰 이동체와 플랫폼으로 정의하고, 혁신주도 발전, 국가경제의 지속가능한 발전을 위한 핵심 전략산업으로 자동차 산업을 공식 지목했다(차두원, "중국 자율주행 정책 추이와 향후 전망"(2024.6.30.))

(2) 인터넷+ 적극추진에 관한 지도의견

2015년 7월 4일 중국 국무원이 발표한 '인터넷+ 적극추진에 관한 지도의견'[22]은 인터넷 플랫폼과 IT기술을 활용한 다양한 산업의 융합을 통해 신성장동력을 창출하려는 정책을 담고 있는데, 국가발전개혁위원회와 교통운수부는 이 지도의견의 후속 조치로 「'인터넷+' 편리한 교통 추진 및 지능형 교통 발전 촉진 실행방안」[23]을 발표하였다. 동 실행방안에서는 교통과 인터넷의 통합을 보다 광범위하고 전면적으로 추진해 교통 정보화를 통한 중국 교통산업의 현대화를 추진하는 것을 목표로 4가지 실천전략[24]을 제시하였다.

(3) 지능형 커넥티드 차량 도로 테스트 관리 규범(시범시행)

2017년 7월 개최된 바이두 AI 개발자 컨퍼런스에서 바이두가 개발 중인 자율주행차의 베이징 제5순환도로 주행 모습을 영상채팅 방식으로 상영하였다. 자율주행 체험자로 나선 바이두의 창시자 리옌훙 회장이 운전석이 아닌 조종석에 앉아 있고 차량이 자율주행을 하는 모습은 많은 사람들의 이목을 집중시킴과 동시에 교통법규 위반 문제가 제기되었다. 운전자가 탑승하지 않은 채 무허가로 시내를 주행한 것은 중국 「도로교통안전법」 위반이라는 것이다.[25] 자율주행차에 적합한 법규가 없는 상황에서 도로에서의 자율주행 테스트를 위한 규범을 마련할 필요성이 제기되었고, 이 사건 발생 5개월 후인 2017년 12월 베이징시 교통위원

22) 国务院关于积极推进"互联网+"行动的指导意见(国发〔2015〕40号)(2015.7.4. 발표)

23) 国家发展改革委 交通运输部关于印发《推进"互联网+"便捷交通 促进智能交通发展的实施方案》的通知(发改基础[2016]1681号)(2016.7.30.)

24) 4가지 실천전략은 첫째, 지능형 차량의 수준 향상과 지능형 운영 관리 시스템 구축, 둘째, 지능형 교통 인프라 지원 강화와 차세대 교통 정보 인프라 네트워크 구축, 셋째, 차량 인터넷과 자율주행 개발을 지원하기 위한 표준 및 기술 연구 강화, 넷째, '인터넷+' 교통편리 중점 실증사업 실시이다.

25) 베이징시 교통관리국의 관련 부서는 리 회장에게 법규 위반을 이유로 과태료를 부과하였다(中国日报网, "法规"松绑"自动驾驶将上路 李彦宏的罚单或成历史"(2018.2.21.)).

회는 베이징시 공안교통국, 베이징시 경제정보위원회 및 기타 부서와 함께 '자율주행차 도로 테스트 가속화에 관한 베이징시 지도의견(시범시행)'과 '베이징시 자율주행차 도로 테스트 관리 시행세칙(시범시행)'을 발표하여[26] 공공도로에서의 자율주행 테스트를 규범화하였다. 이에 따라 베이징시는 중국 최초로 공공도로에서 자율주행차 테스트가 가능한 도시가 되었으며, 상하이시도 2018년 3월 이와 유사한 규정을 발표하였다.[27] 2018년 4월에는 중국 공업정보화부, 공안부, 교통운수부가 「지능형 커넥티드 차량 도로 테스트 관리규범(시범시행)」[28]을 공동 발표함으로써 전국적으로 적용되는 도로주행 테스트 규범을 마련하였다.[29]

(4) 지능형 차량 혁신 발전전략과 신에너지 자동차 산업 발전계획

2020년 2월 국가발전개혁위원회 등 11개의 부처는 「지능형 차량 혁신 발전전략」[30]을 발표해 자율주행차 사업을 국가 전략산업으로 육성하고 차량 자동화·통신망 기술 통합 등을 지원하였다. 2020년 10월 중국 국무원이 발표한 「신에너지 차량 산업 발전계획(2021~2035년)」[31]에서는 2025년까지 제한구역에서 자율주행차의 상용화를 추진하고, 2035년까지 대규모 양산을 달성한다는 계획을 수립하였다.

26) 《北京市关于加快推进自动驾驶车辆道路测试有关工作的指导意见(试行)》和《北京市自动驾驶车辆道路测试管理实施细则(试行)》(2017.12.15.)

27) 2018년 2월 상하이 경제정보위원회, 공안국, 교통위원회는 '상하이 지능형 커넥티드 자동차 도로 테스트 관리조치(시범 시행)'를 발표했으며, 동 관리조치는 지능형 커넥티드 자동차 도로 테스트 신청 조건, 테스트 신청 및 검토, 테스트 관리, 사고처리, 위반 운영 책임 등의 요구사항을 명시하고 있다.

28) 工业和信息化部 公安部 交通运输部关于印发《智能网联汽车道路测试管理规范(试行)》的通知(工信部联装〔2018〕66号)(2018.4.3.)

29) 이들 부처는 2021년 7월 「지능형 커넥티드 차량 도로 테스트 및 시범 응용 관리규범(시범시행)智能网联汽车道路测试与示范应用管理规范(试行)」을 발표하여 도로주행 테스트 시범 응용의 주체, 안전요원, 차량 등 관련 기준을 재규명하였다.

30) 关于印发《智能汽车创新发展战略》的通知(发改产业〔2020〕202号) (2020.2.10.)

31) 新能源汽车产业发展规划(2021－2035年)(国办发〔2020〕39号)(2020.10.20.)

(5) 도로교통·자율주행 기술 발전 및 응용 촉진에 관한 지도의견

2020년 12월 교통운수부는 「도로교통·자율주행 기술 발전 및 응용 촉진에 관한 지도의견」[32]을 발표해 일부 지역에서의 로보택시 시범 운행 및 상용화 서비스 추진에 나섰다. 이 지도의견은 2025년까지 자율주행에 대한 기초이론 연구를 바탕으로 도로 기반시설 지능화, 지능형 교통시스템 핵심기술 및 제품 연구개발과 테스트 검증의 중요한 돌파구를 마련하고, 자율주행 분야의 표준 제정, 국가급 자율주행 시험기지와 시범 실시 사업을 통해 자율주행 기술을 산업화하는 데 그 목표를 두고 있다.

(6) 지능형 커넥티드 차량의 진입 및 도로주행 시범사업에 관한 통지

2023년 11월 중국 공업정보화부, 공안부, 주택·도시농촌건설부(住房和城乡建设部), 교통운수부는 「지능형 커넥티드 차량의 진입 및 도로주행 시범사업에 관한 통지」[33]를 발표하여, 승인을 받은 자율주행차의 지정 지역 내 도로주행을 허용하였다. 중국은 자율주행의 발전전략을 도로 테스트 및 시범 응용 단계, 시범 진입 및 도로주행 단계, 대규모 보급 단계의 세 단계로 나누고 있는데, 위의 통지를 통해 중국의 자율주행 산업이 본격적으로 시범 진입 및 도로주행 단계에 진입하였음을 선언하였다.[34]

(7) 자율주행차 운송 안전 서비스 지침

2023년 12월 중국 교통운수부는 자율주행차를 사용하는 운송사업자(전기버스운송사업자, 택시운송사업자, 여객운송사업자, 화물운송사업자)에 적용되는 「자율주행차 운송 안전 서비스 지침(시범시행)」[35]을

32) 关于促进道路交通自动驾驶技术发展和应用的指导意见(交科技发〔2020〕124号)(2020.12.20.)

33) 关于开展智能网联汽车准入和上路通行试点工作的通知(工信部联通装〔2023〕217号)(2023.11.17.)

34) 童钰翔, “智能网联汽车道路交通安全管理体系建设相关法律问题研究”, 道路交通管理(2024.7.), 39면.

35) 交通运输部办公厅关于印发《自动驾驶汽车运输安全服务指南(试行)》的通

발표하였다. 이 지침의 주요 내용에는 ① 안전운행을 보장하기 위하여 운송서비스를 제공하는 자율주행차는 지정된 지역 내에서만 주행할 수 있고,[36] ② 교통안전 평가를 통과해야 하며, ③ 운송 중에 최소한 한 명의 운전자 또는 안전요원이 탑승해야 하고,[37] ④ 차체에 자율주행차임을 쉽게 알아볼 수 있도록 표시를 해야 한다.[38]

(8) 인공지능(AI)+ 행동

2024년 3월 개최된 중국 양회(전국인민대표대회·전국인민정치협상회의)에서 리창 총리는 '인공지능(AI)+' 이니셔티브 추진 계획을 발표하였다.[39] 'AI+'는 2024년 10대 정부 과제의 첫 번째 항목으로 제조업의 디지털 전환과 적극적인 데이터 개발, 개방, 유통으로 생산성의 질적 제고를 목표로 한 계획이다.[40]

이에 발맞추어 베이징시는 2024년 7월 'AI+ 추진 행동계획'을 발표

知(2023.12.5.)

36) 물리적으로 폐쇄된 고정노선, 상대적으로 폐쇄된 고정노선 또는 교통 환경이 단순한 고정노선, 주변 여건을 통제할 수 있는 상황에서 자율주행차를 시내전기버스운송사업에 사용할 수 있고, 교통상황이 양호하고 주변 여건을 통제할 수 있는 상황에서 자율주행차를 택시운송사업에 사용할 수 있으며, 간선도로 또는 주변 여건을 통제할 수 있는 시내 도로 등에서 자율주행차를 화물운송사업에 사용할 수 있다. 하지만, 위험물질 운송사업에서의 자율주행차 사용은 금지된다.

37) 시내전기버스운송사업, 여객운송사업에 자율주행차를 사용하는 경우, 운전자 또는 안전요원 1명을 차내에 배치해야 하고, 화물운송사업에 자율주행차를 사용하는 경우, 원칙적으로 안전요원을 차내에 배치해야 한다. 택시운송사업에 레벨 3 자율주행차, 레벨 4 자율주행차를 사용하는 경우, 안전요원 1명을 차내에 배치해야 하고, 레벨 5 자율주행차를 사용하는 경우에는 안전이 확보된다는 전제하에 정부 동의를 거쳐 지정된 지역 내 운행 시 원격 안전요원을 배치할 수 있으며, 원격 안전요원 대 차량의 비율은 1:3 이상이어야 한다.

38) 중국전문가포럼, "[정책분석] 中 정부, 자율주행차량 안전 서비스 지침 발표"(2023.12.7.)

39) 중국 정부는 인터넷을 산업 전 영역으로 확장하는 '인터넷+'라는 개념을 쓰고 있었는데, 2024년 양회에서 최초로 'AI+ 행동'이라는 개념을 공식적으로 제시하였다.

40) 유재흥, "세계인공지능대회를 통해 살펴 본 중국의「AI+ 행동」계획과 산업계 동향", 중국전문가포럼(2024.7.30.)

하여 로봇·교육·의료·문화·교통 등 다섯 가지 분야에서 AI를 응용한 시범 성공 사례를 만들고, 이를 다양한 업종으로 확산해 베이징시를 AI 도시로 육성하고자 한다. 'AI+ 추진 행동계획' 중 'AI+교통'은 도로·차량·유동인구·날씨 등 대형 데이터를 생성해 자율주행 훈련을 지원하고 도시 교통망 효율성을 높이겠다는 계획이다.

4. 중국의 자율주행 기술 추진 방향

(1) 자율주행기술 개발의 두 가지 경로

베이징 사회과학원의 왕펑(王鹏) 연구원은 현재 자율주행 기술은 테슬라가 선도하는 '단일 차량 지능(单车智能)'과 '차량-도로-클라우드의 통합(车路云一体化)'이라는 두 가지 경로가 있다고 하면서, 후자는 자율주행을 위한 중국식 솔루션으로 평가되며 향후 전세계적으로 지능형 커넥티드 차량 개발의 방향을 선도할 것으로 보고 있다.[41)]

'차량-도로-클라우드 통합 시스템(Vehicle-Road-Cloud Intergrated System, VRCIS)'이란 차세대 정보통신기술을 통해 사람, 차량, 도로 및 클라우드의 물리적 공간과 정보 공간을 하나로 융합하여 지능형 커넥티드 차량의 안전하고 효율적인 운행을 실현하는 사이버-물리 시스템(Cyber-Physical System, CPS)을 말한다.[42)] '단일 차량 지능'은 차량을 더 지능적으로 만들기 위해 차량 자체를 연구하는데 반해, '차량-도로-클라우드 통합'은 차량 자체의 지능을 강조할 뿐만 아니라, 첨단 통신 및 현장 감지 기술 등 도로 측 인프라와 클라우드 제어 플랫폼의 구축을 통해 전반적인 상황을 감지하고 의사결정 및 제어를 실현하고자 하는 것이다. 글로벌 기술혁신 생태 플랫폼인 Plug and Play China(璞跃中国)의 연구 보고서에서는 '단일 차량 지능'과 '차량-도로-클라우드 통합'의 차이는 기술과 비용이 차량 측과 도로 측에 어떻게 분배되는지에 있다고 보며, 수많은 차량에 고가의 센서 장비를 장착하는 것보다는

41) 王鹏, "自动驾驶新路径：车路云一体化的前景与挑战", 第一财经(2024.6.21.)
42) 中国智能网联汽车产业创新联盟 ,「车路云一体化系统白皮书」(2023.1.), 1면.

도로 측 인프라를 함께 이용하는 것이 낫다고 한다. 그리고 '단일 차량 지능' 분야에서 중국 기업들이 경쟁 우위를 점하지 못하고 있지만, '차량-도로-클라우드 통합'을 통해 추월이 가능하다고 보고 있다.[43)]

(2) '차량-도로-클라우드 통합'의 기술적 이점과 도전 과제

1) '차량-도로-클라우드 통합'의 기술적 이점

'차량-도로-클라우드 통합'은 실시간 상호작용 및 협업적 의사결정을 통해 '단일 차량 지능'의 한계를 뛰어넘어 보다 포괄적이고 정확한 환경 인식이 가능하다. 우선, '단일 차량 지능'은 주로 감지 범위가 제한적이고 날씨나 빛과 같은 외부 요인의 영향을 쉽게 받는 카메라, LiDAR, 초음파 센서와 같은 차량에 탑재된 센서에 의존하는 반면, '차량-도로-클라우드 통합'은 차량에 탑재된 장비의 성능에 제한받지 않고, 도로 측 시설의 센서를 통합하여 더 넓은 지역을 커버하고 보다 안정적이고 정확한 환경 감지 정보를 제공할 수 있다. 예를 들어 장애물에 가려지거나 악천후인 상황에서 '단일 차량 지능'은 감지 사각지대가 발생하거나 정확한 감지를 할 수 없는 문제가 발생할 수 있으나, '차량-도로-클라우드 통합'의 도로 측 센서는 차량 자체 센서에 비해 더 넓은 범위에서 신뢰할 수 있는 실시간 감지 정보를 제공하여 차량의 감지 기능을 향상시킬 수 있다.

또한, '차량-도로-클라우드 통합'은 차량 측과 도로 측의 정보가 클라우드에서 상호 연결되고 공유된다. 이렇게 공유된 교통 정보를 빅데이터 분석에 활용하여 차량의 주행 경로를 최적화하고 의사결정의 예측력과 정확성을 향상시킬 수 있으며, 이는 전체 교통시스템의 안정성과 효율성을 제고하는 데 도움이 된다. 예를 들어, 전방 도로에서 교통사고가 발생하면 클라우드는 즉시 정보를 후방 차량에 전달하여 정체를 피할 수 있도록 경로를 조정할 수 있으며, 이러한 실시간 상호작용 기능은 차량의 반응 속도와 의사결정 효율성을 크게 향상시킨다.

43) 中国青年报, "政策频出 自动驾驶汽车加速'行驶'"(2024.7.30.)

이 점에서 '차량-도로-클라우드 통합'은 기술의 통합을 의미할 뿐만 아니라 기존 교통시스템을 혁신적으로 업그레이드하는 것이기도 하다.[44] 기술의 지속적인 발전과 적용 범위의 확장으로 '차량-도로-클라우드의 통합'은 향후 전 세계 도시 교통에 더욱 효율적이고 안전하며 지능적인 솔루션을 제공할 것으로 예상된다.

이와 같은 기술적 이점에도 불구하고 테슬라의 완전자율주행(Full Self-Driving, FSD) 시스템이나 구글의 자회사인 웨이모의 무인 택시 등이 '단일 차량 지능' 방식을 채택하고 있는 이유에 대해, 중국의 전국 정치협상회의 경제위원회 부주임인 먀오웨이(苗圩)는 이들 기업이 '차량-도로-클라우드 통합'을 활용하고 싶지 않은 것이 아니라 자국의 인프라 건설을 기대하기 어렵기 때문이라고 말한 바 있다.[45]

2) '차량-도로-클라우드 통합'의 전망과 도전 과제

통신 기술과 인공지능 기술의 급속한 발전과 함께 '차량-도로-클라우드 통합'이 점차 현실화되고 있다. 우선, 5G와 같은 통신 기술의 발전으로 차량과 도로 시설 간의 데이터 전송을 빠르고 안정적으로 만들어 줌으로써 교통시스템의 반응 속도와 정확성을 향상시킬 수 있다. 다음으로, 인공지능 기술의 발전으로 방대한 데이터를 신속하게 처리하고 분석하여 짧은 시간 내에 결정을 내릴 수 있게 됨으로써 차량이 적절한 반응을 할 수 있도록 도와주고, 교통흐름을 최적화하여 전체적인 교통 효율을 높일 수 있다. 이러한 기술의 진보는 교통시스템을 더 스마트하고 안전하게 만들어 자율주행 기술의 발전을 촉진한다.

한편, '차량-도로-클라우드 통합'은 다음과 같은 도전 과제에 직면

44) 한국에서는 원활한 교통흐름과 안전 확보 등을 목적으로 지능형 교통체계(Intelligent Transport Systems, ITS)의 도입을 늘리고 있는데, 이 과정에서 발생하는 막대한 교통 데이터를 관리할 전담 인력이 지자체에 부족함으로 인해 지역 간 데이터를 상호 연계해 광역 서비스로 나아가지 못하고 있다. 이러한 문제를 해결하기 위해 ITS에 클라우드를 접목한 '교통 개선 클라우드 서비스(Traffic Management as a Service)' 구축 사업이 추진되고 있다(동아닷컴, "지능형 교통체계(ITS)...'클라우드' 접목으로 진화한다"(2023.10.27.))

45) 新华网, "瞭望 | 车路云一体化何时大爆发"(2024.9.10.)

해 있다. 첫째, 막대한 인프라 비용이 필요하다는 점이다. '차량-도로-클라우드 통합'을 실현하기 위해서는 도로 양옆에 수많은 센서, 통신 장비 및 기타 첨단 하드웨어를 설치해야 하는데, 이러한 장비의 구매, 설치, 유지보수에는 거액의 자금이 필요하다. 둘째, 기술 표준의 통일 문제가 있다. '차량-도로-클라우드 통합'은 차량 내 시스템, 도로 측 시스템, 클라우드 플랫폼 간의 원활한 협업을 필요로 한다. 이를 위해서는 각 시스템 간의 상호 연결과 통신이 필수적이며, 기술 표준이 통일되지 않으면 시스템 간 호환성이 떨어져 전체적인 성능 발휘에 장애가 될 수 있다. 따라서, 차량-도로-클라우드 통합의 실현을 위해서는 통일된 기술 표준의 수립과 각 영역 간 협력 강화가 필요하다. 이에 중국 정부는 「지능형 차량 기본지도 표준 체계 구축 지침(2023판)」[46], 「국가 차량 네트워크 산업 표준 체계 구축 지침(스마트 커넥티드 차량)(2023판)」[47] 등 일련의 문건을 발표하여 국가표준 체계의 구축 방향을 정립하고 있으며, 2026년까지 '차량-도로-클라우드 통합' 표준 체계를 구축하는 것을 목표로 하고 있다.[48]

(3) '차량-도로-클라우드 통합'에 관한 중국 정부의 정책

앞서 살펴본 바와 같이 중국은 지능형 커넥티드 차량의 기술과 산업 발전을 위한 일련의 정책을 시행해 왔다. 이들 정책 가운데 「신에너지 차량 산업발전 계획(2021-2035)」에서는 2025년까지 신차 판매에서 지능형 커넥티드 차량이 차지하는 비중을 30%까지 높이고 2030년에는 70%까지 높이겠다는 목표를 제시하였고, 이 목표를 달성하기 위해

46) 智能汽车基础地图标准体系建设指南(2023版)(2023.3.3.). 이 지침은 자율주행산업에 있어 지리 정보의 안전한 활용을 촉진하기 위해 마련되었다.

47) 国家车联网产业标准体系建设指南(智能网联汽车)(2023版)(2023.7.18.). 이 지침에서는 2030년까지 차량의 스마트화 및 네트워크 주요 기술을 전면적으로 지원할 수 있는 스마트 커넥티드 차량 표준 시스템을 형성하겠다는 목표를 설정하였다.

48) 중국 공업정보화부가 '차량-도로-클라우드 통합' 응용 시범사업에 대해 문답 형식으로 홈페이지에 공개한 내용이다(工业和信息化部, "智能网联汽车"车路云一体化"应用试点工作问答"(2024.7.3.)).

2024년 1월 중국 공업정보화부와 공안부 등 5개 부처는 「지능형 커넥티드 차량의 '차량-도로-클라우드 통합' 응용 시범사업에 관한 통지」[49]를 발표하였다.[50] 이 통지에서는 지능형 커넥티드 차량 산업발전을 위해 스마트 도로 인프라[51] 구축, 셀룰러 기반 차량·사물통신(C-V2X)[52] 단말기 장착률 제고, 고정밀 지도의 안전한 적용 모색 등을 추진할 것이라고 밝혔다. 2024년 6월 30일에 발표된 「베이징시 자율주행차 조례(의견수렴안)」 제14조는 베이징시에서 신설, 개조, 확장하는 도로는 지능형 도로 측 인프라를 위한 공간을 확보해야 한다고 명시하여 '차량-도로-클라우드 통합' 발전전략을 반영하고 있다.

중국 정부의 적극적인 정책적 지원 아래 각 시범사업 도시는 차량-도로-클라우드 통합 사업을 적극적으로 추진하고 있다. 예컨대, 베이

49) 工业和信息化部·公安部·自然资源部·住房和城乡建设部·交通运输部关于开展智能网联汽车"车路云一体化"应用试点工作的通知(工信部联通装〔2023〕268号)(2024.1.1.)

50) 이들 5개 부처는 2024년 7월 1일 「지능형 커넥티드 차량의 '차량-도로-클라우드 통합' 시범도시 목록에 관한 통지(关于公布智能网联汽车"车路云一体化"应用试点城市名单的通知)」에서 베이징, 상하이, 충칭 등 20개의 시범사업 도시를 선정하였다

51) 시범 지역에서 5G 통신망이 진 지역을 커버할 수 있도록 하고, 도로·교통·날씨 등 운전에 도움이 되는 정보를 주변의 차량에 전달하는 장치(노변기지국, Road Side Unit, RSU)를 포함한 C-V2X 인프라를 구축하며, 교통 신호나 교통 표지판 등의 네트워크화를 실시한다.

52) V2X는 'Vehicle to Everything'의 약자로 차량이 클라우드로 외부의 차량, 도로시스템과 정보를 교환하는 기술을 의미하며, 차량과 차량 사이 통신(V2V), 차량과 인프라 간 통신(V2I), 차량 내 유무선 네트워킹(IVN), 차량과 이동단말기간 통신(V2P) 등을 총칭한다(중국전문가포럼, "중국 스마트 커넥티드카(ICV) 산업 동향"(2022.3.8.). 차량과 모두를 잇는 차량·사물통신((V2X) 기술은 와이파이 기반의 WAVE-V2X 방식과 Cellular 기반의 C-V2X 방식으로 구분된다. 양자는 각각 특징과 장점이 있지만 향후 자율주행시대를 대비해 대용량 통신이 가능한 C-V2X 방식으로 전환되는 추세이다(공학저널, "차량과 모두를 잇는 'V2X', 자율주행의 안전 책임진다"(2024.3.19.)). 세계 최초로 C-V2X 단일 표준을 채택한 중국에 이어 미국이 두 번째로 C-V2X 단일 표준을 채택하였고, 한국에서는 WAVE-V2X 방식을 고수하려는 국토부와 C-V2X 방식을 추진하려는 과학기술정통부가 수 년간 대립해 왔으나 최종적으로 C-V2X를 채택하였다(디지털데일리, "기회 잡은 C-V2X, 통신사 주도 자율주행 시대 열릴까"(2023.12.13.)).

징시는 2024년 5월 말 '차량-도로-클라우드 통합' 신형 인프라 건설 사업 입찰 공고를 통해 시 전역에서 2,324㎢의 범위를 선정하여 6천 개 이상의 도로를 스마트 도로로 개조할 예정이며, 이를 위해 약 99억 위안(약 1조 9천억 원)을 투자할 것이라고 밝힌 바 있다.[53] 중국자동차공학회 등 기관이 공동으로 발표한 '차량-도로-클라우드 통합 스마트 커넥티드 차량 산업 가치 증대 예측' 보고서에 따르면, 중국 정부의 적극적인 정책 추진에 힘입어 중국 내 관련 시장 산업의 규모는 2025년 7,295억 위안(약 139조 원)으로 예상되며, 2030년에는 2조 5,825억 위안(약 492조 원)으로 늘어나 연평균성장률이 28.8%에 달할 것으로 전망된다.[54]

이상에서 보듯이 중국은 '차량-도로-클라우드 통합'을 자율주행의 상용화를 앞당길 수 있는 핵심적인 방향으로 설정하고 적극적인 추진 정책을 시행하고 있다. 중국 전문가들은 '차량-도로-클라우드 통합'이 '단일 차량 지능'과 상충하는 것이 아님을 강조하고 있다. '단일 차량 지능'과 '차량-도로-클라우드 통합'은 독립적으로 발전하는 것이 아니라 상호 보완적 관계로서 전자가 발전해야 후자를 더 효과적으로 실현할 수 있다는 것이다.[55] 예컨대, 중국 공정원 원사이자 칭화대학 교수인 리쥔(李骏)은 '단일 차량 지능'은 '차량-도로-클라우드 통합'의 기초이며, '차량-도로-클라우드 통합'은 도로 측 데이터를 수집하여 차량의 데이터를 보완함으로써 자율주행차의 성능과 안전성을 향상시킬 수 있다고 하며, 리커창(李克强) 중국 공정원 원사 역시 '차량-도로-클라우드 통합'은 기술과 산업발전의 추세에 부합하는 개념이며, 이 방식은 '단일 차량 지능'을 포용할 수 있다고 보고 있다.[56]

---

53) 건설 자금은 정부 투자와 국유기업이 각각 70%와 30%의 비율로 출자할 예정이다(赛文交通网, "再投99.3亿，北京高级别自动驾驶示范区4.0阶段建设启动"(2024.6.4.)).

54) 中国汽车工程学会·国家智能网联汽车创新中心·中国信息通信研究院·中国银河证券股份有限公司, 「车路云一体化智能网联汽车 产业产值增量预测」(2024.2.), 25면.

55) 雪球, "'单车智能'和'车路云一体化'的区别和联系"(2024.6.23.)

56) 北京通信信息协会, "李克强院士：车路云一体化智能网联汽车挑战及对策"(2023.5.18.)

III. 자율주행차 사고의 법적 책임 귀속에 관한 논의

자율주행차와 관련하여 자율주행차가 수집한 개인정보와 데이터의 보호에 관한 문제 등 다양한 법적 쟁점이 제기되는 가운데, 자율주행차 사고시 법적 책임의 귀속 문제는 가장 핵심적인 쟁점이라 할 수 있다. 자율주행차가 교통사고를 발생시킨 상황에서 그 책임소재와 관련하여 기존의 법제도를 통해서는 해결하기 어려운 새로운 법적 문제가 제기되는데, 이 문제에 대한 중국 학계의 논의를 검토한다.

1. 자율주행차 자체의 책임주체성

자율주행차 사고시 책임 주체에 관해서는 중국 학계에서 다양한 견해가 제시되고 있다. 크게는 자율주행차를 책임주체로 인정하고 그 구체적인 책임을 추궁할 수 있도록 관련 법률을 개정해야 한다는 견해와[57] 자율주행에 적용된 인공지능은 자유의지가 결여되어 책임 능력이 없다는 견해[58]로 나뉜다. 후자는 자율주행차가 의존하는 자율주행 시스템은 인공지능 제품으로서 스스로 법적 책임을 질 수 있는 능력이 없기 때문에 자유의지를 가진 인간이 책임 주체가 되어야 한다고 주장한다.[59] 즉, 자율주행차는 자신의 행동이 인간이나 어떠한 법익에 해를 끼칠 수 있다는 인식을 가질 수 없기 때문에 책임을 물을 수 없다는 것이다. 따라서 관련 법률 및 규정 위반에 대한 책임은 자율주행차

57) 郑志峰, “自动驾驶汽车的交通事故侵权责任”, 法学(2018年第4期), 29면.

58) 인공지능 기술이 도출하는 결론은 방대한 데이터에 기반한 확률적 결과로서, 내재된 감정이나 인성을 지니지 않기 때문에 인공지능에 인간의 속성을 인정할 수 없고, 따라서, 자율주행차에 법적 주체성을 부여하자는 견해는 현대 법의 본질에 명백히 반한다고 비판한다(康兰平·王紫函, “自动驾驶汽车交通犯罪中刑法规制研究”, 东南法学(2021年第1期), 62~64면).

59) 叶良芳, “人工智能是适格的刑事责任主体吗?”, 环球法律评论(2019年第4期), 67면; 刘艳红, “人工智能的可解释性与 AI 的法律责任问题研究”, 法制与社会发展(2022年第1期), 85~87면; 王钢, “人工智能刑事责任主体否定论一基于规范与语义的考察”, 苏州大学学报(法学版)(2022年第4期), 64면; 张恩典, “超越算法知情权：算法解释权理论模式的反思与建构”, 东南法学(2022年第1期), 2면.

의 제조자, 판매자 또는 운전자에게 있다고 한다.

2021년 발표된 중국「도로교통안전법(개정안)」제155조 제2항에서는 자율주행 기능과 수동 운전모드를 갖춘 자동차의 경우 운전자와 자율주행시스템 개발 단체가 책임부담의 주체가 된다고 규정하였고, 앞서 본 바와 같이「선전 경제특구 지능형 커넥티드 차량 관리조례」제53조와 제54조는 손해배상 책임의 주체를 운전자, 차량 소유자 및 관리자, 제조자 또는 판매자로 규정하고 있다. 그리고, 2022년 2월 15일부터 시행되고 있는「상하이시 지능형 커넥티드 차량 테스트 및 응용 관리 방법」[60] 제43조는 자율주행 모드에서 자율주행차가 교통사고를 일으켜 손해가 발생한 경우 지능형 커넥티드 차량의 테스트 및 응용 활동을 수행하는 단체가 법에 따라 손해배상 책임을 우선 부담하고, 이후 관련 책임자에게 구상할 수 있다고 규정하고,「상하이시 푸둥 신구 무인 자율주행 스마트 커넥티드 차량 혁신 응용 촉진 규정」제29조 역시 "무인 자율주행 스마트 커넥티드 차량이 교통사고를 일으켜 손해가 발생했을 경우, 법에 따라 자율주행차 측이 책임을 져야 한다면 해당 무인 자율주행차가 속한 기업이 우선적으로 배상해야 하며, 이후 책임이 있는 자율주행시스템 개발자, 자동차 제조자, 설비 제공자 등에게 구상할 수 있다. 차량이 교통사고 책임 강제 보험이나 상업 보험에 가입되어 있는 경우, 관련 규정에 따라 처리된다"고 규정하고 있다. 최근 공개된「베이징시 자율주행차 조례(의견 수렴안)」에서도 이러한 태도를 유지하고 있다.[61] 이처럼 중국의 법규는 자율주행차를 독립적인 책임 주체로 보는 것에 대해 부정적인 태도를 가지고 있으며,

---

60) 上海市智能网联汽车测试与应用管理办法(2021.12.29. 발표 2022년 2월 15일 시행).

61) 동 조례 제29조는 "자율주행시스템 기능이 활성화되지 않은 상태에서 도로 교통사고가 발생한 경우, 현행 규정에 따라 책임을 부담하고(제1항), 자율주행시스템 기능이 활성화된 상태에서 교통사고가 발생하여 인명피해나 재산 손실이 발생한 경우, 자율주행차 측에 책임이 있는 경우에는 차량 소유자나 관리자가 배상 책임을 지며(제2항), 차량 소유자나 관리자는 전 항의 규정에 따라 피해자에게 배상한 후, 책임이 있는 제조업체나 판매업체 등에 구상할 수 있다. 범죄가 성립되는 경우 관련 책임자에 대해 형사책임을 추궁한다(제3항)"고 규정하고 있다.

자율주행 교통사고는 전통적인 책임 추궁 경로로 돌아가 운전자나 제조자에 대한 사후 책임을 강조하고 있다.[62]

2. 자율주행차 사고에 대한 민사책임

자율주행차 자체의 책임주체성을 부정하는 입장에서는 자율주행차 사고로 인한 사후 책임의 부담주체가 자율주행차의 제조자와 운전자 중 누구인지를 두고 다시 견해가 갈린다.

(1) 운전자의 과실 책임

자율주행차 운전자의 과실로 인한 민사책임에 대해서는 다양한 의견이 제시되고 있다. 첫째, 교통사고 불법행위 책임을 주장하는 견해는 운전자가 전통적인 의미에서의 불법행위 책임을 져야 한다고 본다. 이 견해는 자율주행차를 여전히 전통적인 기계, 즉 '물건'으로 보는 관점에서 운전자가 운전을 주도해야 한다고 보며, 자율주행 모드를 활성화한 사람이 이후의 모든 결과에 대해 책임을 져야 한다고 본다.[63] 둘째, 사용자 책임을 참조하자는 견해가 있다. 자율주행차는 운전자가 고용한 운전자로 볼 수 있다고 하며, 차량이 운전자의 지시에 따라 주행할 때 만약 교통법규를 위반하여 교통사고가 발생하게 되면 운전자가 책임을 져야 한다고 주장한다. 자율주행차가 사고를 일으킨 경우, 해당 차량을 "고용"(구매)한 운전자(소비자)는 자율주행차 혹은 자율주행시스템에 대해 연대책임을 진다고 하며, 나아가 차량 보유자에게 엄격한 책임을 부담시키는 방안까지도 생각해 볼 수 있다고 한다.[64] 셋째, 동물의 불법행위 책임을 참조하는 견해는 자율주행차는 개와 유사하며 이들은 인간의 통제와 개입 없이도 사고를 일으킬 수 있다고 한다. 중국「민법전」제1245조와

---

62) 刘艳红, "自动驾驶的风险类型与法律规制", 国家检察官学院学报(2024年第1期), 122면.
63) 李硕, "自动驾驶汽车交通事故侵权的责任认定", 学习与实践(2022年第11期), 88면.
64) 冯珏, "自动驾驶汽车致损的民事侵权责任", 中国法学(2018年第6期), 109면.

1246조는 동물의 사육자나 관리자가 상응하는 불법행위 책임을 진다고 규정하고 있는데, 자율주행차의 소유자에게도 위험 책임을 부담하도록 하는 것이 타당하다고 한다.[65)]

교통사고 불법행위 책임설에 대해서는 차량이 자율적으로 제어되는 단계에서는 인간이 운전할 필요가 없이 시스템이 스스로 주행 환경을 모니터링하고 운전 작업을 수행하는데, 운전자가 자동차를 제어하지 않음에도 불구하고 그에게 책임을 지우는 것은 불공정하다는 문제가 제기된다. 또한, 향후 완전자율주행이 가능해지면 노인, 미성년자, 시각 장애인 등이 자율주행차의 사용자가 될 것인데, 이들을 운전자로 간주하고 교통사고에 대한 불법행위 책임을 지게 하는 것은 부적절하다는 비판이 따른다. 사용자 책임을 참조하자는 견해의 핵심 틀은 운전자(고용주)와 자율주행차 간의 책임 관계를 설정하는 것이며, 이는 자율주행차가 법적 인격을 갖추고 있을 것이 전제되어야 하는데, 자율주행차에 법적 인격을 부여하는 것은 더 많은 논쟁을 불러올 수 있다는 비판이 제기된다. 동물의 불법행위 책임을 참조하자는 견해에 대해서는 자율주행차와 동물 간에는 큰 차이가 있기 때문에 동물의 불법행위와 교통사고 불법행위는 책임 원칙, 구성 요건, 책임 주체 등에 대해 동일선상에서 비교하기 어렵다는 비판이 따른다.

(2) 제조자의 과실 책임

제조자의 과실 책임 판단에 대해서는 세 가지의 주요 견해가 있다. 첫째, 일반 과실 불법행위설은 완전 자율주행 단계의 자율주행차의 경우 사용자가 운전 중 전화나 문자 등을 보내는 행위에 대해 과실 책임을 지지

---

65) 郑志峰, “自动驾驶汽车交通事故责任的立法论与解释论”, 东方法学(2021年第3期), 161면. 자동차를 동물과 같이 보아야 하는지에 관한 사례로는 미국의 Lewis v. Amorous 사건(Lewis v. Amorous , 59 S.E. 338 , 340(Ga. Ct. App. 1907))이 있다. 이 사건에서의 핵심 쟁점은 자동차를 맹수와 같은 범주에 포함시켜야 하는지, 그리고 이와 관련된 법률이 적용되어야 하는지였는데, 항소 법원은 문제의 본질이 자동차의 위험성보다는 이를 운전하는 사람의 위험성에 있다고 판단했다. 즉, 인간의 개입 이전에 자동차는 일반적으로 무해하며, 사람들이 두려워해야 할 것은 자동차 자체가 아니라 통제 불능 상태의 자동차라고 보았다.

않고, 자동차 제조자가 책임을 져야 한다고 본다.[66] 완전 자율주행 단계에서 소비자나 운전자는 자율주행시스템의 작동을 완전히 또는 기본적으로 신뢰하고 이러한 신뢰는 보호되어야 한다. 교통사고의 발생은 자율주행차가 홍보한 신뢰성을 충족하지 못하는 것에 기인하는 것이므로 제조자가 민사책임을 지는 것이 자연스럽다고 한다. 둘째, 제품 책임설은 자율주행차 사고의 원인이 사용자 과실이 아니라 시스템의 오작동일 가능성이 크다고 본다. 자율주행차 사고는 대부분 인공지능 또는 알고리즘 기술의 불안정으로 인한 시스템 결함으로 발생하므로 운전자는 실제로 영향을 미칠 수 없으며, 제조자가 알고리즘을 설계하고 조정할 때 주의의무를 다해야 하고, 제품의 설계 결함에 대해 형사책임을 져야 한다고 주장한다.[67] 즉, 자율주행차의 하드웨어 설치와 소프트웨어 프로그램 조정은 제조자가 자율주행차를 생산하는 과정에서 사고를 방지하기 위해 반드시 이행해야 하는 주의의무이고, 이 주의의무는 개별 운전자의 주의의무가 아니라 주로 제조자의 주의의무에 해당한다는 것이다.[68] 셋째, 엘리베이터 불법행위 책임을 참조하자는 견해가 있다. 자율주행차의 작동이 엘리베이터의 운영과 매우 유사하다고 보고, 자율주행차 제조자에게 불법행위 책임을 부과해야 한다고 주장한다. 이 견해는 운전자나 사용자가 차량의 제어를 상실한 상황을 전제로 엘리베이터 사고(자율주행사 시고)가 발생하면 엘리베이터 제조자(자율주행차 제조자)가 책임을 지고, 이후 사고 분석을 통해 2차적인 책임 분담이 이뤄질 수 있다고 한다.

일반 과실 불법행위 책임설에 대해서는, 자율주행 기술은 고위험 신기술이기 때문에 일반 과실 불법행위 책임을 적용하는 것은 피해자 구제에 도움이 되지 않을 뿐만 아니라, 제조자에게 자율주행 기술 개선을 효과적으로 유도하지 못한다는 비판이 따른다. 엘리베이터 불법행위 책임설은 엘리베이터가 항상 폐쇄된 환경에서 운행된다는 객관적 조건에 기

66) 曾粤兴·高正旭, “论人工智能技术的刑法归责路径”, 治理研究(2022年第3期), 119면.

67) 徐永伟·袁彬, “无人驾驶交通事故中的刑事责任及其分配”, 南京师大学报(社会科学版)(2022年第3期), 104면.

68) 郭泽强, “人工智能时代权利与责任归属的域外经验与启示”, 国外社会科学(2020年第5期), 68~69면.

반한 것으로 단순한 운행 환경에서는 책임 판단이 일정할 수 있지만, 자율주행차의 복잡한 운행 환경에서는 현실적이지 못하다는 비판이 제기된다. 제품 책임설의 문제점은 제조자가 과중한 책임을 질 수 있고 이로 인해 자율주행 산업의 발전을 저해할 수 있다는 것이다. 제품 책임설의 문제점을 보완하는 방안으로 이중 책임 보험 구조를 구축하자는 견해가 있다. 1단계 보험은 직접적인 책임 주체가 위험 분산을 위해 가입하며, 2단계 보험은 사회 구제 방식으로, 관련 주체의 일부 수익을 공동 배상 기금으로 전환하여 운영하자는 것이다.[69] 이와 관련하여 「상하이시 지능형 커넥티드 차량 테스트 및 응용 관리 방법」 제40조는 "지능형 커넥티드 차량의 도로 테스트, 시범 응용 및 시범 운영을 수행하는 자는 관련 규정에 따라 자동차 교통사고 책임 의무 보험에 가입해야 하고, 일정 금액의 상업 보험에 가입하거나 해당 금액의 보증서를 제공해야 한다. 보험 회사가 지능형 커넥티드 차량의 특성에 맞는 보험 상품을 개발할 것을 권장한다. 지능형 커넥티드 차량과 관련된 사회단체와 기업이 공동으로 사회 위험 기금을 설립하여, 책임이 명확하지 않아 피해자들이 즉시 보상을 받을 수 없는 경우 먼저 보상을 제공할 것을 권장한다"고 규정하고, 「상하이시 푸둥 신구 무인 자율주행 스마트 커넥티드 차량 혁신 응용 촉진 규정」 제30조는 "무인 자율주행 스마트 커넥티드 차량을 이용해 도로 화물 운송사업을 운영하는 기업은 운송인 책임 보험에 가입해야 하며, 여객 운송서비스를 제공하는 경우 차내 승객 책임 보험에 가입해야 한다. 관련 산업 조직 및 기업들이 위험 기금을 공동으로 설립할 것을 권장한다. 보험사는 무인 자율주행 스마트 커넥티드 차량의 특성에 맞는 보험 상품을 개발할 것을 장려한다"고 규정하고 있다.

3. 자동주행차 사고에 대한 형사책임

지능형 로봇의 형사책임 귀속에 관해 중국 화동정법대학교의 류시엔취엔 교수는 "지능형 로봇이 설계된 프로그램 범위 밖에서 사회에 심각한

69) 王春梅, "人机协同视域下中国自动驾驶汽车责任保险立法构设", 上海师范大学学报(2022年第3期), 53~54면.

위해를 가하는 행위를 하는 경우 형벌을 받아야 한다. 그러나 생명형, 자유형, 재산형, 권리형으로 구성된 중국의 기존 형벌체계는 지능형 로봇을 포함할 수 없기 때문에 중국의 형벌체계를 재구성하여 데이터 삭제, 프로그래밍 수정, 영구 파기 등의 처벌 방식을 추가해야 한다"고 제안한 바 있다.[70] 이에 대해 데이터 삭제, 프로그래밍 수정 및 영구 파기 방식이 특별 예방 및 일반 예방 형벌의 목적을 달성할 수 있는지에 대해 의문을 제기하며 위와 같은 관점은 인공지능 스스로가 식별 및 제어 능력을 가지고 있음을 전제로 해야 성립 가능한 가설이라는 비판이 제기되었다. 현재 인공지능 기술을 사용하여 작동하는 자율주행차나 로봇은 여전히 인간의 통제 범위 내에 있으므로, 통제 불가능한 인공지능에 대한 우려는 현 단계에서 불필요하다는 것이다.[71] 다시 말해, 자율주행차는 자율 의지가 부족하고, 그의 사회적 의미가 있는 모든 행동은 인간의 지시와 행동의 연장선에 있으므로,[72] 자율주행차는 교통사고의 범죄 주체가 될 수 없고, 데이터 삭제, 프로그램 수정, 영구 파기는 사율주행사에 대한 형벌로 삼을 수 없다는 것이다. 반면, 자율주행차 제조자는 인공지능 기술을 통해 자율주행시스템을 지속적으로 훈련하여 자율주행의 자가 학습, 반복, 업그레이드를 추진하므로,[73] 형사책임이 문제될 수 있다.

(1) 제조자의 형사책임

자율주행차의 생산 단계에서 제조자가 안전기준에 부합하지 않는 자율주행차를 생산 또는 판매하여 심각한 결과를 초래하는 경우 형사책임을 지고, 응용 단계에서 제조자가 자율주행차의 안전 관리 의무를 이행하지 않아 심각한 결과를 초래한 경우에도 형사책임을 진다.

---

70) 刘宪权, “人工智能时代我国刑罚体系重构的法理基础”, 法律科学(西北政法大学学报)(2018年第4期), 47면.
71) 푸위밍, “자율주행차 사고의 형사 책임과 논리 전개”, 비교형사법연구 제25권 제1호, 한국비교형사법학회, 2023년, 311면.
72) 王乐兵, “自动驾驶汽车的缺陷及其产品责任”, 清华法学(2020年第2期), 106면.
73) 刘艳红, “Web3.0 时代网络犯罪的代际特征及刑法应对”, 环球法律评论(2020年第5期), 105면.

(2) 운전자의 형사책임

자율주행차의 자동화 등급과 사고 책임의 결과는 밀접하게 연관되어 있으며, 자동화의 등급에 따라 운전자의 형사책임이 달라질 수 있다. 즉, 더 높은 자동화 등급에서는 운전자의 직접적인 개입이 적어지기 때문에, 해당 상황에서 운전자의 책임이 줄어들 수 있다. 참고로 「장쑤성 도로교통안전 조례」[74]는 조건부 자율주행차, 고도 자율주행차, 완전 자율주행차를 구분하고, 조건부 자율주행차 또는 고도 자율주행차가 도로교통안전 위반행위를 한 경우 공안 교통 관리 부서는 법에 따라 차량 운전자를 처벌하며, 완전 자율주행차가 도로교통안전 위반행위를 한 경우 차량의 소유자 및 관리자를 법에 따라 처리한다고 규정하고 있다(제85조).

IV. 비교법적 검토와 법적 인프라 구축 방향

1. 한국과 중국의 자율주행 법제 비교

중국의 현행 「도로교통안전법」 등 법률에는 '자율주행시스템'이나 '자율주행자동차'에 대한 정의 규정이 없다. 당연한 논리적 귀결로 자율주행시스템이 인간을 대신하여 운행할 수 있는지에 대한 규정도 두고 있지 않으므로, 자율주행시스템에 의한 자율주행이 합법적인 지위를 갖는지에 대해 의문이 존재한다. 그리고 중국 「도로법(公路法)」 및 「도로교통안전법실시조례(道路交通安全法实施条例)」에 의하면, 도로는 자동차의 성능을 테스트하는 장소라 할 수 없다. 비록 중국 중앙정부의 관련 부처와 일부 지방정부에서 자율주행차의 도로주행 테스트에 대한 규정을 마련하고 있기는 하지만, 상위법은 아직 기술의 발전에 상응하는 개정이 이루어지지 않고 있어 자율주행차 도로주행 테스트의 합법성이

74) 江苏省道路交通安全条例(2023.7.27.개정, 2024.1.1. 시행)

문제될 수 있다.[75] 이와 달리 한국은 「자율주행자동차법」과 「도로교통법」, 「자동차관리법」 등에서 자율주행시스템과 자율주행자동차에 대한 정의 규정을 마련하고 있으며,[76] 「도로교통법」은 도로에서 자율주행시스템을 사용하는 것도 운전의 개념에 포함하고 있으므로(제2조 제26호), 자율주행자동차의 운행에 관한 법적 기반이 마련된 상태이다.

중국의 경우 자율주행에 관한 특별법이 제정되거나 「도로교통안전법」과 같은 법률에서 자율주행 관련 내용을 반영한 개정이 이루어지지 않은 상태에서 지역별로 조례를 제정하여 자율주행을 허용하고 있다. 이는 빠르게 발전하는 자율주행 기술에 대응해 선제적으로 법률을 제정 또는 개정하는 방법이 아니라, 먼저 지방성 법규 제정을 통해 자율주행 상용화를 테스트하고 이렇게 쌓인 경험을 국가 차원의 법률 개정에 반영하고자 하는 것으로 보인다. 서남정법대학 과학기술법학연구원 부원장인 정즈펑(郑志峰) 교수는 "지방정부가 자율주행차의 시범 운영 요구를 충족시키기 위해 보험 가입, 교통법규 준수, 안전요원 배치 등과 같은 지방 규범을 제정하는데, 이는 매우 좋은 입법 시도"라고 평가하고, 향후 자율주행차 관련 법률을 제정할 때 전국적으로 적용되는 자율주행차 제품의 승인 기준, 차량 관리 및 사용 규칙, 사고 책임부담 등을 명확히 규정할 필요가 있다고 보았다.[77] 자율주행에 관한 국가 차원의 법률이 제정되지 않았지만, 지방정부에서 관련 입법을 진행할 수 있는 이유 중의 하나는 중국의 중앙정부인 국무원과 중앙의회인 전국인민대표대회가 공산당의 영도에 따라 당의 방침을 집행할 뿐이며, 실질적으로는 공산당이 국가를 운영하는 '당-국가체제'인 것에 기인한다.[78]

---

75) 北京交通大学北京综合交通发展研究院, "与自动驾驶相适应的道路交通法规和运营监管政策研究", 「北京交通蓝皮书」(2021.12.), 168~169면.

76) 「자율주행자동차법」은 「자동차관리법」 제2조 제1호의3을 준용하여 '자율주행자동차'를 '운전자 또는 승객의 조작 없이 스스로 운행이 가능한 자동차'로 정의하고, '자율주행시스템'을 '운전자 또는 승객의 조작 없이 주변상황과 도로 정보 등을 스스로 인지하고 판단하여 자동차를 운행할 수 있게 하는 자동화 장비, 소프트웨어 및 이와 관련한 모든 장치'라고 정의한다(제2조 제1항 제1호, 제2호). 「도로교통법」에서도 자율주행자동차와 자율주행시스템에 대한 정의 규정을 두고 있다(제2조 제18호의2, 제18호의3).

77) 腾讯网, "广州拟立法支持！数看自动驾驶各地发展趋势"(2024.8.2.)

중국은 지방 조례 외에도 중앙정부 관련 부처의 정책성 문건을 통해 자율주행 산업을 적극적으로 지원하고 있다. 우리나라도 '모빌리티 혁신 로드맵'을 기반으로 자율주행 분야의 육성정책을 펼치고 있으며, 입법적으로는 앞서 본 「자율주행자동차법」이나 「도로교통법」 등의 제·개정을 포함하여, 「모빌리티 혁신 및 활성화 지원에 관한 법률」, 「미래자동차 부품산업의 전환촉진 및 생태계 육성에 관한 특별법」 등 법률을 제정하여 자율주행 기술과 산업의 발전을 지원하고자 한다. 이 밖에 「자동차관리법」은 안전운행요건을 갖추어 자율주행자동차의 임시운행 허가를 받을 수 있도록 하고 있고(제27조), 「자동차 및 자동차부품의 성능과 기준에 관한 규칙」 (이하 '자동차규칙')은 부분 자율주행시스템(레벨 3)에 관한 안전기준을 두어 자율주행자동차의 상용화에 대비하고 있다(제111조의3, 별표2).

하지만, 「자동차규칙」상 레벨 4 자율주행자동차에 대한 규정은 아직 없는 상태여서 국내 기업이 레벨 4 이상의 자율주행차를 시험하거나, 출시하기 위해서는 상당한 규제 리스크를 감당해야 했다.[79] 정부는 이와 같은 기업의 우려를 불식시키기 위하여 레벨 4 수준의 완전 자율주행자동차 규제를 국제기준에 맞추어 완비한 뒤, 국내 기업과 협력하여 완전 자율주행자동차를 조기 상용하고자 하였으나, 국제기준 제정이 지연됨에 따라 이와 같은 조기 상용화 일정에 차질이 예상되었다.[80] 이에 2024년 3월 「자율주행자동차법」을 개정하여 자동차안전기준이 마련되지 않은 레벨 4 자율주행자동차에 대해 성능인증 제도와 적합성 승인 제도를 신설함으로써 기업이 레벨 4 이상의 자율주행자동차를 조기 상용화할 수 있는 기반을 마련하였다.

삼권이 분립된 우리나라에서 정부 정책을 추진하기 위해서는 법적 근거가 마련되어야 하는 것과 달리, 중국의 경우 '당-국가체제'를 기반으로 당의 방침에 따라 관련 행정부처가 내어놓는 정책성 문건은 법률 못지않

78) 손한기, "중국의 당-국가체제에 관한 일고찰 -당내법규를 중심으로-", 비교중국연구 제3권 제1호, 인천대학교 중국학술원, 2022년, 47면 이하.
79) 법률신문, "자율주행차 관련 입법 동향"(2023.12.28.)
80) 「자율주행자동차 상용화 촉진 및 지원에 관한 법률 일부개정법률안」(민홍철 의원 등 10인 제안, 의안번호 2121894) 제안이유 및 주요내용

은 힘을 가지며,[81] 이에 입법적 뒷받침 없이도 국가 정책을 적극적으로 추진하고 있다. 정책적 지원에 힘입어 중국은 베이징, 선전, 우한 등 여러 도시에서 자율주행차를 운행하며 1년 전인 2023년 9월에 7,000만㎞의 자율주행 데이터를 쌓아 미국과 동등한 수준에 이르렀다.[82] 중국이 자율주행차 강국으로 거듭나고 있는 현실을 감안하면, 자율주행 기술의 개발과 관련 산업의 발전을 국가 차원의 목표로 삼아 일련의 지원정책을 시행하고, 지방 입법을 통해 쌓인 경험을 바탕으로 국가 차원의 입법을 하고자 하는 중국식 접근 방식을 권력분립과 법치주의 원리에 부합하지 않는 전근대적 방식이라고 치부할 수만은 없다. 오히려 자율주행의 기술적 경로가 아직 명확하지 않은 현 단계에서는 유연하고 민첩한 규제 방법이 더 적합할 수도 있다. 물론, 중국과 정치·사회 체계를 달리하는 우리나라에서 이러한 방식을 취하기는 어렵다. 다만, 자율주행과 같이 아직 완성되지 않은 기술의 안전과 위험에 대해 선제적으로 규제하는 것이 혁신을 저해하는 요인이 될 수도 있음을 고려하면, 우선허용·사후규제 방식의 규제샌드박스를 보다 적극적으로 활용할 필요가 있을 것이다.[83] '자율주행차의 안전운행 요건 등에 관한 규정'에 따른 요건을 충족하지 못해 자율주행 실증사업을 수행할 수 없는 스타트업에게 기회를 부여한 모빌리티 규제샌드박스 실증 특례는 규제샌드박스 활용의 좋은 예이다.[84] 취

81) 이상우, "AI 시대, 중국 데이터 정책 동향의 이해", 중국전문가포럼(2024.5.29.).

82) 국내 자율주행 누적 운행 거리 1위 기업인 오토노머스에이투지의 운행 데이터는 약 40만㎞에 불과하다(중앙일보, "우한에만 로보택시 500대…한국 자율주행 경험, 중국 1%뿐"(2024.7.9.)). 구글의 계열사인 웨이모는 2023년 한해 상업용 운행기록이 약 70만 건이었는데, 웨이모보다 5년 늦게 자율주행 사업에 뛰어든 바이두는 2023년 한해 로보택시 탑승 건수 73만 2000건을 달성했다(오피니언뉴스, "美·中 자율주행 치고 나가는데…한국은 '느릿느릿'"(2024.9.11.)).

83) 중국은 2021년 '14.5' 규획을 발표하면서 인공지능, 자율주행, 5G의 보급 및 6G 기술 등 첨단과학기술 발전에 있어 이른바 '국가실험실' 운영을 언급하였는데, 우리나라도 중국의 '국가실험실' 정신을 받아들일 필요가 있다는 견해로는 김정진·선종수, "자율주행자동차 관련 도로교통법제 정비와 중국 법제의 시사점", 4차산업혁명 법과 정책 제3호, 4차산업혁명융합법학회, 2021년, 132면 참조.

84) 상용차신문, "대형 화물차 간선운송 자율주행 실증 규제 완화"(2024.2.16.)

근에는 기업이 규제 특례를 신청하면 담당 부처가 이를 한시적으로 풀어 주는 구조가 아닌 정부 부처가 선제적으로 규제개선 과제를 발굴하는 '톱다운(Top-Down)' 방식의 '기획형 규제샌드박스'가 추진 중인데,[85] 이러한 기획형 규제샌드박스를 통해 정부가 주도적으로 신기술 및 신산업에 필요한 규제를 체계적으로 정비함으로써 기업들이 보다 자유롭게 혁신에 도전할 수 있는 환경을 조성할 수 있기를 기대한다.

중국은 '차량-도로-클라우드 통합'을 위한 정책을 잇달아 발표하고 있고, 자율주행 전용차로, 무선통신망과 클라우드 도로교통 관제 시스템 등 인프라 건설이 여러 지역에서 이루어지고 있다. '차량-도로-클라우드 통합 시스템'은 한국 「자율주행자동차법」상의 '자율협력주행시스템'과 유사한 개념이다.[86] 한국에서도 예전부터 자율주행차 전용 인프라 구축을 자율주행차의 상용화를 위한 해결책으로 제시해 왔지만,[87] 진행은 매우 더딘 상황이다. 안전한 자율주행차 상용화를 위해서는 자율주행차에 탑재하는 센서 등 장비의 고도화와 함께 도로 인프라 등을 통한 자율협력주행 기술의 발전이 필요하다. 2021년 설립된 '자율주행기술개발혁신 사업단'은 2027년까지 인프라 융합(차랑-도로-클라우드) 기술을 통한 '융합형 레벨 4+ 자율주행차'의 상용화 기반을 완성하겠다는 목표를 제시하고 있다. 이러한 목표를 달성하기 위해서는 보다 적극적으로 자율협력주행 기술을 개발하고 관련 인프라를 구축해가야 할 것이다.

---

85) 서울경제, "규제샌드박스 심사 속도 높인다…민간조정기구 신설"(2024.8.1.)

86) "자율협력주행시스템"이란 신호기, 안전표지, 교통시설(교통수단의 운행에 필요한 도로·철도·공항·항만·터미널 등의 시설과 그 시설에 부속되어 교통수단의 원활한 운행을 보조하는 시설 또는 공작물) 등을 활용하여 도로상황 정보·교통상황 정보 등 자율주행차의 안전한 운행에 필요한 정보를 전자적인 방법으로 자율주행차의 자율주행시스템과 송신 또는 수신하여 자율주행기능을 지원·보완하여 효율성과 안전성을 향상시키는 지능형 교통체계를 말한다(제2조 제1항 제3호).

87) 2017년 국토연구원 인프라본부는 '자율주행 시대에 대비한 첨단 도로 인프라 정책 방안' 보고서에서 자율주행차 도로 인프라 구축 방안으로 1단계 차세대 지능형 교통시스템(C-ITS), 2단계 자율주행차 전용차로, 3단계 자율주행차 전용도로라는 단계적 추진 방안을 제시한 바 있다(한겨레, "자율주행차 돌파구, 결국 전용차로에서 찾는다"(2024.6.29.)).

2. 자율주행차 사고시 법적 책임 귀속

자율주행차 사고시 법적 책임의 귀속에 대해 중국의 학계에서는 다양한 견해가 제시되고 있다. 우선, 자율주행차를 독립적인 책임 주체로 인정해야 한다는 주장과 자율주행시스템은 책임을 질 수 없으므로 여전히 인간, 즉 운전자나 제조자가 책임을 져야 한다는 입장이 대립하나, 자율주행차에 적용된 인공지능은 자유의지가 결여되어 책임을 물을 수 없다는 이유로 다수의 학자들은 자율주행차의 사고 책임을 운전자나 제조자 등에게 귀속시켜야 한다고 본다. 자율주행차 사고에 대한 민사책임에 대해서는 운전자의 과실 책임을 인정하자는 견해와 제조자의 과실 책임으로 보아야 한다는 견해가 대립하며, 후자의 견해 가운데 제품 책임설이 다수설의 입장이다. 제품 책임설에 따르면 제조자가 과중한 책임을 질 수 있고 이로 인해 자율주행 산업의 발전을 저해할 수 있다는 문제가 있으므로,[88] 보험제도를 활용하자는 주장이 제기된다. 한편, 「선전 경제특구 지능형 커넥티드 차량 관리조례」를 비롯한 상하이, 베이징 등의 지방 조례는 완전 자율주행차량 사고의 경우 우선 차량 소유자 또는 관리자가 배상책임을 부담하고 추후 책임이 있는 제조업체나 판매업체에 구상할 수 있도록 하고 있다. 이러한 규정에 대해서는, 차량 소유자나 관리자가 먼저 보상을 한 후 사고의 원인이 운전자의 과실인지, 자동차 자체의 결함인지, 자율주행시스템의 오류인지, 해킹이나 바이러스와 같은 보안상의 문제인지 등을 규명하여 제조업체 등에 구상권을 행사하는 것은 사실상 매우 어렵다는 점에서 실효성이 부족하다는 비판이 가능하다.

자율주행차 사고에 대한 형사책임 문제에 대해서는 자율주행자동차 자체에 대해 형사책임을 묻기는 어려우나 제조자의 주의의무 위반에 대한 형사책임은 물을 수 있다고 보고 있다. 한국에서도 레벨 4이상 자율주행차의 운행 중 사고 발생에 따른 형사책임 귀속 주체에 대해

88) 이 밖에도 제조물 책임설은 논리적으로 명확함에도 불구하고 실제 적용은 매우 어렵다는 비판이 제기된다(김인식, "중국의 자율주행 자동차 정책", Sungkyun China Brief 제9권 제1호, , 성균관대학교 성균중국연구소, 2021년, 157면).

크게 제조사의 책임을 인정하는 견해[89]와 자율주행시스템에 책임을 인정하는 견해[90], 그리고 누구에게도 형사책임을 부담시키기 어렵다는 견해[91] 등이 있다. 만약 자율주행시스템인 인공지능에게 형사책임을 묻는다면, 법인에게 법인격을 부여하여 양벌규정에 따라 처벌하는 것처럼 자율주행차 운행을 지배한 자를 자율주행시스템으로 보아, 인공지능에게 운행 중 사고의 책임을 지울 수 있을지가 문제 된다. 또한 자율주행시스템이 자신의 행위 의미를 이해하여 자신의 행위에 대한 법적 의미를 인식하고 불법을 결의한 자에 대한 비난으로서의 책임을 인정할 수 있을지 의문이다.

만약 자율주행자동차의 주행 중 발생한 사고가 제조상의 결함으로 인한 것이었고, 그로 인해 사람의 생명·신체에 피해가 발생한 경우, 생명·신체라는 가장 중요한 법익보호의 측면에서 형사 제조물책임의 필요성이 제기되고 있다.[92] 형사 제조물책임은 업무상과실치사상죄의 성립이 문제되는 것으로, 특히 주의의무위반과 발생한 결과 사이의 인과관계와 그 발생한 결과를 운영자들에게 귀속시키는 법논리가 관건이다. 따라서 자율주행자동차의 설계·제조·판매자는 제조물의 설계·제조·판매 이후에도 제품의 위해성에 대한 정보를 적극적으로 수집하고, 그로 인한 법익침해가 발생하지 않도록 적극적으로 위험방지조치를 취할

89) 박세영, "자율주행자동차 사고의 책임귀속과 교통법제의 정비 - 영국의 새로운 자율주행자동차법 권고안을 중심으로 -", 법학논총 제42권 제4호, 전남대학교 법학연구소, 2022년, 160면; 배상균, "자율주행자동차 기술발전에 따른 민·형사 책임에 관한검토 -일본에서의 논의를 중심으로-", 법조 통권 제724호, 법조협회, 2017년, 33면; 한성훈, "자율주행자동차의 기술단계에 따른 형사책임에 관한 연구", 형사법연구 제32권 제3호, 한국형사법학회, 2020년, 292면.

90) 레벨 4 이상에서는 자연인에게 운전자의 지위를 인정할 수 없으며 형사책임을 물을 수 없다는 전제에서 향후 인공지능 자율주행차가 형사책임의 주체가 될 수 있다는 주장으로는 윤영석, "자율주행자동차 운행으로 인해 발생한 형사책임의 귀속주체", 홍익법학 제20권 제1호, 홍익대학교 법학연구소, 2019년, 536면.

91) 이종영·김정임, "자율주행자동차 운행의 법적 문제", 중앙법학 제17권 제2호, 중앙법학회, 2015년, 167, 174면.

92) 김형준, "자율주행자동차 교통사고의 형사책임", 중앙법학 제19권 제4호, 중앙법학회, 2017년, 72면.

의무를 부담하며, 법익침해 결과의 발생을 예견할 수 있었고 회피할 수 있었음에도 제품 회수 의무 등을 이행하지 않아 법익침해 결과를 발생케 한 경우, 부작위에 의한 상해 또는 업무상 과실치사상의 죄책을 질 수 있는지에 대한 정교한 법논리를 개발하여야 한다.

책임 귀속의 주체가 분명하게 밝혀져야 자율주행자동차 운행의 안전이 확보될 수 있으며, 법적 기준에 따른 안전관리를 위한 인프라가 구축되어 있어야 발생한 사고에 대한 책임 귀속도 명확해질 수 있다. 위 두 법적 과제는 상호 보완관계에 있으며, 향후 자율주행자동차의 상용화에 대비하기 위한 선결과제이다.

현행 법체계에서는 운전자의 개입 없이 인공지능으로 운행하는 자율주행차의 경우, 운전자는 운행을 지배·통제한 자라고 볼 수 없고, 실질적으로 운행을 지배한 자율주행시스템은 형법상의 주체라고 보기 어렵다. 독일은 2021년 레벨 4차량의 도로주행을 대비하여 기술감독관제도를 도입하였고, 일본은 2022년 도로교통법을 개정하여 '특정 자동운행'의 개념을 통해 운전자를 전제로 한 기존 '운전'의 개념을 변경하였고 특정자동운행 실시자·주임자, 현장조치업무 실시자의 3단계 책임체계를 구축하였다.[93] 이들 국가는 기술감독자나 특정자동운행 주임자 등의 개념을 새롭게 도입하여 교통안전과 관련한 새로운 책임을 부여하고, 이를 위반한 경우 처벌할 수 있게 함으로써 자율주행자동차 운행시의 교통안전을 확보하고[94] 운전자를 자율주행시스템이용의 책임에서 면책시키려는 입법경향을 보인다. 각국이 레벨 4단계에 대한 입법작업에 나섰지만 자율주행시스템 개발자의 주의의무의 범위, 과실범에 있어 신뢰원칙과 예견가능성의 정도 문제, 긴급피난의 문제 등 세부적인 쟁점들에 대한

93) 일본의 '특정자동운행'은 무인자율주행과 같은 의미로 볼 수 있으며, '특정자동운행 실시자'는 특정자동운행 허가를 받는 자로서 자동차회사나 모빌리티 회사가 이에 해당하고, '특정자동운행 주임자'는 운행을 모니터링하고 비상 시 운행종료 등 조치를 취하는 자를 의미하며, '현장조치업무 실시자'는 사고 발생 시 현장 대처를 담당하는 자를 의미한다(황현아·손민숙, 「자율주행차사고 책임법제 및 보험제도: 레벨4 주요국 제도 비교를 중심으로」, 보험연구원, 2023년, 47~48면).

94) 박준환, "국내외 자율주행자동차 관련 입법 동향과 쟁점 분석", NARS 입법정책 제127호, 국회입법조사처, 2023년, 54면.

해결책은 여전히 논쟁 중이며 명쾌한 해답을 제시하지 못하고 있다.[95)]

가장 강력한 국가형벌권을 제재수단으로 하는 형사책임을 인정하는 요건과 전제조건들은 민사책임에 비해 훨씬 까다로울 뿐만 아니라, 성급하게 형사법이 개입한다면 자칫 자율주행자동차 기술과 비즈니스를 위축시킬 가능성도 있다. 그래서인지 자율주행자동차 교통사고시 형사책임을 민사책임으로 전환하자는 견해가 있다.[96)] 이에 의하면 일종의 완화된 형태의 징벌적 손해배상제도를 도입하면 형사책임 주체가 개발책임자인지, 제조사인지, 유통사인지 등 불명확한 상황을 해소할 수 있다고 한다. 가장 현실적인 민사책임 해결방안은 자율주행자동차 보험을 개발하는 것이라고 생각된다. 「자율주행자동차의 안전운행요건 및 시험운행 등에 관한 규정(국토교통부고시 제2023-610호)」 제4조는 "자율주행자동차를 시험·연구 목적으로 임시운행허가를 받으려는 자동차 소유자나 자동차를 사용할 권리가 있는 사람은 해당 자동차의 운행으로 발생된 교통사고 피해에 대하여 「자동차손해배상보장법」 제3조에 따른 손해배상책임을 져야 한다"라고 규정하고, "자율주행자동차 임시운행허가 신청인은 교통사고 피해에 대한 적절한 손해배상을 보장하기 위하여 「자동차손해배상보장법」 제5조 제1항 및 제2항에 따른 보험 등에 가입하여야 한다."라고 규정하고 있다.[97)] 또한 금융위원회는 업무용 자율주행자동차 전용 특약 상품을 개발할 필요성을 인식하고, 개선방안을 제시한 바 있다.[98)] 한국은 1981년부터 교통사고와 관련한

95) 이승준, "Level 4 자율주행자동차의 사고시 형사책임에 대한 외국의 입법동향과 방향성 -독일, 일본 및 영국 입법권고안의 시사점을 중심으로", 비교형사법연구 제25권 제2호, 한국비교형사법학회, 2023년, 88면.

96) 은종성·김주표·김시은, "자율주행자동차 사고에 따른 보험적용에 관한 연구", 상사법연구 제36권 제3호, 한국상사법학회, 2017년, 376-378면.

97) 「자동차관리법」은 자율주행차 임시운행 허가를 받은 자가 보험가입에 관한 사항을 국토교통부장관에게 보고하도록 규정하고 있다(동법 제27조 제5항, 동 시행규칙 제26조의3 제1항 제2호).

98) 금융위원회, "4차 산업혁명 기술의 발전에 따른 자율주행자동차 전용 보험상품 도입", 보도참고자료(2020.9.17.)에서는 자율주행 모드 중 교통사고 보상을 명확히 하고, 사고발생 시 보험사가 선보상한 후 자율주행차 결함 시 차량 제조사에 후구상할 것과 사고원인 조사에 대한 차량 소유자의 협조의무 등을 약관에 명시하도록 하며, 보험료는 시스템 결함, 해킹 등 새로

과실범의 형사책임을 「교통사고처리특례법」에 근거하여 책임보험으로 해결함으로써 이미 상당 부분 민사사건화 해오고 있다. 「교통사고처리특례법」, 「자동차손해배상 보장법」 등 관련 법률에 자율주행자동차의 사고 특성을 반영하는 법개정이 이루어진다면 보험을 통한 해결이 가능하리라 생각된다.99)

민사책임 주체로서 전자인(e-person) 개념, 자율주행자동차 보험 설정, 제조물책임 등 자율주행자동차에 대한 민사법적 접근은 상대적으로 윤리적 색채가 강한 형법보다 우선시되고 있고 용이한 것도 사실이다. 그러나 자율주행자동차 운영 관련자들이 부담하는 손해배상비용이 행정청이 부과하는 관리·감독비용보다 낮을 경우 발생할 수 있는 운영 관련 회사들의 잘못된 결정을 막을 방법이 없다. 국가의 법익보호의무를 수호하고 안전한 자율주행자동차 운행을 담보하기 위해서는 우선 행정청이 부과하는 위험관리·감독 의무를 위반하였을 경우 높은 수준의 벌칙규정을 통해 발생할지 모르는 사고를 사전에 예방하는 것이 중요하다. 또한 사고발생 개연성이 높은 결함을 발견하거나 안전성이 위협받을 수 있는 경우 제조 중단, 리콜 등 필요한 조치를 취할 것을 의무화하고 의무 불이행 시 벌칙규정을 두어야 한다.100) 제조자가 이러한 사전위험방지의무를 게을리하거나 필요한 조치를 취하지 않아 사고가 발생했을 경우, 부작위에 대한 형사책임을 인정할 수 있을 것이다.

운 위험이 추가된 점을 감안하여 현행 업무용 자동차보험료보다 3.7% 높은 수준으로 운영할 것을 개선방안으로 제시하였다.

99) 책임 공백 및 보상 공백 해소를 위해 자동차손해배상 보장법상 운행자책임 적용대상을 확대하고, 무인자율주행차 운행에 관여하는 새로운 책임 주체들이 부담하는 손해배상책임도 자동차보험에서 담보될 수 있도록 자동차보험의 피보험자 범위를 확대하는 등 다양한 방면에서 검토가 이루어져야 할 것이다(황현아, “자율주행차 보험의 쟁점과 과제”, KIRI 보험법 리뷰 포커스, 2023년, 4-5면).

100) 박희수, “자율주행자동차의 형법적 쟁점 및 대응방안”, 법학논집 제25권 제3호, 이화여자대학교 법학연구소, 2021년, 115면.

▮참고문헌

1) 논문

김인식, “중국의 자율주행 자동차 정책”, Sungkyun China Brief 제9권 제1호, 성균관대학교 성균중국연구소, 2021년

김정진·선종수, “자율주행자동차 관련 도로교통법제 정비와 중국 법제의 시사점”, 4차산업혁명 법과 정책 제3호, 4차산업혁명융합법학회, 2021년

김형준, “자율주행자동차 교통사고의 형사책임”, 중앙법학 제19권 제4호, 중앙법학회, 2017년

박세영, “자율주행자동차 사고의 책임귀속과 교통법제의 정비 - 영국의 새로운 자율주행자동차법 권고안을 중심으로 -”, 법학논총 제42권 제4호, 전남대학교 법학연구소, 2022년

박준환, “국내외 자율주행자동차 관련 입법 동향과 쟁점 분석”, NARS 입법정책 제127호, 국회입법조사처, 2023년

박희수, “자율주행자동차의 형법적 쟁점 및 대응방안”, 법학논집 제25권 제3호, 이화여자대학교 법학연구소, 2021년

배상균, ”자율주행자동차 기술 발전에 따른 민 · 형사 책임에 관한검토 -일본에서의 논의를 중심으로-“, 법조 통권 제724호, 법조협회, 2017년

손한기, “중국의 당-국가체제에 관한 일고찰 -당내법규를 중심으로-”, 비교중국연구 제3권 제1호, 인천대학교 중국학술원, 2022년

윤영석, “자율주행자동차 운행으로 인해 발생한 형사책임의 귀속주체”, 홍익법학 제20권 제1호, 홍익대학교 법학연구소, 2019년

은종성·김주표·김시은, “자율주행자동차 사고에 따른 보험적용에 관한 연구”, 상사법연구 제36권 제3호, 한국상사법학회, 2017년

이승준, “Level 4 자율주행자동차의 사고시 형사책임에 대한 외국의 입법동향과 방향성 -독일, 일본 및 영국 입법권고안의 시사점을 중심으로”, 비교형사법연구 제25권 제2호, 한국비교형사법학회, 2023년

이종영·김정임, “자율주행자동차 운행의 법적 문제”, 중앙법학 제17권 제2호, 중앙법학회, 2015년

푸위밍, “자율주행차 사고의 형사 책임과 논리 전개”, 비교형사법연구 제25권 제1호, 한국비교형사법학회, 2023년

한성훈, “자율주행자동차의 기술단계에 따른 형사책임에 관한 연구”, 형사법연구

제32권 제3호, 한국형사법학회, 2020년

2) 보고서
과학기술정보통신부·과학기술기획평가원, 「2022 기술수준평가」, 2024년
최의현, "중국 첨단자동차 산업의 발전, 혁신 성과 그리고 한계", INChinaBrief Vol.363, 2018년
황현아·손민숙, 「자율주행차사고 책임법제 및 보험제도: 레벨4 주요국 제도 비교를 중심으로」, 보험연구원, 2023년
황현아, "자율주행차 보험의 쟁점과 과제", KIRI 보험법 리뷰 포커스, 보험연구원, 2023년

■参考文獻

1) 논문
康兰平·王紫函, "自动驾驶汽车交通犯罪中刑法规制研究", 东南法学(2021年第1期)
郭泽强, "人工智能时代权利与责任归属的域外经验与启示", 国外社会科学(2020年第5期)
童钰翔, "智能网联汽车道路交通安全管理体系建设相关法律问题研究", 道路交通管理(2024.7.)
刘艳红, "Web3.0 时代网络犯罪的代际特征及刑法应对", 环球法律评论(2020年第5期)
刘艳红, "人工智能的可解释性与 AI 的法律责任问题研究", 法制与社会发展(2022年第1期)
刘艳红, "自动驾驶的风险类型与法律规制", 国家检察官学院学报(2024年第1期)
刘宪权, "人工智能时代我国刑罚体系重构的法理基础", 法律科学(西北政法大学学报)(2018年第4期)
李硕, "自动驾驶汽车交通事故侵权的责任认定", 学习与实践(2022年第11期)
徐永伟·袁彬, "无人驾驶交通事故中的刑事责任及其分配", 南京师大学报(社会科学版)(2022年第3期)
王钢, "人工智能刑事责任主体否定论－基于规范与语义的考察", 苏州大学学报(法学版)(2022年第4期)
王乐兵, "自动驾驶汽车的缺陷及其产品责任", 清华法学(2020年第2期)
王春梅, "人机协同视域下中国自动驾驶汽车责任保险立法构设", 上海师范大学学报(2022年第3期)

张恩典,“超越算法知情权：算法解释权理论模式的反思与建构”, 东南法学(2022年第1期)
郑志峰,“自动驾驶汽车交通事故责任的立法论与解释论”, 东方法学(2021年第3期)
郑志峰,“自动驾驶汽车的交通事故侵权责任”, 法学(2018年第4期)
曾粤兴·高正旭,“论人工智能技术的刑法归责路径”, 治理研究(2022年第3期)
冯珏,“自动驾驶汽车致损的民事侵权责任”, 中国法学(2018年第6期)
叶良芳,“人工智能是适格的刑事责任主体吗?”, 环球法律评论(2019年第4期)

2) 보고서
北京交通大学北京综合交通发展研究院,“与自动驾驶相适应的道路交通法规和运营监管政策研究”,「北京交通蓝皮书」(2021.12.)
中国汽车工程学会·国家智能网联汽车创新中心·中国信息通信研究院·中国银河证券股份有限公司,「车路云一体化智能网联汽车 产业产值增量预测」(2024.2.)
中国智能网联汽车产业创新联盟,「车路云一体化系统白皮书」(2023.1.)

제05장

인공지능(AI)의 무과실책임론

신 봉 근

Ⅰ. 서론

1. 문제의 제기

인공지능(AI)은 현대사회의 키워드가 되었다. 일상생활의 거의 모든 분야에서 인공지능 기술이 이용되고 있다. 인공지능을 투입하는 경우에는, 인공지능에 의한 기계의 운전이나 인공지능에 의한 판단이 사람에 의한 행위나 판단으로 바뀐다. 이러한 경우에, 인공지능의 출력(생성물)에는 하자가 존재할 수 있기 때문에, 출력의 하자로 인하여 타인에게 손해를 가하는 위험(risk)을 수반한다.

그러나, 인공지능 자체는 무형의 시스템이므로 인공지능의 행위와 과실에 대하여 논할 수는 없다. 또한, 인공지능의 자율성과 예측불가능성 및 설명불가능성(블랙박스의 문제) 때문에, 인공지능의 개발사 및 운용(가동)자[1]가 각 상황에서의 출력의 내용을 예측하고 완전히 제어하는 것은 매우 어렵다.[2] 그러므로 인공지능의 출력의 하자에 대해서는, 누구에게도 과실이 존재하지 않는 상황이 상정될 수 있고, 설사 과실이 존재한다고 할지라도 피해자가 이를 입증하기는 매우 어렵다.

---

1) 본 논문에서는 '인공지능(AI)의 운용(가동)자'라는 개념과 관련하여, 인공지능의 개발자와 제공자 및 이용자를 각각 구별하지 않기로 한다. 인공지능 제공자가 인공지능 시스템을 운용하여 인공지능 이용자에게 인공지능 서비스를 제공하는 경우도 있고, 인공지능 이용자가 인공지능 제공자로부터 제공받은 인공지능 시스템을 운용하는 경우도 있다.

2) 김화, "의료인공지능과 민사상 책임", 『생명윤리정책연구』 제17권 제1호, 이화여자대학교 생명의료법연구소, 2023, 6면.

이러한 이유로, 인공지능의 투입에 의하여 타인에게 손해를 가하는 경우에, 민법 제750조(불법행위로 인한 손해배상책임)[3]에 따라 과실책임의 원칙을 적용한다면, '피해자의 구제'에 취약할 수밖에 없고 '손해의 공평한 분담'이라는 불법행위법의 목적을 달성할 수도 없다. 바로 이 점에서, 피해자를 실질적으로 보호하기 위하여 인공지능의 위험에 대한 무과실책임의 규정, 즉 무과실책임 입법의 필요성이 제기될 수 있다.[4]

한편, EU(유럽연합)에서도 이미 2017년에 '로봇 영역에서 민사법적 규율에 대한 위원회 권고'를 결의하였는데, 동 결의안에서는 로봇의 핵심인 인공지능의 결함을 완전히 배제할 수 없을 뿐만 아니라 그것을 증명하는 것이 어렵다는 점에서,[5] 인공지능 로봇의 책임을 제조자의 무과실책임으로 입법화해야 한다고 권고하였고,[6] 인공지능 로봇의 의사결정능력 및 학습능력이 어느 정도인지 추정할 수 없으므로 인공지능 로봇의 운영자에게도 사실상 무과실책임이 적용된다고 볼 수 있다.[7]

2. 논의의 과제

인공지능(AI)이란 어떠한 문제에 대하여 실제로 생각하여 해결할 수 있는 인간의 지능을 컴퓨터 소프트웨어의 알고리즘으로 구현한 것이라고

---

3) 민법 제750조(불법행위로 인한 손해배상책임) 고의 또는 과실로 인한 위법행위로 타인에게 손해를 가한 자는 그 손해를 배상할 책임이 있다.

4) 그러나, 인공지능이 현대 사회에서 깊숙이 침투하는 상황에서, 소유자 등에게 무과실책임을 적용하는 것이 형평에 맞는지도 고려해 봐야한다. 왜냐하면, 인공지능의 소유자나 이용자가 막대한 규모의 손해배상책임을 지게 될 가능성에 언제나 노출되어 있음에도 불구하고 이를 방지하기 위한 주의의 방법조차 없다면, 제도 자체의 정당성이 의심되기 때문이다. 신현탁, "인공지능(AI)의 법인격 - 전자인격(Electronic Person) 개념에 관한 소고 -", 『인권과 정의』 제478호, 대한변호사협회, 2018, 48면.

5) 김진우, "지능형 로봇과 민사책임", 『저스티스』 통권 제164호, 한국법학원, 2018, 69면.

6) Lohmann, "EineuropäischesRoboterrecht-überfälligoder überflüssig?", *ZRP* 6/17, 2017, S. 168.

7) 정진명, "인공지능에 대한 민사책임 법리", 『재산법연구』 제34권 제4호, 한국재산법학회, 2018, 156면.

할 수 있다. 본 논문에서는 이러한 인공지능의 투입에 따른 위험에 대한 무과실책임의 적용에 대하여, 다음과 같은 기본 문제를 중심으로 검토하기로 한다.[8] 즉, ① 원래 어떠한 투입의 경우에 무과실책임의 적용이 요구되는가? 또한, ② 무과실책임을 적용하는 경우, 그 성립요건을 어떻게 구성해야 하는가? 특히, 무엇과 연결되어 있는 어떠한 내용과 범위의 위험을 규정하고, 또한 누가 책임의 주체가 되는가?

이러한 문제를 검토함에 있어서 다음 두 가지 사항에 유의해야 한다. 첫째, 무과실책임의 규정을 구상하는데 있어서는 그 대상이 되는 위험의 분석이 출발점이 되는데, 인공지능을 투입하는 유형에는 여러 가지가 있으며 유형별 분석이 요구된다. 둘째, 무과실책임의 적용은 그 대상이 되는 위험을 과실의 유무와 관계없이 특정의 책임의 주체에 할당하는 것을 의미하기 때문에, 성립 요건의 구성과 관련하여 위험의 할당을 정당화할 수 있는 근거가 문제된다.

Ⅱ. 인공지능(AI)의 투입에 따른 가해의 구조와 무과실책임

1. 인공지능(AI)을 투입하는 경우의 가해의 구조

(1) 인공지능(AI)을 투입하는 경우의 2가지 유형

인공지능(AI)의 투입에 수반하여 발생하는 가해에 대하여, 우선 그 가해의 구조에 대해서 검토해 보기로 한다. 인공지능은 입력에 대하여 고도의 추론으로 출력을 생성하는데, 인공지능의 출력은 물리적 공간에서만의 작용을 의미하지 않는다. 인공지능의 출력은 오히려 현실의 작용으로 변환됨으로써 타인에게 손해를 가하게 된다. 그리고 출력 변환의 방법이라는 관점에서는, 인공지능을 투입하는 경우를 다음 두 가지로 구별할 수 있다.[9]

---

8) 기존의 무과실책임 규정인 자동차손해배상 보장법이나 제조물 책임법에 관해서도 입법론적 검토가 필요한 사항은 적지 않지만, 본 논문에서는 논의하지 않기로 한다.

하나는 ① 인공지능의 출력에 의하여 기계가 자동으로 운전되는 경우인데, 내장된 인공지능의 출력에 의해 기계의 자동운전이 실현된다. 여기에서는, 인공지능의 출력(결정)이 기계의 운전조작에 있어서 현실의 작용으로 변환된다. 인공지능에 의한 운전상의 결정(하자가 있음)은 그것에 의해 실현되는 운전조작, 나아가 기계의 동작으로 타인에게 손해를 가하게 된다.

다른 하나는 ② 인공지능의 출력이 사람의 행위에 이용되는 경우인데, 자신의 행위로서 인공지능에 출력을 시키는 경우, 인공지능의 출력을 행위의 내용에 편입하는 경우, 인공지능의 출력에 기초하여 행위를 실행하는 경우 등이 있다. 여기에서는, 인공지능의 출력(생성물 등)이 사람의 행위에 있어서 현실의 작용으로 변환된다. 인공지능이 출력하는 생성물 등(하자가 있음)을 사람이 이용하는 행위에 의하여 타인에게 손해를 가하게 된다.

(2) 각 경우에서의 가해의 구조

이 중 ②의 경우는 인공지능의 출력의 이용 형태면에서 더 세분된다. 그 개요를 서술해보기로 한다.

① 인공지능의 출력에 의해 기계가 자동으로 운전되는 경우

ⓐ 인공지능의 출력에 의해 자동으로 운전되는 기계가 타인에게 손해를 가하는 경우

② 인공지능의 출력이 사람의 행위에 이용되는 경우

ⓑ 자신의 행위로서 인공지능에 출력을 시키는 경우(자신이 운용하는 인공지능에 자동으로 출력시킨 생성물이 타인에게 손해를 가하는 경우)
ⓒ 인공지능의 출력을 자기 행위의 내용에 편입하는 경우(인공지능으로부터 출력을 받은 생성물을 공표하는 등의 행위를 하였는데, 그 행

9) 직접 동작형 AI와 판단 지원형 AI로 구분하기도 한다. 米村滋人, "AI機器使用の不法行為における過失判断", 『法律時報』 第94巻 第9号, 2022, 49頁.

위가 생성물의 내용의 하자 때문에 타인에게 손해를 가하는 경우)

ⓓ 인공지능의 출력을 기초로 행위를 실행하는 경우(인공지능으로부터 출력을 받은 정보 및 판정에 기초한 행위를 하였는데, 그 행위가 부당한 위험을 감수하고 타인에게 손해를 가하는 경우)

2. 무과실책임의 결합

위의 1의 분석에서는, 인공지능의 투입에 수반하는 위험에 대한 무과실책임의 적용에 관하여, 이미 일정한 방향성이 도출된다. 위의 1 (2)과 같이, 인공지능의 투입에 따라 발생하는 가해에는 여러 가지 경우가 있으며, 인공지능의 출력(생성물)으로부터 권리의 침해에 이르는 가해의 구조도 경우에 따라 다르다. 이것은 인공지능의 투입에 수반하는 위험에 대하여 일률적으로 무과실책임을 적용하는 것이 타당한지에 대하여 의문을 갖게 한다.

더욱이, 각 유형에서의 실제의 가해 원인은 ① 인공지능의 출력에 의해 기계가 자동으로 운전되는 경우에는 그 기계의 동작에, 또한 ② 인공지능의 출력이 사람의 행위에 이용되는 경우에는 그 행위에 존재한다. 어떠한 경우에도 인공지능 및 그 출력이 실제의 가해 원인이 되는 것은 아니기 때문에, 가해의 위험이 인공지능에 있다고 볼 수 있을 것인지는 의문이다.

이러한 점을 고려하여, 인공지능 및 그 출력에 무과실책임을 결합하는 일원적인 책임 규정은 인공지능을 투입하는 경우의 가해의 구조에 적합하지 않다고 볼 수 있다.[10] 그러므로 아래의 검토에서는, ① 인공지능의

---

10) 예컨대, 민법 제758조 제1항에 의한 공작물 소유자의 무과실책임을 인공지능(AI)시스템 전반으로 확대하면, "인공지능 시스템의 운용(가동)자는, (과실의 유무에 관계없이) 인공지능의 출력의 '하자'에 의해서 발생하는 손해에 대한 책임을 진다"는 책임규정을 생각해 볼 수도 있다. 그러나 '하자책임'은 하자 있는 물건이 원인이 된 물리적 가해를 규율 대상으로 하는데, 이를 단순히 인공지능을 투입하는 경우의 일반(위의 1 (2)의 모든 경우)으로 확대해도 되는지는 논란의 여지가 있다(中原太郎, "現代無過失責任論の一断面", 『法律時報』 第96巻 第8号, 2024, 49頁 참조). 또한, 공작물 소유자가 무과실책임을 진다고 할지라도 공작물의 설치 또는 보존의 하자가 있어야 하고 이를 피해자가 입증해야 하므로(대법원 1974. 11. 26. 선고 74다246 판결), 공작

출력에 의하여 자동으로 운전되는 기계와 ② 인공지능의 출력을 이용하는 행위에 무과실책임을 결합하여 규정할 필요성이 있는지에 관하여, 위의 Ⅰ 2(논의의 과제)에 대하여 검토하기로 한다.

Ⅲ. 인공지능(AI)의 출력에 의해 기계가 자동 운전되는 경우

1. 기계에 무과실책임의 결합

우선, 인공지능(AI)의 출력에 의해 자동으로 운전되는 기계가 타인에게 손해를 가하는 경우(위의 Ⅱ 1 ① ⓐ)에 대해서 검토한다. 예컨대, 인공지능에 의해 자동으로 운전되는 자동차·건설기계·철도·항공기 등의 운행에 의한 사고 외에, 소형 이동·운반 장치나 청소·개호·접객 로봇 등의 가동에 의한 사고를 들 수 있다.

이러한 경우에, 자동으로 운전되는 기계에 무과실책임을 결합해야 하는가? 무과실책임을 어떻게 규정하는 것이 합당한가? 무과실책임이 통상적으로 기계의 위험을 적용 대상으로 하는 것에 비추어 보면, 본 연구에서의 핵심적 검토 과제는 후자, 즉 무과실책임의 성립 요건을 어떻게 구성해야 하는가이다. 특히 ① 어떠한 기계에 연결되어 있는 어떠한 내용과 범위의 위험을 대상으로 하고 ② 누구를 그 책임의 주체로 해야 하는지가 문제된다.[11]

기계의 위험에 무과실책임을 적용함에 있어서는, 물건에 의한 가해의

물 소유자의 무과실책임을 인공지능에 그대로 적용하게 되면 문제가 발생할 수 있다. 한편, 민법 제756조(사용자의 배상책임)의 '대위책임'과 유사한 책임 규정을 생각해 보는 것에 대해서는, 인공지능(AI)시스템을 사람으로 보는 것이 타당한지도 논란의 여지가 있다. 또한, 사용자 배상책임의 '피용자'라는 개념의 핵심은 사용관계이고 사용자가 피용자를 실질적으로 지휘·감독하는 관계에 있어야 하므로(대법원 1999. 10. 12. 선고 98다62671 판결), 이용자의 직접적·구체적인 조작을 요하지 않는 인공지능에 사용관계를 인정하기는 어렵다고 볼 수 있다. 오병철, "인공지능 로봇에 의한 손해의 불법행위책임", 『법학연구』, 제27권 제4호, 연세대학교 법학연구원, 2017, 199면.

11) 橋本佳幸, "AIと無過失責任", 『法律時報』第94巻 第9号, 2022, 54頁.

사고에 관한 현행법상의 무과실책임 규정(민법 제758조 제1항)을 참조하여 '위험책임'과 '하자책임' 및 '편익책임'이라는 3가지의 책임 유형에 의할 수 있다. 각 책임 유형에 따른 책임의 규정 방식(성립 요건의 구성)에 대하여 검토해 보기로 한다.

2. 위험책임과 하자책임 및 편익책임

(1) 무과실책임의 적용 대상이 되는 기계·위험

1) 자동 운전되는 기계 특유의 위험

인공지능(AI)에 의해 자동으로 운전되는 기계에 무과실책임(후술하는 (2)·(3)의 위험책임 또는 하자책임)을 결합함에 있어서는, 우선 그 적용 대상을 자동으로 운전되는 기계(자동운전 특유의 위험)에 한정할지의 여부를 정해야 한다.

인공지능의 투입에 수반하는 위험 대한 무과실책임의 적용이라는 문제의 설정에서는, 적용 대상의 한정이 자명해 보인다. 즉, 인공지능에 의해 자동으로 운전되는 기계에서는, 운전사(사람)에 의한 운전상의 과실의 가능성이 배제되는 반면, 자동운전 시스템에 의하여 개별적인 상황에 적합하지 않는 운전조작이 발생할 위험이 새롭게 등장한다. 이것은 말하자면 자동운전 시스템의 운전상의 과실이며, 자동으로 운전되는 기계에 특유한 위험에 해당한다. 바로 이점에서, 인공지능에 의해 자동으로 운전되는 기계를 적용 대상으로 하는 무과실책임을 도입하여, '자동운전 특유의 위험'을 규정하는 것이 요구된다고 할 수 있다.

2) 기계 가동의 위험

그러나, 인공지능에 의해 자동으로 운전되는 기계는 이미 그 본체 부분(자동운전 시스템을 제외한 부분)에 기계로서의 위험이 내재되어 있다. 자동으로 운전되는 기계를 포함한 대부분의 기계의 동작은 사람의 신체보다 훨씬 크게 작용하기 때문에 위험하며, 사고의 발생은 바로 '기계 동작'의 작용에 기인한다. 이러한 의미에서 기계의 위험에 무과실책임을 적용하려고 할 때, 그 대상을 자동으로 운전되는 기계에 한정하는 것은 타당하지 않다.

또한, 원래 기술적인 기계·시설이 안고 있는 사고의 위험에 관하여, 인공지능·자동운전이 등장하기 이전부터 무과실책임의 확대에 의한 대응의 필요성이 제기되었다.[12] 다시 말하면, '인공지능에 의한 자동운전으로 발생하는 사고'라는 최첨단 현상은, 기술적 기계 및 시설을 대상으로 하는 '무과실책임의 확대'라는 오랜 입법 과제에 대한 대응을 다시 요구하는 것이라고 할 수 있다. 이러한 이유로, 아래에서는 인공지능에 의해 자동으로 운전되는 기계에 한정하지 않고, 모든 기계를 대상으로 하는 무과실책임의 규정 방식에 대해서 검토해 보기로 한다.

(2) 위험책임의 적용

1) 위험책임의 의의

위험책임은 기계·시설의 위험에 관한 (하자를 요건으로 하지 않는) 무과실책임의 한 유형이다.[13] 현행법상 자동차운행자책임(자동차손해배상보장법 제3조),[14] 원자력손해배상책임(원자력손해배상 보상계약에 관한

12) 浦川道太郎, "無過失損害賠償責任", 『民法講座6』(星野英一編), 有斐閣, 1985, 191頁.

13) 위험책임의 법적 근거는 위험한 물건을 이용함으로써 이익을 얻는 자가 비용도 부담해야한다는 점, 피해자의 입증의 부담을 덜어 주어야 한다는 점, 손해 예방의 효과를 기할 수 있다는 점, 보험에 의한 위험의 분산이 쉽다는 점에 있으며, 민법상 과실책임과는 달리 위법성이나 귀책사유는 성립요건이 아니다. 김진우, 앞의 논문, 69면.

14) 제3조(자동차손해배상책임) 자기를 위하여 자동차를 운행하는 자는 그 운행으로 다른 사람을 사망하게 하거나 부상하게 한 경우에는 그 손해를 배상할 책임을 진다. 다만, 다음 각 호의 어느 하나에 해당하면 그러하지 아니하다.

1. 승객이 아닌 자가 사망하거나 부상한 경우에 자기와 운전자가 자동차의 운행에 주의를 게을리 하지 아니하였고, 피해자 또는 자기 및 운전자 외의 제3자에게 고의 또는 과실이 있으며, 자동차의 구조상의 결함이나

법률 제3조) 등이 이에 해당한다. 이러한 법률이 적용 대상으로 하는 기계 및 시설은 모두 고강도로 작용하고, 또한 그 내부 구조가 복잡하고 기술적이다. 그러므로 해당 기계 및 시설의 작동은 기계·시설의 고강도 작용이 외래의 원인(자연력, 제3자의 행위나 피해자의 행위)과 결합함으로써, 또는 내발 원인(구조상의 결함이나 기능의 장해)으로 인해 정형적으로 사고의 발생에 이를 수 있다. 그리고 이러한 사고는 가동자가 주의를 다한다고 하여도 상당히 많이 발생할 수 있다. 이러한 점에서, 그 기계 및 시설의 가동은 완전히 통제할 수 없는 위험, 즉 특별한 위험[15]을 야기한다.

이러한 특별한 위험은 그것이 현실화되었을 경우에도, 위험의 통제 불가능으로 인하여 과실책임에 기한 책임의 추급이 공동화될 수밖에 없다. 따라서 그 기계·시설의 가동에 따른 사고에 대해서는 무과실책임의 규정이 필요하며 또한 정당화된다고 볼 수 있다.[16]

2) 위험책임의 성립 요건

위의 1)의 분석을 토대로 하면, 마찬가지로 특별한 위험을 받는 기계·시설에 대해서도, 가동상의 사고를 대상으로 하는 무과실책임의 구상이 요구되고, 또한 정당화된다고 할 수 있다. 현행법상의 위험책임의 적용 대상을 대폭 확대하고, 다음과 같은 내용의 일반적인 성립요건의 도입을 검토할 필요가 있다고 본다.[17] "기술적 시설·기계의 가동이 특별한 위험을 야기하는 경우에 있어서, 그 위험이 현실화된 가동상의 사고에 의해 타인에게 손해가 가한 때에는, 당해 시설·기계의 가동자는 과실의 유무와 관계없이 그 책임을 부담한다."[18]

기능상의 장해가 없었다는 것을 증명한 경우
2. 승객이 고의나 자살행위로 사망하거나 부상한 경우

15) 어떠한 위험원에 특별한 위험이 존재하는지의 여부는 그로 인해 발생할 수 있는 손해의 크기, 손해의 발생가능성 및 불가피성 등을 고려하여 판단한다. 최민수, "인공지능 로봇의 오작동에 의한 사고로 인한 불법행위책임", 『민사법의 이론과 실무』, 민사법의 이론과 실무학회, 2020, 50면.

16) 橋本佳幸, 『責任法の多元的構造』, 有斐閣, 2006, 229~230頁.

17) 橋本佳幸ほか, 『民法V』, 有斐閣, 2020, 251~253頁.

18) 본 연구에서는 위험책임의 이념적 내용을 제시한다는 의미로, 특별한 위험

이 성립요건은 특별한 위험을 발생시키는 기술적 시설·기계를 적용 대상으로 한다. 특히, 원동기에 의한 고강도 운동을 수반하는 시설·기계(자동차·로켓 이외에 철도, 항공기, 건설기계, 대형 기계 등)가 이에 해당된다. 또한, 책임의 주체는 시설·기계의 가동자이다. 가동자는 시설 및 기계의 가동에 대한 일반적 지배를 통하여, 당해 시설·기계의 가동에 결부된 정형적 위험을 할당받는다. 여기서 말하는 일반적인 지배는 시설·기계의 가동 차원에서의 지배이지, 시설·기계의 개별 동작의 제어(운전)는 아니다. 자동차로 말하면, 자동차를 운행에 투입할지의 여부와 투입하는 운행의 내용(목적, 행선·경로, 시간) 등, 자동차의 운행 자체에 관한 결정력(운행지배)이 이에 해당한다.

3) 자동 운전되는 기계에 적용

위의 2)의 성립 요건은 기계가 '인공지능'에 의해 자동으로 운전되는 경우에도 그대로 타당하다. 그러므로 자동차, 건설기계, 철도, 항공기 등의 자동운전에 의한 사고에 대하여, 순수한 무과실책임(위험책임)이 적용되는 것이다.

이 경우, 책임의 주체인 가동자의 판단은 당해 기계가 인공지능에 의해 자동으로 운전된다는 사정에 의해 어떠한 영향도 받지 않는다. 인공지능의 출력은 가동 중의 구체적 상황에 맞는 운전조작을 결정하는 것에 그치고, 기계의 가동이나 가동 내용의 결정은 어디까지나 사람이 하는 것이기 때문이다. 자율주행자동차로 말하면, 사람이 운전하는 자동차와 마찬가지로, 전형적으로는 소유자나 운송사업자가 자동차의 운행에 관한 결정력(운행지배)을 가지며 책임의 주체(운행자)가 된다.[19)]

을 요건으로 하는 일반적인 성립요건의 도입을 제안하였다. 법적용의 예측가능성이라는 관점에서는, 특별한 위험을 내포하는 시설·기계를 유형화하고, 유형별로 성립요건을 복수로 정하는 방법도 고려해 볼 수 있다. 川道太郎ド, 『イツにおける危険責任』, 成文堂, 2021, 324頁.

19) 浦川道太郎, "自動走行と民事責任", 『NBL』 第1099号, 商事法務, 2017, 32頁; 藤田友敬, "自動運転と運行供用者の責任", 『自動運転と法』, 有斐閣, 2018, 134頁.

(3) 하자책임의 적용

1) 하자책임의 의의

하자책임은 하자를 성립요건으로 하는 무과실책임의 유형이다. 현행법상 공작물 소유자의 책임(민법 제758조 제1항)이 이에 해당한다. 기술적 시설·기계는 통상적으로 고강도의 작용을 수반하지 않으므로 특별한 위험이 있다고는 말할 수 없지만, 하자에 기인하는 사고의 위험을 겪는 경우도 많다.

2) 하자책임의 성립 요건

하자책임에 의하여 다음과 같은 일반적인 성립 요건을 도입한다면, 위험책임의 적용 대상에서 제외되는 시설·기계에 의한 사고에 대해서도 무과실책임을 적용할 수 있다. "사업에 두입된 기술적 시설·기계의 가동이 해당 시설·기계의 '하자'로 인한 사고의 위험을 야기하는 경우에, 위험이 현실화된 가동 중의 사고(하자로 인한 사고)로 인해 타인에게 손해를 가한 때에는, 당해 시설·기계의 가동자는 과실의 유무와 관계없이 그 책임을 진다."

3) 자동 운전되는 기계에 적용

인공지능(AI)의 출력에 의해 기계가 자동으로 운전되는 경우에도, 위의 2)의 성립요건이 그대로 적용될 수 있다. 그러므로 소형 저속의 이동·운반 장치나 청소·개호·접객 로봇 등의 자동운전에 수반되는 사고에 대하여 하자책임(무과실책임)이 적용될 수 있다.

(4) 편익책임의 적용

1) 편익책임의 의의

인공지능(AI)의 출력으로 인해 발생한 손해는 통상적인 손해배상책임의 법리상으로는 행위적 요소가 없으므로, 손해배상책임의 근거를 인공지능과의 일정한 관계에서 찾을 수밖에 없는데, 이 경우 그 책임귀속의 근거를 '인공지능의 이용으로 인한 편익의 추구'로 보는 책임이론을 이른바 '편익책임(benefit liability)'이라고 한다.[20]

2) 편익책임의 성립 요건

우선, 인공지능(AI)을 보유하고 있다는 규범적 관계에서, 인공지능의 편리성과 효율성의 향유 사실이라는 귀책사유가 도출된다. 그리고 사람에 의한 구체적 통제 가능성이 없어야 한다. 다시 말하면, 사람의 직접적인 조종행위 없이 기계에 내장된 인공지능에 의해 작동되는 경우에만 성립된다. 또한, 인공지능이 사회적으로 용인되는 곳에서 규범적으로 정해진 합리적인 검증을 거친 후에 이용된 경우에 비로소 인공지능의 편익책임이 성립한다.[21]

3) 자동 운전되는 기계에 적용

인공지능(AI)의 출력에 의해 기계가 자동으로 운전되는 경우에도, 위의 2)의 성립요건이 그대로 적용될 수 있다. 그러므로 소형 저속의 이동·운반 장치나 청소·개호·접객 로봇 등의 자동운전에 수반되는 사고에 대하여 편익책임(무과실책임)이 적용될 수 있다.[22]

---

20) 정진명, 앞의 논문, 160면.
21) 오병철, 앞의 논문, 217~218면.
22) 인공지능(AI)의 보유자에게 편익책임을 적용하게 되면, 피해자는 손해의 발생, 인공지능의 보유, 인공지능의 이용, 인공지능의 적법한 편익, 인동지능과 손해 사이의 인과관계만을 증명하게 하면 되고, 피해자의 고의나 불가항력으로 인해 손해가 발생한 경우에만 면책되며, 면책특약은 허용되지 않는다는 것 등을 내용으로 제시할 수 있다. 오병철, 앞의 논문, 224면.

3. 제조물책임

(1) 제조자를 책임의 주체로 하는 결함책임

제조물 책임법의 '제조물'이란 제조되거나 가공된 '동산'을 의미하고(제조물 책임법 제2조 제1호), '동산'이란 '유체물 및 전기 기타 관리할 수 있는 자연력'을 의미하므로(민법 제98조), 소프트웨어로서의 인공지능(AI)은 제조물에 포함되기 어렵다. 그러나 인공지능이 유체물에 내장되어 있는 경우에는 제조자에 대하여 제조물책임을 지울 수 있다.[23)]

인공지능에 의해 자동으로 운전되는 기계가 타인에게 손해를 가하는 경우에 대해서는, 위에서 서술한 위험책임 등과는 별도로 현행법상 제조자를 책임의 주체로 하는 결함책임이 그 기계(제조물)에 결합되어 있다고 할 수 있다.[24)] 즉, 제조물의 제조자는 인도시에 존재하는 제조물의 결함(제조·설계 또는 표시상)이 원인이 되어 타인의 생명·신체 또는 재산에 손해(그 제조물에 대해서만 발생한 손해는 제외)를 가한 경우에, 제조물책임에 의하여 결함만을 요건으로 하는 책임을 진다(제조물 책임법 제3조 제1항).[25)]

위험 할당의 관점에서 볼 때, 제조물과 관련된 위험에는 소재나 유래가

---

23) 신봉근, "인공지능(AI)이 민사책임 - EU의 입법을 중심으로 -", 『민사법학』 제105호, 한국민사법학회, 2023, 232면.

24) 이와 관련하여 제조물책임에서의 '제조물'의 개념을 상품이 시장에서 실제로 유통되는 형태에 맞게 정의하여야 한다. 김진우, "인공지능: 제조물책임법의 업데이트 여부에 관하여", 『재산법연구』 제37권 제2호, 한국재산법학회, 2020, 40면. 즉, 소프트웨어가 현대사회에서 차지하는 비중 및 거래 형태에 비추어 보아, 소프트웨어의 물건성 여부와 관계없이 제조물의 개념에 포함되도록 입법화할 필요가 있다. 이해원, "인공지능과 제조물책임", 『정보법학』 제25권 제2호, 정보법학회, 2021, 79면. EU(유럽연합)의 2022년 제조물책임지침(PLD) 개정안(Recitals 37 and 38)에 의하면, 이미 출시된 제조물일지라도 제조자가 통제하는 소프트웨어의 업데이트 또는 기계학습(machine learning)으로 인해 손해가 발생한 경우에 책임을 질 수 있다(Stefano De Luca, New Product Liability Directive, *EPRS*, January 2023). 신봉근, 앞의 논문, 226면.

25) 제조물책임법은 제조자의 책임을 무과실책임으로 규정하고 있는데, 이는 제조물의 결함으로 인한 손해를 일반불법행위법으로 구제함으로써 발생하는 '피해자 구제의 한계'를 벗어나는데 목적이 있다. 최민수, 앞의 논문, 22면.

다른 각종 위험이 포함되는데, 제조자의 지배 영역은 제조물의 제조·설계 과정에만 미친다. 이러한 제조물책임은 (인도시의) '결함'이라는 요건을 통하여 제조물의 제조·설계 단계에서 유래하는 위험을 잘라내어,[26] 이 위험을 제조·설계 단계에 대한 지배로써 제조자에게 할당하는 것이라고 할 수 있다. 따라서 제조물책임에서의 결함 요건은 책임의 주체가 되는 제조자의 지배 영역과 대응관계에 있으며, 결함을 요건으로 하지 않는 제조물책임을 구상하는 것은 어렵다고 볼 수 있다. 요컨대, 제조물책임에서의 '결함'은 과실책임 원칙에서의 귀책사유인 '과실'을 대체하는 요소로서, 제조물로 발생한 손해에 대하여 제조자에게 책임을 지우게 하는 법적 근거이다.[27]

(2) 자동 운전되는 기계의 결함

1) 기계 동작의 안전성

그러면, 인공지능(AI)에 의해 자동으로 운전되는 기계에 대하여, 자동운전과의 관계(자동운전 시스템)에서의 결함은 어떻게 판단해야 하는가?

제조물의 '결함'이란 당해 제조물에 통상적으로 기대할 수 있는 안전성이 결여되어 있는 것을 말한다(제조물 책임법 제2조 제2목). 제조물 일반은 차치하고, 인공지능에 의해 자동으로 운전되는 기계를 상정하는 한, 그 기계(여기에 내장된 자동운전 시스템)의 결함은 기계의 구조 및 성상의 측면에서가 아니고, 기계의 동작의 측면(자동운전 시스템에 의해 실현되는 운전조작)에서 파악되어야 한다. 왜냐하면, 사고가 기계의 동작에 의해 발생하는 이상, 인공지능에 의해 자동으로 운전되는 기계의 안전성(그 결여)에 대해서는, 오로지 기계의 동작을 문제로 하는 것이 타당하기 때문이다.

---

26) 제조·설계 단계에서 유래하지 않는 위험으로는, 정비 불량·노후화에 의한 기계의 고장, 제3자·자연력 등에 의한 손상이 원인이 된 이상동작이나 기계의 사용 조건에 반한 것에 의한 부작동, 그밖에 기계의 정상적인 동작이 외래의 원인과 결합하여 사고가 발생하는 경우 등이 있다. 橋本佳幸, "AIのリスクと無過失責任", 『NBL』第1272号, 商事法務, 2024, 37頁.

27) 김용덕(편집대표), 『주석 민법 - 채권각칙(7)』, 한국사법행정학회, 2016, 479면.

또한, 만약에 그 기계의 결함을 자동운전 시스템을 구성하는 인공지능의 내부 구조에서 파악한다면, 결함책임을 추급하는 것이 매우 어려워진다.

2) 개별 상황에서의 운전조작의 안전성

기계의 동작의 측면에서의 결함(통상적으로 갖추어야하는 안전성의 결여)을 판단하는 경우에는, ① 자동운전 시스템에 의해 실현되는 총체로서의 운전조작(운전조작의 총체)의 안전성과 ② 개별 상황에서의 운전조작의 안전성 중에서 무엇을 기준으로 해야 하는지가 문제된다.[28]

① 총체로서의 운전조작의 안전성을 기준으로 하는 경우에는, 당해 기계의 자동운전에 관하여 총체적인 사고율(가동 시간당 사고율 등)을 산출한 다음에, 그것을 기준이 되는 사고율(동종의 기계나 사람에 의한 운전에서의 사고율 등)과 비교하여, 그 기계에서의 결함의 유무를 판단하게 된다. 그러나 이 방식에 의하면, 자동운전 시스템에 의해 실현된 운전조작이 개별 상황에서 확실히 위험한 경우에도, 총체적 사고율이 낮다는 이유만으로 결함이 부정될 수 있다. 또한 총체적 사고율이 높아서 결함이 긍정되는 경우에도, 현재 발생한 사고(손해의 발생)가 당해 결함(총체적인 사고율이 기준을 초과하는 부분)에 대응하는 것인지는 확률적으로만 판명되기 때문에, 결함과 손해 사이의 인과관계를 판단하는데 있어서 어려움을 겪게 된다.

따라서, 인공지능에 의해 자동으로 운전되는 기계(자동운전 시스템)의 결함의 판단에 대해서는, 오히려 ② 개별 상황에서의 운전조작의 안전성을 기준으로 하는 것이 타당하다고 본다. 문제는 자동으로 운전되는 기계에 대하여, 개별 상황에서 어떠한 운전조작을 요구해야 하는가이다.

3) 자동운전 기계에 요구되는 운전조작

기계의 운전은 타인을 상당하지 않은 위험에 노출되지 않도록 개별적 위험 상황에 따라 합리적으로 위험을 제어해야 한다. 사람인 운전자가 충

28) 窪田充見, "自動運転と販売店・メーカーの責任", 『自動運転と法』(藤田友敬編), 有斐閣, 2018, 175頁.

분한 지식과 경험에 입각한 예측과 판단에 의해 운전할 것이 요구되는 것과 마찬가지로, 자동운전 시스템도 합리적이고 신중한 예측과 판단에 의한 운전조작이 요구된다.

특히, 자동운전 시스템으로 실현되는 운전조작은 그 하드웨어의 성능에 의한 제약을 받는다. 사람에 의한 운전이 인지·예측·판단·조작과 관련된 운전자의 신체적 능력에 의해 제약되는 것과 마찬가지로, 자동운전 시스템에 의한 운전조작도 인지·예측·판단·조작을 대체하는 기능을 갖는 다양한 장치[29]의 기계적 성능에 의한 물리적 한계(고장 등도 포함)가 형성된다. 그러므로 자동운전 시스템에는 당해 시스템이 구비해야 하는 하드웨어의 성능을 전제로,[30] 그 성능의 한계 내에서 합리적으로 위험을 제어하는 운전조작을 요구하는데 그친다.

위에서 서술한 바에 의하면, 인공지능에 의해 자동으로 운전되는 기계(자동운전 시스템)에는, 그 기계가 구비해야 할 하드웨어의 성능의 한계 내에서 개별 상황에서의 사고 발생의 위험을 합리적으로 제어하기 위한 운전조작이 요구된다. 실제 상황에서의 운전조작이 이 요구를 충족시키지 않는 경우에는, 그 기계(자동운전 시스템)의 '결함'에 해당한다(각 상황에서의 운전조작의 결함).

(3) 운전조작의 결함에 대한 책임

1) 설계 단계에서의 과실과의 관계

그런데, 인공지능(AI)에 의해서 자동으로 운전되는 기계의 경우, 개별 상

29) 예컨대, 레이더(Radar), 라이더(Lidar), 카메라, 연산처리장치, 조타제어장치, 제동·가속제어장치 등.

30) 자동운전 시스템의 하드웨어에는 그 시스템이 현재에 대비하는 것 이상의 성능이 요구될 수 있다. 즉, 하드웨어에 관하여 총체로서의 운전조작의 안전성(위의 2) ①)을 높이는 대체 설계가 존재하고, 그것이 합리적인 비용 증가의 범위 내에서 실현 가능할 때는, 자동운전 시스템의 하드웨어는 당해 대체 설계에 의해 실현되는 성능을 구비할 필요가 있다. 橋本佳幸, 前揭論文, 38頁.

황에서의 운전조작은 기계(자동운전 시스템)에 내장된 인공지능의 출력에 맡겨진다. 제조자는 인공지능 모델의 개발(학습용 데이터 세트의 구축, 학습 알고리즘의 선택, 학습의 실행 등)에 있어서, 인공지능에 의한 출력의 정밀도·확률의 최대화를 목표로 하지만, 인공지능이 어떠한 상황에서도 확실하게 요구대로의 운전조작을 출력하는 상태를 실현하기까지는 이르지 못한다. 그러므로 위 (2)의 결함의 판단에 의하는 경우에는, 당해 기계의 결함이 제조자의 인공지능의 개발상의 과실을 수반하지 않는 경우가 많다. 즉 이는 제조자에게 있어서 문자 그대로의 결함책임(무과실책임)을 의미한다.

2) 설계 과정의 지배에 기한 책임

이와 같이 제조물책임이 실질적으로도 무과실책임으로 기능하는 상황은, 이제까지 특히 제조상의 결함의 유형으로 파악되었다.[31] 그런데, 인공지능에 의하여 자동으로 운전되는 기계와의 관계에서는, 동일한 책임이 개별 상황에서의 운전조작의 결함으로까지 확대된다. 결국, 제조자는 제조물의 설계 과정에 대한 지배로써 개별 상황에서의 운전조작의 결함의 위험을 할당받는다.

Ⅳ. 인공지능(AI)의 출력이 사람의 행위에 이용되는 경우

1. 사람의 행위에 무과실책임의 결합

인공지능(AI)의 출력이 사람의 행위에 이용되어 타인에게 손해를 가하는 경우(위의 Ⅱ 1 ②)에 대해서 검토하기로 한다. 이러한 경우, 사람의 행위에도 무과실책임이 적용되어야 하는가?

사람의 행위는 본래 과실책임의 적용 대상임에 비추어 보면, 인공지능의 출력을 이용하는 행위에 무과실책임을 적용하는 것의 필요 여부 및 당부는, 무과실책임의 규정을 요구하고 또한 정당화하는 특별한 사정(인공지능

31) 森島昭夫, "製造物責任における欠陥概念", 『名古屋大学法政論集』 第142号, 1992, 188頁.

의 출력에 대한 제어의 한계 등)의 존재 여부에 달려 있다. 아래에서는 인공지능의 출력과 이를 이용하는 행위와의 관계(출력의 이용 형태)에 따라 3가지 유형으로 구별하고, 이 문제에 대해서 개별적으로 검토하기로 한다.

2. 출력 이용 행위의 유형별 검토

(1) 자기의 행위로서 인공지능(AI)에 출력을 시키는 경우

1) 사례

乙이 자신이 운용하는 인공지능(AI)으로 하여금 대외적으로 생성물을 자동으로 출력시킨 결과, 어떤 생성물의 내용이 甲에게 손해를 가한 유형이다(위의 Ⅱ 1 ② ⓑ). 예컨대, ① 乙이 생성 AI를 운용하여 텍스트 생성 서비스를 제공하던 중, 그 인공지능이 사용자에 대하여 甲의 사생활을 침해하는 정보를 자동으로 출력한 경우, ② 사업자 乙이 계약체결을 권유하기 위하여 생성 AI를 운용하였는데, 그 인공지능이 상대방 甲에게 부실한 정보를 자동으로 출력하여 제공한 결과, 甲이 이를 신뢰하여 계약체결에 이르게 된 경우를 들 수 있다.

2) 자기 행위로서의 인공지능(AI)의 출력

인공지능(AI)의 자율성과 불투명성으로 인하여, 이러한 유형에서 인공지능에 의해 자동으로 출력된 개별 생성물의 내용을 제어하는 것(그 내용을 예측하여 위법한 내용의 출력을 저지하는 것)은 인공지능의 운영자에게도 어렵다. 그러므로 乙이 인공지능을 운영하여 서비스를 제공하는 행위에 과실을 인정하는 것은 매우 어렵다고 볼 수 있다. 이러한 이유로, 해당 행위에 무과실책임을 적용해야하는 것은 아닌지 문제가 된다.

그런데, 乙의 행위를 다시 검토해보면, 乙은 자신이 운용하는 인공지능으로 하여금 乙명의에 의한 출력을 하게한다.[32] 물론, 乙은 乙명의로 위법한 내용이 출력되는 것까지는 의도하지 않았을지도 모른다. 그러나 자율성이 있는 인공지능에게 출력 내용을 생성시키는 이상, 乙은 위법한 내용이 포함되어 생성된 출력의 내용을 포괄적으로 인수해야한다. 乙명의에 의한 인공지능의 출력(표현 내용)은 법적으로 乙에 귀속하고, 乙 스스로가 (그 내용을 알면서) 그 내용을 표현하는 행위로 평가된다.

이러한 이해에 의하면, 인공지능에 의한 생성물의 출력이 乙 스스로의 표현행위(乙이 집필한 문장 등)로 평가되며, 그 행위에 대하여 乙의 과실책임이 성립한다. 따라서 그 행위에 대하여 무과실책임을 적용할 필요까지는 없다고 볼 수 있다.

(2) 인공지능(AI)의 출력을 자기 행위의 내용에 편입하는 경우

1) 사례

乙이 인공지능(AI)로부터 출력 받은 생성물을 공표하거나, 또는 다른 사람에게 제공한 결과, 그 행위가 생성물의 내용의 하자로 인하여 甲에게 손해를 가하는 유형이다(위의 Ⅱ 1 ② ⓒ). 예컨대, ① 乙이 인공지능에 생성시킨 인물의 화상을 공표하였는데, 실재하는 甲의 초상권이 침해된 경우, ② 건물 설계를 의뢰받은 건축사 乙이 인공지능에 출력시킨 설계도를 의뢰인에게 교부하였는데, 그 설계도의 하자로 인하여 기본적인 안전성이 부족한 건물이 축조되어 건물 취득자 甲에게 손해를 가한 경우 등이 이에 해당한다.

2) 인공지능(AI)의 생성물을 내용으로 하는 행위

이 유형에서 乙은 인공지능(AI)으로부터 출력 받은 생성물을 자신의 명의

32) 출력 명의에 착안하는 이유로서 표현행위에서의 표현 내용이 누구에게 귀속되는가에 대해서는, 행위 주체성의 소재(누가 그 행위를 했는가)와 더불어, 표현의 명의(누구를 명의인으로 하는 표현인가)가 기준이 된다. 명의를 표시하여 표현행위가 되었을 경우에는, 그것이 권한에 기초하는 한 해당 행위의 표현 내용은 명의인에게 귀속되어 명의인의 표현이 된다. 橋本佳幸, 前掲論文, 39頁.

로 공표하거나, 또는 자신의 성과물로서 타인에게 제공한다. 그 생성물은 乙의 행위의 내용에 편입되어 있으며, 乙은 생성물의 내용에 대해서도 자신의 행위로서의 책임을 면할 수 없다. 그러므로 乙은 공표 등의 행위를 함에 있어서, 당해 생성물의 공표 및 제공이 타인에게 손해를 가하지 않는지를 조사·확인해야 하는 주의의무를 갖는다.[33] 이 의무는 乙 스스로 인물의 초상이나 건물의 설계도를 작성하는 경우에 부과되는 것과 질적으로 차이가 없다. 또한, 乙의 조사·확인은 출력된 생성물을 대상으로 하기 때문에, 인공지능의 출력 내용 자체의 통제에 있어서의 어려움은 없다.

따라서, 乙이 이러한 조사·확인의 주의의무를 다하지 않은 채 생성물을 공표·제공하는 행위에 대해서는, 그것이 인공지능의 출력인 것과는 무관하게 乙의 과실책임이 성립한다. 이로 인하여, 甲은 乙이 스스로 초상 또는 설계도를 작성한 경우와 동일한 수준으로 보호받을 수 있으므로, 乙의 행위에 대하여 무과실책임을 적용할 필요는 없다고 할 수 있다.

(3) 인공지능(AI)의 출력을 기초로 행위를 하는 경우

1) 사례

乙이 인공지능(AI)으로부터 출력 받은 정보와 판정에 기초하여 어떤 행위를 하였는데, 그 행위가 상당하지 않은 위험을 지니며 甲에게 손해를 가하는 유형이다(위의 Ⅱ 1 ② ⓓ). 그리고 乙이 인공지능으로부터 출력 받은 정보와 판정에 기초하여 부작위(X의 손해 발생을 저지하지 않은 것)를 결정한 결과, 甲의 손해 발생이 저지되지 않은 유형도 이에 준한다.

예컨대, ① 乙이 인공지능이 제안하는 방법으로 음식을 요리하여 甲에 제공한 결과, 요리 방법의 오류로 인해 甲이 신체적 피해를 입은 경우, ② 의사 乙이 인공지능의 판정에 기초하여 진료를 했는데, 오진으로 인해 환자 甲에 대하여 의료 수준에 적합한 치료 행위가 이루어지지 않은 경우(부작위) 등을 들 수 있다.

---

33) 橋本佳幸, 前揭論文, 40頁.

2) 인공지능(AI)의 출력에 기초한 행위

이 유형에서 乙은 인공지능(AI)으로부터 출력 받은 정보 및 판정을 기초로 하면서도, 자기 스스로 당해 행위를 결정하여 실행한다. 그러므로 乙은 그 행위를 결정하여 실행할 때, 그 행위가 상당하지 않은 위험을 수반하는지에 대하여 자신의 책임으로 판단해야 할 의무를 진다. 또한, 이 판단에 대하여, 乙은 자신의 사회생활상의 지위(직업, 입장 등)에 부응하는 수순의 지견과 능력이 요구된다. 만약, 기초로 한 정보와 판정이 乙에게 요구되는 수준에 적합하지 않은 경우에는, 그 위험(risk)을 乙이 인수해야 한다. 이러한 사항은 乙이 인공지능이외의 것으로부터 입수한 정보와 판정을 기초로 행위를 결정하는 경우와 크게 다르지 않다.

따라서, 乙의 행위에 대해서는, 인공지능으로부터 출력 받은 정보와 판정을 기초로 행위를 결정한 것과는 무관하게 乙의 과실책임이 성립한다.[34] 이로 인하여, 甲은 乙이 행위 결정이 인공지능의 출력 이외의 것을 기초로 한 경우와 동등한 수준으로 보호받게 된다. 즉, 이 유형에서도 역시 乙의 행위에 대한 무과실책임의 적용은 요구되지 않는다.

3. 무과실책임 규정의 불필요

위의 2(출력 이용 행위의 유형별 검토)의 검토에 의하면, 인공지능(AI)의 출력을 이용하는 乙의 행위에 대해서는, 출력의 이용 형태와 관계없이 무과실책임의 결합이 요구되지 않는다. 어떠한 유형에서도 해당 행위에 대하여 과실책임을 추급함으로써 충분히 권리를 보호할 수 있다.

또한, 이러한 경우에는 인공지능 및 그 출력에 대해서도 무과실책임을 적용해서는 안 된다. 왜냐하면 인공지능의 출력을 이용하는 乙의 행위에 대하여 무과실책임을 부정하면서, (乙의 행위에 이용된) 출력에 대하여 무과실책임을 결합하는 것은 부당하기 때문이다. 또한, 인공지능의 출력

---

34) 山口斉昭, “日本の民事責任法におけるAIと責任”, 『早稲田大学法学会百周年記念論文集』 第4巻, 成文堂, 2022, 225~228頁; 米村滋人, 前掲論文, 51頁.

을 이용하는 乙의 행위에 대하여 과실책임을 추급할 수 있는 이상, 乙의 배후에 있는 인공지능의 운용자와 개발자에게 출력의 하자에 대하여 무과실책임을 부과하는 것까지는 요구되지 않는다고 할 수 있다.

V. 결론

인공지능(AI)의 위험에 대한 무과실책임의 입법 문제에 대해서 논의해 보았다. 민법상 불법행위에 의한 손해배상책임은 과실책임이 원칙이다(제750조). 이는 근대민법의 3대 원칙중 하나이기도 하다. 그러나 인공지능(AI)의 투입으로 타인에게 손해를 가한 경우에 과실책임의 원칙을 그대로 적용할 경우, 인공지능(AI)의 특수성으로 인하여 귀책사유의 입증이 어려워서 '피해자의 구제'에 취약할 뿐만 아니라 '손해의 공평한 분담'이라는 불법행위법의 목적을 달성할 수 없게 된다. 그래서 인공지능(AI)의 위험에 대하여 무과실책임을 규정하는 입법론이 제기되는 것이다.

그러나 인공지능(AI)이 현대 사회에서 깊숙이 침투하는 상황에서, 소유자 등에게 무과실책임을 적용하는 것이 형평에 맞는지도 고려해 봐야한다.[35] 그러므로, 이는 어디까지나 과실책임의 원칙에 대한 예외로서 필요 최소한에 그쳐야 할 것이다. 즉, 인공지능(AI)의 위험에 대하여 무과실책임의 규정이 필요한 경우를 선별해야하며, 이를 위해서는 인공지능(AI)을 투입하는 경우의 유형과 가해의 구조를 분석하여 각 유형에 따라서 무과실책임 규정의 필요성 여부를 검토해야 한다.

이에 대해서는, 크게 인공지능(AI)의 출력에 의해 기계가 자동 운전되는 경우와 인공지능(AI)의 출력이 사람의 행위에 이용되는 경우로 나눌 수 있으며, 이중 인공지능(AI)의 출력에 의해 기계가 자동 운전되는 경우에는 기계에 무과실책임을 결합하여 위험책임과 하자책임 및 편익책임, 그리고 제조물책임에 의한 무과실책임의 규정이 필요하다. 이에 반하여, 인공지능(AI)의 출력이 사람의 행위에 이용되는 경우에는 출력의 이용 형태와 관계없이 무과실책임의 규정이 요구되지 않는다. 해당 행위에 대하여

35) 신현탁, 앞의 논문, 48면.

과실책임을 적용함으로써 피해자의 권리를 충분히 보호할 수 있기 때문이다.

■참고문헌

김용덕(편집대표), 『주석 민법 - 채권각칙(7)』, 한국사법행정학회, 2016.

김진우, "지능형 로봇과 민사책임", 『저스티스』 통권 제164호, 한국법학원, 2018.

김진우, "인공지능: 제조물책임법의 업데이트 여부에 관하여", 『재산법연구』 제37권 제2호, 한국재산법학회, 2020.

김　화, "의료인공지능과 민사상 책임", 『생명윤리정책연구』 제17권 제1호, 이화여자대학교 생명의료법연구소, 2023.

신봉근, "인공지능(AI)의 민사책임 - EU의 입법을 중심으로 -", 『민사법학』 제105호, 한국민사법학회, 2023.

신현탁, "인공지능(AI)의 법인격 - 전자인격(Electronic Person) 개념에 관한 소고 -", 『인권과 정의』 제478호, 대한변호사협회, 2018.

오병철, "인공지능 로봇에 의한 손해의 불법행위책임", 『법학연구』, 제27권 제4호, 연세대학교 법학연구원, 2017.

이도국, "인공지능(AI)의 민사법적 지위와 책임에 관한 소고", 『법학논총』 제34집 제4호, 한양대학교 법학연구소, 2017.

이수경, "인고지능의 민사책임에 대한 소고", 『민사법학』 제107호, 한국민사법학회, 2024.

이해원, "인공지능과 제조물책임", 『정보법학』 제25권 제2호, 정보법학회, 2021.

정진명, "인공지능에 대한 민사책임 법리", 『재산법연구』 제34권 제4호, 한국재산법학회, 2018.

최경진, "인공지능과 불법행위책임", 『정보법학』 제25권 제2호, 한국정보법학회, 2021.

최민수, "인공지능 로봇의 오작동에 의한 사고로 인한 불법행위책임", 『민사법의 이론과 실무』, 민사법의 이론과 실무학회, 2020.

橋本佳幸, 『責任法の多元的構造』, 有斐閣, 2006.

橋本佳幸, "AIと無過失責任", 『法律時報』 第94巻 第9号, 2022.

橋本佳幸, "ＡＩのリスクと無過失責任", 『NBL』 第1272号, 商事法務, 2024.

橋本佳幸ほか, 『民法V』, 有斐閣, 2020.

藤田友敬, “自動運転と運行供用者の責任”, 『自動運転と法』, 有斐閣, 2018.
米村滋人, “AI機器使用の不法行為における過失判断”, 『法律時報』 第94巻 第9号, 2022.
山口斉昭, “日本の民事責任法におけるAIと責任”, 『早稲田大学法学会百周年記念論文集』 第4巻, 成文党, 2022.
森島昭夫, “製造物責任における欠陥概念”, 『名古屋大学法政論集』 第142号, 1992.
窪田充見, “自動運転と販売店・メーカーの責任”, 『自動運転と法』(藤田友敬編), 有斐閣, 2018.
中原太郎, “現代無過失責任論の一断面”, 『法律時報』 第96巻 第8号, 2024.
川道太郎ド, 『イツにおける危険責任』, 成文堂, 2021.
浦川道太郎, “無過失損害賠償責任”, 『民法講座6』(星野英一編), 有斐閣, 1985.
浦川道太郎, “自動走行と民事責任”, 『NBL』 第1099号, 商事法務, 2017.
Lohmann, “EineuropäischesRoboterrecht-überfälligoder überflüssig?”, *ZRP* 6/17, 2017.
Stefano De Luca, New Product Liability Directive, *EPRS*, January 2023.

제06장

현행 AI 제조물 규율 법제와 새로운 입법의 필요성

서 창 배 · 송 문 호

Ⅰ. 들어가며

최근까지도 발전 방향과 속도에 관해 전혀 예상할 수 없는 인공지능 기술에 관해서 흔히 핵무장에 비유하는 옹호론도 존재하고 있는 것이 사실이나 반면에 핵무기를 능가하는 위험성을 지적하는 견해도 만만치 않게 나타나고 있다. 2024년 7월 19일 한국 시간 오후 1시경 마이크로소프트(Microsoft) 윈도우(Window) 상에서 실행되는 크라우드 스트라이크(CrowdStrike)의 EDR 보안 소프트웨어의 오류는 주로 Window 10이 설치된 PC에 블루스크린이 뜨면서 계속 재부팅되는 현상을 초래했으며 이는 전세계적인 전산망 마비 및 서비스 장애로 이어졌다. 이 사건이 비록 인공지능이나 MS의 클라우드 서비스와는 직접적인 관련성이 없는 것이었으나 디지털 소프트웨어 하자가 초래할 수 있는 엄청난 영향력을 체험할 수 있는 계기가 되었으며 현재 MS나 Google과 같은 초거대 온라인 플랫폼을 통해 제공되는 인공지능 소프트웨어가 대부분의 컴퓨터와 휴대기기에 장착되기 시작한 시점에 발생했다는 점에서 그 심각성을 다시 한번 일깨워주고 있는 것이다.

그러나 이러한 심각한 문제점에도 불구하고 이미 급속한 발전이 진행 중인 인공지능 기술 즉 더 자세히 표현하자면 인공지능 기술이 프로그램된 소프트웨어의 안전성을 검증할 수 있는 기술이 여전히 개발되지 못한 상황이며 모든 인공지능 개발 기업들이 기술 발전에 속도 제어를 가할 의지도 전혀 보이지 않는 상황이다. 인공지능 기술의 위험성을 완벽히 통제하여 불측의 손해를 방지할 수 있다면 문제될 것이 없겠지만 현재의 기술로 이를 실현시킬 수 없을 경우에는 기술의 이용을 금지시키든지 그렇지 않으면 최소한 손해에 대한 보전 방안이라도 강구할 필요가 있다.

이러한 인공지능 기술의 발전을 통해 현재 우리에게 다가오는 불안한 현실 중 하나가 자율주행자동차로 대변되는 자율 판단 기기의 잠재적 위험성이다. 이미 미국과 중국에서는 1000대 이상의 자율주행차가 거리에서 시험 운행중에 있으며 데이터를 축적 중에 있지만 2018년에 발생한 사망사고를 시작으로 크고 작은 사고들[1]이 발생하고 있음에도 이에 대한 마땅한 법적 장치가 마련되어 있지 않은 상황이다.[2] 이러한 전제에서 제조물 책임법을 최근 개정한 EU의 예를 들어 우리법에서의 적용 가능성이 학계에서 논의되고 있으나 여러 가지 이유에서 여전히 장애물이 많은 상황이다. 우리 현행 법제에서 새로운 기술이 야기하는 위험을 담보하며 소비자에 대한 최소한의 안전장치를 마련하고 있는 제도가 제조물책임법이라 할 수 있으나 여전히 그 적용 범위는 인공지능과 같은 디지털 콘텐츠를 충분히 포섭하지 못하고 있는 상황으로 EU AI Act와 연계된 EU의 제조물 책임법 개정법 내용과는 여전히 큰 차이를 보이고 있다. 이러한 배경에서 외국의 입법례를 검토하여 인공지능 기술의 위험성에 대비한 최소한의 책임 법제를 모색할 유인이 존재하며 여기에는 위험에 대한 사전 예방 기능을 재고함과 동시에 손해보상을 위한 다양한 방안이 고려될 필요성이 있다.

이하에서는 이러한 배경에서 인공지능 기술이 탑재된 자율 판단 기기(대표적인 예로 자율주행자동차)의 위험성에 대비하며 손해를 담보할

---

1) 자율주행차의 오작동과 관련한 다양한 사건들이 일상에서 일어나고 있음을 보여주는 뉴스 및 동영상 자료:
https://www.youtube.com/watch?v=1DZL0i51tRs (검색일 : 24. 9. 20.), https://n.news.naver.com/mnews/article/022/0003868325?sid=104 (검색일 : 24. 9. 20.)

2) 2018년 3월에 미국의 애리조나 중남부 도시 템피 시내 교차로에서 발생한 사건으로 당시의 기술수준으로는 ‘조건부 자율주행’으로 운전자의 여러 의무가 책임의 근거가 될 수 있었지만 인공지능 기술이 탑재된 고도의 자율주행의 경우에는 이러한 논리로 해결할 수 없는 상황이다: https://www.chosun.com/economy/auto/2020/09/16/PUXT2BBIOFG5RGC5E7H6TNLCGM/ (검색일 : 24. 9. 20.)

현실성 있는 방안을 검토해 보고 법적인 관점에서 입법론을 비롯한 합리적인 법 적용 방안을 제시한다.

Ⅱ. 기존 책임 법제의 한계와 제조물 책임법 적용

1. 인공지능에 대한 기존 책임 법제 적용의 문제점

인공지능(Artificial Intelligence: AI)이란 통상 인간의 지능을 이용한 의사결정 기능을 대체할 수 있는 지능형 시스템을 구현하려는 컴퓨터 소프트웨어의 일종으로 알려져 있으며 그 발전 방향을 기준으로 약한 인공지능, 강한 인공지능 그리고 초인공지능으로 분류되기도 한다.[3)]
가트너 하이프 사이클(Gartner Hype Cycle)은 기술 혁신의 실제 위험과 기회를 이해하는 데 유용한 지표로 활용된다. "2024년 AI를 위한 가트너 하이프 사이클 보고서"[4)]는 기술 혁신을 5단계로 나누어 분석하고 있으며 구체적으로 첫 번째 단계는 '혁신의 방아쇠'의 단계로서, ChatGPT와 같은 새로운 기술을 바탕으로 한 제품이 대중의 관심을 끌기 시작하는 시점을 의미하며 두 번째 단계는 '과장된 기대의 정점'으로, 신제품에 대한 관심이 최고조에 달하지만 실제로 혁신이 기대에 부응할 수 있다는 증거는 부족한 시기를 의미하며 세 번째 단계는 '환멸의 골짜기'로, 초기 사용자들이 성능 문제와 낮은 투자 수익률(ROI)을 경험하며 원래의 흥분이 가라앉는 시기로 분류하고 있다. 또한 이 3번째 단계에서 대부분의 혁신 기술들의 향후 성공 여부가 결정된다고 하면서 3D 프린터 기술을 현재 이 단계를 겪고 있는 대표적인 사례로 들고 있다. 또한 스마트폰의 경우도 이러한 이론에 따르면 1992년 IBM 사이

---

3) 조근식, “인공지능의 본질과 유형 및 발전과정”, 「인공지능법 총론」, 인하대학교 법학연구소 AI·데이터법 센터, 세창출판사, 2023, 3면 이하.
4) The Significance of AI Engineering in the Gartner Hype Cycle™ for Artificial Intelligence, 2024 report Graeme Hutchison July 1, 2024: https://www.seldon.io/the-significance-of-ai-engineering-in-the-gartner-hype-cycle-for-artificial-intelligence-2024-report

먼이 처음으로 스마트폰을 출시했지만, 대중에게 너무 낯선 개념이었고, 앱스토어와 같은 생태계가 부족하여 사장된 사실이 있다. 그 후 1996년 Nokia가 스마트폰을 선보였고, 2007년에는 애플의 첫 아이폰이 앱스토어와 아이튠즈 생태계를 갖추면서 스마트폰 업계를 재편했던 것이다. 이러한 예가 보여주는 것이 바로 네 번째 단계 즉 '깨달음의 단계'로, 초기 사용자들이 이점을 발견하고 다른 조직들이 그 혁신을 어떻게 적용할 수 있을지 이해하기 시작하는 시점으로 볼 수 있다. 마지막으로 다섯 번째 단계는 '생산성의 정체기'로, 기술이 주류로 자리 잡고 더 많은 사용자들이 실제적인 혜택을 누리기 시작하는 단계로 이해할 수 있다. 즉 이 사이클에 따르면 자율주행차는 자율주행차 기술은 현재이 '환멸의 골짜기'를 지나고 있는 상황으로 보인다고 해석된다. 이러한 전제에서 현재 인공지능에 대한 투자는 일종의 군비 경쟁처럼 진행되고 있으며 그 이유 또한 인공지능 기술의 폭발적인 발전이 자율자동차와 같은 자율 판단 기술의 경쟁에서 우위를 가져올 수 있어 현재의 환멸의 단계를 통과하면서 그 진가를 시험받게 되기 때문이다.

현재 인공지능 기술은 가공할 속도로 발전하고 있어 예측이 어려우며 특히 고도의 병렬화된 연결을 통해 판단을 내리고 있어 실수나 결함이 사전에 예측하기 어려운 연쇄적인 사고로 확대되면서, 엄청난 규모의 피해가 발생할 수 있다. 이러한 위험은 글로벌화된 현대사회에서 개인이나 국지적 현상이 아니라 전지구적 위난으로 작용하게 된다.[5] 전 세계가 서로 연결된 디지털 세상에서 사용되는 새로운 인공지능 기술은 그 피해 유형과 규모를 예측하기 어려운 광범위한 위험에 노출되어 있으므로 이러한 상황을'인공지능 위험사회'라고 할 수 있다.[6]

---

5) Ulrich Beck, 홍성태(역), 「위험사회 -새로운 근대성을 향하여」, 2019, 44면-56면.

6) Ulrich Beck의 저서 위험사회는 처음에는 2차 세계대전 이후 생화학과 핵위협에 중점을 두고 있었다. 그러나 이후 세계 금융 위기와 9·11 테러를 계기로, 그는 '기후변화'를 세계 위험 사회의 중심 문제로 재설정했다. Beck은 2015년에 사망했으며, 그 당시에는 아직 인공지능이나 자율주행차로 인한 위험이 본격적으로 논의되지 않았다. 하지만 그가 주장한 인간이 '노동'에서 벗어나는 과정과 현상을 위험 사회의 특징으로 본 시각은 오늘날 인공지능을 통해 더욱 선명하게 드러나고 있다. 따라서 인공지능은 단

인공지능과 관련하여 법적인 측면에서의 문제는 매우 다양하고 광범위한 형태를 띠지만 이러한 상황에서 가장 중요한 의미를 가지는 것이 위험의 예방과 책임의 문제라 할 수 있다. 특히 책임과 관련하여 가장 문제가 되는 것은 인공지능의 법적 지위가 여전히 명확하지 않다는 점이다. 즉 인공지능의 독자적 경제활동의 필요성이나 독자적 책임 부여의 필요성 등에 관해 여전히 혼란한 상황이라 기존의 법적 체계를 통한 책임 부담의 문제는 매우 복잡하고 까다로운 형태로 논의가 전개되고 있는 것이다.

2. 형사법적 책임의 논의

(1) 기존 형사 법제상 책임 추궁의 문제

“책임 없으면 형벌 없다”라는 형사 책임주의의 대명제는 인간에게 자유의지가 있음을 전제로 하고 있으며 이러한 자유의지 논쟁은 형사책임과 관련하여 책임이 과연 무엇인지, 형사책임을 인간에게 부과할 때 그 근거는 무엇인지, 책임의 내용은 무엇으로 구성되어야 하는지 등에 대하여 중요한 의미를 가지게 된다.

챗GPT 등 생성형 인공지능기술의 놀라운 기술 발전과 최근 오픈 AI에서 소개한 휴머노이드 로봇[7] 등의 개발과 발전 속도는 기존의 형사법적 대명제부터 시작하여 기존의 법리에 대한 재고찰과 새로운 방향의 필요성을 역설하고 있다. 인공지능이 탑재된 기계가 유발 시킨 범죄의 결과에 대해서 형사 책임의 부담을 누구를 대상으로 해야 하며 어떻게 물을 것인지 등의 문제는 이미 현실에서 마주하게 된 실제 상황이며 이를 해결하기 위한 새로운 질문과 해결책이 필요한 상황이다.

순한 '산업혁명'이 아니라, 위험 사회의 고도화된 버전으로 해석해야 한다: 홍찬숙, 「인공지능과 위험사회」, https://www.khan.co.kr/opinion/column/ article/201603222107235 (검색일 : 24. 9. 20.)

7) https://magazine.hankyung.com/business/article/202403203552b (검색일 : 24. 9. 20.)

(2) 위험형법 이론의 필요성

위험형법은 범죄수행 이전 단계의 행위를 처벌함으로써(Vorverlagerung) '불안감 없는 생존의 확실성'을 보장하고자 하는 것에 의의가 있으며[8], ① 법익의 일반화 (피해자가 없는 범죄 영역의 확장), ② 특별형법의 과도한 확대, ③ 추상적 위험범의 증가, ④ 형법이 우선적인 수단으로 사용됨에 따라, 형법이 형사정책적 성격을 띠며 비대해지고 형사처벌의 범위가 넓어지는 경향이 나타난다.[9] 반면 교통 형법과 같은 분야에서는 위험 사회에서도 형사 책임이 줄어드는 경향이 나타난다. 자동차 운전은 매우 큰 위험을 동반하지만, 사람들이 일상적으로 이러한 위험에 익숙해져 공포를 느끼지 않기 때문에, 위험을 의식하지 않고 습관적으로 운전하는 경우가 많다. 결국 법적 대응은 실제 위험의 크기보다도 사람들이 느끼는 위험 감정에 따라 좌우되는 경우가 있다.[10]

위험형법은 국가형벌권이 확장되는 결과를 초래하므로 상존하는 위험을 모두 규율대상으로 삼을 수는 없으며, 과도한 형법의 개입은 혁신 기술과 사회의 발전을 방해할 수 있다. 따라서 사회적으로 허용되는 위험의 범위를 가능한 한 명확하게 설정하고 허용된 위험을 넘어서는 위험에 대한 법적 근거를 정하는 것이 중요하다.[11] 사회생활상 불가피하게 법익침해의 위험이 따르지만, 그 사회적 유용성 때문에 일정 범위에서 그 위험을 허용하는 것이'허용된 위험의 법리'이다. 자동차 등 교통형법은 허용된 위험의 법리가 적용되는 대표적인 분야로서 신뢰의 원칙과 함께 주의의무의 범위가 제한된다. 인공지능 기반 자율주행자동차를 예로 들자면 언제든 오류를 일으킬 위험을 가지고 있으며, 발생할 위험의 정도와 크기를 고려하여 어느 정도의 오류까지 허용할 수 있는지의 법적 기준을 만들어

---

8) Kurt Seelmann, 김영환(역), "위험형법", 「법학논총(한양대)」 제14권 (1997), 346면.

9) 김일수/서보학, 「새로 쓴 형법총론」, 제13판 (2018), 61면.

10) 구길모,"위험사회에서 자율주행자동차에 대한 형사법적 규율", 「법학논총(조선대)」제27집 제1호 (2020.4.), 7면.

11) 허용된 위험의 법리가 위험형법의 확장을 제어하는 균형추 내지 완충역할을 해야 한다는 견해로는 조광훈, "위험형법에서 허용된 위험이론의 전개", 「영산법률논총」, 제11권 제2호 (2014), 74면 이하.

야 하나 현재까지도 이에 대한 명확한 기준을 마련되지 못했다.[12] 무엇보다도 자율주행자동차에 대한 사회의 위험 인식의 문제는 운전자가 사람이 아니라 인공지능이라는 데에 있고 위험을 어떻게 합리적으로 분배할 것인가에 대한 사회적·법률적 평가가 아직 이루어지지 않고 있음에도 이미 우리 생활에 실제적인 위협이 되고 있다는 점에서 사태의 심각성과 강력한 처벌을 통한 예방 조치의 필요성이 존재하는 것이다.

(3) 형벌 부과 가능성

법인에 대한 양벌 규정을 근거로 인공지능에게도 부분적으로 형사법적 책임을 부과해야 한다는 견해[13]도 존재하지만 여전히 실정법상으로는 적용되기에 무리가 있다. 즉 자유의지가 없는 존재인 약한 단계의 인공지능 로봇 등에게도 공동체주의적 책임론, 구성주의적 방법론에 따라 형사책임 주체성을 확대하여 책임을 부과하려는 시도가 존재하지만[14] 이는 현행 법체계의 기본 전제부터 부정하는 결과가 될 것이며 여전히 이에 대한 충분한 논의의 과정도 거치지 못한 상황으로 현실성이 부족한 것으로 보인다.

3 민사책임의 적용 가능성과 한계

인공지능이 탑재된 완전 자율주행차 혹은 그에 근접한 수준의 운행의

---

12) 2017년 발표된 독일연방 교통 및 디지털부(Bundesministerium fu:r Verkehr und digitale Infrastruktur)에 의해 구성된 윤리위원회의 보고서에서 자동주행에 관한 20개 규칙들(ethische Regeln) 중 [규칙 3] 은 "사고를 회피하는 것이 이상적이지만, 원칙적으로 긍정적인 리스크평가가 인정되는 경우 기술적으로 불가피한 잔여리스크는 자율주행자동차 도입과 모순되지 않는다"고 정하고 있어 결국 일정한 수준의 위험을 수용할 수 있다는 입장을 보여주고 있는데 이것을 형법상 허용된 위험의 윤곽으로 해석할 수 있다.

13) 임석순, "형법상 인공지능의 책임 귀속", 「형사정책연구」 제27권 제4호, 한국형사정책연구원, 2016. 12., 77면.

14) 신혜진, "현대 사회에서 자유의지와 형사 책임론의 재정립 - 인공지능 기술과 형사책임을 중심으로 -", 「저스티스」 통권 제202호(2024. 6), 112면-117면.

경우에 차량의 운전자는 필요하지 않다고 보아야 한다. 이러한 전제에서 책임의 문제는 제조업자와 설계자를 중심으로 논의가 전개된다. 민법적 책임의 문제로 우선 불법행위에 기한 책임배상의 문제가 고려될 수 있으며 제조업자가 고의 또는 과실로 결함 있는 제품을 출시한 경우를 대상으로 한다.

그러나 이러한 민사책임 추궁의 과정에는 입증책임 등의 곤란한 문제가 발생하게 되며 예를 들자면 소프트웨어의 결함과 같이 눈에 보이지 않으며 일반인이 증명할 수 없는 성질의 것은 여전히 피해자인 일반 소비자 구제에 도움이 되지 않는다는 것이다. 이와 더불어 최근에는 교통인프라 운영자에게도 책임을 부담시키려는 논의가 진행되고 있으며 이는 교통 표지판, 신호 시스템 및 고속도로가 네트워크로 연결되고 통신이 가능해짐에 따라 인프라의 역할에 중심으로 두고 손해배상 책임을 고려하여야 한다는 것이다.[15] 이렇듯 여전히 책임의 주체에 관한 열띤 논쟁의 과정에서 이를 기존의 민사책임을 통한 소유자의 책임이 아닌 제조물 책임 등을 통한 대형 제조업자의 책임으로 귀결시키려는 방향으로 논의가 확대되면서 최근에는 외국의 입법례에 따라 제조업체의 범위를 확대하려는 식으로 논의의 방향이 이동하고 있는 것으로 보인다.

4. 「제조물 책임법」의 적용 범위의 확대

(1) 현행 제조물 책임법 개관

제조물 책임 법제란 제품의 결함으로 발생한 피해에 대한 책임을 제조자 등의 손해배상책임으로 구성하는 것을 의미하며 민법상의 제원리를 수정하여 제조자에게 무과실책임을 부담시키는 것을 의미한다.[16] 2000년 1월 12일에 공포되고 2002년 7월 1일부터 시행된 우리나라의 「제조물 책임법」은 제조물의 결함으로 발생한 손해에 대한 제조업자

15) Sedlmaier/Krzic Bogataj: "Die Haftung beim (teil-)autonomen Fahren", 「NJW」 2022, S. 2957.

16) 최병록, 「개정 제조물책임법 -이론과 판례-」, 박영사, 2022, 11면.

등의 손해배상책임을 규정함으로써 피해자 보호를 도모하고(제1조) 국민생활의 안전 향상과 국민경제의 건전한 발전에 이바지함을 목적으로 하고 있다. 이는 직접적으로는 피해구제 절차에 있어서 피해자의 부담을 완화시키려는 것이며 이를 통해 안전한 제품에 대한 기업과 소비자의 인식을 제고시키고 기업의 국제경쟁력을 강화하여 국민생활의 안정과 국민경제의 건전한 발전에 기여할 것을 기대하는 것으로 이해할 수 있다. 특히 2002년 7월 1일부터 시행한 제조물 책임법의 비효율성과 비현실성에 관해 많은 비판이 제기 되었으며 특히 2011년부터 본격적으로 알려진 가습기 살균제로 인한 폐손상 사건은 국회를 통한 제조물책임법의 개정논의로 이어져 현재의 내용으로 변화되었다. 그 결과 제조업자가 제조물의 결함을 알면서도 필요한 조치를 취하지 아니한 결과 생명 또는 신체에 중대한 손해가 발생한 경우 그 손해의 3배를 넘지 않는 범위에서 손해배상책임을 지도록 규정하였으며 둘째, 피해자 등의 요청을 받고도 상당한 기간 내에 다른 피해자들에게 고시하지 않은 경우 손해배상책임을 지도록 정하였으며 셋째, 피해자가 '제조물이 정상적으로 사용되는 상황에서 손해가 발생하였다는 사실'등을 증명하면 결함이 추정되는 규정을 새롭게 포함시켰다.[17)]

현행 제조물 책임법이 인공지능과 관련하여 주목받는 점이 기존의 법제와의 충돌 없이도 인공지능이 발생시킨 손해에 대한 책임의 문제를 다룰 수 있다는 점이며 이러한 측면에서 EU의 최근 법(혹은 지침)이 제조물 책임 법제를 적극적으로 개정하고 적용하려는 움직임을 보여주고 있는 것이다.

(2) 현행 제조물 책임법의 주요 내용

1) 적용 대상 및 기본 개념

현행 「제조물 책임법」에 따르면 제조물 책임이란 제조물의 결함으로

17) 황현아, "제조물 책임법 개정과 생산물배상책임보험 변화 방향", KIRI(보험연구) 리포트 2017. 8. 29. 2면 이하.

인하여 소비자 또는 제3자의 생명 · 신체 또는 재산 등에 손해가 발생했을 상황에서 당해 제조물의 제조업자 혹은 판매업자에게 손해배상책임을 부담시키는 내용의 법리를 의미한다.[18]

「제조물 책임법」은'제조 또는 가공된 동산'에 대해서 적용되며(제2조 제1항) 민법의 내용에 따르면(제8조) 동산은 일정한 형태를 가지고 있는 고체 액체 기체와 같은 유체물은 물론 전기, 열과 같은 무형의 에너지도 포함하는 개념이며 완성품인지 부품 원재료인지를 불문하며 그리고 대량생산되는 공업제품은 물론 수공업품 예술작품에 대해서도 적용된다. 여기서 말하는 제조는 제품의 설계 제작 검사 표시를 포함하는 일련의 행위를 의미하며 가공은 특정의 동산을 재료로 하여 그 본질은 유지하면서 새로운 속성을 부가하거나 그 가치를 더한 것을 의미한다. 이러한 배경에서 소프트웨어 혹은 데이터는 동산에 포함되지 않아 제조물에 해당되지는 않는다는 결론이 된다.

2) 책임의 주체

제조물 책임을 부담하는 자는 법문상'제조업자 등'을 의미하며(제1조) 구체적으로'제조물의 제조·가공 또는 수입을 업으로 하는 자'와 '제조물에 성명·상표 또는 그밖에 식별 가능한 기호 등을 사용하여 자신을 그러한 자로 표시한 자 또는 오인하게 할 수 있는 표시를 한 자'를 의미한다(제2조 제3항).

3) 구체적 책임의 내용

책임 발생 요건으로서 제조물의 결함이란 법문상 해당 제조물에 제조상、설계상 또는 표시상의 결함이 있거나 그 밖에 통상적으로 기대할 수 있는 안전성이 결여된 것을 의미하며(법 제2조 제2호) 그 유형을 구체적으로 보면 다음과 같다. 우선 '제조상의 결함'이란 제조업자가 제조물에 대하여 제조상、가공상의 주의 의무를 이행하였는지와 관계없이 제조물이 원래

---

18) 최병록, 앞의 책, 3면.

의도한 설계와 다르게 제조·가공됨으로써 안전하지 않게 된 경우를 의미하며 둘째, '설계상의 결함'이란 제조업자가 합리적인 대체 설계를 채용하였더라면 피해나 위험을 줄이거나 피할 수 있었음에도 대체 설계를 채용하지 아니하여 해당 제조물이 안전하지 않게 된 경우를 의미하며 셋째, '표시상의 결함'이란 제조업자가 합리적인 설명·지시·경고 또는 그 밖의 표시를 하였더라면 해당 제조물에 의하여 발생할 수 있는 피해나 위험을 줄이거나 피할 수 있었음에도 이를 하지 아니한 경우를 의미한다.

4) 손해배상의 범위

① 책임의 기본 원칙

「제조물 책임법」제3조 제1항에서 정하고 있는 손해배상의 성격은 민법의 불법행위책임(민법 제750조)에 대한 특칙으로서 결함을 책임 요건으로 하는 손해배상책임을 따로 규정한 것으로 알려져 있다.[19]

② 손해배상의 범위

이 법은 확대손해의 존재가 인정되지 않는 한 즉 다시 말해, 제조물의 결함을 통해 소비자 또는 제3자의'생명, 신체, 재산'에 대한 확대손해가 발생한 경우에만 손해배상 책임을 인정하려는 것이지만 오히려 우리 판례[20]는 민법상 채무불이행에 의한 손해배상 관련 규정(민법 제393조)을 유추 적용한다는 견해를 견지하고 있다. 「제조물 책임법」에 있어서의 확대손해의 범주에는 불법행위책임의 원칙에 따라 정신적 손해와 피해자인 사업용 재산의 손해도 배상의 대상으로 인정함이 타당할 것으로 보인다.[21]

(3) 인공지능 소프트웨어 및 인공지능이 장착된 제품에 대한 법적용의 문제

1) 인공지능 기술의 발전과 위험 문제의 대두

19) 수원지법 2009. 8. 20. 2008가합27878.
20) 대판 2015. 3. 26. 2012다4824.
21) 최병록, 앞의 책, 32면.

인공지능 기술이 급속히 발전하면서 기능별 인공지능의 시대에서 범용 인공지능의 시대로 발전되고 있는 상황이다. 그러나 그 이면에는 인공지능의 작동 원리를 설계자 혹은 제작자가 제대로 예측하고 설명할 수 없는 현실을 이유로 위험성에 관한 우려가 커지고 있으며 그 결과 책임의 문제가 중요한 이슈가 되고 있는 것이다.

통상 소프트웨어의 오류 가능성을 줄이기 위해 코딩과 같은 정형화된 프로그램 설계 방식을 검토하여 사전에 문제점을 찾는 과정을 거치게 되나 인공지능 특히 최근 큰 이슈가 되고 있는 생성형 인공지능의 경우에는 딥러닝을 통한 결과물로서의 성격을 가지며 그 과정이 병렬식 데이터 혼합을 전제로 하고 있기 때문에 그 오류를 알고리즘의 순서대로 검토하는 것이 사실상 불가능한 상황이다. 현재 인공지능은 프로그램 설정으로 미리 결정되어 있는 작동만 하도록 되어 있는 것이 아니라, 외부 정보를 스스로 감지하여 스스로 결정하는'열린 기계'일수록 더 기술적으로 완성도가 높은 것으로 평가된다. 오늘날 인공지능이 계속 논의되는 문제도 바로 이 점 때문인데, 인공지능이 점점 인간이 예측하기 어려운 방향으로 결정하고 행동한다는 것은 그만큼 비결정의 여지가 커지고 있다는 것이다. 이러한 전제에서 약한 인공지능으로서 미리 프로그램으로 결정되어 자동적으로 작동하도록 설계되는 수준을 넘어 인간 고유의 자유의지(Freier Wille)에 상응하는 비결정(Indeterminismus)의 경지에까지 인공지능 기능이 다다를 수 있다는 공포에서 위험에 대한 불안과 책임의 필요성이 논의 되는 것이다. 즉 미리 결정되어 있는 작동만 하도록 닫혀 있는 존재가 아니라, 외부 정보를 스스로 감지하고 미리 결정된 것과는 다르게 스스로 판단하여 작동할 수 있는'열린 기계'라는 특성은 인공지능이 점점 인간이 예측하기 어려운 방향으로 결정하고 행동할 수 있음을 의미하여 그만큼 손해 발생의 위험성이 높아질 수 있다는 것이다.[22]

---

22) 기계학습 알고리즘을 이용한 패턴 학습능력은 고성능 인공지능 칩의 발전과 더불어 엄청난 속도의 딥러닝을 가능하게 하여 이미 이를 역추적하는 것은 기술적으로 불가능한 것으로 여겨진다: 김윤명, 「블랙박스를 열기 위한 인공지능법」, 박영사, 2022, 63면-76면.

2) 인공지능 오류에 대한 안전성 확보의 문제

① 소프트웨어의 위험성

인공지능 알고리즘을 포함한 소프트웨어의 활용도는 이미 우리 일상에 깊이 들어와 있으며 심지어 우리의 생명과도 직결된 장치들에서도 핵심적인 역할을 하고 있다. 이는 마치 유기물처럼 산업분야, 공공부문 그리고 일상생활 속에서 역할을 담당하고 있으며 현재 개발되고 있는 자율주행차 기술의 대부분이 데이터 확보와 이를 처리할 소프트웨어에 집중되고 있는 점[23)]은 소프트웨어의 중요성을 방증하는 것이기도 하다.

인공지능을 비롯한 여러 종류의 소프트웨어들의 역할 중에는 인간의 생명 및 안전과 직결되는 분야도 존재하며 기술의 발전에 대한 맹신이 결국에는 대형 사고로 직결될 수 있다는 점은 누구도 부정할 수 없을 것이다. 이미 급발진 사고를 비롯해 다양한 분야에서 소프트웨어 오류를 통한 심각한 손해가 발생한 바 있으나 이를 구체적으로 밝혀 내기가 피해자의 입장에서 거의 불가능하다는 점에 더욱 큰 문제점이 존재하는 것이다.

② 제조물 책임 법리의 적용 가능성

기술한 제조물 책임 법리는 손해의 입증책임을 제조자에게 부담시키며 특히 무과실 책임을 통해 제조물에 대한 결함의 원인 규명을 제조자에게 전가시키는 것이다. 이는 안전한 사회 시스템을 구축하기 위해 정책적인 요소를 불법행위 손해배상 책임 구조에 예외를 인정한 것이다. 그러나 제조물 책임의 법리는 원칙적으로 제조물에 포함되는 물건에 한해서 적용이 되며 여기에 포함되지 않는 소프트웨어 자체의 오류나 하자를 이유로 발생되는 손해에 대해서는 일반 불법 행위법 원칙에 따라 피해자가 인과관계와 손해를 입증해야 하는 결과가 된다.[24)] 이러한 전제에서 현행 제조물 책임법의 적용을 받는 대상은 소프트웨어 그 자체가

---

23) https://www.m-i.kr/news/articleView.html?idxno=1029038 (검색일 : 24. 9. 25.)

24) 윤진하, “인공지능 활용에 따른 소비자 피해 구제방안 - 제조물 책임법의 적용 한계와 입법 제안을 중심으로 -”. 「유통법연구」 제11권 제1호, 2024, 75면.

아닌 특정 소프트웨어와 결합된 제조물에 한정된다고 해석되는 것이다. 「소프트웨어 진흥법」은 소프트웨어 안전을'외부로부터의 침해행위가 없는 상태에서 소프트웨어의 내부적인 오작동 및 안전 기능 미비 등으로 인하여 발생할 수 있는 사고로부터 사람의 생명이나 신체에 대한 위험에 충분한 대비가 되어 있는 상태'로 정의하고 있으나 사실상 안전사고의 구체적인 내용이 기업 기밀 등을 이유로 공개되지 않는 것이 대부분이다. 이러한 이유에서 소프트웨어 진흥법은 고시를 통하여 소프트웨어 안전사고에 관해서 구체적인 정보를 공유하도록 정하고 있지만 현실성의 측면에서 여전히 논란이 있다.

그러나 소프트웨어 자체의 성질을 이유로 탑재된 제조물 자체에 대해서만 책임을 묻는 구조는 피해자 구제의 측면에서도 문제가 있으며 책임의 당사자인 제조업자와 프로그램 개발자에게 특별한 이익을 보장해 줄 수 있는 것도 아니라는 점에서 제조물 책임의 적용 범주를 좁게 해석할 필요는 없을 것으로 보인다.[25)]

③ 인공지능 프로그램 오류의 문제

일반 소프트웨어와 달리 인공지능 프로그램의 결함을 밝힌다는 것은 현재 기술로서는 사실상 불가능에 가깝다고 알려져 있다. 왜냐하면 병렬화된 데이터 처리 과정을 밝히기가 어려울 뿐만 아니라 인공지능 기술의 영업 비밀을 공개하지 않으려는 기업의 입장을 고려할 때 인공지능 알고리즘의 설계상 오류를 찾아내고 손해와의 인과관계를 확인한다는 것은 현재의 기술상 어려운 일이기 때문이다.

이와 더불어 인공지능 소프트웨어 혹은 인공지능 소프트웨어가 탑재된 물건을 통해 발생한 손해에 대해서 그 책임 부담을 누구에게 적용할 수 있는지의 여부도 현행 법제하에서는 쉬운 일이 아니다. 다시 말해 현재의 기술 수준을 포함하여 향후 더욱 발전될 생성형 인공지능이 유발시킨 손해에 관해 인공지능 자체에 책임을 부담시킬 법제도가 현재로선 마련되어 있지 않으며 다른 한편으로 현행의 제조물법 체계를 통해서도 이를 제작하고 설계한 자에게 책임을 물을 수도 없는 상황에 처해 있는 것이다.[26)]

---

25) 윤진하, 앞의 글, 76면.

Ⅲ. 인공지능 제조물 규제법

1. 인공지능에 특화된 법률의 필요성

이미 인공지능의 활용이 산업계와 일상생활에서 보편화되고 있는 상황에서 최근에는 현실화된 위험성을 완화시키기 위한 논의가 진행 중이다. 그러나 여전히 모든 법적 책임의 근거와 주체를 정하지 못한 현재의 법제를 이유로 더 이상 논의가 발전되지 못하고 있으며 그 결과 소비자에 대해 책임을 부담할 주체를 특정할 수 없는 상황이 계속 되고 있다. 또한 인공지능을 통해 생성된 결과물이 대체로 무형의 정보라는 측면에서도 현실적으로 소프트웨어 형태를 띠고 있는 인공지능 그 자체의 결함을 객관적으로 판단할 기술적 준비가 되어 있지 않다는 점은 현행 제조물 책임법의 틀에서 해결하기 어렵게 만드는 큰 장애물이다.[27]
여전히 인공지능 산업 전체를 규제하는 특정 법률이 마련되지 못한 상태에 있는 우리나라의 경우 지난 제21대 국회에서는 인공지능 산업 전반을 다루는 많은 법률안들이 의원발의로 제안되어 소관상임위원회에 회부되는 등 법률 제정 절차를 거쳤으나 결국 모두가 회계 종료로 입법화되지 못하였으며 제22대 국회에서는 김성원 의원 등 11인의 발의로 현재 과학기술정보방송통신위원회에서 이를 심의중에 있다.[28] 비록 입법화 노력은 여전히 진행 중인 상황이나 AI 산업 규제에 대한 정부 부처 간의 기준 또한 정리하지 못한 우리의 상황에서 최근 EU에서 입법화한 세계 최초의 인공지능법인 EU AI Act의 규제 방식을 참고할 필요가 있다.

---

26) 최병규,"인공지능(AI)활용 리스크에 대한 보험법의 대응과 과제", 「상사법연구」 제41권 제1호, 2022, 119면.

27) 우리 대법원(대법원 2024. 3. 12. 선고 2003다16771 판결)은 제조물책임 인정을 위한 인과관계 입증에 관해서 원고 측에 유리한 판단을 내리고 있으나 인공지능과 같이 고도의 기술을 요하는 분야에서는 현실성이 없다고 보아야 한다.

28) https://pal.assembly.go.kr/napal/search/lgsltpaSearch/view.do?lgsltPaId=PRC_V2D4D0C6A1B2Z 1A4I3I7H1F6G2E2F6 (검색일 : 24. 9. 20.)

2. EU AI Act[29]

(1) EU AI Act의 제정 의의

EU 집행위원회는 유럽 연합 기능 조약(TFEU) 제114조, 즉 EU 단일 시장의 효율적인 작동을 위한 법률 조화에 관한 조항을 근거로 하여, 2021년 4월 21일에 EU AI 법안을 발표했다. 이 법안은 기술 혁신을 촉진하면서도 그에 따른 위험을 방지하기 위한 '위험 기반 규제 접근 방식(risk-based regulatory approach)'을 제시하고 있으며 이 접근 방식은 인공지능 시스템을 위험 수준에 따라 수인 불가 위험(Unacceptable Risk), 높은 위험(High Risk), 제한적 위험(Limited Risk), 최저 위험(Minimal Risk)으로 분류하고, 각 위험 수준에 맞는 규제를 적용하는 방식을 명시하고 있었다.

이러한 내용을 기반으로 한 EU AI 법안은 입법화 과정에서, 2022년 11월에 널리 알려진 ChatGPT의 출시 이후 생성형 인공지능이 다른 시스템이나 기능과 결합하여 고위험 인공지능으로 발전할 가능성을 인식하게 되었다. 그 결과, 2022년 12월 6일 발표된 타협안을 통해 새로운 책임 분담 시스템에 대한 논의가 시작되었던 것이며 2024년 5월 21일 EU 이사회가 EU AI Act를 승인하였고 2024년 7월 12일 관보에 게재하여 입법 과정은 완료되었다. 그러나 실제 이 법이 적용되는 날은 원칙적으로 2026년 8월 2일이며 몇몇 규정들은 예외적으로 2025년 이후 개별적으로 시행된다.[30]

---

29) Regulation (EU) 2024/1689 of the European Parliament and of the Council of 13 June 2024 laying down harmonised rules on artificial intelligence and amending Regulations (EC) No 300/2008, (EU) No 167/2013, (EU) No 168/2013, (EU) 2018/858, (EU) 2018/1139 and (EU) 2019/2144 and Directives 2014/90/EU, (EU) 2016/797 and (EU) 2020/1828 (Artificial Intelligence Act) (Text with EEA relevance)

30) https://www.europarl.europa.eu/topics/en/article/20230601STO93804/eu-ai-act-first-regulation-on-artificial-intelligence#next-steps-7 (검색일 : 24. 9. 25.)

(2) EU AI Act의 구체적 내용

특히 핵심적인 내용으로 알려진 높은 수준의 위험(High Risk)을 가진 인공지능 시스템의 경우[31] 시스템 공급자, 제조업자뿐만 아니라 유통업체, 수입업체, 사용자 기타 제3자에게도 AI 법은'정해진 요구사항들을 따를 의무, 품질 관리 시스템 구축 의무, 기술 문서 작성 의무, 자동으로 생성된 로그 기록 보관 의무, 시장 출시나 서비스 제공 전 관련 적합성 평가 절차 수행 의무, 필요한 시정조치를 수행할 의무, 인공지능 시스템이 사용되거나 서비스되고 있는 회원국 관할 당국 또는 인증기관이 의무 미준수사항 및 수행한 시정조치를 통지할 의무, 규정 준수를 알 수 있도록 고위험 인공지능 시스템에 CE 마크를 부착할 의무, 국가 관할 기관 요청 시 고위험 인공지능 시스템의 요구사항 준수를 입증해야 할 의무'등을 명시하고 있다(Art. 16 - Art. 27).

(3) 적합성 평가(Conformity Assessment)

1) 적합성 평가의 의의

기술한 기본적인 허가 조건을 제외하고도 높은 수준의 위험(High Risk)을 가진 인공지능 시스템을 공급 또는 출시하기 위해서 거쳐야 할 중요한 절차는 EU AI Act 제3장 제2절에 명시된 요건 즉 적합성

31) 여기서 말하는 높은 수준의 위험(High Risk)을 가진 인공지능이란 EU AI Act의 부속서 II(Annex II)에 열거된 제품들 그리고 부속서 III(Annex III)에서 정하고 있는 특정 목적의 활용을 위한 인공지능 시스템의 경우를 의미하며 후자의 경우는 자연인의 생체인증·범주화(biometric identification and categorization of natural persons), 중요 인프라의 관리·운영(management and operation of critical infrastructure), 교육·직업훈련(education and vocational training), 채용·인사관리·자영기회(employment, workers management and access to self-employment), 필수적 공공·민간서비스 혜택의 접근·향유(access to and enjoyment of essential private/public services and benefits), 법집행(law enforcement), 이민·난민·출입국관리(migration, asylum and border control management), 사법과 민주적 절차의 집행 (administration of justice and democratic process) 이라는 8가지 목적(제6(2)조)을 그 범주로 한다는 의미이다.

평가의 요건이 충족되었는지의 여부를 입증하는 절차이다(Art. 3(20)). 즉 EU AI Act에 따른 모든 의무자들 중에서 특히 공급자의 경우에는 높은 수준의 위험을 가진 인공지능 시스템에 관해 가장 광범위한 의무들을 부담하며 그중에서도 부속서 Ⅳ에 따른 내부 통제 또는 부속서 Ⅷ에 따른 인증기관에 의한 통제를 통한 고위험 시스템의 허용 요건은 차치하고서라도 CE 표식[32]을 포함한 적합성 평가 과정을 거쳐야 한다. EU AI Act가 정하고 있는 바로는 적합성 평가 기관(conformity assessment bodies)은 각 회원국에 설치된 통보기관(notifying authorities)을 통해 인증기관으로 지정되어 감독을 받도록 규정하고 있으며(Art. 28-Art. 32) 이들 기관을 통해 높은 수준의 위험성을 가진 인공지능 시스템의 적합성이 검증되도록 정하고 있다.

2) 적합성 평가의 방식

인공지능 시스템 제공자는 원격 생체정보기반 식별의 시스템의 경우와 핵심기반시설의 관리·운영 시스템의 경우에는 우선 EU 통합기준을 준수했음을 입증하는 것을 전제로 자율 적합성 평가(conformity assessment based on internal control) 혹은 제3의 인증기관의 품질관리시스템 및 기술 문서에 기한 적합성 평가만을 요구한다. 이에 반해 EU 통합기준을 미적용 또는 부분 적용하거나 통합기준이 없는 경우에는 제3의 인증기관의 적합성 평가를 통과해야만 한다(Art. 43). 특히 자율 적합성 평가(conformity assessment based on internal control)는 품질관리시스템, 기술 문서상의 정보, 시스템의 설계개발 과정 및 출시 후 관리자의 모니터링을 통해 당해 법안의 내용을 충실

32) CE는 불어로 Comunaute Europeenne의 머릿글자이며 유럽공동체(유럽연합)를 의미하며 이는 제품이 안전, 건강, 환경 및 소비자보호와 관련된 유럽규격 즉, EU이사회 지침(Directive) 의요구사항을 모두 만족한다는 의미를 나타내는 표식이다. 즉 유럽연합 내에서 유통되는 소비자안전과 관련된 제품에는 반드시 정해진 절차를 거쳐 승인을 얻어야 하며 CE마크를 부착 하여야 한다: http://www.iso-center.co.kr/product_certifications/ce_product.php (검색일 : 24. 9. 13.)

히 준수했음을 스스로 밝히는 방식으로 이루어지며(부속서 VI) 이 과정에서 인증기관은 적합성 평가 통과에 대한 확인서(certificate)를 발급하는 방식으로 평가 결과를 확인해 준다(Art. 44).

3) EU 자기적합성 선언 및 CE 적합성 마크

인공지능 시스템 제공자는 각 인공지능 시스템에 대해 EU 적합성 선언서를 작성하고, 해당 시스템이 출시되거나 서비스가 시작된 후 최소 10년 동안 이를 보관해야 한다. 관련 국가의 담당 기관에서 요청할 경우, 인공지능 시스템 제공자는 EU 적합성 선언서의 사본을 제출해야 한다(Art. 48(1)).
EU 적합성 선언의 내용과 관련하여, 당해 법은 특정 고위험 인공지능 시스템이 제2장에 명시된 요구사항을 준수하고 있으며, 부속서 V에 명시된 모든 정보를 포함하고 있음을 명시해야 한다(Art. 48(2), Art. 48(3)). 또한, 고위험 인공지능 시스템에 대한 EU 적합성 선언을 요구하는 다른 EU 법령과의 일관성을 유지하기 위해, 일종의 EU 적합성 선언서가 작성되어야 하며, 이 선언서에는 관련된 모든 유럽연합 조화 법령의 식별에 필요한 모든 정보가 포함되어야 한다(Art. 48(3))
CE 마크는 고위험 인공지능 시스템에 대해 가독성과 지속성을 갖춘 형태로 직접 부착되어야 하지만, 이러한 방식이 현실적으로 어려운 경우에는 포장이나 첨부 문서를 통해 부착하는 것도 허용된다(Art. 49(1)).

(4) EU AI Act의 시사점

EU AI Act의 입법화 과정에서 볼 수 있듯이 현행 법제도로 포섭할 수 없는 첨단 기술에 대한 새로운 접근 방식을 통하여 막대한 산업적 이익을 보호하면서도 일반 국민들의 생명과 안전에 대한 최소한의 사전적 안전장치를 마련하는 것이 법 제정의 주요 목적으로 볼 수 있다. 특히 최근 급속히 발전하고 있는 생성형 AI에 대한 심도 있는 타협의 과정과 유연한 입법방식은 향후에도 인공지능의 기본법으로서의 다른 국가들의 모델이 될 것으로 예상된다. 무엇보다도 이 법은 다른 EU 법률들의 개정을 유도하면서 복합적인 규제 체제를 구축하기 위한 기본법으로서의 역할을 담당한다는 점에서 큰 의의를 가진다. 예를 들자면, 생성형 AI를 이용한 온라인 플랫폼의 영업활동과 관련하여 최근에서야 심각성을 인식하게 된 EU의 경우 이 법을 통해 이미 마련한 DMA(Digital Markets Act), DSA(Digital Service Act), 그리고 GDPR 등의 개별 법률들과의 중복 및 선별적 규제를 통해 입체적인 규율이 가능한 상황이며 이러한 추세는 EU 제조물법 등과 같은 각 산업 분야의 규제법들의 개정 작업으로 이어져 독일과 같은 EU 회원국의 국내법에 영향을 미칠 것으로 보인다.

3. 인공지능에 특화된 제조물 책임 법제의 필요성

디지털화라는 세계적인 주류에 따라 우리나라가 발전시켜 온 법제적 대응 방안은 전자상거래법의 제정 이래로 현재까지도 선진국에 비해서 한발 뒤처진 규제 태도를 견지하고 있으며 현재 온라인 플랫폼과 인공지능에 관한 규제의 태도 역시 이와 다르지 않다. 구체적으로 온라인 플랫폼에서의 독과점 문제를 규율대상으로「(가칭)플랫폼 공정경쟁 촉진법」이 공정거래위원회를 통해 입법화 과정에 있었지만 국회의 부정적인 입장을 이유로 발표를 앞두고 '법안 전면 재검토' 로 입장을 선회한 상황이다.[33] 또한 인공지능과 관련해서도 개인정보보호위원회, 과학기술정보통신부, 방송통신위원회, 중소기업벤처부 등에서 여러 가지 정책 방향을 제시하고 있으며 국회에서도 인공지능 산업 육성 및 신뢰 기반 조성 등에 관한 법률안(2022. 12. 7.), 인공지능 책임법안(2023. 2. 28.), 콘텐츠산업 진흥법 개정안(2023. 5. 22.) 인공지능 책임 및 규제법안(2023. 8. 9.)등이 발의되었다가 22대 국회로 다시 입법 사항을 넘긴 상황이다.

이러한 배경에서 현재 인공지능에 특화된 제조물 책임 법제를 입법화

33) https://www.yna.co.kr/view/AKR20240212046000002 (검색일 : 24. 03. 18.)

하지 못한 우리의 경우 이용자의 예측 불가능하며 입증할 수 없는 막대한 손해에 대한 관리 방안 내지 구제 수단이 절실히 필요한 시점이며 이를 완비하지 못한다면 인공지능 기술의 보편적 활용은 기대하기 어려운 실정이다. EU의 예와 마찬가지로 특별한 법적 제도를 마련할 필요성이 제기되나 그 바탕이 되는 논의는 결국 산업적 측면에서의 이해관계와 법적 책임에 대한 이해관계를 어떻게 조화시킬 수 있느냐의 문제로 귀결되며 특히 법적 책임에 관한 충분한 장치가 마련되어 있지 않은 우리의 현실과 신기술에 대한 우리의 입법 태도를 고려할 때 새로운 방안을 모색할 필요성이 제기되는 것이다.

Ⅳ. 책임 기능 강조를 위한 새로운 법제의 쟁점

1. 책임 법제 보완의 필요성

기술한 바와 같이 손해 발생에 대비한 우리 법제들 즉 민사법상 손해배상 제도 및 형사법상의 형벌 제도가 급속한 기술 발전을 이루어내고 있는 인공지능 분야에서 제대로 된 역할을 담당하기를 기대하기는 어려운 상황이다. 이러한 배경에서 생성형 AI의 무한에 가까워 보이는 기술의 확장력과 산업에의 파급력은 자율주행자동차와 같은 자율 판단 기기들의 산업적 가치를 고려하지 않을 수 없게 만들며 이에 대응한 위험과 피해의 발생을 구제해 줄 최소한의 안전장치가 마련되지 못한 상황이다. 기술한 바와 같이, 현행 법체계에서 인공지능이 탑재된 자율주행자동차의 제조자 및 설계자에 대한 책임을 부담시킬 수 있는 법제로는 제조물 책임법을 대표적으로 들 수 있으나 이 또한 적용 대상과 입증 방법 등의 문제로 실효성을 기대하기 어렵다. 여기에 더하여 첨단 산업에 대한 우리 입법 방식이 산업을 고려한 태도를 견지하고 있는 현실은 이용자의 생명과 재산에 대한 위험성을 더욱 높여주고 있어 이를 보완할 필요성이 제기되는 것이다.

2. 형사법적 책임의 보완

(1) 제조물 책임법과 형사법적 개념의 적용

리스크(Risk)에 기반한 접근방식을 따르고 있는 EU AI Act에 의하면, 자율 판단 기기(대표적인 예로 자율주행자동차)는'고위험'AI에 해당하고 아직 일반인에게 충분히 안전성이 검증되지 않은 새로운 인공지능기술이어서 위험발생 잠재성이 크다고 할 수 있다. 자율주행자동차의 경우에도 장착된 시스템을 포함하여 제조물로 취급되기 때문에 그 제작자에 대한 제조물책임은 당연히 인정된다.[34] 제조자가 순수한 경제적 관점에 따라 변경에 소요되는 비용이 기존 제품으로 인한 손해배상 비용보다 적게 든다는 이유로 결함을 제거하지 않고 기존의 제품을 계속적으로 판매하는 선택을 할 유인이 높은 것은 것은 사실이다. 이러한 경우, 소비자의 생명이나 신체에 대한 침해를 예방하기 위하여 생산자에게 민사법적 손해배상에 부가하여 형사법적인 제재를 가할 필요가 있는 것이다.

기술한 바와 같이, 인공지능에게 형사책임을 묻기 위해서는 자율주행자동차 운행을 지배한 자를 자율주행시스템으로 보아, 인공지능에게 운행 중 사고의 책임을 지울 수 있을지가 문제 된다. 또한 자율주행시스템이 자신의 행위 의미를 이해하여 자신의 행위에 대한 법적 의미를 인식하고 불법을 결의한 자에 대한 비난으로서의 책임을 인정할 수 있을지 의문이다. 가장 강력한 국가형벌권을 제재 수단으로 하는 형사책임을 인정하는 요건과 전제조건들은 민사책임에 비해 훨씬 까다로울 뿐만 아니라, 성급하게 형사법이 개입한다면 자칫 자율주행자동차 기술과 산업 경쟁력을 위축시킬 가능성도 있다. 이러한 배경에서 자율주행자동차 교통사고시 형사책임을 민사책임으로 전환하자는 견해[35]가 설득력을 얻고 있다. 이러한 배경에서 형사책임을 구체화하는 새로운

34) 이중기, "자율주행차 사고와 제조물책임 : ADS Entity 등의 제조업자로서의 책임", 「기업법연구」 제34권 제2호(통권 제81호), 2020. 6., 230면.

35) 은종성/김주표/김시은, "자율주행자동차 사고에 따른 보험적용에 관한 연구", 「상사법연구」 제36권 제3호 (2017), 376면-378면.

법리를 만들기 보다는 민사상 손해배상을 강화하는 방식의 경향이 나타나고 있는 것이다.[36)]

이러한 배경에서 특정 사고가 제조상의 결함으로 인한 것이었고, 그로 인해 사람의 생명·신체에 피해가 발생한 경우, 생명·신체라는 가장 중요한 법익 보호의 측면에서 형사상 제조물 책임을 인정할 필요성이 제기되어 왔다.

(2) 자율 판단 기기와 형사상 제조물 책임

1) 제조물 책임 법제의 형사법적 활용

자율 판단 기기(자율주행자동차)의 설계·제조·판매자는 제조물의 설계·제조·판매 이후에도 제품의 위해성에 대한 정보를 적극적으로 수집하고, 그로 인한 법익침해가 발생하지 않도록 적극적으로 위험방지조치를 취할 의무를 부담하며, 법익침해 결과의 발생을 예견할 수 있었고 회피할 수 있었음에도 제품 회수 의무 등을 불이행하여 법익침해 결과를 발생케 한 경우, 부작위에 의한 상해 또는 업무상과실치사상의 죄책을 질 수 있다.

분명한 책임 귀속이 이루어져야 이러한 시스템을 통한 자율주행 운행상의 안전이 보장될 수 있는 것이고, 또 안전관리를 위한 인프라가 구축되어 있어야 발생한 사고에 대한 책임 귀속도 명확해질 수 있다. 두 과제는 상호보완적 관계에 있는 것으로서, 향후 자율 판단 기기의 상용화에 대비하기 위해서는 인프라 구축 및 운행 안전관리와 더불어 발생한 사고에 대한 책임 귀속도 명확하게 이루어져야 할 것이다.

---

36) 한국은 1981년부터 교통사고와 관련한 과실범의 형사책임을 교통사고처리 특례법에 근거하여 책임보험으로 해결함으로써 이미 상당 부분 민사 사건화하고 있는 경향이다. 동법에 의하면, 대물사고는 합의 또는 종합보험 가입이면 벌하지 않는다. 대인사고에서 과실치상의 경우 피해자가 처벌불원 또는 종합보험에 가입되어 있으면 벌하지 않으나 중앙선침범, 신호위반 등 12개 단서조항에 해당하거나 사고 후 도주차량, 음주측정불응 및 중상해나 보험금 지불의무가 존재하지 않으면 처벌한다. 또한 사고 후 도주하거나 필요한 조치를 취하지 않은 경우에 해당하면 언제나 처벌한다.

2) 형사상 제조물 책임의 법적 성격

형사상 제조물 책임의 경우 무과실책임이 아니라 주의 의무 위반행위라는'과실'을 전제로 하는 과실책임이기 때문에, 제조물 자체의 위해성보다도 주의 의무 위반행위와 피해 결과 사이의 인과관계에 초점이 맞추어지게 된다.

인공지능은 출시된 이후에도 지속적인 학습을 통해 계속 변화하므로, 자율주행시스템과 같이 인공지능을 기반으로 한 제조물의 경우, 제조물의 공급 당시에는 항상 그 당시 과학기술 수준으로는 결함의 존재를 발견할 수 없었을 가능성이 크다. 제조자 등이 자신의 주의의무를 다하였음에도 결과를 예견할 수 없었고 회피할 수 없었던 경우, 불가항력적 사고에 속하는 것으로서 제조자 등에게 과실책임을 지우기가 어려워진다.

3) 현행「제조물 책임법」에 따른 형사상 책임의 근거

「제조물책임법」제4조 제2항은 제조물을 공급한 이후에도 그 제조물에 결함이 존재한다는 사실을 알거나 알 수 있었음에도 그 손해 발생을 방지하기 위한 적절한 조치를 하지 않은 경우, 면책을 주장할 수 없다고 규정하고 있다. 이 규정은 그 기간을 제한하지 않고, 결함 존재를 알게 된 경우뿐 아니라'알 수 있었을 때', 즉 과실로 알지 못한 경우에도 면책을 주장할 수 없다고 한 점에 특색이 있고, 소위'제조물 계속 감시 의무'가 법정화된 것이라고 할 수 있다.

이 규정은 제조자에게 일정한 작위의무를 부과하고 있다. 제조자에 대하여 일정한 작위의무를 부과하는 행위규범으로서의 성격도 갖는 것이므로, 제조자에 대하여 형법적 작위의무를 부과하는 근거 규정으로 기능할 수 있다고 보아야 한다. 즉 이는 소비자의 생명·신체에 중대한 위험을 초래하는 것이어서, 제조자에 대하여 형법적 작위의무를 부과하는 근거 규정으로 기능할 수 있다고 해석할 수 있다. 실제로 독일의'가죽보호 분무기'사건[37]에서 독일 연방대법원은 운영자들이 긴급대책회의

37) BGHSt 37, 106 = BGH NStZ 1990, 587.

이후에도 이미 시중에 유통된 제품을 회수하지 않은 건들에 대하여 운영자들의 의무 위반을 인정하고 부작위에 의한 상해죄를 인정한 바 있다. 가죽 보호 분무기의 어느 물질이 문제였는지는 분명하지 않았지만 소비자들의 건강에 대한 위험이 증가하였음이 분명함을 고려할 때, 더 이상의 생산을 중단하고 더 이상 판매하지 말았어야 했다는 것이다.
자율주행자동차의 경우도'가죽 보호 분무기'사건 또는 우리나라의 '가습기 살균제'사건과 같이 발전 중의 과학기술의 사안으로 보아 구체적인 과학 기술적 작용이 해명되지 않더라도 제조상의 결함과 발생한 결과 사이에 자연과학적 인과관계를 인정하고, 제조자 등이 자신의 주의 의무를 다하였더라면 동일한 결과가 발생하지 않았을 것이라는 점이 입증되면, 제조자 등에게 발생한 결과가 객관적으로 귀속될 수 있다고 보아야 한다.

4) 감시·대응 의무 불이행에 따른 부작위범의 성부

① 학설에 따른 판단
통설은 형식설과 기능설을 결합하여 판단한다. 이를 따르면, 선행행위에 의한 안전의무는 선행행위가 결과 발생에 대한 직접적이고 상당한 위험을 야기할 수 있는 것으로서, 객관적으로 의무에 위반했거나 위법한 것임을 요한다. 이러한 전제에서 자율 판단 기기의 설계자와 제조자 등에 관한 책임의 근거를 부작위에서 찾을 수 있다. 즉 설계자와 제조자의 작위의무를 다하지 않아 그 결과 발생한 결과에 대한 책임을 지우는 것이라는 점에서 근거를 찾을 수 있다.

② 자율 판단 기기에 대한 설계자와 제조자의 책임
「제조물책임법」제4조 제2항은 제조물을 공급한 이후에도 그 제조물에 결함이 존재한다는 사실을 알거나 알 수 있었음에도 그 손해방지를 위한 적절한 조치를 하지 않은 경우 제조자가 면책을 주장할 수 없다고 규정하고 있다. 구체적으로 검토하자면, 자율주행시스템 설계자는 자율주행시스템에 대한 적극적 감시 의무를 부담하며 또한 소프트웨어 업데이트 의무를 부담한다고 해석된다. 이와 더불어 자율주행자동차

제조자에 있어서도 제조상의 위험 감시 의무와 위험 발생 시 정보제공과 리콜 등의 대응 의무와 같은 작위의무를 부담한다고 보아야 한다.

5) 운영자간 과실범 공동정범의 성부

기술한 바와 같이, 자율 판단 기기 시스템 설계자를 포함하여 실제 기기의 제조자의 경우에는 소프트웨어 또는 차량의 제조상의 관리·감독 의무와 제조물의 결합에 대한 지시·경고 의무를 부담하고, 판매자의 경우에는 제품의 하자 혹은 위험에 대하여 제조자에게 보고할 의무와 가능한 범위에서 소비자에게 정보를 제공하고 제품의 하자 혹은 위험에 대하여 알릴 의무를 부담한다. 이들은 제조물을 올바르게 제조·판매하여 사고가 발생하지 않게 할 주의 의무를 공동으로 부담하고 있는 것으로 볼 수 있고, 그러한 주의 의무를 위반하여 구성요건적 결과를 발생시켰다면, 업무상과실치사상죄의 공동정범이 성립한다고 볼 수 있다.

3. 「제조물 책임법」의 개정을 통한 이용자 보호의 가능성

(1) 「제조물 책임법」개정의 필요성

인공지능이 특정 기계와 결합 되어 손해를 발생시킨 경우에는 제조물 책임법의 대상이 될 가능성이 있다. 그러나 인공지능의 판단과 지시에 대해 현재로서는 그 구체적인 과정을 입증하기 힘든 상황이라 설계 단계에서 예상치 못한 손해가 발생한 경우에도 제조물 책임이 인정되기 위한 인과관계를 입증하기 곤란한 문제가 존재한다.[38] 또 다른 측면에서 생성형 인공지능이 유발한 저작권 침해의 문제에서 볼 수 있듯이 제품의 운영과 관련한 여러 가지 손해 유발에 관해서도 이를 입증하기 힘들다는 점은 결과적으로 이용자의 손해를 담보하기 곤란한 부분이 향후에도 계속 나타날 수 있다는 것을 방증한다.
이러한 다양한 상황들에 대해서 우리 현행법상 이를 제조물 책임법제

38) 최병규, 앞의 글, 116쪽.

의 대상에 포섭시킬 수없다는 점은 이용자 보호의 측면에서 입법론적 검토가 필요하다. 이에 대하여 EU의 경우 EU AI Act 제정에 이어 제조물 책임법 개정[39]을 통해 해결책을 모색하고 있으며 이는 우리에게 시사하는 바가 적지 않은 것으로 보인다.

(2) EU 지침 개정을 통한 새로운 제조물 책임법의 적용

1) 의의

2024년 3월 13일, 유럽 의회는 거의 40년 동안 시행되어 온 EU 제조물 책임 지침 85/374/EEC를 폐지하고 이를 대체하는 새로운 EU 소비자 보호법의 개정안의 조항들을 승인하였다. 이는 2022년 9월부터 유럽 위원회가 발표했던 제조물 책임 지침 개정안에 대한 수정안이며 개정된 지침은 24개월 내에 시행되도록 되어 있다. 즉 EU 각 회원국들의 국내 입법화 기간을 거쳐 실제 법으로 시행되어야 하므로 2026년 중반 정도에 시행될 것으로 알려져 있다.[40]

2) 주요 개념의 변화

당해 지침은 디지털 시대에 맞게 제조물 책임 대상물의 범위를 확장한 것을 주요한 특징으로 평가할 수 있으며 구체적으로 제조물의 정의를 소프트웨어는 물론 전기 및 디지털 제작 파일도 포함하며 인공지능을 비롯하여 임베드된 소프트웨어와 관련된 서비스까지 폭넓게 확대하고 있다.[41] 또한 제품의 결함을 통한 손해의 발생을 요건으로 정하고 있

39) Proposal for a Directive of the European Parliament and of the Council on liability for defective products, COM(2022) 495 final.

40) https://www.clydeco.com/en/insights/2024/04/the-eu-s-new-product-liability-directive (검색일 : 24. 9. 25.)

41) Artikel 4 (Begriffsbestimmungen) (1) „Produkt“ bezeichnet alle beweglichen Sachen, auch wenn diese in eine andere bewegliche oder unbeweglicheSache integriert sind. Dazu zählen auch Elektrizita:t, digitale Bauunterlagen und Software.

으며 여기서 말하는 결함이란 제조자의 주의 의무 위반을 의미하며42) 이와 더불어 손해란 의학적으로 인정된 육체적, 정신적 건강에 대한 손해를 포함한 신체 손상과 사망, 재산적 피해 또는 손괴의 경우 그리고 전문적인 목적으로만 사용되지 않는 데이터의 손실 또는 손상을 포함하는 개념43)이다.

3) 사업자의 책임과 책임 면제 조항

개정된 지침은 결함 있는 제조물에 대한 사업자의 책임에 관해 회원국을 통해 제조자 및 결함 있는 구성품을 만든 제조자의 책임 묻도록 정하고 있으며 EU 역외에서 제조된 경우에는 수입업자와 제자의 권한 있는 대리인이 해당 제조물로 인한 손해에 책임을 지도록 하고 있다. 또한 이러한 대리인이 없는 경우에는 이행 관련 서비스 제공자에게 책

---

42) § 3 (Fehler) (1) Ein Produkt hat einen Fehler, wenn es nicht die Sicherheit bietet, die unter Beru:cksichtigung aller Umsta:nde, insbesondere
a) seiner Darbietung,
b) des Gebrauchs, mit dem billigerweise gerechnet werden kann,
c) des Zeitpunkts, in dem es in den Verkehr gebracht wurde, berechtigterweise erwartet werden kann.
(2) Ein Produkt hat nicht allein deshalb einen Fehler, weil sp□ter ein verbessertes Produkt in den Verkehr gebracht wurde.

43) § 4 (Begriffsbestimmungen) (6) „Schaden" bezeichnet wesentliche Verluste, die sich aus Folgendem ergeben: a) Tod oder Ko:rperverletzung einschließlich medizinisch anerkannter Beeintru:chtigungen der psychischen Gesundheit;
b) Beeintru:chtigung oder Zersto:rung von Vermögensgegensta:nden, außer
i) dem fehlerhaften Produkt selbst,
ii) Produkten, die durch eine fehlerhafte Komponente dieses Produkts bescha:digt wurden,
iii) Vermo:gensgegensta:nden, die ausschließlich für berufliche Zwecke genutzt werden;
c) Verlust oder Verfa:lschung von Daten, die nicht ausschließlich fu:r berufliche Zwecke verwendet werden.

임을 부과하고 있다. 이러한 경우에 모두 해당되지 않는 경우에만 온라인 플랫폼의 제공자에게 책임을 부과하고 있다.

4) 손해 입증의 문제

개정된 지침은 우선 증거 공개의 의무를 회원국을 통해 피고인에게 부과할 수 있도록 정하고 있으며 입증책임의 문제에 있어서도 회원국에게 청구인이 제조물의 결함, 손해 그리고 인과관계를 입증할 수 있도록 보장할 것을 의무 지우고 있다. 특히 개정된 지침은 특정의 사안의 경우에는 제조물 결함이 추정되도록 정하고 있으며 구체적으로 (a) 피고가 제8조 제1항에 따른 관련 증거의 공개명령을 준수하지 않은 경우 (b) 청구인이 제조물로 인한 손해 위험으로부터 보호하기 위해 연합이나 회원국의 필수 안전 요건을 준수하지 않음이 확인된 경우 또는 (c) 청구인이 제조물의 정상적인 사용 또는 일반적인 상황에서 명백한 오작동으로 인한 손해 발생임을 입증한 경우에는 따로 피해자가 입증할 필요 없이 피고에게 입증책임이 전환되도록 하는 추정 규정[44]을 두고 있다.
또한 제조물의 결함과 발생한 손해와의 사이에 전형적인 결함으로 보이는 경우에도 인과관계 또한 추정되도록 정하고 있으며[45] 이 이외에

---

44) Artikel 9 (Beweislast) 2. Von der Fehlerhaftigkeit des Produkts wird ausgegangen, wenn eine der folgenden Bedingungen erfu:llt ist:
a) Der Beklagte ist seiner Verpflichtung zur Offenlegung von relevanten Beweismitteln, die sich in seiner Verfu:gungsgewalt befinden, nach Artikel 8 Absatz 1 nicht nachgekommen,
b) der Kla:ger weist nach, dass das Produkt verbindliche Sicherheitsanforderungen des Unionsrechts oder des nationalen Rechts, die einen Schutz gegen das Risiko des eingetretenen Schadens bieten sollen, nicht erfu:llt oder
c) der Kla:ger weist nach, dass der Schaden durch eine offensichtliche Funktionssto:rung des Produkts bei normaler Verwendung oder unter normalen Umsta:nden verursacht wurde.

45) Artikel 9 (Beweislast) 3. Es wird von einem ursächlichen Zusammenhang zwischen der Fehlerhaftigkeit des Produkts und dem Schaden ausgegangen, wenn festgestellt wurde, dass das Produkt fehlerhaft und der entstandene Schaden von der dem

도 청구인의 입장에서 결함과 인과관계를 입증하는 것이 현실적으로 불가능한 경우에는 제조물이 손해에 기여했다는 사실 그리고 제조물이 결함을 가지거나 제조물 결함이 손해의 원인일 가능성이 있는 경우에 추정 규정을 두어 입증책임으로 피고에게 전환토록 정하고 있다.

5) 책임 면제 규정

개정된 지침은 사업자에게 자신이 제조물 책임과는 관련 없음을 입증하면 책임이 면제될 수 있도록 정하고 있으며 그중에서 특히 공적 기관에서 발행한 필수 규정을 준수하여 제조물의 결함이 발생한 경우, 제조자가 제조물 시장 출시, 서비스 제공 시점 또는 제조자의 통제 범위 내에 있었던 당시의 객관적인 과학기술로 그 결함의 발생을 알 수 없었던 경우, 해당 제조물의 결함이 결함 있는 구성품의 경우, 손해를 초래한 결함이 제조물 제조자가 제공한 설계 또는 지침에 따른 경우, 또는 소프트웨어 업그레이드와 같은 행위가 손해를 초래한 결함과 관련이 없는 경우 사업자의 책임이 면제되도록 규정하고 있다.[46] 그러나

---

betreffenden Fehler typischerweise entsprechenden Art ist.

46) Artikel 10 (Haftungsbefreiung) 1. Ein Wirtschaftsakteur nach Artikel 7 haftet nicht fu:r Scha:den, die durch ein fehlerhaftes Produkt verursacht wurden, wenn er Folgendes nachweist:
a) als Hersteller oder Einfu:hrer, dass er das Produkt nicht in Verkehr gebracht oder in Betrieb genommen hat;
b) als Ha:ndler, dass er das Produkt nicht auf dem Markt bereitgestellt hat;
c) dass die Fehlerhaftigkeit, die den Schaden verursacht hat, zum Zeitpunkt des Inverkehrbringens, der Inbetriebnahme oder - bei einem Ha:ndler - der Bereitstellung auf dem Markt, wahrscheinlich noch nicht bestanden hat oder dass die Fehlerhaft erst nach dem betreffenden Zeitpunkt entstanden ist;
d) dass die Fehlerhaftigkeit darauf zuru:ckzufu:hren ist, dass das Produkt verbindlichen, von Beho:rden erlassenen Vorschriften entspricht;
e) als Hersteller, dass es ihm aufgrund des objektiven wissenschaftlichen und technischen Kenntnisstands zum Zeitpunkt des Inverkehrbringens oder der Inbetriebnahme des Produkts oder

이러한 경우에도 제조물과 관련된 서비스의 결함, 소프트웨어 업데이트 또는 업그레이드를 포함한 소프트웨어의 결함이나 안전 유지를 위한 소프트웨어 업데이트 또는 업그레이드가 부족한 경우에, 제조자는 자신의 통제 범위 내에 있는 제조물 결함에 대한 책임을 부담한다.[47)]

4. 시사점 및 새로운 방안의 모색

EU의 개정 지침에서 디지털 콘텐츠를 포함한 소프트웨어까지 제조물 책임의 대상에 포함시키는 태도는 이에 대해 법적 규정이나 판례를 통해서도 인정받기 힘든 현행 우리 법제에 시사하는 바가 크다.[48)] 그러나 EU의 개정 지침에서도 드러난 문제는 제조업자가 해당 제조물을 공급한 당시의 과학기술 수준으로는 해당 제조물의 결함을 찾을 수 없

---

in dem Zeitraum, in dem sich das Produkt unter der Kontrolle des Herstellers befand, nicht mo:glich war, die Fehlerhaftigkeit des Produkts zu entdecken,
f) als Hersteller einer fehlerhaften Komponente nach Artikel 7 Absatz 1 Unterabsatz 2, dass die Fehlerhaftigkeit des Produkts auf die Auslegung des Produkts, in das die Komponente integriert wurde, oder die Anweisungen des Herstellers des Produkts an den Hersteller der Komponente zuru:ckgeht oder,
g) im Falle einer Person, die ein Produkt gema:ß Artikel 7 Absatz 4 vera:ndert, dass die Fehlerhaftigkeit, die den Schaden verursacht hat, mit einem Teil des Produkts zusammenha:ngt, der von der A:nderung nicht betroffen ist.

47) Artikel 10 (Haftungsbefreiung) 2. Abweichend von Absatz 1 Buchstabe c wird ein Wirtschaftsakteur nicht von der Haftung befreit, wenn die Fehlerhaftigkeit des Produkts auf eines der folgenden Ursachen zuru:ckzuführen ist, sofern sie der Kontrolle des Herstellers unterliegt:
a) eine verbundene Dienstleistung,
b) Software, einschließlich Software-Updates oder -Upgrades, oder
c) das Fehlen von Software-Updates oder Upgrades, die zur Aufrechterhaltung der Sicherheit erforderlich sind.

48) 이재호, "디지털시대에서 제조물 책임 - EU 제조물 책임지침 개정안 검토를 중심으로 -", 「인하대학교 법학연구」, 2024, 150면.

었던 경우에는 면책 사유에 해당할 가능성이 높다는 점이다. 또한 제조물의 결함이 제조업자가 해당 제조물을 공급한 당시의 법령에서 정하는 기준을 의도적으로 위반한 것이 아니라는 사실을 전제로 제조자가 적극적으로 '개발 위험의 항변'을 하는 경우 면책 사유에 해당할 가능성이 높아진다는 점이다. 이는 특히 인공지능의 블랙박스화(化)의 문제와 EU AI Act를 통한 적합성 평가의 과정이 피해자인 소비자의 입장에서는 전혀 대응할 수 없는 영역의 문제이기 때문에 사실상 모든 손해를 피해자에게 전가시키는 결과가 될 수 있다.

이러한 전제에서 소비자 보호라는 목적과 인공지능 기술 산업의 발전이라는 목적을 모두 고려하여 현행의 제조물 책임법제보다는 새로운 방안을 모색할 필요성이 있다는 주장이 제기되고 있다. 이러한 견해들로는 우선 인공지능법을 통한 입법적 방안을 차치하고서라도 제조물책임법상의 표시상의 결함 조항 준용을 주장하는 견해[49], 일상생활배상책임보험을 통한 위험담보를 적용하자는 견해[50] 등을 예로 들 수 있으며 일종의 피해 보상 기금 마련안도 해결책의 하나가 될 수 있다. 그러나 현실적인 측면에서 제조물책임법의 개정을 통한 인공지능 관련 제품의 손해를 다루는 것이 가장 합리적이며 그 개정의 방향은 현행의 제도하에서 인공지능의 블랙박스화(化)가 야기한 위험에 관해서는 책임보험 제도의 확장을 통해 소비자 보호를 더욱 실효성 있게 하는 방향으로 개선하는 것으로 현재의 대재해보험 인수와 이를 채권화하여 위험을 분산하는 방식[51]이 하나의 적용 가능 예로 고려될 수 있을 것이다.

49) 윤진하, 앞의 글, 88쪽.

50) 최병규, 앞의 글, 119쪽.

51) https://www.koreanre.co.kr/webzine/InsuranceWorld_416/page3.html (검색일 : 24. 9. 10.)

V. 맺음말

제품의 하자 등을 통한 소비자의 손해를 보상받기 위해서 현실성이 떨어지는 기존의 민사법적 해결 방안이 아닌 제조물 책임 법리의 확대를 꾀하는 것이 최근의 추세이다. 이러한 배경에서 최근 새롭게 등장한 인공지능 기술이 접목된 제품들 특히 자율 판단 기기(대표적인 예로 자율주행자동차)가 유발시킨 손해에 관한 책임의 문제가 큰 이슈가 되고 있다. 인공지능과 관련한 손해에 관해 이를 형사법적 제재를 통해 규율하려는 견해도 주장되고 있으며 이러한 입장은 현행 제조물 책임법의 내용을 근거로 이를 형사법적 작위의무 위반 등으로 이론 구성하여 제조업자 및 설계자의 책임을 강화하려는 것으로 해석할 수 있다.

그러나 이러한 식의 해결 방안들은 인공지능의 작동 원리와 기술 발달의 신속함을 제대로 인지하지 못한 결과라고 보여진다. 인공지능이 미리 설정된 알고리즘에 의해 데이터를 습득하고 판단한다고 파악하는 태도는 인공지능이 고도로 병렬화된 고성능 칩을 사용하여 여러 알고리즘이 병렬적으로 혹은 한꺼번에 데이터를 섞어서 처리해 버리는 특성을 통해 창의적인 결과물을 만들어 낸다는 점을 간과한 것으로 보인다. 이러한 데이터 처리 방식이 현재의 인공지능의 블랙박스화(化)를 가져왔으며 그 결과 이를 역으로 추산하여 처리 방식의 위험도를 판단하는 것이 현재의 기술로는 거의 불가능에 가깝게 보이는 것이다.

이러한 전제에서 현행 제조물 책임법이 여러 가지 책임 면제 조항 즉 제조업자의 공급 여부, 공급 당시의 기술적 수준을 고려한 개발 위험의 항변, 원재료나 부품의 책임을 입증하는 경우, 공급 당시 법령 준수라는 조건을 통해 면책될 수 있도록 정하고 있는 점은 결과적으로 인공지능 제품과 관련한 사안에서 소비자 보호라는 측면을 사실상 무력화시키는 결과를 가져올 것이다. 개발 위험의 항변 등의 과정에서 일반 소비자의 무과실책임 항변을 통한 보호 장치를 무력화하고 실질적으로는 고도의 기술과 정보를 보유한 제조자 혹은 설계자에게 입증책임을 부담시키는 법 정책이 과연 타당한 것인가에 관한 논의가 선행되어야 한다. 무엇보다도 국가 산업 경쟁력 확보를 위한 주요 경제 정책으로 인공지능 기술을 계속 장려해야 할 상황이라면 그에 걸맞은 최소한의 안전장치로서의 새로운 입법 방안을 고려하여야 하며 이와 더불어 형사법적 보완 방식 및 새로운 책임보험 제도 등과 같은 현실적인 위험 담보 방식을 적극적으로 모색할 필요가 있다.

▮참고문헌

김일수/서보학, 「새로 쓴 형법총론」, 제13판 (2018)

김윤명, 「블랙박스를 열기 위한 인공지능법」, 박영사, 2022

신혜진, "현대 사회에서 자유의지와 형사 책임론의 재정립 - 인공지능 기술과 형사책임을 중심으로 -", 「저스티스」 통권 제202호(2024. 6)

임석순, "형법상 인공지능의 책임 귀속", 「형사정책연구」 제27권 제4호, 한국형사정책연구원, 2016. 12.

윤진하, "인공지능 활용에 따른 소비자 피해 구제방안 - 제조물 책임법의 적용 한계와 입법 제안을 중심으로 -". 「유통법연구」 제11권 제1호, 2024

은종성/김주표/김시은, "자율주행자동차 사고에 따른 보험적용에 관한 연구", 「상사법연구」 제36권 제3호 (2017)

조근식, "인공지능의 본질과 유형 및 발전과정", 「인공지능법 총론」, 인하대학교 법학연구소 AI·데이터법 센터, 세창출판사, 2023

조광훈, "위험형법에서 허용된 위험이론의 전개", 「영산법률논총」, 제11권 제2호 (2014)

최병규,"인공지능(AI)활용 리스크에 대한 보험법의 대응과 과제", 「상사법연구」 제41권 제1호, 2022

최병록, 「개정 제조물책임법 -이론과 판례-」, 박영사, 2022

황현아, "제조물 책임법 개정과 생산물배상책임보험 변화 방향", KIRI(보험연구) 리포트 2017. 8. 29.

홍찬숙, 「인공지능과 위험사회」: https://www.khan.co.kr/opinion/column/artic le/201603222107235

Ulrich Beck, 홍성태(역), 「위험사회 -새로운 근대성을 향하여」, 2019

Kurt Seelmann, 김영환(역), "위험형법", 「법학논총(한양대)」 제14권 (1997)

Sedlmaier/Krzic Bogataj: "Die Haftung beim (teil-)autonomen Fahren", 「NJW」2022.

제07장

Generative AI-Generated Content and Copyright Protection: Legal Boundaries and Institutional Innovation from a Chinese View

Haoyuan Yang

Ⅰ. Introduction

Generative artificial intelligence, exemplified by systems such as ChatGPT and DeepSeek, has revolutionized the ecosystem of content creation and dissemination. By learning from vast datasets, these technologies transcend existing information barriers, generating novel text, images, audio, and other forms of content in response to user prompts. According to the 2024 World Intellectual Property Organization (WIPO) Patent Landscape Report on Generative Artificial Intelligence, the number of patent families related to generative AI has surged from 733 in 2014 to over 14,000 in 2023.[1] However, this technological leap poses systematic challenges to the intellectual property regime: During the training phase, generative AI relies heavily on diverse and complex datasets drawn from numerous sources, many of which may contain copyrighted material. The unauthorized use of such data, coupled with the AI's capabilities in data scraping, associative analysis, and

1) See World Intellectual Property Organization, Generative AI Patent Landscape Report, 2023.

human-machine interaction, heightens the risk of infringement upon the rights of original creators. In the generation phase, autonomously produced content raises fundamental questions about the legal classification of works.

Although China promulgated the Interim Measures for the Administration of Generative Artificial Intelligence Services (hereinafter referred to as the "Interim Measures") as early as 2023,[2] it has adopted an evasive attitude towards the copyright attribute of generative content. The Measures for the Identification of Artificial Intelligence-Generated Content (hereinafter referred to as the "Identification Measures"),[3] issued in March this year, also failed to systematically address the core needs of intellectual property protection. China's judicial approaches also have exhibited inconsistency. While the Hangzhou Internet Court recognized the work status of AI-generated images in the "Ultraman Image Infringement" case,[4] the Beijing Intellectual Property Court denied such status in the "Fei Lin v. Baidu" case,[5] arguing that "algorithmic randomness fails to satisfy the originality requirement." Academic discourse has coalesced around three primary positions: The rejectionist view asserts that AI lacks subjective intention and autonomous consciousness, rendering its output mere mechanical reproduction devoid of authorship.[6] The

---

2) See Cyberspace Administration of China, et al., Interim Measures for the Management of Generative Artificial Intelligence Services, 2023.
https://www.gov.cn/zhengce/zhengceku/202307/content_6891752.htm.

3) See Cyberspace Administration of China, Provisions on the Management of Deep Synthesis of Internet Information Services, 2023. https://www.cac.gov.cn/2025-03/14/c_1743654684782215.htm.

4) Judgment of (2019) Jing 73 Min Zhong No.2030.

5) Civil Judgment of (2018) Jing 0491 Min Chu No.239.

limited affirmation view advocates a differentiated approach based on the extent of human involvement, recognizing copyright eligibility when humans exercise substantial creative control over the generative process.[7] The neighboring rights protection view suggests creating a new type of right for AI-generated content to preserve the integrity of the existing copyright system without extending authorship to non-humans.[8] To date, scholarly efforts have primarily examined these issues through the lenses of creative acts, work attributes, authorship requirements, and rights attribution. However, they often conflate the operational logic of traditional AI with that of modern generative AI, neglecting the latter's enhanced autonomy and emergent creativity. Moreover, discussions on the originality of generated content and rights attribution frequently lack a rigorous integration between technical realities and legal norms. Therefore, this study aims to clarify the core distinctions in content generation logic between traditional AI and modern generative AI, correcting the cognitive bias of conflation between the two in existing research. Simultaneously, by focusing on the technical characteristics of artificial intelligence, it re-examines the theoretical underpinnings of originality and works within copyright law, reconstructing copyright protection pathways to provide a novel and pragmatic framework for legal adaptation.

6) See Wang, Q., On the positioning of AI-generated content in copyright law: The third discussion, Studies in Law and Business, Vol. 41, No. 3, 2024, p. 189.

7) See Sun, H., Redesigning copyright protection in the era of artificial intelligence, Iowa Law Review, Vol. 107, No. 4, 2022, pp. 1230-1250.

8) See Li, Y., Li, X. Y., Discussion on copyright issues of AI-generated works from the perspective of Kantian philosophy, Law Science Magazine, Vol. 39, No. 9, 2018, p. 47.

Ⅱ. Legal Attributes of Content Generated by Generative AI

Generative AI achieves content innovation through model architectures such as Transformers. Before looking into whether it can be protected by copyright, two basic questions need to be answered: First, tit is essential to clarify the technical mechanisms underlying generative AI and how they fundamentally differ from traditional analytical AI, as this understanding is a prerequisite for grasping its creative processes. Second,whether the content generated by generative AI meets the legal standards for being a "work" under copyright law, especially the "originality" requirement, which is key to figuring out how to protect it.

1. The Technical Logic of Generative AI

The development of generative AI can be traced back to the emergence of cybernetics theory in the 1940s. Its technological evolution spans from the early rule-based template-matching chatbot ELIZA (1966), through two paradigm shifts—symbolic AI and connectionist models—to the contemporary architectures centered on Generative Adversarial Networks (GANs) and Generative Pre-trained Transformers (GPTs). This progression has endowed generative AI with two defining characteristics: first, its capacity to simulate aspects of human cognition, enabling it to extract and reconstruct semantic and visual features from petabyte-scale text and image datasets via probabilistic computation. Second, through Reinforcement

Learning from Human Feedback (RLHF), the model internalizes patterns of high-quality responses and learns to avoid flagged or unethical outputs, thereby ensuring that generated content remains both innovative and aligned with social norms. This technical mechanism is critical to understanding the generative AI's creative process and serves as the foundation for analyzing its legal status. Specifically, the human-machine interaction process consists of four sequential stages: user command input, algorithmic ethical review, data integration and analysis, and content generation and distribution. Specifically, first, users submit prompts such as "Generate a Picasso-style portrait"; second, the system applies algorithmic filters to screen out requests that violate legal or ethical guidelines; third, the model searches its training database to identify stylistic features associated with the prompt through probabilistic inference ; finally, it generates multimedia content while maintaining contextual coherence using self-attention mechanisms.

<Figure 1> Diagram of Human-Machine Interaction Stages

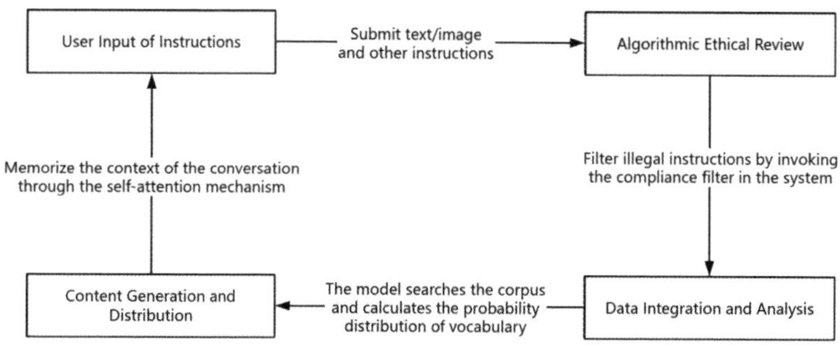

Thus, generative AI differs fundamentally from traditional

analytical AI. While analytical AI primarily performs rule-based matching, generative AI emphasizes creative output that extends beyond existing data. Traditional analytical AI systems, such as the virtual assistant Siri, rely on keyword recognition and predefined dialogue trees. For instance, when a user inputs "check the weather";the system matches the keyword "weather" and triggers a corresponding API call to retrieve and return results. Consequently, analytical AI is limited to processing pre-programmed tasks and structured data. In contrast, generative AI leverages its core architectural innovations to transcend its training data and produce novel content. This distinction imparts two transformative attributes to generative AI output: First, content dimensionality expansion(e.g., text or images) through the self-attention mechanism in Transformer architectures. By simultaneously analyzing patterns within user inputs and integrating cross-domain knowledge, generative AI transforms the linear rule-matching logic of analytical AI into complex, multi-layered creative synthesis. Secondly, generative AI involves the internalization of non-rational elements. Models dynamically adjust outputs based on learned social ethical norms, effectively performing value-laden judgments and creative decisions. These capabilities go far beyond the functional scope of analytical AI, which lacks autonomous adaptability or normative reasoning.

2. Determining the Originality of Content Generated by Generative AI

As the logical starting point for rights construction and the primary subject of normative adjustment, "works" constitute the cornerstone of copyright law.[9] Pursuant to Article 3 of the Copyright Law of the People's Republic of China (hereinafter referred to as the "Copyright Law"), a work denotes an intellectual creation within the literary, artistic, or scientific domain that possesses originality and can be expressed in a tangible form. However, with the increasing automation of content creation through artificial intelligence, the traditional requirement that copyright must originate directly from a natural person has been progressively weakened. Legally speaking, a work must satisfy four constituent elements: (1) it must belong to the literary, artistic, or scientific domain; (2) constitute an intellectual creation; (3) be capable of being expressed in a specific tangible form; and (4) possess originality. Originality is the most important factor in deciding whether a work can be copyrighted. It has two parts: "Uniqueness" means that the author must have come up with the work's expression on their own, not by copying or stealing from other works. In other words, the work's content must be the product of the creator's independent thought and labor. Thc "originality" requirement mandates that the work possess a "minimum level of creativity," meaning its content must demonstrate a degree of personalized expression rather than being a mechanical compilation of existing information or a simple rearrangement of pre-existing material.[10] As previously

9) See Cao B., Understanding the Concept of "Work" from Three Dimensions: Theory, Norms and Judicature, Intellectual Property, No. 03, 2025, p. 24.

10) See Feng X. Q., Reshaping China's Copyright Object System: Connotation, Classification and Legislative Innovation of Works, Journal of Soochow University (Law Edition), Vol. 9, No. 1, 2022, pp. 82-86.

stated, content synthesized by analytical artificial intelligence cannot constitute a work. Regarding whether content generated by generative artificial intelligence constitutes a work, the question must be discussed in stages based on the level of human-machine interaction involved.

During data scraping and model training phases, generative AI engages primarily in probabilistic statistical analysis and pattern recognition within large-scale datasets. Its outputs are derived from algorithmic identification of patterns in training data, which inherently lacks the essential element of "human intellectual creation" required under copyright law. In the "Fei Lin v. Baidu" case, the court explicitly held that the analytical reports automatically generated by the Wolters Kluwer database constituted mere aggregations of data, "neither expressing the software developer's ideas nor reflecting the user's original creative input," and therefore did not qualify as protected works. The judgment underscores two key risks associated with algorithmic black boxes: first, the model's "learning" process may result in outputs that are substantially similar to existing copyrighted materials; second, such outputs often fail the "idea-expression dichotomy" test, as they typically involve mechanical recombination of pre-existing expressions rather than original creation. Furthermore, regarding the legality of training data usage, the "fair use" provisions under Article 24 of the Copyright Law are generally inadequate to encompass AI training practices. The EU's 2025 Code of Practice for general-purpose AI further clarifies: developers must refrain from using pirated content and must respect rights holders' opt-out signals conveyed through technical measures.[11] While

---

11) See Eoje.cn, The EU's "Artificial Intelligence Act" has been passed,

China's legislation has not directly regulated temporary reproductions during training, academic consensus holds that such reproductions—when they do not produce new expressive forms—are incidental technical acts devoid of creative input and thus ineligible for copyright protection.[12]

The question of whether user-generated content in the participation phase possesses sufficient originality hinges on whether human intervention plays a decisive role in shaping the final expression.[13] The Beijing Internet Court denied work status in the "Film Case" precisely because the user "merely submitted keywords" without engaging in substantive design or creative direction. In contrast, the Shenzhen Nanshan District People's Court recognized AI-generated financial reports as copyrightable works in the "Tencent v. Yingxun" case, citing the development team's significant contributions—including data curation, structural framework design, and parameter optimization—that imbued the output with "personalized choices and authorial intent." Therefore, when user engagement transcends simple command inputs to include iterative prompt engineering, parameter adjustment, and other forms of expressive guidance, it constitutes substantive control, satisfying the "creative intellectual input" standard under the Copyright Law.

However, the technical black-box nature of generative AI

---

with key points explained and the full text, 2024. https://www.eoje.cn/zn/9397.html, Accessed on June 16, 2025.

12) See Song, W. F., Copyright risks and regulatory reshaping of generative AI training data sources: Taking ChatGPT application scenarios as an example, Journal of Dalian University of Technology (Social Sciences Edition), Vol. 46, No. 2, 2025, 100103.

13) See Wang, Y., Copyrightability and institutional construction of AIGC, Guizhou Social Sciences, No. 2, 2024, p. 61.

poses challenges in assessing the extent of human substantive involvement. For instance, users may undergo numerous rounds of prompt refinement to steer image generation toward a desired outcome, while the model retains autonomy over fine-grained details such as pixel-level rendering. Does this diminish human creative contribution? Some scholars caution that overly lenient originality standards could exacerbate cultural homogenization risks—where models mass-produce content based on popular patterns in training data, squeezing diverse creative spaces.[14] However, the process of refining prompts and tuning parameters reflects deliberate human effort to translate abstract concepts into abstract concepts into concrete outputs—a form of creative labor. Moreover, the autonomy exhibited by generative AI —such as pixel synthesis—is analogous to the influence of physical tools in traditional art (e.g., brushstroke variation caused by paint viscosity), which does not undermine the artist's overarching creative control. It does not alter human dominance over core creativity, reflecting the creator's personalized selection and intellectual control over the work's essential elements. This should be recognized as meeting the requirement of "creative intellectual input"under copyright law. From a policy perspective, extending copyright protection to AI-assisted creations can incentivize innovation and technological advancement, fostering a virtuous cycle in which improved tools enable richer creative expression, ultimately counterbalancing the risk of homogenization.

---

14) See Huang, J., The dilemma of copyright protection for AI-generated works from the perspective of cultural diversity, Journal of Jinan University (Philosophy and Social Sciences Edition), Vol. 47, No. 4, 2025, p. 67.

Ⅲ. The Interplay of Interests and Rule Reconstruction in Rights Attribution

1. Conflicting Claims Among Multiple Stakeholders

Although the attribution of rights for content generated by generative AI can be evaluated based on the degree of human-machine interaction and the presence of originality, multiple stakeholders—including developers, users, and rights holders of training data—may assert competing claims, necessitating a balanced legal framework. Questions remain regarding the ownership of rights in content generated by generative AI. The central distinction lies in the nature of each stakeholder's contribution:

First, the contribution of natural person users constitutes "substantive creative control." When users exercise decisive influence over the expressive form of the output—through actions like prompt iteration and parameter tuning—they satisfy the requirement of "intellectual activity directly producing the work" under Article 3 of the Implementing Regulations of the Copyright Law of the People's Republic of China.[15] Second, the

15) Three core criteria must be satisfied: (1) Dominance of creative direction, wherein user intervention must explicitly determine the work's theme, structure, or style, rather than merely inputting simple keywords; (2) Substantive intellectual contribution, involving core processes affecting originality and excluding auxiliary operations such as font adjustments; (3) Direct correlation with originality, wherein the intervention must directly generate the work's unique expression. In judicial practice, the Tencent v. Yingxun case applied these criteria to determine that the R&D team's actions constituted "intellectual activities directly producing the work."

contribution of the R&D team manifests as "technical tool development." By designing algorithmic architectures, curating training datasets, and optimizing model performance, the R&D team functions as the creator of the generative system itself. Their contributions align with the concept of the work-for-hire rule under Section 101 of the U.S. Copyright Act,[16] whereby technical labor invested in building the AI system may be attributed to corporate ownership, particularly when conducted within an employment or contractual framework. Third, investors contribute through "capital investment and risk-bearing." Given the substantial financial support required for generative AI model development, investors may assert that their economic input represents an extension of creative labor, grounded in the principle of risk-reward equivalence and Locke's labor theory of property. For instance, in the U.S. "Stable Diffusion" case,[17] investors contractually incorporated rights to generated content into commercial licensing frameworks. Finally, platform operators contribute through "technological facilitation of dissemination." Activities—such as data annotation and server maintenance—constitute "neighboring rights"-like contributions. Drawing from the legislative logic of

16) Section 101 of the Copyright Act defines a "work made for hire"as "a work prepared by an employee within the scope of his or her employment; or a work specially ordered or commissioned for use as a contribution to a collective work, as a part of a motion picture or other audiovisual work, as a translation, as a supplementary work, as a compilation, as an instructional text, as a test, as answer material for a test, or as an atlas, if the parties expressly agree in a written instrument signed by them that the work shall be considered a work made for hire".

17) Andersen v. Stability AI Ltd., 2023 U.S. Dist. LEXIS 194324, 2023 WL 7132064

the EU AI Act's "developer compliance obligations,"[18] their operational activities can be regarded as essential enablers of content generation and distribution, warranting certain protective interests, though not full authorship status.[19]

Furthermore, it must be unequivocally clarified that generative AI itself cannot qualify as a rights holder. On one hand, copyright law fundamentally protects human intellectual creations. Generative AI systems, despite producing outputs with apparent originality, operate through the algorithmic execution of probabilistic computations without subjective intentionality. They lack the cognitive process of conceptualization followed by expressive realization—a hallmark of human creativity—and thus fail to embody personal expression or authorial will. On the other hand, recognizing AI as a rights holder would create insurmountable legal inconsistencies, particularly regarding liability. When generated content infringes upon prior rights, it cannot bear compensation liability as an independent entity, ultimately shifting responsibility back to the human entity. Such an imbalance undermines the foundational principles of legal accountability and contradicts the normative objective of ensuring proportionality between rights, duties, and liabilities.[20]

---

18) Article 53 Obligations for providers of general-purpose AI models
1. Providers of general-purpose AI models shall:(c) put in place a policy to comply with Union law on copyright and related rights, and in particular to identify and comply with, including through state-of-the-art technologies, a reservation of rights expressed pursuant to Article 4(3) of Directive (EU) 2019/790.

19) See Xu N. Z..Exploring the Legal Regulation of Rights Attribution for AI-Generated Content,China Publishing Journal, No. 5, 2023, p. 64.

20) See Zhang, J. H., Research on phased copyright protection of AI-generated works, Journal of Chongqing University (Social Sciences Edition), 2025, p. 8.

2. Establishing the Hierarchical Attribution Principle

As previously discussed, when human intervention in the generative process satisfies the requirement of originality, the generated content may constitute a work. However, the participation of multiple parties in the creative process leads to a dilemma in determining rights attribution. Therefore, general and specific principles for rights confirmation should be established to balance the distribution of interests.

(1) General Principles for Determining Rights Attribution

Firstly, adhere to the principle of contractual autonomy. As a private right, the exercise of intellectual property rights and the distribution of benefits should follow the logic of private law autonomy. Articles 14 and 19 of the Copyright Law explicitly stipulate the priority of agreement,' which fundamentally recognizes the autonomous disposal of rights by civil entities. In generative AI creative scenarios involving multiple stakeholders—such as developers, users, and investors—where default rules for rights attribution are often absent, prioritizing the delineation of rights boundaries through party consensus not only aligns with the institutional purpose of 'private rights autonomy' in intellectual property but also represents the optimal solution for resolving conflicts among diverse entities. Concurrently, the principle of contractual priority flexibly accommodates the practical demands of technological iteration and industrial innovation. The rapid evolution of current AI technologies frequently renders statutory attribution rules obsolete. Parties can adapt to the specific needs of different situations by using development contracts, service terms, and other similar agreements to define their rights. Such an approach also lowers transaction costs by making ownership arrangements clear. However, the boundaries of 'contractual autonomy' and the 'non-transferability of moral rights' must be strictly observed. Under Article 10 of the Copyright Law, moral rights are intrinsically linked to the creator's personality and cannot be transferred or waived by contract. Even if parties agree to transfer the right of attribution to the investing entity, such a clause remains invalid. This rule establishes a statutory baseline for contractual autonomy, ensuring that 'agreement takes precedence' does not undermine the core purpose of copyright law, which is to protect human intellectual achievements.

Secondly, adhere to the principle of creative control as paramount. Where user-generated content during the participation phase meets the criterion of substantial human contribution, this element must form the core basis for distinguishing the nature of contributions when determining rights attribution. For instance, pursuant to Article 3 of the Implementing Regulations of the Copyright Law, where a user exerts a dominant influence over the expressive form or logical structure of the generated content through actions such as prompt design or parameter adjustment, the generated content shall be attributed to the user. Should the user subsequently grant others rights to use the content, a license agreement compliant with Article 27 of the Copyright Law must be executed, defining the scope of the license. For example, a license may permit third parties to exercise only the right of reproduction while retaining the rights of adaptation and compilation.[21]

(2) Special Principles for Determining Rights Attribution

Within the generative AI creative ecosystem, beyond direct participants such as users and developers, the rights positioning of indirect contributors—namely investors and platform operators—also requires systematic consideration. Regarding the division of rights between development teams and their affiliated organizations, Article 18 of the Copyright Law concerning works made for hire shall apply. Where developers create AI content primarily using the organization's material technical resources—such as algorithmic models and training datasets—while executing organizational tasks, and the organization assumes legal liability for the work, the economic rights shall vest in the organization, with developers retaining only the right of attribution.[22] Conversely, if the creation process does not rely on the organization's core technological resources and is solely based on the individual's skills, the

---

21) See Zhang J. H., Study on Phased Copyright Protection for AI-Generated Content,Journal of Chongqing University (Social Sciences Edition), 2025, p. 8.

22) Article 18 of the Copyright Law defines "material and technical conditions" as referring specifically to core resources that are organizationally exclusive and indispensable to the creation process, including proprietary internal algorithmic models, exclusive training datasets, and dedicated AI servers. Ordinary office computers or publicly available data do not fall within this category. The "scope of employment" must be determined in conjunction with the terms of the employment contract or tasks assigned by the organization. Works created solely through personal skills without reliance on the organization's core resources do not constitute works made for hire, even if completed during working hours. See Article 12 of the Supreme People's Court's Interpretation on Several Issues Concerning the Application of Law in the Trial of Civil Disputes Involving Copyright.

copyright belongs to the R&D personnel, with the organization enjoying a two-year priority right of use within its business scope. This rule acknowledges the organization's value in providing technical and financial support while safeguarding the R&D personnel's moral rights, effectively avoiding ambiguous disputes over rights attribution in 'work-for-hire' scenarios. Concurrently, the development of generative AI technology frequently necessitates substantial capital investment, conferring a distinctive position upon the investing entity within the rights attribution framework. Where an investor substantially directs the technical development and content generation process through commissioned R&D or employment-based creation, the legislative intent of Article 18 of the Copyright Law may be analogously applied: if the generated content is produced by the R&D team within the agreed scope of employment and the investor bears the primary technical development costs, the investor shall enjoy the economic rights of copyright, excluding the right of authorship. Upon acquiring such rights, should the investor require authorization for platform operators to disseminate relevant content, a copyright license agreement compliant with Article 27 of the Copyright Law must be executed. This agreement must explicitly stipulate core terms, including the geographical scope of dissemination and remuneration standards, thereby ensuring the legality and certainty of rights transfer.

By contrast, while platform operators play a crucial role in facilitating efficient dissemination and compliance optimization of generated content through technical support such as data annotation, server maintenance, and content moderation, their contributions essentially fall within the realm of technical assistance rather than constituting the creative intellectual activity directly generating the work. Accordingly, platform operators should be legally permitted to acquire dissemination rights for generated content through service agreements but should not be granted full copyright ownership of the works. This distinction can be achieved by defining the nature and duration of the license under Article 27 of the Copyright Law. This approach aligns with the core protection orientation of copyright law towards creative intellectual activities, while also regulating the boundaries of platform rights exercise through licensing contract rules, thereby preventing non-creative entities from unduly infringing upon the legitimate rights and interests of creators.

Ⅳ. Summary

The rapid advancement of generative artificial intelligence has revolutionized the landscape of creative production and posed systematic challenges to established traditional copyright frameworks. With regard to the copyrightability of AI-generated content, the "originality" assessment based on the extent and quality of human-machine interaction intervention preserves the core objective of copyright law—to protect human intellectual achievements—while accommodating the evolving reality of technology-mediated creation. Concerning rights attribution, the adoption of a hierarchical framework that prioritizes contractual autonomy offers a pragmatic solution to the complex interplay of multi-stakeholder interests, effectively balancing individual creative rights with institutional incentives for investment and innovation.

Nevertheless, effective copyright governance in the era of generative AI demands institutional adaptability. On one hand, legal frameworks must remain responsive to technological developments to avoid rigidity that could hinder progress; on the other, they should promote collaborative regulation among creators, developers, investors, and platforms to cultivate an ecosystem grounded in fairness, transparency, and efficiency. Only through such a balanced and forward-looking approach can society fully harness the benefits of technological advancement while upholding the fundamental purpose of copyright systems—to foster cultural enrichment and the broad dissemination of knowledge.

Reference

Craig, C., Kerr, I., The death of the AI author, Ottawa Law Review, Vol. 52, No. 1, 2025.

Elmahjub, E., The algorithmic muse and the public domain: Why copyright's legal philosophy precludes protection for generative AI outputs, Computer Law & Security Review, Vol. 58, 2025.

Gaffar, H., Albarashdi, S., Copyright Protection for AI-Generated Works: Exploring Originality and Ownership in a Digital Landscape, Asian Journal of International Law, Vol. 15, No. 1, 2025.

Geiger, C., Elaborating a human rights-friendly copyright framework for generative AI, IIC - International Review of Intellectual Property and Competition Law, Vol. 55, 2024.

He, J., Shan, P., China's regulations on the attribution of AI-generated content: an exploration based on the open-ended approach, Journal of Intellectual Property Law & Practice, Vol. 20, No. 5, 2025.

Huang, J., The dilemma of copyright protection for AI-generated works from the perspective of cultural diversity, Journal of Jinan University (Philosophy and Social Sciences Edition), Vol. 47, No. 4, 2025.

Li, X. B., Analysis of copyright protection paths for AI-generated works, China Publishing Journal, No. 5, 2024.

Li, Y., Li, X. Y., Discussion on copyright issues of AI-generated works from the perspective of Kantian philosophy, Law Science Magazine, Vol. 39, No. 9, 2018.

Lu, Y., A Chinese perspective on artificial intelligence generated content and copyright, Információs Társadalom, Vol. 24, No. 2, 2024.

Mazzi, F., Authorship in artificial intelligence-generated works: Exploring originality in text prompts and artificial intelligence outputs through philosophical foundations of copyright and collage protection, The Journal of World Intellectual Property, Vol. 27, No. 3, 2024.

Song, W. F., Copyright risks and regulatory reshaping of generative AI training data sources: Taking ChatGPT application scenarios as an example, Journal of Dalian University of Technology (Social Sciences Edition), Vol. 46, No. 2, 2025.

Sun, H., Redesigning copyright protection in the era of artificial intelligence, Iowa Law Review, Vol. 107, No. 4, 2022.

Wang, G. Z., The human-centric logic in determining the copyrightability of AI-generated works, Journal of East China Normal University (Philosophy and Social Sciences Edition), Vol. 55, No. 1, 2023.

Wang, Q., On the positioning of AI-generated content in copyright law: The third discussion, Studies in Law and Business, Vol. 41, No. 3, 2024.

Wang, Y., Copyrightability and institutional construction of AIGC, Guizhou Social Sciences, No. 2, 2024.

Xia, Y. M., Comparative study on protection paths for AI-generated

works, Northern Legal Science, Vol. 19, No. 1, 2025.
Xu, N. Z., Analysis of legal regulation on the right ownership of AI-generated works, China Publishing Journal, No. 5, 2023.
Zhang, J. H., Research on phased copyright protection of AI-generated works, Journal of Chongqing University (Social Sciences Edition), 2025.

제08장

자동화 프로그램과 관련한 가상자산거래의 새로운 문제

- 최근 판례 평석 및 문제 제기 -

서 창 배

Ⅰ. 들어가며

과열된 투기 현상이 문제가 되었던 가상자산에 관한 관심이 한때 급격히 냉각된 듯 보이더니 최근 현금 가치의 불안정성과 더불어 가상자산에 대한 지위의 변화가 감지되면서 가상자산 거래 시장이 다시 활발한 모습을 보이고 있다. 이는 가상자산의 투기자산으로서의 가능성에 금전이 몰리기 시작했던 2017년부터 시작된 현상으로 그 이후 급격한 기술의 발전을 통해 셀 수 없이 많은 종류의 토큰의 발행과 NFT의 활용 등의 방향으로 진화되어 오면서 Covid-19 팬데믹을 통해 급격한 확장을 맞이하였다. 그 결과 최근에는 디지털 자산 그중에서도 가상자산에 대한 인식에 큰 변화가 감지되고 있다. 예를 들어, 비트코인과 같은 대표적인 암호화폐의 경우에 2024년 1월 10일에 미국 증권위원회(Securities and Exchange Commission: SEC)가 여러 비트코인 ETF(Exchange Traded Fund)를 승인하였으며 그 이후 진행된 이더리움에 대한 ETF 신청 또한 2024년 7월 23일에 승인하였다.[1] 이는 곧 가상자산이 실물 자산과 유사한 독립된 자산 및 투자 상품으로 인식되기 시작했다는 것을 의미하며 이러한 상황과 맞물려 가상자산과 관련한 예상치 못했던 새로운 법적 문제들이 나타나기 시작했다.

1) https://fintechmagazine.com/articles/sec-approves-ether-etfs (24. 8. 20. 최종 방문)

이러한 배경에서 가상자산업계는 몇 년 전부터 알고리즘을 이용한 자동화 프로그램의 활용이 논란이 되고 있다. 이미 주식 및 선물 거래에서는 보편화되고 있는 알고리즘을 이용한 거래 방식은 대부분 착오주문 사건과 관련하여 문제가 되었으며 우리나라에 있어서 전자금융거래와 관련하여 착오에 의한 거래의 문제점들이 지적된 것은 인터넷 거래가 보편화되기 시작했던 2000년대부터 시작되었다고 볼 수 있다. 그러나 금융투자업이나 한국거래소의 거래시스템을 통한 거래에 있어서 나타나는 착오를 통한 수문의 사례가 법적으로 실제 다루어지기 시작한 것은 비교적 최근의 일이다.[2] 금융거래시장은 다양한 금융투자상품의 거래가 이루어지는 곳으로 시장의 공정성 즉 시장가격 결정 시스템의 투명성을 확보하는 것은 가장 중요한 이슈 중의 하나이다. 이러한 전제에 최근에 자주 발생하는 자동화 시스템을 이용한 새로운 거래 참여 방식은 급격한 기술 발전을 매개로 하여 예상치 못한 사건들이 나타나고 있으며 여기에는 종래 문제가 되어 왔던 착오 거래를 비롯한 시세조종을 위한 적극적인 거래행위들까지 그 스펙트럼이 점점더 넓어지는 특성을 보이고 있다.

금융거래시장 그 중에서도 특히 가상자산거래시장과 관련하여 우리나라는 최근에 EU의 MiCA(Markets in Crypto Assets Regulation) 법제를 참조한 「가상자산 이용자 보호 등에 관한 법률」을 일련의 과정을 거처 2023년 7월에 입법화하여 2024년 7월부터 시행 중에 있다. 이와 더불어 금융위원회는 2023년 2월 금융위원회가 발표한 '토큰증권 발행, 유통 규율체계 정비방안'에서 토큰 증권(STO)의 발행을 밝힌 바 있으며[3] 또한 최근인 2024년 2월 금융위원회가 토큰 증권(STO)을 허용할 계획을 재차 확인하면서 가상자산에 관한 이원적 규제를 마련할 것을 예고하고 있다.[4] 그러나 거래계의 현실에 대한 충분한 논의와 전문적인 규제 방향을

2) 이러한 사례들에 대한 처리는 사후적 구제조치가 필요하다는 전제에서 주의의무 위반의 여부를 주로 다투고 있으며 이는 외국의 경우도 유사한 것으로 알려져 있다: 서희석,"알고리즘거래에서 착오주문의 문제 - H증권사건 하급심판결에 대한 비판적 고찰", 「상사법연구」 제39권 제2호 (2020), 621면.

3) 금융위원회, 토큰 증권 가이드라인, "토큰증권 발행, 유통 규율체계 정비방안"(2023. 2. 6).

4) 토큰 증권과 같이 새로운 투자 상품의 허용에 대한 기대에 이미 많은 국내의

정하지 못한 채 혼란을 거듭하고 있는 현재의 규제 상황과 더불어 가상자산과 관련해 발생할 수 있는 다양한 법적 문제들 그중에서도 자동화 거래에 관해서는 충분한 금융법적 규제를 마련하지 못하고 있는 실정이며 이는 향후 대처 방안에 혼란을 가중시킬 것으로 예상된다.

우리나라에서 그동안 가상자산에 관한 알고리즘 거래와 관련한 최근의 몇몇 판례들은 비록 자동화된 주문시스템과 관련한 쟁점들을 다루었으나 새롭게 입법화된 법률들이 시행되기 이전의 판결들로서 금융법적 규제 공백 상태 하에서 판단된 내용들로 볼 수 있다. 그러므로 현재에는 그 구체적 적용 법리를 새롭게 검토할 필요가 있을 것으로 보인다. 이러한 상황은 곧 전개될 인공지능의 폭발적인 활용과 더불어 더욱 다양한 사건들로 나타날 것이며 이에 대한 법리를 고민할 필요가 있다.

이하에서는 이러한 전제에서 최근의 자동화된 시스템을 사용한 가상자산 거래가 문제가 된 사건들을 살펴보고 새로운 환경에서 나타난 관련 법적 문제들을 통해 향후 문제가 될 자동화 프로그램을 이용한 가상자산 거래의 규제 방식의 문제점과 해결 방안을 제시하려고 한다.

Ⅱ. 대상 판례

1. 알고리즘 프로그램 사용 사건 (서울중앙지방법원 2019. 1. 9. 선고 2018가합525502판결, 2019. 1. 25. 확정)

(1) 사실개요

원고 B는 피고 A 회사의 서비스를 이용해서 즉 A 회사가 제공한 플랫폼을 이용해 가상자산거래 서비스를 이용하던 고객이며 피고 A 회사는

금융기관들이 이에 대한 준비를 하고 있는 상황이나 제21대 국회에서 통과되지 못하여 현재까지 실제로 입법화에 이르지는 못하고 있다: https://biz.chosun.com/stock/stock_general/2024/08/27/OK DRYPDJJ5B6RINMEBS2SYFICA/ (24. 9. 2. 최종 방문)

가상자산 거래 및 관련 서비스 플랫폼을 운영하고 있던 전자상거래업자이자 유통업자였다. 이러한 배경에서 원고 B는 가상자산거래 서비스를 이용하기 위해 피고 A 회사와 이용 계약을 체결하면서 이하의 약관 내용에 동의를 하였으나 그 내용 중 회원의 의무와 이용 제한에 관련된 규정들을 근거로 이용 제한 조치를 당했던 것이다.

(문제가 된 약관의 내용)

제10조 (회원의 의무)

① 회원은 아래의 행위를 하여서는 안됩니다.

8. 회사의 사전 승낙 없이 에이전트(Agent), 스크립트(Script), 스파이더(Spider), 스파이웨어(Spyware), 툴바(Toolbar) 등의 자동화된 수단, 기타 부정한 방법을 통하여 서비스에 접속하는 행위, 노출 횟수 및 클릭 횟수를 부정하게 생성하거나 증가시키는 행위, 서비스 이용 신청을 하는 행위, 회사의 서버에 부하를 야기하는 행위

10. 가상자산의 시세에 부당한 영향을 주는 등의 방법으로 건전한 거래질서를 교란하는 행위

11. 기타 불법적이거나 부당한 행위

② 회원은 관계 법령, 이 약관 이용 안내 및 서비스와 관련하여 이 회사가 공지하거나 통지한 사항 등을 준수하여야 하며, 기타 회사의 업무에 방해되는 행위를 하여서는 안됩니다.

계약위반의 구체적인 내용은 원고가 2017. 12. 13.부터 2018. 1. 2. 까지 피고 A 회사의 플랫폼을 이용하여 가상자산 거래를 하면서 피고 A 회사의 플랫폼 인터페이스 프로그램을 사용하여 그곳에서 가상자산을 자동거래 할 수 있는 프로그램을 개발한 뒤 문제가 된 거래에 사용하였던 점이다. 그러나 당시에는 피고 A 회사가 공식적으로 인터페이스 프로그램을 제공하지 않은 시점이었기에 결과적으로 허가 받지 않은 프로그램을 개인적으로 제작하여 사용한 것이었다. 이에 피고 A 회사는 이상 주문을 이유로 2018. 1. 2. 원고의 A 플랫폼 계정의 이용을 제한 하면서 이를

원고 B에게 통지하였으며 그 결과 원고는 A 회사 플랫폼의 접근 및 보유한 가상자산의 출금이 제한되었던 것이다.

이에 대하여 원고는 피고가 2018. 1. 2.부터 2018. 5. 28. 까지 원고에 대한 플랫폼 이용 제한 조치를 단행한 것은 피고의 계약상 의무 불이행 또는 피고의 고의 및 과실로 인한 위법행위에 기인한 것이므로 피고는 원고에게 채무불이행 또는 불법행위에 기한 손해 배상 책임 의무가 있다는 소를 제기하였던 것이다.

(2) 판결 요지

법원은 이 사건에 관해서 '원고는 이 사건 프로그램 즉 가상자산 매수·매도·주문 취소 등의 기능을 계속해서 자동적으로 수행하는 앱을 피고가 API를 공개하기 전인 2017. 12. 경부터 자체 제작하여 사용하기 시작하였으며 피고의 사전 승낙이 있었다고 보기 어렵다'고 판시하였다. 또한 '원고는 이 사건 프로그램을 이용하여 2017. 12. 16.부터 2018. 1. 2. 까지 1,500,000원으로 179,887회(일 평균 약 9,993회)의 거래를 하여 423,026,870원의 수익을 얻어 입금된 현금 대비 283배의 이익을 얻었으며 이러한 단기간의 비정상적인 수익 창출 과정은 결과적으로 가상자산의 시세에 부당한 영향을 끼쳐 건전한 거래질서를 교란하는 행위로 볼 수 있다'고 판시하였다. 특히 원고가 피고의 승낙 없이 특정 자동화 프로그램을 이용하여 많은 거래를 시도하여 단기간에 비상식적인 수익을 발생시킨 행위는 피고와의 관계나 다른 회원들과의 관계에서 사회통념상 부당한 행위로서 이 사건 약관 제10조 제8호, 제10호 그리고 제11호를 위반한 것으로 보았다.

그 결과 당해 판결은 이 사건 이용 제한 조항의 '기타 회사의 운영 정책상'의 의미를 이 사건 약관 제20조 제1항 각 호 및 제2항 각 호에 준하는 정도의 운영 정책상 필요가 있는 경우로 해석되더라도 이 사건 약관 제10조 위반 행위는 위와 같은 운영 정책상 필요가 있는 경우에 해당한다고 보아야 할 것이므로 원고의 서비스 로그인 및 입 출금 이용 제한 행위는 이유 있다고 보았다.

2. 자동화 프로그램을 이용한 가상자산 거래소 수수료 페이백 이벤트 사건 (서울중앙지방법원 2019. 9. 26. 선고 2019나10254 판결)

(1) 사실관계

가상자산 거래소를 운영하는 피고 A는 2017. 10. 24. 거래소 오픈베타 서비스를 공개하면서 2017. 11. 30. 까지 BTC(비트코인)/ETH(이더리움)/USDT(테더코인) 마켓 거래로 발생한 거래수수료의 20%를 이용사에게 암호화폐 형태로 지급하는 내용의 '오픈기념 거래수수료 페이백' 이벤트를 연 뒤 2017. 12. 1.부터 2017. 12. 31. 까지 당해 이벤트 기간을 연장하였다.

당해 연장 기간 동안 원고 B는 비트코인, 이더리움을 거래하면서 피고에게 거래수수료를 지급한 뒤 암호화폐 9.695336715비트코인, 22.9436722 이더리움을 페이백으로 받을 권리를 획득하였다.

그러나 2018. 1. 4. 경 피고는 원고의 이상거래를 파악한 뒤 원고의 계정을 정지시켰으며 2018. 3. 13. 원고가 피고의 자동화 프로그램의 이용제한 등에 관한 약관의 내용을 인지하고 있으며 피고의 별도의 공지가 있기 전까지는 자동화 프로그램을 통한 거래 행위를 하지 않을 것이며 회사의 검증 작업 결과로 발생하는 잔고 변화에 관해서 이의를 제기하지 않을 것이라는 동의서를 피고에게 작성했던 것이다.

(2) 판결요지

1) 이벤트 약정에 자동화 프로그램 거래도 포함된다는 판단

우리 법원은 명시적인 규정은 없지만 당해 사건에서 문제가 된 이벤트에 관한 광고 글에서 자동화 프로그램을 이용한 부당거래를 제외한다는 표현이 없는 점 그리고 '거래 확인 후 지급된 거래수수료의 일정 비율 반환'이라는 형식을 취하지 않고 거래수수료의 일률적 인하라는 형식을 취한 것 그 자체가 자동화 프로그램을 이용한 거래는 이벤트 대상에서 제외

한다는 내용을 공지한 것은 아닌 것으로 해석함이 타당하다고 판시하였다. 이에 더하여 당해 사건의 이벤트가 향후 발생할 거래를 대상으로 하고 있어 일종의 광고로서의 성격을 지니고 있다고 보아 결과적으로 피고 또한 원고의 거래를 통해 실질적 이익을 얻은 것으로 비록 약관 위반 행위가 있었다고 하더라도 피고는 이벤트 약정에 따라 원고에게 9.695336715 비트코인과 22.9436722 이더리움을 각각 인도할 의무가 있다고 판시하였다.

2) 사후 작성한 동의서의 효력

당해 사건에서 원고가 사후에 작성한 동의서의 효력과 관련하여 이를 채권의 포기 또는 채무의 면제로 보기에는 무리가 있고 이는 단지 원고의 자동화 프로그램을 이용한 거래에 따른 계정 정지 조치를 해제하는 과정에서 이 후에 예상되는 법적 분쟁을 방지하기 위해 작성한 것으로 향후 자동화 프로그램을 사용하면 이에 대한 책임을 지겠다는 내용으로 보아야 한다고 판시했다.

또한 이 사건 동의서 작성 전에 이미 계정 정지 조치가 해제되었으며 이 사건 이벤트 결과 받게 되어 있던 페이백 지급을 촉구하는 내용증명을 받는 등 동의서의 내용과는 아무 상관 없이 법적 분쟁이 전개 되었던 점을 들어 이 사건 동의서에 이벤트 약정으로 인한 수수료 반환청구권을 포기하는 의사가 있었다고 볼 수 없다고 판시하였다.

3. 착오주문 사례 (서울고등법원 2023. 5. 11. 선고 2021나2046590 판결[5])

(1) 사실관계

이 사건은 가상자산의 착오주문의 사례로서 투자자인 원고가 가상자산 거래소인 피고를 통해 이더리움 클래식이라는 가상자산을 거래하던 중

5) 이후 상고기각(대법원 2023. 9. 14. 선고 2023다246334 판결)을 통해 확정됨.

매도수량란에 '전량'을 입력하면서 다시 매도가 항목에 시가 보다 현저히 낮은 '1,000'을 실수로 입력한 뒤 매도주문을 클릭하여 실시한 사례이다. 당해 착오주문 직후 원고가 취소주문을 입력하였음에도 피고 거래소가 이를 취소처리 해주지 않았으며 그 이유가 피고 거래소가 제공한 거래 프로그램의 알고리즘에 약관상 명시된 취소주문 처리 의무를 이행할 수 없는 기술적 문제가 있었던 것이었다.

외국인인 원고는 우선 피고에 대해 영문 버전의 프로그램을 이용하여 매도주문을 하는 과정에서 한글로 제시된 매도확인 문구를 이해하지 못해 실수를 하였다는 주장을 하였으며 둘째로는 일단 착오 주문을 클릭하고 나서 이를 인지하고 나서 착오 주문을 취소하려 취소 주문을 입력하였으나 실제로는 취소 처리가 되지 않은 점에 관해서 원고의 책임을 주장하였다. 특히 약관에 의하면 착오 주문을 취소할 법적 권리가 있으며 물리적으로도 이를 시정할 수 있는 시간이 충분했음에도 피고가 제공한 프로그램의 일고리즘의 결힘으로 인해 손해기 발생했음을 주장하였던 것이다.

(2) 판결의 요지

이 사건에서 법원은 원고의 착오주문에 관하여 중대한 착오에 의한 것임에도 불구하고 원고가 금융거래업자로서 가상자산거래를 상시 반복해서 해 온 점을 근거로 하여 원고의 중대한 과실이 존재한다고 판시하였다. 비록 원고의 입장에서는 약관 규정에 따라 피고에게 직권 취소할 권한이 있었다고 주장했지만 규정상 취소사유에 해당하지 않는다는 이유로 배척하였으며 또한 피고 거래소의 한글화 오류가 착오주문의 원인이었다고 주장한 점에 대해서도 이유 없다고 판시하였다. 그러나 법원은 피고의 거래체결시스템이 취소 요청된 수량보다 취소 가능한 수량이 적으면 취소 주문이 실행되지 않도록 알고리즘이 설정되어 있었기에 기술적으로 취소주문이 반영되지 않았다는 원고의 주장에 대해서는 이를 확인하였으며 약관 내용에 정해진 취소권을 사실상 행사할 수 없었다는 것을 근거로 이 부분에 대한 피고의 책임을 인정하였다.

Ⅲ. 대상 판결에 대한 구체적인 검토

1. 자동화 프로그램을 이용한 거래의 문제

기술한 사례들 모두 자동화 프로그램 혹은 알고리즘 거래와 관련된 사례이며 이러한 거래는 일정한 조건에 부합하면 자동으로 거래를 하도록 미리 프로그램 되어 있는 거래 방식으로 현재 많은 증권사들과 투자자들이 이용하고 있는 것이 현실이다. 그러나 문제는 컴퓨터 기술의 발전과 인터넷 망 기술의 발전에 따라 자동화 프로그램을 이용한 초단타 거래가 빈번해 지면서 인위적인 유동성 증가를 야기시키며 그 결과 시세조종의 가능성이 높아지게 되면서 그 적법성에 관해 의문이 제기된다는 점이다.

앞서 검토한 최근의 판례들은 이러한 자동화 프로그램을 이용한 거래가 실제로 문제가 되었던 것으로 이러한 경우가 기존에 문제가 되었던 분야가 원래는 파생상품을 시작으로 주식거래의 사례를 들 수 있지만 최근에는 가상자산 거래에서도 유사한 상황이 나타나고 있는 것이다. 자동화 프로그램을 이용한 거래의 경우 그 위험성 때문에 일반 투자자들 즉 거래소를 이용하는 일반 투자자들에게 큰 손실을 유발할 가능성이 있음에도 거래 현실에서는 거래소 홍보 및 거래량의 활성화를 위해 적극적으로 대처하지 않는 경향을 보여 왔다.[6)]

그러나 최근 주식 거래량을 뛰어넘은 가상자산 거래의 경우 이미 그 위상이 크게 높아 졌음에도 유가증권 거래에 마련되어 있는 수준의 여러 보호 장치가 그동안 법제화 되지 않아 규제의 공백 문제를 야기시키고 있었던 것이 사실이다. 이하의 판결들은 이러한 전제에서 내려진 판단으로 이해할 수 있다.

---

6) 거래소를 중심으로 한 가상자산 규제법이 2024년 7월부터 시행되었지만 여전히 그 구체적인 규제 방안은 마련되지 못한 상황이며 이러한 배경에서 거래계에서는 전문거래소를 통한 프로그램이 제공되고 있다.

2. 알고리즘 프로그램 사용 사건(서울중앙지방법원 2019. 1. 9. 선고 2018가합525502판결, 2019. 1. 25. 확정)에 대한 판결 내용 검토

(1) 대상 판결의 쟁점 분석

당해 판결에서 문제가 된 부분은 첫째, 문제가 된 거래 행위가 거래소 약관의 내용 중 '회사의 사전 승낙 없이 자동화된 수단을 통하여 서비스에 집속하는 행위'에 속하는지의 여부, '건전한 거래질서를 교란하는 행위' 그리고 '기타 불법적이거나 부당한 행위'에 해당하는지의 여부였으며 둘째, 당해 약관 제20조가 약관규제법 제6조에 의하여 제약되어야 하는지의 여부에 관한 것이었다.

(2) 판결 분석

당해 판결에서 문제가 되었던 약관의 내용이 모든 자동화된 수단을 금지한다는 것이 아니라 구체적인 방법이 부정 또는 부당한 식으로 거래소에서 거래를 했을 경우에만 제재가 가능하다는 것이었다.[7]

이러한 전제에서 살펴보면 원고의 거래가 큰 이익을 얻은 것은 사실이나 단지 자동화된 알고리즘을 이용했을 뿐 부당한 이익의 편취나 시세조종행위의 의도가 있었던 것도 아님에도 당해 사례에서는 해당 거래에 대해서 부정한 수단을 활용한 이익의 취득으로 판단하였던 것이다.

이에 더하여 당해 약관 규정의 약관규제법 위반 여부에 관해서도 그 문언 해석이 명확히 이루어질 수 있어 거래소에서 취한 이용 제한 조치가 계약의 목적을 달성할 수 없을 정도로 계약상 본질적 권리를 제한하는 성격을 가진 것이 아니라는 점에서 이를 부정하였던 것이다.

7) 실제 주식시장이나 파생상품시장 등의 거래계에서 이미 자동화거래 프로그램이 적극적으로 활용되고 있으며 인공지능 기술의 발전이 이렇나 추세를 더욱 강화할 것으로 보인다: 이정엽·이석준·김성인,「가상자산 판례백선 -민사·신청편-」, 박영사, 2023, 262면.

3. 자동화프로그램을 이용한 가상자산 거래소 수수료 페이백 이벤트 사건(서울중앙지방법원 2019. 9. 26. 선고 2019나10254 판결)에 대한 판결 내용 분석

(1) 대상 판결의 쟁점

피고가 가상자산 거래소를 운영하면서 이벤트를 열었으며 그 내용이 특정 가상자산 거래서 발생하는 수수료의 20%를 가상자산 형태로 지급하는 것이었으나 원고가 자동화 프로그램을 사용해 거래 행위를 해 온 것이 발각되어 원고의 계정을 정지시켰던 것이다.

또한 피고의 입장에서는 이벤트의 전제가 되는 거래가 정상적인 거래임을 요하며 약관을 통해 이벤트 이후에 이에 관해 동의서를 작성한 것은 이벤트를 통해 얻게 된 수수료의 지급청구권을 포기한 것이라고 주장하였던 것이다.

결국 당해 사건의 쟁점은 자동화 프로그램을 이용한 거래를 이벤트 상으로 상품을 제공할 수 있도록 정한 합법적인 거래로 볼 수 있는가라는 점과 이 사건 사후 동의서를 통한 원고의 약속 내용을 수수료 지급청구권의 사전 포기로 볼 수 있는가라는 점에서 찾을 수 있었다.[8)]

(2) 판결 분석

1) 거래와 이벤트를 통한 수수료의 관계

가상자산 거래소는 가상자산의 거래 중개 및 알선을 통해 그 대가로 일정 수수료를 이용자들에게서 얻어내는 식으로 영업을 하기에 매매거래량의 활성화를 통해 이익을 더 많이 창출할 수 있게 되는 것이다. 이를 위해 다양한 방식의 인센티브를 통해 고객을 유치하려 노력하게 되며 최근에는 거래소 자체 개발한 자동화된 프로그램을 제공하여 고객의 편의와 수익 구조의 개선을 꾀하고 있다.[9)]

---

8) 이정엽·이석준·김성인, 앞의 책, 282면.

당해 사건에서 문제가 된 자동화 프로그램은 일단 피고 거래소가 제공한 것이 아닌 개인적으로 제작하여 사용된 프로그램으로 보이며 이는 거래 기본 약관의 내용에 어긋나는 것이다. 그러나 당해 사건에서 피고는 특정의 가상자산 거래를 하는 경우 거래 수수료의 20%를 가상자산 형태로 지급하겠다는 광고를 통해 이 사건 이벤트를 열었으며 이를 기화로 원고가 금지된 자동화 프로그램을 통해 매매거래를 하였고 그 결과 많은 페이백을 얻을 수 있게 되었다. 통상적인 거래에 관해서는 약관을 통해 금지된 자동화 프로그램을 사용할 수 없도록 하고 있으나 이벤트에 관해서는 특별한 제약을 두지 않았던 피고 거래소의 영업 행위를 통해 발생한 원고의 페이백 이익을 어떻게 해석할지가 문제가 되었던 것이다.

이에 관해 법원은 피고 거래소 사이트 내 게시글을 통해 해당 이벤트를 광고하면서 정상적인 거래만을 대상으로 한다는 문구가 없었다는 것을 근거로 이벤트 안내 자체를 청약으로 보고 회원의 거래시도를 승낙으로 보았으며 이에 더하여 이 사건 이벤트가 '거래 확인 후 지급된 거래수수료의 일정비율 반환'의 방식이 아닌 '거래수수료의 일률적 인하' 방식을 취했다는 점을 들어 이를 비정상적인 거래로서 제지할 의도가 없었던 것으로 보았다. 또한 이러한 결론에는 이 사건 이벤트의 성격이 장래의 새로운 고객을 유치하고자 하는 목적이었던 점을 고려하였던 것이다. 그 이외에도 법원은 피고가 자동화 프로그램을 이용한 점을 비난하면서도 실제로는 피고가 그 수수료를 통해 수익을 얻은 사실이 있다는 점에서 그 대가인 페이백의 제공에는 문제가 없다는 점을 지적하였다.

2) 사후 동의서의 내용에 관한 해석

당해 사건에서 원고는 자동화 프로그램을 이용한 거래를 한 뒤 계정제한 조치를 당하였고 이를 해제하는 과정에서 이 사건 이벤트가 종료 된 뒤에 프로그램을 이용한 주문, 주문 취소 등 회사의 서버에 부하를 야기하는 행위를 하지 않을 것과 이러한 행위로 인한 손해를 배상하겠다는 내용 그리고 이러한 경우 피고가 검증 작업을 마친 잔고와 이 사건 동의서

---

9) https://www.hankyung.com/article/202103244694g (24. 8. 25. 최종 방문)

작성 당시의 잔고에 차이가 있더라도 이의를 제기하지 않겠다는 내용의 동의서를 작성하였던 것이다.

이를 두고 피고는 채권의 사전 포기의 성격을 가진다고 주장하였지만 이에 대해 법원은 해당 동의서에는 수수료 지급청구권의 처리에 대하여 아무런 기재가 없었던 것으로 보았으며 '피고가 검증 작업을 마친 잔고와 그 전의 잔고와의 차액에 이의를 제기하지 않겠다'는 내용의 문구에 대해서도 이 사건 이벤트 약정에 따른 잔고의 증가까지 포함한 것은 아니라고 보아 채권의 포기를 인정하기 위해서는 그 행위나 의사표시를 엄격하게 해석하여야 한다는 원칙에 충실하였던 것으로 보인다.

4. 서울고등법원 2023. 5. 11. 선고 2021나2046590 판결을 통한 착오 주문의 책임 문제

(1) 대상 판결의 쟁점

당해 사건은 원고가 가상자산 거래의 과정에서 매도 수량 항목과 매도가 항목을 정해서 클릭하면서 시가에 훨씬 못미치는 가격으로 매도주문을 한 사건으로 그 직후 이루어진 매도주문에 대한 취소요청이 피고 거래소에서 받아들여지지 않은 사건이다. 특히 이 사건의 경우 피고가 약관 규정에 따라 직권으로 거래를 취소할 수 있었음에도 하지 않은 점, 피고가 제공한 거래소 시스템에 한글화 오류가 존재하여 외국인인 원고로서는 착오 주문을 피하기 어려웠던 사정 그리고 착오 주문에 대해서 원고가 재차 피고에게 이를 취소하도록 요청했음에도 피고가 기술적인 이유로 처리하지 못한 점을 원고가 손해배상책임의 근거로 주장했으며 이에 반해 피고는 원고가 전문적인 금융거래업자로서 이전부터 가상자산 거래를 반복적으로 한 점을 들어 원고의 중대한 과실이 존재한다고 항변하였다.

(2) 판결 분석

가상자산과 유사한 거래 방식을 보이고 있는 금융투자상품 거래와 관련된 사건들에 관해서 우리 판례의 입장은 착오 주문에 대한 취소를 거의 인정하지 않는 태도를 보여왔다.[10] 최근의 사건에 있어서도 우리 대법원은 알고리즘을 이용한 프로그램 거래를 이용한 파생상품거래에서 발생한 착오 주문에 대하여 비록 원고가 아닌 원고와 계약 관계에 있던 타업체의 직원이 수치를 잘못 입력한 경우에도 투자매매업자가 아닌 자에게 입력 작업을 시킨 원고에게 중대한 과실이 있다는 취지로 판시[11]한 바 있으며 대상 판결에서도 이러한 배경에서 착오 주문에 대한 책임을 원고가 전문 업자라는 점에 초점을 맞추어 원칙적으로 원고에게 부담시키는 태도를 보여주고 있다. 특이한 점이 있다면 대상 판결에서는 거래가 종결되기 직전에 원고가 착오 주문 사항에 대해서 피고에게 취소를 요청했음에도 피고 거래소의 기술적인 문제 즉 알고리즘의 오류로 이를 처리하지 못한 점은 피고에게 20%의 책임이 존재한다는 취지의 판시를 한 것이다.

이러한 결론은 가상자산과 관련하여 거래소의 책임을 좀 더 강하게 인정할 필요성이 존재한다는 점에 근거를 두고 있는 것으로 보이며 이는 금융투자상품시장과 비교하여 착오주문을 방지하기 위한 기술적 준비가 미흡한 가상자산거래소의 현실과 거래계의 현실을 예로 들 수 있다.[12]

Ⅳ. 자동화 프로그램을 사용한 거래의 법적 문제

1. 자동화 프로그램을 이용한 거래의 문제

우리나라에서 자동화 프로그램을 이용한 거래에 관해 법적 정의를 정하고 있는 것은 아니지만 한국거래소 업무규정에서는 ‘알고리즘 거래란

---

10) 이석준, “2023년 가상자산 중요판례평석”, 「인권과정의」 Vol. 521, 2024년 5월, 181면.

11) 대법원 2023. 4. 27. 선고 2017다227264 판결

12) 대상 판결의 거래소의 경우는 금융투자상품시장에서의 기술적 장치에 비해서 미흡하긴 하나 팝업창과 주문란의 글씨를 크게 강조하는 등의 노력이 있었기에 과실상계가 적용되어 피고의 책임이 20%만 인정되었다: 이석준, 앞의 글, 182면.

일정한 규칙에 따라 투자의 판단, 호가의 생성 및 제출 등을 인간의 개입 없이 자동화된 시스템으로 하는 증권의 매매 거래를 의미한다'고 정하고 있다(유가증권시장업무규정 제2조 제22항).

자동화 프로그램을 이용한 거래의 문제는 인터넷 거래에서 발생했던 착오 거래의 법리에서부터 시작된 측면이 있다. 왜냐하면 인터넷 거래가 빈번해진 1990년대부터 여러 가지 문제가 발생하면서 인터넷 금융 거래에서의 법적 문제를 해결하기 위한 법리가 발달하기 시작하였으며 이를 통해 증권거래에서의 착오 거래에 관해 적용하게 되었으며 그 대표적인 내용이 자동화 프로그램을 통한 거래의 문제였기 때문이다.[13]

판례를 통해 나타나는 자동화 프로그램과 관련한 법적 문제들은 크게 세 가지 유형으로 나눌 수 있다. 구체적으로, 첫째, 자동화 프로그램의 불법성 여부 둘째, 자동화 프로그램을 이용한 거래에서 발생한 문제의 해결 셋째, 자동화 프로그램을 이용한 적극적 시세조종행위와 같은 불법행위에 대한 처리의 문제를 예로 들 수 있다.

2. 자동화 프로그램의 허용 여부

자동화 프로그램은 알고리즘을 통해 구현되므로 동일어로 볼 수 있으며 알고리즘 거래란 특정의 거래 과정에서 미리 마련된 프로그램의 내용에 따라 수행되는 거래를 의미한다. 전세계적으로 프로그램을 이용하여 자동으로 매매하는 주식거래가 점점 늘어 나는 추세이며 해외는 물론이고 국내에서도 다양한 프로그램들이 제작되어 이용되고 있다. 구체적으로, 우리나라의 경우 통상 사용자가 직접 프로그램을 만들 수 있도록 증권사들이 API(Application Programming Interface)를 제공하는 형태가 일반적이며 각 증권사들이 OpenAPI를 공개 함으로써 그 종류는 점점 늘어나는 추세이다. 2019년 부터는 거의 대부분의 증권사 HTS(Home Trading System)들이 알고리즘 트레이딩을 할 수 있는 OpenAPI를 제공하고 있는 것이 현재 업계의 상황이다.[14]

---

13) 서희석, 앞의 글, 620면.

14) 이러한 예로 한국투자증권이 국내 증권사에서 유일하게 REST API 방식으로

이러한 상황은 자본시장법상 불법적인 목적을 가지고 있지 않은 이상 원칙적으로 자동화 프로그램의 사용이 허용하고 있기 때문이며 그 용도의 성격에 따라 규제되고 있으나 사실상 약관을 통해서 자체적으로 규제되는 것이 거래계의 현실이다.

3. 고빈도거래의 문제

(1) 고빈도거래의 의의

자동화 프로그램을 통해서 이루어지는 고빈도거래는 대규모 거래로서의 특성 그리고 극도로 짧은 지연시간 등의 특성을 이용하여 이익을 극대화하는 방식을 의미하며 보통은 이를 통해서 시장조성의 결과 혹은 차익거래를 통한 이익 추구를 목표로 한다.[15)]

시장조성의 결과란 고빈도거래사가 매도호가 및 매수호가의 신속한 조정을 통해 수익 가능성을 향상시키는 것을 의미하며 차익거래를 통한 이익 추구란 동등한 수준의 증권들 사이에서 가격차이가 발생할 경우를 이용하여 이를 동시에 매수 및 매도함으로써 위험 없이 수익을 올리는 것으로 흔히 선물거래방식의 파생상품 거래에서 자주 시도된다. 이 이외에도 정보 부족 상황을 이용한 구조전략과 향후 특정 증권가격의 변화를 예측하여 미리 거래 해두는 시장 방향성 전략 등을 위해서도 고빈도거래가 활용될 여지가 있다.

이러한 고빈도거래는 통상 큰 수익을 기대하긴 힘들지만 거래가 안정적이고 지속적이라는 장점을 가지고 있어 조작적 거래행위에 사용되는 것만을 방지하는 방향으로 제도가 운영되고 있는 실정이다.[16)]

API를 제공하고 있으며 삼성증권의 경우는 기관투자자한테만 유료 API를 제공하고 있는 점을 들 수 있다. 또한 이 밖에도 대신증권, 키움증권, 이베스트투자증권 그리고 신한금융투자 등도 각자 특색있는 프로그램을 제공하고 있다.

15) 노혁준, “증권 불공정거래의 새로운 양태와 대응 - 고빈도거래(HFT)를 중심으로 -”, 「법학연구(연세대학교 법학연구원)」제31권 제1호 (2021년 3월), 76면.

16) 이정엽·이석준·김성인, 앞의 책, 260면.

(2) 우리나라의 고빈도거래 규제

외국의 경우를 참고하면 고빈도거래를 강하게 규제하는 사례들은 대부분 '주문쌓기 및 허수주문'에 집중되어 있다.[17] 이에 특히 미국의 경우는 기존의 34년법 제9조와 제10조를 통해 규율하는 동시에 미국 상품거래소법을 통해서 구체적인 내용을 정하고 있으며 EU의 경우에는 제2차 금융상품시장지침(MiFID Ⅱ)을 통해서 거래소의 의무를 강화하면서 동시에 시장남용명령(MAR)을 통해서 시세조종 행위를 규율한다.

이에 반해 우리나라의 경우는 자본시장법상 통상의 규정을 제외한 고빈도거래에 관한 특별한 규정은 두고 있지 않으나 '유가증권시장 업무 규정'과 '파생상품시장 업무규정'을 통해 회원들의 알고리즘 거래 상황에 관해 거래소에 신고하도록 의무화[18]하고 알고리즘 거래에 관한 장애 발생시 회원들이 호가 일괄취소 등을 신청할 수 있도록[19] 정하고 있다.[20]

---

17) 노혁준, 앞의 글, 74면.

18) 유가증권시장 업무 규정 제104조의3 (고속 알고리즘거래자 등록 등) ① 회원은 위탁자로부터 고속 알고리즘거래 주문을 수탁하기 전에 해당 위탁자를 세칙으로 정하는 바에 따라 거래소에 고속 알고리즘거래자로 등록하여야 한다. 이 경우 회원은 위탁자가 다음 각 호의 요건을 모두 충족하고 있는지를 등록신청 전에 확인하여야 한다.
1. 위탁자가 이용하는 주문시스템 등 전산시스템이 고속 알고리즘거래를 수행하기에 적합한 안정성 및 적정성을 갖출 것
2. 위탁자가 고속 알고리즘거래를 수행함에 있어 필요한 충분한 지식과 경험을 보유할 것
3. 그 밖에 고속 알고리즘 거래를 관리하기 위하여 거래소가 필요하다고 인정하여 세칙으로 정하는 요건을 갖출 것
② 고속 알고리즘거래를 하려는 회원은 사전에 고속 알고리즘 거래자로 거래소에 신고하여야 한다.

19) 유가증권시장 업무 규정 제104조의2 (알고리즘거래의 관리) ① 회원은 알고리즘거래시 발생할 수 있는 위험을 파악하고 관리하여야 한다.
② 회원은 알고리즘거래를 수행하는 계좌를 설정·변경 또는 해지하는 경우에는 지체 없이 거래소에 신고하여야 한다.
③ 회원은 알고리즘거래와 관련하여 시스템 장애, 착오 등으로 인한 비상 상황이 발생하는 경우에는 알고리즘거래계좌(제2항에 따른 설정·변경의 신고를 한 계좌를 말한다. 이하 같다)별로 다음 각 호에 해당하는 조치(이하 "계좌단위 호가처리"라 한다)를 거래소에 신청할 수 있다. 다만, 대량매매 등 계좌단위

또한 이미 2014년부터 한국거래소의 '알고리즘거래 위험관리 가이드라인'을 통해 자율 규범을 마련하고 있었다. 이와 관련하여 최근인 2023년 1월 26일 금융위원회 보도자료에 의하면 2023년 4월부터 등록제 및 위험관리 제도를 가동하며 시장감시(예방조치) 기준 운영하며 이상 거래 적출, 분석 시스템을 마련할 것으로 알려져 있다.[21]

이러한 규제 강화 조치는 최근에 문제가 된 금융사고에 기인한 것으로 실무상 '초단타를 통한 시장교란 행위'를 국내에서 규율한 유일한 사례인 최근의 시타델증권의 고빈도매매 사건[22]을 배경으로 하고 있다. 미국의 대형 헤지펀드 시타델의 계열사인 시타델증권이 2017년 10월부터 2018년 5월까지 메릴린치증권 서울지점을 통해 국내 주식 총 264개 종목(총 6천 796개 매매구간)에서 컴퓨터 프로그램에 따라 순간적으로 주문을 내놓는 알고리즘 거래 방식으로 대규모 허수성 주문을 쏟아내고 호가 상승을 유발한 뒤 단시간에 주문을 취소하는 행위를 반복적으로 수행했던 것이다. 그 결과 고가 · 물량 소신 매수주문으로 호가 공백을 인위적으로 만든 뒤 지정가 매수주문을 제출하는 '호가 공백 메우기'로 호가 상승을 유발하고 다시 주문을 취소하는 방식을 단시간에 집중적·반복적으로 거래를 하여 큰 이익을 얻었던 것이다. 이에 관해 증권선물위원회는 당해 증권사에 대해 시장질서 교란행위를 한 혐의를 인정하여「자본시장과 금융투자업에 관한 법률」[23]에 따라 과징금 118억 8천만원을 부과했던 것이다.

호가처리가 부적합하다고 세칙으로 정하는 경우는 제외한다.
1. 호가를 한꺼번에 취소할 것
2. 추가적으로 호가를 접수하지 않을 것
④ 제2항의 알고리즘거래계좌의 신고 방법, 제3항의 계좌단위호가처리의 신청 방법 및 해제, 그 밖에 필요한 사항은 세칙으로 정한다.

20) 파생상품시장 업무규정 또한 제156조 이하에서 유사한 내용을 정하고 있다.

21) 금융위원회 보도참고자료 2023. 1. 26. 배포 자료.

22) https://stock.mk.co.kr/news/view/20579 (24. 5. 3. 최종 방문)

23) 제4289조의2 (시장질서 교란행위에 대한 과징금) 금융위원회는 제178조의2를 위반한 자에 대하여 5억원 이하의 과징금을 부과할 수 있다. 다만, 그 위반행위와 관련된 거래로 얻은 이익(미실현 이익을 포함한다. 이하 이 조에서 같다) 또는 이로 인하여 회피한 손실액에 1.5배에 해당하는 금액이 5억원을 초과하는 경우에는 그 이익 또는 회피한 손실액의 1.5배에 상당하는 금액 이하의 과징금을 부과할 수 있다.

4. 자동화 프로그램을 통한 착오 거래의 문제

(1) 전자금융에서 시작된 착오 거래의 문제

온라인을 통한 자금 이제 거래 즉 온라인 뱅킹을 통해 처음 문제가 제기되었던 착오 이채의 형태는 그 이후 축적된 판례를 통해 어느 정도 법리가 확립된 상황이다. 즉 우리 판례는 민사상의 착오의 문제가 아닌 '원인관계불요설'에 따라 원인 관계와 상관없이 수취인의 예금채권이 보장된다는 입장을 보여 왔다.[24] 그 이후 착오 거래가 문제가 된 분야가 바로 자본시장법상의 유가증권이나 파생상품과 관련한 사안들이었으며 온라인 상에서 벌어진 실수 즉 구체적인 착오 거래의 행위에 비해 그 결과가 엄청난 손해로 이어진다는 점에서 사후 구제의 필요성이 훨씬 더 강하게 제기되었던 것이다.

(2) 자동 주문 프로그램을 통한 착오 거래

온라인에서 증권거래를 실현하기 위하여 증권회사에서 제공하는 프로그램을 이용하는 것이 일반적이었으며 이러한 경우에 착오 주문이 문제가 되었다. 그러나 이러한 주문 프로그램의 기술이 고도화되어 자동 주문 프로그램을 통한 수익률이 더 높아지는 상황이 보편화 되면서[25] 착오 거래의 문제가 알고리즘을 통해 미리 설정된 프로그램을 통해서 나타나게 되었다.

전자거래를 활성화 시키기 위해선 안정성을 담보할 필요가 있었기에 주요국들은 이를 입법적으로 해결하려 노력하였으며 대체로 사업자들에게 기술적 보완을 부담시키는 방향으로 발전해 온 것이다. 우리나라의 경우 2002년 제정된 전자상거래소비자보호법을 통해 착오 거래와 같은 상황을 방지할 기술적 절차를 마련할 의무를 사업자에게 부담시키는 방향으로 입법을 했다. 그 결과 전자상거래시에 화면상에 나타나는 여러 가지

---

24) 서희석, 앞의 글, 620면.

25) https://www.hankyung.com/article/2020110909031 (24. 8. 7. 최종 방문)

장치를 통해 의사표시를 하기 전에 이용자가 다시 한번 화면을 통해 확인할 수 있는 기술적 장치가 마련되었다. 그래서 실제로 전자거래에서 착오주문이 문제가 되는 것은 이러한 기술적 장치가 존재함에도 불구하고 착오 거래가 발생한 경우를 전제로 하는 것이다.

우리나라의 경우 착오 거래에 적용할 수 있는 규율들로 한국거래소의 '알고리즘 트레이딩 관련 가이드라인' 과 2014년 11월에 거래소 시장감시위원회가 마련한, '주문사고 예방을 위한 알고리즘거래 위험관리 가이드라인' 등을 들 수 있지만 이러한 조치들은 대부분 알고리즘을 이용한 거래를 실현하는 기술적 부분들에 대한 조치를 의미하며 실질적인 규제로는 기술한 '유가증권시장 업무 규칙'과'파생상품시장 업무규칙'에 마련된 여러 가지 규제들을 예로 들 수 있다. 이들 규칙에 따르면 고속 알고리즘 거래를 위해서는 반드시 사전 등록 및 신고하도록 정하고 있으며 전산 오류 등의 사유와 같은 비상 상황에서는 모든 호가를 자동으로 취소하도록 하고 있으며 특히 착오 주문의 경우에 거래소는 매매계약체결의 중개업무를 하는 과정에서 착오가 발생하거나 회원이 호가를 하는 과정에서 착오가 발생한 경우에는 매매계약체결내용을 정정할 수 있도록 정하고 있다.

그러나 현행의 규제 체계가 실제로는 거래소의 업무규정을 통해 이루어지는 관계로 알고리즘이 프로그램된 자동화 거래를 이용하여 고빈도거래를 하는 자를 위탁자로 정의하고 실제 이들에 관한 모든 요건을 거래소인 '회원'에게 일임하는 형태로 되어 있다는 점에서 그 실효성에 의문이 제기된다.[26] 이러한 이유에서 회원이 아닌 위탁자에게는 직접적인 법적 효과를 발휘할 수 없다는 거래소 규칙으로서의 한계는 개선이 필요한 것으로 보인다.

---

26) 양기진, "고빈도 알고리즘에 의한 시세조종성 행위 규제의 현행법상 한계와 개선방안 -고도의 인공지능(AI)을 이용한 시세조종의 함의를 포함하여-", 「금융소비자연구」제13권 제2호, 2023년 8월호, 119면.

Ⅴ. 가상자산 거래에 있어서 자동화 프로그램 사용의 법적 문제

1. 가상자산 거래의 성격과 규제 방식

가상자산거래에 관해 소극적인 태도를 보이고 있던 우리나라도 2017년 이후로 가상자산 산업을 제도권 내로 편입시키려는 논의가 시작되었으며 2020년 3월「특정 금융거래정보의 보고 및 이용 등에 관한 법률」개정을 시작으로 21대 국회에서는 13개의 법안이 가상자산 규제와 관련되어 있었고, 그중 2023년 5월 11일에는 '가상자산 이용자 보호 등에 관한 법률안'이 6월 30일 국회 본회의를 통과하고 7월 18일에 공포되어 2024년 7월 19일부터 시행되고 있다.[27)]

현재의「가상자산 이용자 보호 등에 관한 법률」의 규제 체계는 가상자산사업자를 중심으로 구성되어 있으며, 이는 가상자산사업자의 역할이 단순히 중개자로서가 아닌 투자자들의 자금을 예치하고, 거래 주문을 받아 거래를 중개하는 등 주식 시장의 사업자보다 더 광범위하고 중심적인 구실을 하고 있다는 특성에 기인한 것이다.

그러나 여전히 완비된 규제법으로서의 성격을 가지지 못한 현행의「가상자산 이용자 보호 등에 관한 법률」은 결과적으로 가상자산 규제 체계를 더욱 혼란스럽게 만들었으며 그 결과 우리나라의 현행 가상자산 규제 체제는 사실상 이원화 된 형태를 띠고 있다. 즉 현행 법제는 가상자산을 그 기능에 따라 증권형 토큰(토큰 증권)과 비(非) 증권형 토큰을 구분하여 각각 다르게 규제하고 있으며 구체적으로 증권형 토큰(토큰 증권)은「자본시장과 금융투자업에 관한 법률」을 통해 증권으로 취급되어 규제되는 반면, 비(非) 증권형 토큰은「가상자산 이용자 보호 등에 관한 법률」에 의해 규제되는 것이다.

이러한 전제에서 증권형 토큰(토큰 증권)으로 취급될 경우 기술한 거래소를 중심으로 한 규칙들과「자본시장과 금융투자업에 관한 법률」을 통해서

---

27) 급히 제정된 만큼 시행에 필요한 추가적인 내용에 대한 보완 작업이 진행되고 있지만, 그 세부 사항은 아직 공개되지 않은 상태이다.

규율을 받게 되나 여기에 해당하지 않는 비증권형 토큰의 경우에는 2024년 7월 19일부터 「가상자산 이용자 보호 등에 관한 법률」의 적용을 받게 된다.

2. 가상자산사업자에 대한 규제

개정된「특정 금융거래정보의 보고 및 이용 등에 관한 법률」은 기존 영업 중인 가상자산사업자들에게 2021년 9월 24일까지 신고의무를 부과하였고 그 결과 실명확인계정을 획득한 거래사업자 4개사, 실명확인계정없이 ISMS 인증[28]만을 획득한 25개 사업자, ISMS 인증을 획득한 지갑사업자 및 보관관리업의 13개 사업자가 신고를 하였으며 그 중 총 29개 사업자가 심사를 통과하여 특정금융정보법상의 자금세탁방지의무를 먼저 부담하게 되었다.

그러나 동법의 구체적인 내용이 금융거래 등을 이용한 자금세탁행위와 공중협박자금조달행위를 규제하는 데 필요한 특정금융거래정보의 보고 및 이용 등에 관한 사항을 규정하고 있으며 입법 목적 또한 이러한 수단을 통해 범죄행위 예방과 금융거래 질서 확립에 두고 있어[29] 거래의 공정성과 금융소비자보호라는 측면과는 거리가 있다. 이에 반해 「가상자산 이용자 보호 등에 관한 법률」의 경우에는「자본시장과 금융투자업에 관한 법률」에서 정하고 있는 불공정거래행위 유형을 상당 부분 차용하는 형태를 통해서

28) 정보보호관리체계(ISMS : Information Security Management System) 인증이란 기업(조직)이 각종 위협으로부터 주요 정보자산을 보호하기 위해 수립·관리·운영하는 종합적인 체계(정보보호 관리체계)의 적합성에 대해 인증을 부여하는 제도로서 한국인터넷진흥원(KISA)에서 기업들에게 부여하고 있는 인증제도이며 중요한 정보자산을 취급하는 서비스들이 적절한 수준의 보안 체계를 가지고 있는지 여부를 심사하고 있다. 특히 가상자산 서비스들은 정보자산을 취급하는 대표적인 업종이므로 가상자산 사업자 신고를 위해서는 ISMS 인증 취득이 필수로 알려져 있다. 그러나 특정금융정보법에서는 ISMS 인증이 필수이나 정보통신망 이용촉진 및 정보보호 등에 관한 법률에서는 최소 2개월 이상의 실제 서비스 운영실적으로 이용하여 모순이 있었으나 2022년 7월 이후로 ISMS 예비인증 특례를 통해 해결되고 있다.

29) 제1조(목적) 이 법은 금융거래 등을 이용한 자금세탁행위와 공중협박자금조달행위를 규제하는 데 필요한 특정금융거래정보의 보고 및 이용 등에 관한 사항을 규정함으로써 범죄행위를 예방하고 나아가 건전하고 투명한 금융거래 질서를 확립하는 데 이바지함을 목적으로 한다.

가상자산사업자에게 많은 의무를 부담시키고 있다. 구체적으로 「자본시장과 금융투자업에 관한 법률」은 미공개중요정보 이용행위 금지, 시세조종행위 금지, 사기적 부정거래행위 금지, 자기발행코인 매매행위 등을 규정하고 있으며 자동화 프로그램의 문제 또한 이러한 불공정거래 규제를 통해서 규율될 것으로 보인다.

3. 자동화 프로그램 사용에 관한 문제

(1) 규제의 흠결

기술한 바와 같이 특정 알고리즘으로 프로그램된 자동화 프로그램을 이용하여 거래소에서 거래하는 방식은 현재 증권업계에서는 빈번한 사례이며 가상자산 거래에서도 점점 사용 빈도가 높아지고 있다. 이는 기본적으로 초고속 정보통신 기술력을 전제로 하여 프로그램 관련 기술의 발달을 통한 프로그램 제작의 용이성과 최근에 각광받는 인공지능 기술의 접목을 통해 미리 설정한 조건들과 실제로 입력되는 변수에 따라 비상식적인 초단타거래가 실현되고 있는 것을 의미하며 그 결과 예측할 수 없는 유동성의 변화를 통해 시세조종의 가능성이 높아지고 있는 것이다.

앞서 검토한 첫 번째 판결의 태도는 자동화된 수단이 거래 행태상 부정성 혹은 부당성을 띠어야 거래소의 재재가 가능하다는 식으로 약관 내용을 제한적으로 해석한 것으로 보인다. 특히 자동화 프로그램의 사용에 관한 약관의 내용에 명시적인 금지규정이 없다면 이를 규제할 수 없다고 판시하였다. 그러나 이러한 해석과 달리 실제 프로그램이 사용된 거래행위에 관해서는 자동화 프로그램 사용이 사기적 거래나 시세조종행위의 의도가 실제로 있었느냐의 여부를 검토함이 없이 사용 자체를 부정한 수단으로 판단하였던 것으로 보인다. 이러한 상반된 태도의 배경에는 그동안 프로그램 사용의 현실적인 상황과 더불어 규제의 측면에서도 증권거래를 규제하는「자본시장과 금융투자업에 관한 법률」을 통해 증권 및 파생상품에 대해 그 거래 행태와 이상 거래 행위 그리고 그 거래자에 대한 통제가 엄격히 이루어지는 반면에 판결이 내려진 당시에는 비(非)증권형 가상자산 거래

에 관해서는 이러한 규제가 마련되어 있지 않았기 때문으로 보인다.[30)]

우리나라의 경우 2023년 6월 30일 통과된「가상자산 이용자 보호 등에 관한 법률」이 2024년 7월 19일부터 시행되어 가상자산 이용자 보호를 위해 불공정거래 행위를 중심으로 한 규제가 시작되었다. 이와 더불어 2023년 2월 금융위원회가 발표한'토큰증권 발행, 유통 규율체계 정비방안'에서 토큰 증권(STO)의 발행을 밝힌 바 있으며[31)] 또한 최근인 2024년 2월 금융위원회가 토큰 증권(STO)을 허용할 계획을 재차 확인함으로써 현재 금융시장에서의 기대와 준비와 같은 실질적인 변화가 현실로 나타나고 있으나 현재까지도 입법화되지 못했다.

(2) 현행법에 따른 규율

1)「가상자산 이용자 보호 등에 관한 법률」에 따른 규율

「가상자산 이용자 보호 등에 관한 법률」이 입법화된 목적[32)]이 이용자 보호와 불공정거래 규제를 표방하고 있었기에 이 법의 주요 내용이 불공정거래행위를 규제하는 것이다. 가상자산 시장의 특성상 거래자 대부분이 특정 사업자 혹은 거래소를 통해서 거래가 이루어지기 때문에 주로 이들에 대한 규제를 통해서 불공정 거래 행위를 다루게 된다. 2024년 7월 19일부터 시행된 이 법은 불공정 거래 행위를 규제하는 내용으로,「자본시장과 금융투자업에 관한 법률」의 관련 조항을 채용하여 미공개 중요 정보 이용, 시세 조종, 사기적 부정거래를 규제하는 유형으로 구성되어 있다.

특히 특정 알고리즘으로 설계된 자동화 프로그램을 이용하여 가상자산을 거래하는 방식은 고빈도거래 등과 같은 새로운 방식의 거래를 더욱 활

30) 이정엽·이석준·김성인, 앞의 책, 261면

31) 금융위원회, 토큰 증권 가이드라인, "토큰 증권 발행, 유통 규율체계 정비방안"(2023. 2. 6).

32) 가상자산 이용자 보호 등에 관한 법률의 제정 이유로 '가상자산 이용자 자산의 보호와 불공정거래행위 규제 등에 관한 사항을 정함으로써 가상자산 이용자의 권익을 보호하고 가상자산시장의 투명하고 건전한 거래 질서를 확립함'을 명시하고 있다: https://www.law.go.kr/LSW/lsInfoP.do?lsiSeq=252731&viewCls=lsRvsDocInfoR# (24. 8. 20. 최종 방문)

성화 시키는 경향이 있으며 착오주문의 문제와 같이 예상치 못했던 거래상 실수를 유발할 가능성이 높다. 이러한 경우 「가상자산 이용자 보호 등에 관한 법률」이 시행된 현재로서는 불공정거래행위 금지 조항을 이용한 규율이 가능할 것으로 보이며 여러 유형 중에서도 특히 시세조종행위 및 사기적 부정거래를 통해 규제될 수 있을 것이다.

2) 시세조종금지 규정의 적용

「가상자산의 이용자 보호 등에 관한 법률」제10조 제2항부터 제3항에 걸쳐 시세조종 행위의 구체적인 형태에 관해서 정의하고 있으며, 여기에는 위장거래, 현실거래를 이용한 시세조종, 그리고 시세의 고정 또는 안정화 조치 등을 포함하는 등의 행위가 포함된다. 이는「자본시장과 금융투자업에 관한 법률」에서 정의하는 허위표시나 현물과 선물을 연계한 시세조종 등의 행위보다 다양한 유형을 포함하는 것으로 해석된다.

특히 그중에서 자동화 프로그램을 통한 시세조종행위의 예로 우리나라에서 문제가 되었던 것은 소위 모멘텀 점화(momentum ignition)라고 불리는 다른 투자자들에게 오해를 불러 일으킬 수 있는 방식으로 가격의 추이를 인위적으로 조작하는 방식을 들 수 있다.[33] 이는 증권거래시장에서 빈번히 발생하는 유형으로 가상자산 거래에 있어서도 다르지 않을 것으로 보인다. 현재 가상자산 매매 자동화 프로그램이 시장에서 거래가 되고 있으며 이런 프로그램들을 마켓메이킹 봇 혹은 자전거래 봇 등으로 거래계에서 지칭하고 있으며 그 기능 또한 주식 트레이드에서와 다를 바 없기 때문이다.[34]

3) 적용상의 문제점

최근 몇 년 동안에 달라진 위상을 보이고 있는 가상자산은 그 거래 시장

---

33) 실제로 시타델증권 사건에서 나타난 행위 유형을 모멘텀 점화에 해당하는 것으로 해석할 여지가 있다: 양기진, 앞의 글, 121면. (빈도수의 차이를 근거로 이를 전형적인 고빈도 거래 사례로는 볼 수 없다는 견해로 노혁준, 앞의 글, 87면.)

34) https://www.digitaltoday.co.kr/news/articleView.html?idxno=525792 (24. 8. 26. 최종 방문)

의 규모와 거래량에서 이미 주식거래 시장의 거래량을 뛰어 넘었으나 주식시장에 비해 제대로 갖춰져 있지 않은 물적·인적 설비와 법적인 규제의 흠결을 이유로 투자자들의 큰 손실로 이어질 가능성이 높으며 실제로 여러 사건을 통해서 입증된 바 있다. EU의 암호자산 시장 규정(Markets in Crypto Assets Regualtion: MiCA)의 입법 태도와 마찬가지로 자본시장법상의 규제를 상당 부분 채용하고 있는 현행 「가상자산의 이용자 보호 등에 관한 법률」의 경우 가상자산거래의 형태가 증권시장에서의 거래의 형태와 유사하다는 것을 전제로 하고 있다. 그러나 가상자산시장은 증권시장의 매매 호가효력 일지중지제도(Sidecar) 및 매매거래중단제도(Circuit Breaker)와 같은 비상조치들이 마련되어 있지 않은 상황에서 급격한 변동성을 보여 온 점 그리고 시장 거래가 24시간 전 세계의 거래소에서 가능하다는 점에서 투자자들의 심각한 원금 손실 가능성이 매우 높다는 특성을 띠고 있다.

「가상자산의 이용자 보호 등에 관한 법률」은 시세조종행위에 대하여 가상자산이용자보호법 제10조 제2항 내지 제3항에서 규정하고 있으며 그 유형으로 위장거래에 의한 시세조종행위, 현실거래에 의한 시세조종행위, 시세고정 또는 안정행위 등을 규정하고 있어 허위표시 등에 의한 시세조종행위와 현물과 선물이 연계된 시세조종행위의 유형까지 포함하고 있는 자본시장법의 규제 유형과 차이를 보인다. 현실거래에 의한 시세조종행위 유형은 가상자산의 매매를 유인할 목적으로 가상자산의 매매가 성황을 이루고 있는 듯이 잘못 알게 하거나 그 시세를 변동 또는 고정시키는 매매 또는 그 위탁이나 수탁을 하는 행위를 의미한다. 특히 이러한 위장거래에 의한 시세조종행위로 흔히 워시 세일, 모멘텀 점화 등의 유형이 빈번히 발생할 수 있다. 이는 투자자가 동일한 금융상품을 사고 파는 행위를 빈번히 반복하거나 시장에서 과도한 매수 또는 매도 입력을 이용하여 시장의 정보를 왜곡시키는 등의 다양한 행위를 의미하며 기술이 발전할수록 이익 창출의 규모가 일반 주식시장보다 훨씬 높다는 점에서 알고리즘에 의한 자동화 거래 프로그램이 다양한 거래 상황에서 적극적으로 활용될 가능성이 높다.

문제는 우리 법이 가상자산을 증권형 토큰과 비(非)증권형 토큰으로 구분하며 전자의 경우는 자본시장법상의 규제 원리를 통해 그리고 후자의 경우는 새로운 입법을 통해 해결하는 태도를 보여주고 있지만 이는 불공정거래 법리를 이원화하여 차별화하게 되어 결과적으로 가상자산의 특성을 충분히 고려치 못하고 있다는 점이다. 즉 증권형 토큰(토큰 증권)은 기존의 유가증권거래식의 규제를 그리고 비(非)증권형 토큰에는 불완전한 전문법을 통한 규제를 적용하고 있어 실제로는 기술의 변화에 효과적으로 대처할 수 있는 통일된 규제를 마련하지 못하고 있는 것이다.

실무적인 측면에서도 현행 「자본시장과 금융투자업에 관한 법률」에 따른 조사 절차가 통상적으로 한국거래소가 이상 거래를 발견한 뒤 이후 금융감독원과 금융위원회에서 조사를 실시한 뒤, 서울남부지방검찰청이 수사를 맡는 순서로 이루어지고 있으며 가상자산의 경우에도 유사한 절차로 수사가 진행될 것으로 예상된다.[35] 그러나 가상자산 거래에 특화된 절차가 마련되어 있지 않은 상황에서 「자본시장과 금융투자업에 관한 법률」 제427조에 명시된 압수나 수색 같은 조치가 「가상자산의 이용자 보호 등에 관한 법률」에는 명시되지 않은 점 그리고 가상자산의 탈중앙화 특성상 효과적인 조사가 어려울 것이 예상된다는 점에서 결국 가상자산사업자 즉 거래소의 역할이 중요한 의미를 가질 것으로 보인다. 이에 더하여 현행 「가상자산 이용자 보호 등에 관한 법률」의 벌칙 규정들 적용을 위해 필요한 이익액 산정도 유가증권 거래에서와 마찬가지의 어려움이 예상된다.

(3) 외국 입법례와의 비교

1) 미국의 경우

미국은 현재까지도 가상자산에 대한 통일된 법제도를 운영하고 있지 않으며 연방차원에서 증권, 상품 및 송금서비스 등을 규율하는 여러 담당 기관들의 규제를 통해서 그리고 각 주에서 제정한 입법내용 등에 따라 규율되고 있다.

---

35) 이정수, “가상자산 이용자 보호 등에 관한 법률의 법적 의의와 쟁점 및 향후 입법방향”, 「증권법연구」제24권 제2호(2023), 113면.

미국의 증권거래위원회(The Securities and Exchange Commission: SEC)는 2017년 7월 DAO Reprot를 통해 가상자산의 발행 및 판매 행위에 관해 연방 증권법 및 연방 증권거래법의 적용대상 여부를 분석한 바 있으며 미국의 연방대법원은 투자계약성과 관련한 Howey 사건[36]을 통해 투자계약의 요건을 밝힌 바 있다. 그 결과 SEC는 증권법상의 투자증권성 여부는 가상자산 거래 조직이나 자본조달 기관에도 동일하게 적용된다고 보아 이에 해당하는 경우에 한해 증권법상 여러 규제가 적용된다는 입장을 보여주고 있다.

그러나 이러한 원칙에도 불구하고 산업적인 경쟁력을 고려하여 최근까지 '토큰 세이프하버 제안(Token Safe Harbor Proposal 2.0)'이 미국 하원에서 논의되었으며 몇몇의 요건을 충족하면 3년 동안 증권법상의 등록 의무를 면제하는 것을 주요 내용으로 하고 있었다.[37]

이와 더불어 미국의 상품선물거래위원회(Commodity Futures Trading Commission: CFTC)는 2014년 비트코인 등의 가상화폐를 상품으로 간주하여 상품규제법(the Commodity Exchange Act: CEA)을 통하여 규율하고 있으며 또한 미국의 연방준비위원회(the Board of Governors of the Federal Reserve System: Fed)의 경우에도 2017년부터 비트코인과 같은 암호화폐에 대하여 모니터링 하면서 향후 기준 금융시스템에 「대한 영향력의 변화에 따라 개입할 여지를 밝히고 있는 상황이다.[38]

36) SEC v. W.J. Howey Co., 328 U.S. 293 (1946). 특히 당해 판결을 통해 제시된 하위 테스트(Howey Test)란 미국 대법원에서 네 가지 기준에 해당할 경우 투자로 보고 증권법을 적용하도록 하는 테스트로서 돈이 투자되고(Investment of money) 그 돈이 공동의 사업에 쓰이게 되고(In a common enterprise) 투자에 따른 이익을 기대할 수 있으며(Withanexpectationofprofits) 그 이익은 타인의 노력으로 발생될(From the efforts of others) 경우 증권으로 본다는 것을 의미한다.

37) 최근 미국 증권거래위원회(SEC) 위원 헤스터 피어스(Hester Peirce)가 가 밝힌 바로는 '암호화폐 세이프 하버(Token Safe Harbor) 법률 제정을 포기하지 않았으며 더 강화된 세이프 하버 제안 3.0 버전이 필요하다.'고 하는 등 암호화폐 및 투자자 친화적인 법적 프레임워크 마련을 더욱 강화할 필요가 있다는 의견이 미국 내에서 여전히 주장되고 있다: https://coinness.com/news/1085085 (24. 8. 25. 최종 방문)

38) 김재진·최인석,「가상자산 법제의 이해」, 박영사, 2022, 130면.

이러한 배경에서 미국의 경우 알고리즘 거래 방식 그 중에서 특히 고빈도 거래에 관해서 여러 규제 논의가 진행되어 왔으며 SEC는 2010년 11월에 Rule 15c3-5를 통해 시장 접근을 제공하는 기업에 대한 금융시스템 건전성을 담보할 의무를 부담시키는 식으로 규제하고 이를 근거로 알고리즘 거래에 대한 통합감시체제 등을 구축하였으나 파생상품에 관해서는 2015년에 자동거래 규제안(Regulation Automated Trading)이 발표되었다가 2020년에 철회되는 등 여전히 규제에 관해서는 유보적인 태도를 보여 주고 있다.39)

2) 유럽연합(EU)의 경우

EU의 경우 금융상품(Financial Instrument)의 범주에 포함되는 가상화폐의 경우에만 유럽증권시장가지침(Markets in Finance Instruments Directives Ⅱ: MiFID Ⅱ)으로 규율하며 그 중에서도 불공정거래 행위에 해당하는 경우 불공정거래행위 규정(Market Abuse Regulatin: MAR)을 통해 규제하는 태도를 취하고 있다.

이러한 배경에서 2020년 9월 24일 EU 집행위원회가 '암호자산 시장 규정 제안(Proposal for the Markets in Crypto Assets Regualtion)'을 발표하였으며 그 후 2023년 4월 20일 유럽의회가 당해 법안을 통과시킨 뒤 2023년 5월 16일 유럽이사회의 승인을 얻어 통과 되었으며 2024년 6월 30일부터 시행되고 있다. MiCA의 주요 내용은, 가상자산서비스제공자(CASP)는 요건을 갖춰 사업자 라이선스를 획득한 뒤 EU 내 27개국에서 사업을 영위할 수 있게 되며 이를 위해 가상자산 백서를 비롯해 자본 요건과 법제 준수 여부, 투자자 보호 조치 추진 여부 등을 감독받게 된다. 그중에서도 특히 시장남용금지의 원칙과 관련하여 당해 법안은 가상자산서비스제공자(CASP)가 운영하는 사업체 즉 거래 플랫폼에서의 가상자산거래와 관련된 모든 이에게 적용되는 것으로 그 중에서 시세를 조작하는 행위에 관해서는 직접 또는 간접적으로 매도·매수 가격에 영향을 끼치거나 다른 불공정거래의 조건을 조성하는 등 가상화폐거래에서의 주도적인 위치

39) 이정엽·이석준·김성인, 앞의 책, 259면.

를 점하려는 것(MiCA 제91조 제3항(a))[40], 거래플랫폼에서 주문을 설정, 취소, 변경함에 있어 동법 제3항(a)와 같은 효과를 가진 것으로서 플랫폼의 기능을 방해하려는 활동 그리고 목적에 따라 거래 분위기를 조성시키는 것을 포함한 암호자산의 공급, 수요 또는 가격에 대하여 착오를 일으킬 만한 행위에 관여하는 것 등을 명시(MiCA 제91조 제3항(b))[41]하고 있다.

자동화된 매매와 관련해서는 MiFID Ⅱ를 통하여 투자회사로서의 허가를 요하도록 정하고 있으며 실제 착오 거래 등이 발생한 경우에는 긴급정지 조치 등을 마련하고 있다. 그러나 이러한 규세들 또한 거래 과정에서 규제 당국에 대한 협조를 의미하는 것일 뿐 금지하는 태도를 보이는 것은 아니다. MiCA의 적용을 받는 비증권형 토큰에 대해서 EU는 암호자산 거래 플랫폼을 통한 규제 방식을 마련하고 있으며 증권거래법에 따른 불공정거래행위 규정을 채용한 MiCA의 특성상 알고리즘을 통한 시세조종 등의 불공정거래행위가 발생한 경우에 적용된다.

---

40) Article 91 Prohibition of market manipulation 3. The following behaviour shall, inter alia, be considered as market manipulation: (a) securing a dominant position over the supply of, or demand for, a crypto-asset, which has, or is likely to have, the effect of fixing, directly or indirectly, purchase or sale prices or creates, or is likely to create, other unfair trading conditions;

41) Article 91 Prohibition of market manipulation 3. The following behaviour shall, inter alia, be considered as market manipulation: (b) the placing of orders to a trading platform for crypto-assets, including any cancellation or modification thereof, by any available means of trading, and which has one of the effects referred to in paragraph 2, point (a), by:
(i) disrupting or delaying the functioning of the trading platform for crypto-assets or engaging into any activities that are likely to have that effect;
(ii) making it more difficult for other persons to identify genuine orders on the trading platform for crypto-assets or engaging into any activities that are likely to have that effect, including by entering orders which result in the destabilisation of the normal functioning of the trading platform for crypto-assets;
(iii) creating a false or misleading signal about the supply of, or demand for, or price of, a crypto-asset, in particular by entering orders to initiate or exacerbate a trend, or engaging into any activities that are likely to have that effect;

4. 인공지능을 이용한 거래의 문제

(1) 인공지능과 알고리즘 프로그램과의 차별성

인공지능에 관해 자동화된 프로그램의 일종으로 보는 견해도 존재하지만 현재 급속도로 발전된 인공지능 기술을 기계학습과 동일시 하기는 어려울 것으로 보인다. 알고리즘에 의해 정형화된 프로그램에 의한 거래와 달리 현재의 딥러닝[42]을 기반으로 하는 생성형 인공지능을 이용한 거래의 방식은 이미 인간의 판단이 개입하지 않으며 병렬화 된 인공지능의 판단의 과정과 근거를 역추적 해내기가 기술적으로 사실상 불가능에 가깝다는 특성을 보인다.[43] 만일 이러한 특성을 가진 인공지능의 기능을 이용한 가상자산 거래가 이루어진 경우 그것도 기술한 여러 가지 규율을 위반하는 결과가 발생한 경우 그 책임의 주체를 정하는 것은 어려운 문제이다.

현재 인공지능을 이용한 금융서비스로 고객별 맞춤 자산관리 전략을 마련하거나 고객의 데이터를 수집해 알고리즘에 반영하는 수준의 서비스를 예로 들 수 있으며 광고상으로는 수많은 인공지능 투자 서비스가 활약하고 있는 것으로 보이지만 여전히 알고리즘을 통한 자동화 프로그램 수준을 통해 거래 행위가 이루어지고 있는 것으로 보인다.

(2) 현행 법률에 따른 규제의 한계

생성형 인공지능을 이용한 거래 행위 즉 인공지능이 모든 것을 판단하고 클릭하는 형태의 거래 행위가 현재 사용되는 것은 아니며 인공지능의 판단을 참고하는 수준의 거래 행위는 현재도 이용되고 있는 것으로 보인다. 그러나 실제로는 여전히 개별 증권사가 제공하는 API에 대한 의존도가 높은 것이 사실이다. 이러한 배경에서 2021년 7월 8일 금융위원회가 발표한 「금융분야 AI 가이드라인」은 금융거래 및 금융서비스 등에 적용되는 인공

---

42) 기계학습의 알고리즘의 유형으로 연속된 계층에 신경망을 통합하여 수집된 데이터들을 반복적으로 스스로 학습하도록 된 방법론을 의미한다.

43) 김윤명,「블랙박스를 열기 위한 인공지능법」, 박영사, 2022, 292면.

지능 서비스에 대한 원칙을 보여주고 있지만 여전히 불법행위를 통한 결과 발생에 대한 책임의 문제에 대해서는 규율하지 않는 태도를 보이고 있다.

이미 인공지능에 대한 규제법[44]을 제정한 EU와 달리 우리나라는 여전히 인공지능에 특화된 법률을 제정하지 못하고 있는 실정으로 향후 입법화 과정에서 금융 서비스에 특화된 인공지능에 대한 규제 내용이 검토될 필요성이 있다.

Ⅵ. 맺음말

자동화 프로그램을 이용한 거래 방식은 현재 여러 증권사와 사용자들에 의해 활발히 사용되고 있으며, 그 빈도는 온라인 통신 장치와 컴퓨터 프로그래밍 기술의 발전, 알고리즘 거래 기술의 향상, 그리고 경제적 상황에 따른 가상자산 투기의 증가로 인해 더욱 확대될 것으로 보인다. 이러한 흐름 속에서, 본 글에서는 가상자산 거래 분야에서 알고리즘 프로그램이 사용된 최근 판례들을 분석하였다.

우리 법원은 알고리즘 프로그램 사용을 금지하는 명확한 약관이 없는 경우, 그 사용을 비교적 허용하는 경향을 보이고 있다. 그러나 실제 가상자산 거래에서 사용된 경우, 그 목적이나 세부 내용을 충분히 검토하지 않고 불공정한 거래로 판단하는 사례가 나타나고 있다. 이는 기존 자본시장법에 따른 규제와 차별화되는 부분이다. 또한, 자동화 프로그램의 오류로 인한 착오 주문에 있어서도, 기존 유가증권 거래에서의 착오 주문 처리 방식과는 다르게, 프로그램을 제공한 거래소의 책임을 일정부분 인정하는 입장을

44) 2024년 3월 13일 유럽의회를 통과한 인공지능에 관한 포괄적 규제법인 EU AI Act는 EU 역내에서 사용되는 AI 시스템의 위험도 기준으로 4단계(허용 불가능한 위험/고위험/제한적 위험/최소 위험)로 분류하여 출시하기 위한 사업자 등의 의무 사항을 달리 규정하고 있다: 심소연, "규제중심의 유럽연합 인공지능법(EU AI Act)", 「최신 외국입법정보」, 국회도서관, 2024. 4. 16. 2024-04호(통권 제242호) : https://law.nanet.go.kr/foreignlaw/newForeignLawissue/new Foreign LawissueView.do?cn =KLAW2024000004 (24. 8. 26. 최종 방문)

보이고 있다는 점에서 차이를 보이고 있다. 이러한 우리 판례의 경향은 실제 거래계에서 이용되는 자동화 프로그램의 이용도를 고려함과 동시에 「자본시장과 금융투자업에 관한 법률」에 마련된 이상 거래 행위 등에 관한 판별 시스템과 규제 시스템이 판결 당시 제도적으로 마련되어 있지 않은 가상자산거래업계의 현실을 고려한 것으로 보인다. 이러한 우리 판례의 태도는 유가증권 거래에서 그동안 우리 법원이 고려하던 원칙을 고수하되 가상자산거래업계의 상황을 고려한 태도를 보이고 있는 것이다.

기술한 사안들이 법원에서 판단된 이후 우리나라는 2023년 7월에 「가상자산 이용자 보호 등에 관한 법률」을 일련의 과정을 거쳐 입법화하여 2024년 7월 19일부터 시행 중이다. 이와 더불어 금융위원회는 가상자산의 발행과 증권형 토큰 발행(Security Token Offering: STO)을 포함한 토큰 증권의 발행과 유통을 정비하기 위한 "토큰 증권 가이드라인"을 발표하여 가상자산에 관한 이원적 규제를 마련하려 하고 있다.

특정 알고리즘으로 설계된 자동화 프로그램을 활용한 가상자산 거래 방식은 고빈도 거래와 같은 새로운 거래 형태를 더욱 촉진시키는 경향이 있으며, 착오 주문과 같은 예상치 못한 거래 실수를 초래할 가능성도 높다. 이러한 상황에서 「가상자산 이용자 보호 등에 관한 법률」이 시행된 현시점에서는 증권형 토큰(토큰 증권)의 경우에는 「자본시장과 금융투자업에 관한 법률」으로 그리고 비(非)증권형 토큰의 경우에는 「가상자산 이용자 보호 등에 관한 법률」으로 규율되나 현재의 이원적 규제 체계에서는 각각의 불공정 거래 행위 금지 조항을 통해 이러한 문제를 규제하는 결과가 될 것으로 보인다. 특히 여러 유형 중에서도 시세 조종 행위와 사기적 부정 거래가 주요 규제 대상이 될 수 있을 것이다. 그러나 그 구체적 적용 범위와 처벌 과정에서의 문제점들 그리고 인공지능 기술이 접목된 새로운 불공정 거래 행위들에 관해서는 여전히 논의가 필요한 상황이며 가상자산 거래의 특성을 충분히 고려한 새로운 규제 방안이 검토될 필요성이 있다.

참고문헌

김윤명, 「블랙박스를 열기 위한 인공지능법」, 박영사, 2022

김재진·최인석, 「가상자산 법제의 이해」, 박영사, 2022.
노혁준, "증권 불공정거래의 새로운 양태와 대응 - 고빈도거래(HFT)를 중심으로 -", 「법학연구(연세대학교 법학연구원)」제31권 제1호 (2021년 3월)
서희석, "알고리즘거래에서 착오주문의 문제 - H증권사건 하급심판결에 대한 비판적 고찰", 「상사법연구」 제39권 제2호 (2020)
심소연, "규제중심의 유럽연합 인공지능법(EU AI Act)", 「최신 외국입법정보」, 국회도서관, 2024. 4. 16. 2024-04호(통권 제242호)
이석준, "2023년 가상자산 중요판례평석", 「인권과정의」 Vol. 521, 2024년 5월
이정수, "가상자산 이용자 보호 등에 관한 법률의 법적 의의와 쟁점 및 향후 입법 방향", 「증권법연구」 제24권 제2호(2023)
이정엽·이석준·김성인,"가상자산 판례백선 -민사·신청편-", 박영사, 2023
양기진, "고빈도 알고리즘에 의한 시세조종성 행위 규제의 현행법상 한계와 개선 방안 -고도의 인공지능(AI)을 이용한 시세조종의 함의를 포함하여-", 「금융소비자연구」 제13권 제2호, 2023년 8월호.
Philipp Maume/Lena Maute/Mathias Fromberger, The Law of Crypto Assets, Beck·Hart·Nomos, 2022
https://news.kbs.co.kr/news/pc/view/view.do?ncd=8018319 (24. 8. 20. 최종 방문)
https://biz.chosun.com/stock/stock_general/2024/08/27/OKDRYPDJJ5B6RINMEBS2SYFICA/ (24. 9. 2. 최종 방문)
https://www.hankyung.com/article/202103244694g (24. 8. 25. 최종 방문)
https://stock.mk.co.kr/news/view/20579 (24. 5. 3. 최종 방문)
https://www.hankyung.com/article/2020110909031 (24. 8. 7. 최종 방문)
https://www.law.go.kr/LSW/lsInfoP.do?lsiSeq=252731&viewCls=lsRvsDocInfoR# (24. 8. 20. 최종 방문)
https://www.digitaltoday.co.kr/news/articleView.html?idxno=525792 (24. 8. 26. 최종 방문)
https://coinness.com/news/1085085 (24. 8. 25. 최종 방문)

제09장

홍콩 스테이블코인 조례의 주요 내용과 시사점

이 웅 영 · 송 문 호

Ⅰ. 들어가며

스테이블코인은 법정화폐나 실물자산 등에 가치를 연동하여 가격 변동성을 최소화한 디지털자산을 말한다. 최근 스테이블코인의 발행·활용이 전 세계적으로 급증하고 있는 가운데, EU는 MiCA 제정을 통해 그리고 일본은 자금결제법의 개정을 통해 이미 스테이블코인에 대한 법제를 마련하고 있다. 홍콩 입법회는 2025년 5월 「스테이블코인 조례」(Stablecoins Ordinance(Cap. 656))를 통과시켰고, 얼마 뒤 미국에서도 스테이블코인 규제 법안인 일명 GENIUS Act가 제정되었다.[1] 한편, 우리나라는 가상자산에 관한 1단계 법률인 「가상자산 이용자 보호 등에 관한 법률」(이하 '가상자산 이용자 보호법'이라 함)을 2023년 7월 18일 제정하여 2024년 7월 19일부터 시행 중이고, 현재 2단계 입법을 추진 중이다. 2025년 6월 11일 2단계 입법의 최초 법안으로 「디지털자산기본법안」이 발의되었다. 동 법안은 디지털자산의 업권별 진입규제 및 행위규제, 발행 및 유통에 관한 절차, 공시의무, 불공정거래행위 금지 등을 포괄적으로 규율하는 일반법안으로, 스테이블코인을 자산연동형 디지털자산으로 분류하여 규율하고 있다. 2025년 7월 28일에는 스테이블코인을 전문적으로 규율하는 「가치고정형 디지털자산

1) 정식명칭은 Guiding and Establishing National Innovation for U.S. Stablecoins Act이며, GENIUS 법안은 2025년 6월 17일에 미국 상원, 7월 17일에 하원을 통과하였고, 다음 날인 7월 18일 트럼프 대통령의 서명으로 발효되었다.

을 활용한 지급 혁신에 관한 법률안」과 「가치안정형 디지털자산의 발행 및 유통에 관한 법률안」이, 8월 21일에는 「가치안정형 디지털자산 발행업 등에 관한 법률안」이 발의되었다. 이 밖에도 「디지털자산 혁신법안」과 정부안 등 다수의 법안이 발의를 준비 중이다.[2)]

홍콩의 「스테이블코인 조례」는 한국에서의 스테이블코인 입법 논의에 참고자료로 활용될 수 있을 것이므로, 이하에서 동 조례의 입법 배경과 주요 내용을 살펴보고(Ⅱ, Ⅲ), 홍콩 스테이블코인 조례와 한국에서 발의된 법률안을 비교·분석한 후(Ⅳ) 입법적 시사점을 도출한다(Ⅴ).

Ⅱ. 홍콩 스테이블코인 조례의 입법 배경

1. 디지털 자산 시장의 성장과 규제 공백 해소

최근 디지털 자산, 특히 스테이블코인의 급속한 성장으로 인해 전통 금융시스템과 가상자산 시장 간의 연계성이 커지고 있는 가운데, 기존 규제체계로는 스테이블코인과 같은 새로운 형태의 디지털 자산을 충분히 관리·감독하기 어렵다는 점에서 금융 안정성과 소비자 보호에 대한 우려가 제기되었다. 이에 홍콩 금융관리국(香港金融管理局; Hong Kong Monetary Authority, 이하 'HKMA'라 함)은 2022년 1월 암호자산 중 스테이블코인을 중심으로 한 규제방안을 수립하고,[3)] 의견수렴 절차를 거쳐 2023년 1월 「암호자산 및 스테이블코인 규제방안에 대한 의견수렴 결과보고서」[4)]를 발표하면서 2024년까지 입법안 초안을 마련

2) 디지털타임스, "세미나만 수십회…성과 없는 디지털자산 제도화", 2025. 8. 24, https://www.dt.co.kr/article/12013209?ref=naver(방문일: 2025. 8. 29)

3) 홍콩금융관리국, "Discussion Paper on Crypto-Assets and Stablecoins", 2022. 1. 12. 원문은 https://www.hkma.gov.hk/media/eng/doc/key-information/press-release/2022/20220112e3a1.pdf 참조.

4) 홍콩금융관리국, "Conclusion of Discussion Paper on Crypto-Assets and Stablecoins", 2023. 1. 31; 동 결과보고서의 주요 내용은 한국은행,

할 계획을 세웠다.

2024년 7월, HKMA는 금융서비스 및 재무국(財經事務及庫務局; Financial Services and the Treasury Bureau, 이하 'FSTB'라 함)과 공동으로 '홍콩 내 스테이블코인 발행인 규제체계 도입을 위한 입법 제안'[5]을 발표하였으며, 이러한 제안을 반영하여 홍콩 정부는 2024년 12월 6일 홍콩 스테이블코인 조례안을 관보에 게재하였다. 이후 3차례 심의를 거쳐 5월 21일 동 조례가 통과되었다.[6] 동 조례 제1조 제2항은 금융서비스 및 재무국 국장에 의해 관보에 고시한 날에 시행한다고 규정하고 있고, 이에 따라 홍콩 정부는 2025년 6월 6일 관보에서 조례의 시행일을 2025년 8월 1일로 지정하여 고시하였다.[7]

홍콩 스테이블코인 조례 제171조는 HKMA에 동 조례와 관련한 모든 사항에 대해 지침을 발행할 수 있는 권한을 주었다. 이에 근거하여 HKMA는 2025년 7월 29일 조례의 세부지침인 「스테이블코인 발행인 감독에 관한 가이드라인」(이하 '발행인 감독지침'이라 함)과 「스테이블코인 발행인을 위한 자금세탁 방지 및 테러자금조달 방지 가이드라인」(이하 'AML/CFT 지침'이라 함)을 발표하였다.[8] 그리고, 같은 날 스테이

"홍콩통화청(HKMA)의 「암호자산 및 스테이블코인 규제방안에 대한 의견수렴 결과보고서」 주요 내용 및 시사점", 2023. 4. 28. 참조.

5) 홍콩금융관리국, "Consultation Conclusions for Legislative Proposal to Implement Regulatory Regime for Stablecoin Issuers in Hong Kong Released", 2024. 7. 17, https://www.hkma.gov.hk/eng/news-and-media/press-releases/2024/07/20240717-3/

6) 동 조례의 입법절차는 중국 홍콩특별행정구 입법회 홈페이지 참조. https://www.legco.gov.hk/cn/legco-business/council/bills.html?bill_key=10009&session=2025

7) 홍콩특별행정구 정부 신문공보, "《穩定幣條例》將於二〇二五年八月一日生效", 2025. 6. 6, https://www.info.gov.hk/gia/general/202506/06/P2025060600279.htm

8) 두 가이드라인의 영문명은 각각 'Guideline on Supervision of Licensed Stablecoin Issuers'와 'Guideline on Anti-Money Laundering and Counter-Financing of Terrorism(For Licensed Stablecoin Issuers)'이다. HKMA는 2025년 5월 26일 이들 두 가이드라인의 초안을 마련하여 의견수렴을

블코인 발행인 라이선스 체계 및 신청 절차에 대한 설명서와 기존 스테이블코인 발행자를 위한 경과 규정 설명서를 함께 발표하였다.[9)]

2. 글로벌 금융 허브로서의 위상 제고

2020년 6월 30일 중국 전국인민대표대회에서 「중화인민공화국 홍콩특별행정구 국가안전수호법」[10)](이하 '홍콩 국가안전법'이라 함)이 통과되었고, 이 법은 통과된 다음 날인 7월 1일부터 시행되었다. 이 법 시행으로 홍콩 내 중국의 영향력이 강화되면서 홍콩의 국제 금융 허브로서의 위상에 의문이 제기되었다.[11)] 중국 정부의 홍콩 국가안전법 제정은 기존의 '일국양제' 운영에 관한 중국지도부의 인식 변화를 나타낸 것으로 받아들여졌고,[12)] 이에 미국, 영국 등 서방 국가들은 홍콩의 자유와 법치에 대한 우려를 표명하였으며, 일부 글로벌 금융기관과 다국적 기업은 인력 재배치, 사무소 이전 등 리스크 관리에 나섰다.[13)]

이러한 상황에서 2022년 7월 1일 홍콩 반환 25주년 기념식이 열렸고, 시진핑 주석은 기념사를 통해 일국양제를 지속해 홍콩이 국제 금융 중심

거친 후 2025년 7월 29일 최종안을 발표하였고 8월 1일부터 시행된다. 홍콩정부 보도자료(GovUK, "Implementation of Regulatory Regime for Stablecoin Issuers", 2025. 7. 29, https://www.info.gov.hk/gia/general/202507/29/P2025072900703.htm(방문일: 2025. 8. 20))

9) 두 설명서의 영문명은 각각 Explanatory Note on Licensing of Stablecoin Issuers과 Explanatory Note on Transitional Provisions for Pre-existing Stablecoin Issuers이며 세부 내용은 위의 https://www.info.gov.hk/gia/general/202507/29/P2025072900703.htm에서 확인할 수 있다.

10) 中華人民共和國香港特別行政區維護國家安全法(2020. 6. 30. 第十三屆全國人民代表大會常務委員會第二十次會議通過).

11) 백은비, "홍콩 스테이블코인에서 찾는 투자 기회", China Focus, 유진투자증권, 2025.

12) 박병광, "홍콩 국가안전법 제정의 파급영향과 정책시사점", INSS 전략보고 No.88, 국가안보전략연구원, 2020, 1면.

13) 김수연, "홍콩 국가보안법 시행과 홍콩 경제 동향", Weekly KDB Report, KDB산업은행, 2020, 9면.

지로서의 위상을 공고히 해야 한다고 강조하였다.[14] 곧이어 2022년 10월 FSTB는 「홍콩의 가상자산 발전에 관한 정책선언(Policy Statement on Development of Virtual Assets in Hong Kong)」을 통해 가상자산을 향후 금융혁신의 한 축으로 수용하겠다는 비전을 제시하였다.[15] 이는 홍콩을 글로벌 웹3(Web3) 금융허브로 도약시키겠다는 의지를 천명한 것으로 기존의 국제금융센터 지위를 디지털 자산 영역으로 확장하려는 전략적 포석으로 분석된다.[16]

정책선언에서는 가상자산 서비스 제공자의 라이선스 취득을 의무화하여 가상자산 사업을 인가 범위 내에 포섭하고 개인의 투자를 제한적으로 허용할 계획임을 밝혔고, 이에 따라 홍콩 증권선물감독위원회(Securities & Futures Commission, 이하 'SFC'라고 함)는 2023년 6월부터 가상자산 거래소에 대한 라이선스 제도를 본격적으로 시행하였고[17] 개인투자자의 거래를 제한적으로 허용하였다.[18]

---

14) 연합뉴스, "[홍콩 반환 25주년] 시진핑 33분 연설서 '일국양제' 20번 언급", 2022. 7. 1. 연설문 전문은 中国政府网, "习近平在庆祝香港回归祖国25周年大会暨香港特别行政区第六届政府就职典礼上的讲话(全文)", 2022. 7. 1, https://www.gov.cn/xinwen/2022-07/01/content_5698904.htm 참조.

15) 위 정책선언에서는 "동일활동, 동일위험, 동일규제" 원칙을 채택하고, 가상자산 혁신이 홍콩에서 지속 가능한 방식으로 번창할 수 있도록 적시에 필요한 안전장치를 마련함으로써 금융 안정성, 소비자 보호, 자금세탁 및 테러 자금조달과 관련된 실제 및 잠재적 위험을 국제기준에 따라 완화하고 관리할 수 있다고 하였다.

16) 유은영, "홍콩, 포괄적 스테이블코인 규제로 웹3 금융허브 도약", 중국전문가포럼, 2025. 6. 5.(방문일: 2025. 7. 2)

17) 홍콩의 모든 가상자산 거래소가 SFC의 라이선스를 취득하도록 의무화하였고, 라이선스를 취득하지 않고 영업할 경우 벌금 및 징역 등의 처벌을 받게 된다.

18) SFC가 발표한 가상자산 거래소에 대한 가이드라인(Guidelines for Virtual Asset Trading Platform Operators)은 상장이 가능한 가상자산은 비증권형 토큰으로 최소 1년 이상 거래 기록이 있어야 하고, 최소 2개 이상의 가상자산 지수에 포함되어야 한다는 기준을 제시하였다. 또한, 고객의 재무상황에 따라 거래 적합성을 판단해 가상자산 노출 수준을 적정 수준에서 제한해야 함을 명시하였다.

가상자산 거래 허용에 이어 스테이블코인에 대한 정책도 시행되었다. HKMA는 2024년 3월 스테이블코인 발행인 샌드박스(Stablecoin Issuer Sandbox)를 통해 통제된 환경에서 스테이블코인 관련 사업 모델과 기술을 시험해 볼 수 있도록 허용하였다. 샌드박스에는 스탠다드차타드 홍콩(Standard Chartered Hong Kong), 중국 빅테크 중 하나인 징둥닷컴(JD.com) 산하의 징둥코인링크(JINGDONG Coinlink Technology Hong Kong Limited) 등 기술·금융기업들이 참여하여 스테이블코인 발행 실증 테스트를 진행하였다.[19)]

2025년 6월 26일 홍콩정부는 '홍콩 디지털 자산 개발에 관한 정책선언 2.0'(이하 정책선언 2.0)[20)]을 발표하며 '가상자산'(Virtual Assets)이라는 명칭을 '디지털자산'(Digital Assets)으로 변경하고, 홍콩이 디지털 자산 분야의 글로벌 허브로 '도약'할 수 있도록 지원할 것임을 밝혔다. '정책선언 2.0'은 2022년 10월 발표된 최초의 정책선언에서 제시된 기본 조치를 기반으로 하며, 'LEAP(도약)'라는 4대 전략 프레임을 중심으로 법제 정비(Legal), 토큰화 제품 확대(Expanding), 활용 사례 개발(Advancing), 인재 및 파트너십 구축(People)을 포괄하는 중장기 로드맵을 담고 있다. '정책선언 2.0'은 스테이블코인 발행인 라이선스 제도의 시행에 따라 실제 활용 사례 개발을 촉진할 것으로 진망하며, 디지털자산 거래소 및 수탁 기관에 대한 라이선스 제도의 정비, 토큰화된 정부채권의 발행 정규화, 금이나 재생에너지(예컨대 태양광 패널) 같은 다양한 실물자산(RWA)의 토큰화를 촉진하기 위한 법제 정비 등을 진행할 것이라 밝혔다.[21)]

---

19) 홍콩금융관리국, "HKMA Announces Stablecoin Issuer Sandbox Participants", 2024. 7. 18, https://www.hkma.gov.hk/eng/news-and-media/press-releases/2024/07/20240718-4/(방문일: 2025. 7. 4)

20) FSTB, "Policy Statement 2.0 on the Development of Digital Assets in Hong Kong", 2025. 6. 26, 전문은 https://gia.info.gov.hk/general/202506/26/P2025062600269_500089_1_1750909574183.pdf 참조.

21) 폴 찬(陳茂波; Paul Chan) 홍콩 재무장관은 신중한 규제와 혁신 장려를 병행해 실물경제와 사회생활을 융합하는 디지털 자산 생태계를 구축하기 위해 노력할 것이며, 이를 통해 홍콩이 글로벌 금융 중심지로서의 입지를

3. 국제기구의 스테이블코인 규제 권고 준수

세계 각국의 중앙은행, 재무부, 감독기구 등이 참여하고 있는 금융안정위원회(Financial Stability Board, 이하 'FSB'라고 함)[22]는 2020년 10월 글로벌 스테이블코인 규제에 관한 보고서(Regulation, Supervision and Oversight of "Global Stablecoin" Arrangements)에서 금융 안정성 리스크를 해결하기 위해 글로벌 스테이블코인의 규제 및 감독 촉진에 관한 권고안을 마련하였으며, 이를 바탕으로 2023년 7월 글로벌 스테이블코인 규제 관련 권고안 최종 보고서[23]를 발표하면서, '동일활동, 동일위험, 동일규제 원칙(same activity, same risk, same regulation)' 하에서 글로벌 스테이블코인 발행인 및 서비스 제공자에 대해 리스크에 비례한 규제 및 감독을 수행할 것을 촉구하였다.[24] 2023년 9월 개최된 G20 정상회의에서는 FSB의 가상자산과 스테이블코인 규제 권고안을 규제 원칙으로 하여 2025년까지의 규제 로드맵을 제시한 'IMF-FSB 가상자산 정책보고서'[25]를 채택하였다.[26]

공고히 할 수 있을 것이라 강조하였다(홍콩특별행정구 정부 홈페이지, "Second Policy Statement on Development of Digital Assets Issued to Scale Hong Kong to New Heights of Global Digital Asset Leadership", 2025. 6. 26, https://www.info.gov.hk/gia/general/202506/26/P2025062600269.htm(방문일: 2025. 7. 6))

22) FSB의 설립목적 및 활동영역에 대해서는 한국은행, "금융안정의 이해 - 금융안정위원회(FSB)", https://www.bok.or.kr/portal/main/contents.do?menuNo=200340 참조.

23) FSB, "High-Level Recommendations for the Regulation, Supervision and Oversight of Global Stablecoin Arrangements: Final Report", 2023. 7. 17; FSB는 같은 날 가상자산 규제 권고안(High-level Recommendations for the Regulation, Supervision and Oversight of Crypto-asset Activities and Markets: Final report)도 함께 발표하였다.

24) 금융위원회, "[보도참고] 금융위원회 김용재 상임위원 금융안정위원회(FSB) 총회 참석", 보도자료, 2024. 6. 18.

홍콩 스테이블코인 조례는 국제기준에 부합하도록 '동일활동, 동일위험, 동일규제' 원칙에 입각하여 스테이블코인 관련 사업자가 수행하는 행위의 본질과 리스크에 따라 엄격한 라이선스 제도와 리스크 기반 규제체계를 도입하였다.[27]

Ⅲ. 홍콩 스테이블코인 조례의 주요 내용

홍콩 스테이블코인 조례(이하 '조례'라고 함)는 총 11장(Part), 176개 조문(section), 8개의 별표(Schedule)로 이루어져 있으며, 스테이블코인 발행 및 관련 활동에 대한 포괄적인 규제 프레임워크를 구축하여 소비자 보호, 금융 안정성을 확보하면서 디지털 금융의 혁신을 촉진하는 것을 목표로 삼고 있다. 조례의 주요 내용은 다음과 같다.

---

25) IMF-FSB Synthesis Paper: Policies for Crypto-assets, 2023. 9. 7.

26) 2024년 10월에는 이 보고서에 대한 후속 보고서로 IMF-FSB의 가상자산 규제 로드맵 이행 현황(IMF-FSB, G20 Crypto-asset Policy Implementation Roadmap: status report)를 발표하여 2023년 9월 이후 가상자산 시장 변화 및 규제 마련을 위한 로드맵 이행 상황 등을 점검하고, 주요 과제 및 해결 방안을 제시하였다. 동 후속 보고서에서는 조사 대상(㉠ 24개 회원국 및 ㉡ 48개 非회원국)의 대다수가 FSB의 권고에 따라 가상자산(㉠ 92%, ㉡ 84%) 및 스테이블코인(㉠ 87%, ㉡ 75%) 정책을 마련 중이라고 하면서, 별도 입법이 필요한 스테이블코인 관련 법제화 속도는 상대적으로 지연되고 있음을 지적하였다(예금보험연구소, "IMF-FSB의 가상자산 규제 로드맵 이행 현황", 글로벌 예금보험 브리핑, 2024. 11. 25, 1-3면).

27) 크리스토퍼 후이(許正宇; Christopher Hui) 홍콩 FSTB 국장은 홍콩 스테이블코인 조례가 리스크 기반 접근 방식에 중점을 두고 있으며, 이는 국제 규제 요건을 준수하는 것일 뿐만 아니라 홍콩 가상자산 시장의 탄탄한 기반을 마련하여 업계의 지속 가능한 발전을 촉진하고 사용자의 권익을 보호하며, 국제 금융 허브로서의 홍콩의 위상을 강화하는 데 기여할 것이라 평가하였다(홍콩금융관리국, "Government Welcomes Passage of the Stablecoins Bill", 2025. 5. 21, https://www.hkma.gov.hk/eng/news-and-media/press-releases/2025/05/20250521-3/(방문일: 2025. 6. 27)).

1. 스테이블코인의 정의와 조례의 규제 대상

(1) 스테이블코인의 정의

스테이블코인이란 다음의 요건을 모두 충족하는, 암호화 기술로 보호된 디지털 형태의 가치를 말한다(조례 제3조 제1항).

첫째, 계산 단위 또는 경제적 가치의 저장 형태로 표현되어야 한다. 예컨대, 홍콩 달러(이하 'HKD'라고 함) 스테이블코인이라면 HKD 스테이블코인임을 명시하고 액면가를 표시해야 한다.[28] 둘째, 재화·용역의 대가 지급, 채무의 변제, 투자 중 하나 이상의 목적을 위해 일반 대중이 수용하는 교환 매체로 사용되거나 사용될 의도로 발행되어야 한다. 이는 스테이블코인의 사용 범위를 제한한 것으로 스테이블코인이 투기의 대상이 되는 자산이 아님을 명확히 하고 있다. 셋째, 전자적으로 이전·보관·거래될 수 있어야 한다. 넷째, 분산원장(Distributed Ledger) 또는 이와 유사한 정보 저장소에서 운영되어야 한다. 다섯째, 단일 자산을 기반으로 또는 복수 자산으로 이루어진 풀(pool)이나 바스켓(basket)을 기반으로 그 가치를 안정적으로 유지하도록 설계되어야 한다. 이는 스테이블코인에 연동하는 가치 기반에 관한 요건이다.

(2) 스테이블코인에서 제외되는 유형

조례 제3조 제2항은 다음과 같은 디지털 형태의 가치는 스테이블코인에 해당하지 않는다고 규정하고 있다.

첫째, 중앙은행 또는 정부가 발행한 디지털 형태의 가치, 즉 CBDC는 스테이블코인에 해당하지 않는다. 둘째, 홍콩 「자금세탁 및 테러자금 조달 방지 조례」 제53ZR조가 규정하는 한정된 용도의 디지털 토큰, 즉 고객 보상 또는 리워드 포인트(예: 상점에서 발행하는 포인트, 마일리지, 적립금 등), 게임 내 자산(예: 게임 아이템, 게임머니 등)과

---

28) 류샤오춘(刘晓春), "스테이블코인과 이해관계자 요구사항 분석", 중국전문가포럼, 2025. 6. 27.(방문일: 2025. 7. 11)

같은 한정된 용도의 디지털 토큰은 스테이블코인에 해당하지 않는다. 셋째, 홍콩 「증권 및 선물 조례」가 정의하는 증권 또는 선물계약에 해당하는 디지털 형태의 가치는 스테이블코인에 해당하지 않는다. 넷째, 홍콩 「지불 시스템 및 저장가치수단(Stored Value Facilities) 조례」 제2조에 정의된 저장 금액(float) 또는 결제 수단 예치금(SVF deposit)에 해당하는 디지털 형태의 가치, 예컨대 전자지갑, 선불카드 등에 충전하거나 예치한 금액은 스테이블코인에 해당하지 않는다. 다섯째, 홍콩 「은행업 조례」 제2조 제1항에 정의된 예금에 해당하는 디지털 형태의 가치는 스테이블코인에 해당하지 않는다.

(3) 지정 스테이블코인의 정의

조례는 '지정 스테이블코인(specified stablecoin)'을 추가로 정의하고 있다. 이에는 ① 하나 이상의 공식 통화(예: 미국 달러, 이하 'USD'라 함)에 완전히 연동하여 안정적인 가치를 유지하도록 설계된 스테이블코인, 즉 '법정화폐 연동형 스테이블코인(fiat-referenced stablecoin, 이하 'FRS'라 함)', ② HKMA가 관보를 통해 지정하는 계산 단위 또는 경제적 가치의 저장 수단에 연동하는 스테이블코인, ③ ①과 ②의 조합, ④ HKMA가 관보에의 공고를 통해 지정하는 디지털 형태의 가치가 있다(제4조). 현재는 FRS만이 지정 스테이블코인이지만, 시장의 상황에 유연하게 대응할 수 있도록 하기 위해 HKMA에 법정화폐가 아닌 다른 자산, 예컨대 금, 은, 원자재 등의 자산에 연동하는 스테이블코인을 지정할 수 있는 권한을 부여한 것이다.[29]

(4) 조례의 규제 대상

조례의 규제 대상은 ① 홍콩에서 지정 스테이블코인을 발행하는 경

29) 李慕乔·陈明杰, "香港《稳定币条例》解读: 监管框架、市场影响与合规展望", 中豪研究, 2025. 6. 20, https://www.zhhlaw.com/article/ detail/843 (방문일: 2025. 7. 11)

우, ② 홍콩 외의 지역에서 지정 스테이블코인을 발행하되, 그 지정 스테이블코인의 전부 또는 일부가 HKD와 연동되어 안정적인 가치를 유지하는 것으로 보이는 경우, ③ HKMA가 지정하는 기타 활동[30]을 수행하는 경우이다(제5조 제1항). 즉, 홍콩에서 이루어지는 모든 지정 스테이블코인 발행행위가 규제 대상이며, 특히 HKD에 연동되는 스테이블코인은 발행 주체가 홍콩 밖에 있더라도 홍콩의 규제를 받도록 하는 역외 적용 조항을 두고 있다. 주된 규제 대상을 FRS로 한 것은 FRS가 지급수단으로 널리 사용될 수 있고, 전통적인 금융시스템과 밀접하게 연관되어 있어 통화정책 및 금융안정에 직접적인 영향을 미칠 수 있다는 점을 고려한 것이다.[31]

누군가가 홍콩 또는 기타 지역에서 일반 대중에게 자신이 수행하거나 수행하는 것처럼 보이는 특정 활동을 적극적으로 홍보하는 경우와 해당 활동이 홍콩에서 수행된다면 규제 대상 스테이블코인 활동에 해당하는 경우에는 규제 대상 스테이블코인 활동을 수행하는 것으로 간주한다(제5조 제2항). 예컨대 인터넷이나 애플리케이션을 통해 홍콩 거주자에게 스테이블코인의 발행을 적극적으로 홍보하는 경우 동 조례의 규제 대상이 된다.

2. 발행인 라이선스 신청자격과 요건

(1) 신청자격

조례의 핵심 내용은 스테이블코인 발행인에 대한 라이선스 제도를 도입하여, 엄격한 요건을 충족한 기관만이 스테이블코인을 발행·유통하도록

30) HKMA가 규제 대상 활동을 지정할 때에는 해당 활동이 ① 홍콩의 통화 및 금융 안정성에 중대하거나 중대할 가능성이 있는지 여부, ② 국제 금융센터로서의 기능 수행에 중대하거나 중대할 가능성이 있는지 여부, ③ 중대한 공공 이익과 관련되어 있는지 여부를 고려해야 한다(조례 제5조 제5항).

31) 한국은행, "홍콩 스테이블코인 규제 관련 법안 통과(5.21일) 및 평가", 2025. 5. 26.

한 것이다. 스테이블코인 발행 라이선스를 신청하려면 ① 홍콩에 설립된 회사이거나 ② 홍콩 외에서 설립된 법인격을 가진 인가 기관(예컨대 은행이나 금융기관)으로 홍콩에 사무소가 있어야 한다(제14조). 신청자격을 홍콩 내 회사 또는 홍콩에 사무소를 둔 해외 인가 기관으로 제한하여 규제기관의 감독 및 집행을 용이하게 하고 책임을 추궁할 수 있는 주체를 확보하고자 하였다. 또한, 발행인의 법적 또는 재정적 책임 능력을 확보하기 위해 아래에서 설명하는 엄격한 요건을 갖춘 법인만이 신청자격을 가지며, 개인, 파트너십 또는 비법인단체는 명시적으로 배제하였다.[32)]

(2) 라이선스의 신청 및 유지 요건

조례의 별표 2에서는 라이선스 보유자가 지속적으로 충족해야 하는 최소 기준을 명시하고 있으며, 이는 라이선스 신청을 위한 최소 기준이기도 하다.

1) 재무건전성

라이선스 보유자는 최소 2,500만 HKD[33)] 상당의 납입 자본금을 갖추어야 한다(별표2 제4조).

2) 준비자산의 관리

라이선스 보유자는 자신이 발행하는 지정 스테이블코인의 액면가 이상의 가치를 가진 준비자산 풀을 보유하여야 하며, 해당 준비자산 풀은 라이선스 보유자가 가지고 있는 다른 자산과 분리되어야 하고 라이선스 보유자의 기타 채권자들의 청구로부터 충분히 보호되어야 한다(별표2 제5조 제1항, 2항, 4항). 발행인 감독지침은 발행인의 자산과

---

32) 姚平平·徐振梁·崔灏·康来, “香港《稳定币条例》正式生效: 发牌制度与市场影响全面解读”, 中伦, 2025. 5. 27, https://www.zhonglun.com/research/articles/54623.html(방문일: 2025. 7. 12)

33) 2,500만 HKD는 2025년 8월 31일 기준 한화 약 44억 5,000만 원이다.

라이선스 보유자의 자산 분리와 관련해, 독립적인 수탁자(trustee) 선정이나 준비자산에 대한 신탁 선언(declaration of trust)과 같은 효과적인 신탁 구조를 마련하도록 하였다(제2.5.2조).

또한, 이 준비자산은 최소한의 투자위험을 가진 고품질, 고유동성 자산이어야 한다(별표2 제5조 제5항). 조례는 원칙적이고 추상적인 준비자산 요건을 규정하고 있는데, 발행인 감독지침에서 이를 구체화하고 있다. 발행인 감독지침이 인정한 준비자산에는 ① 현금, ② 만기가 3개월 이내인 은행예금, ③ 잔여 만기가 1년 이내인 정부채권 등 일정한 유가증권[34], ④ ③을 담보로 한 격일(overnight) 환매조건부거래(Repo)로부터 발생하는 현금채권으로, 최소한의 거래상대방 위험을 가질 것, ⑤ ①~④에 해당하는 자산에 투자하는 투자펀드(해당 펀드는 라이선스 보유자의 준비자산 관리만을 목적으로 특별히 설립될 것), ⑥ 기타 HKMA가 인정한 자산이 있으며, 이들 자산을 통칭하여 적격자산이라고 한다(제2.3.1조). 또한, 준비자산은 토큰화된 형태의 적격자산으로도 구성될 수 있으며, 이 경우 발행인은 해당 토큰화된 자산이 어떻게 품질, 고유동성 및 최소 투자위험 요건을 충족하는지를 금융관리국에 입증하여 그 승인을 받아야 한다(제2.3.2조).

라이선스 보유자는 준비자산의 적정한 관리와 지체 없는 상환을 위해 ① 충분하고 적절한 위험관리 정책 및 절차, ② 정기적이고 독립적인 검증 및 감사를 위한 통제체계를 마련하여 실행해야 한다. 또한, 준비자산 관리 정책이나 준비자산의 리스크 평가, 준비자산의 구성 및 시장가치, 준비자산에 대한 정기적인 독립적 증명 및 감사 결과를 일반 대중에게 적시에 공시해야 한다(별표2 제5조 제6항, 제7항). 위의 행위를 제3자가 수행할 경우 관련 리스크 평가와 모니터링 등에 대한 통제시스템도 마련해야 한다(별표2 제8조). 발행인 감독지침은 라이선

34) 요건으로는 ① 정부, 중앙은행, 공공기관, 적격 국제기구 또는 다자개발은행이 발행하거나 보증한 것, ② 잔여 만기가 1년을 초과하지 않을 것, ③ 신용위험이 낮거나, 또는 발행인의 현지 통화로 표시되고 해당 발행인이 정부 또는 중앙은행인 것, ④ 고유동성을 가질 것, ⑤ 공공부문 은행이 아닌 금융기관 또는 그 관련 기관의 채무가 아닐 것을 들고 있다.

스 보유자에게 유통 중인 스테이블코인의 액면가, 준비자산의 시장가치 및 구성에 관한 내역서를 '매일' 작성하여 HKMA 요구 시 제출할 수 있도록 준비해야 하고, 원칙적으로 '매주' 해당 정보를 HKMA에 보고하고, 자사 웹사이트의 잘 보이는 곳에 최신 내용을 공시하도록 하였다. 또한, 정기적으로 외부감사를 받아 감사보고서를 HKMA에 제출하고 웹사이트에 공개하도록 하였으며, 분기별로 준비자산 관리 정책 및 절차를 검토하도록 하였다(제2.7조).

조례는 HKMA의 사전 서면 승인을 받지 않는 한, 각 유형의 스테이블코인에 대한 준비자산 풀은 해당 스테이블코인이 참조하는 자산과 동일한 기준자산으로 보유되어야 한다고 규정하여, 원칙적으로 스테이블코인의 준비자산이 기준 통화와 일치할 것을 요구하고 있다(별표2 제5조 제3항). 즉, HKD 연동 스테이블코인의 준비자산은 HKD 현금이나 HKD 표시 단기 채권 등의 자산이어야 하고, USD 연동 스테이블코인의 경우에는 USD 예금이니 미 국채 등을 보유해야 한다. 빌행인 감독지심에서는 만약 여러 종류의 참조 통화가 있을 경우 그 비율에 따른 참조 통화로 표시되어야 한다고 규정하고 있다(제2.4.1조). 2025년 5월 26일 발표된 '발행인 감독지침 초안'에서는 HKD 연동 스테이블코인의 준비자산은 HKD뿐만 아니라 USD로 표시될 수 있다고 명시하였으나 최종안에서는 이 내용이 빠졌다.[35] 초안의 규정은 홍콩에서 1983년 10월 17일부터 시행하고 있는 연동 환율 제도(Linked Exchange Rate System, 이하 'LERS'라고 함)와 관련이 있다. LERS란 HKD 환율이 1 USD 당 7.75-7.85 HKD의 좁은 범위 내에서 안정적으로 유지되도록 보장하는 제도를 말한다.[36] 따라서, 위 발행인 감독지침 초안의 규정은 연동 환율제도 하

35) '스테이블코인 발행인 감독에 관한 가이드라인 초안' 제2.3.2조. "Under the Linked Exchange Rate System, the Hong Kong dollar ("HKD") exchange rate remains stable within a band of HKD 7.75 - 7.85 to one United States dollar ("USD"). Flexibility is therefore allowed in respect of HKD-referenced specified stablecoins, and the reserve assets of such specified stablecoins can be denominated in USD".

36) HKMA, "Linked Exchange Rate System", https://www.hkma.gov.hk/eng/key-functions/money/linked-exchange-rate-system/(방문일: 2025. 6. 26)

에서 HKD와 USD가 사실상 동일하게 취급될 수 있음을 보여주는 것으로, HKD 자산만으로는 대규모 스테이블코인 발행 시 시장 안정성에 문제가 생길 수 있다는 점(예: HKD 단기 채권의 공급 부족 등)을 고려한 조치라고 평가할 수 있다.[37] 최종 공표된 발행인 감독지침에는 해당 내용이 제외되었으나, 추후 HKMA의 사전 서면승인을 통해 HKD 연동 스테이블코인의 준비자산의 USD 표시가 허용될 여지는 남아 있다.

3) 경영 능력 및 기업지배구조

라이선스 보유자는 건전한 기업 지배 구조를 갖추어야 한다. 금융당국이 해당 라이선스 보유자의 지배주주 신원을 통지받을 수 있도록 건전하고 적절한 통제시스템을 마련하고 시행해야 하며, 라이선스 보유자의 최고경영자, 이사, 스테이블코인 관리자 등은 해당 직위에 적합한 인물이어야 하여야 한다(별표2 제7조). 스테이블코인을 관리 및 운영하는 임원은 해당 직무를 수행할 수 있는 적절한 지식과 경험을 갖추어야 한다(별표2 제8조). 예컨대, 블록체인 기술, 금융 규제 및 리스크 관리 분야에서의 전문성을 갖출 것을 요구한 것이다.

4) 투자자 보호

라이선스 보유자는 스테이블코인 보유자에게 상환권(환매권)을 제공해야 하며, 상환을 제한할 목적으로 지나치게 엄격한 조건을 부과해서는 안 된다. 다만 합리적인 범위 내에서 스테이블코인 상환 수수료를 부과할 수 있다. 스테이블코인 보유자가 상환을 청구한 경우에는 최대한 신속하게 이행해야 하며, 상환 수수료, 상환권 행사의 조건, 상환 절차 등을 웹사이트에 공개하여야 한다(별표2 제6조).

---

37) HKD 연동 스테이블코인이 대량으로 발행될 경우, HKD 표시 채권에 대한 수요가 급격히 증가할 수 있고 이 경우 금융 안전성이 문제될 수 있다(Ledger Insights, “After Passing Stablecoin Legislation, Hong Kong Consults on Rules”, 2025. 5. 27, https://www.ledgerinsights.com/after-passing-stablecoin-legislation-hong-kong-consults-on-rules/(방문일: 2025. 6. 30)).

발행인 감독지침 제3.3조는 라이선스 보유자가 스테이블코인 보유자에게 ① 상환을 위해 준비자산의 처분을 지시할 권리와 ② 준비자산 처분 수익으로 상환이 어려운 경우 라이선스 보유자에게 부족액을 청구할 권리를 부여해야 하며, 이러한 권리는 라이선스 보유자가 지급 불능 상태에 있을 경우에도 행사 가능해야 한다고 규정하였다. 그리고 이러한 권리가 보유자에게 제공되고 있음을 입증하는 법률 의견서를 HKMA에 제출하도록 하였다. 상환 기간에 대해서도 HKMA의 사전 서면 동의가 없는 한 상환 요청 접수 후 1영업일 이내에 이행하도록 하였다.

5) 백서 발행 및 불만 처리 매커니즘 마련

라이선스 보유자는 스테이블코인에 대한 포괄적이고 투명한 정보를 제공하는 백서를 발행해야 한다(별표2 제13조 제1항). 발행인 감독지침은 백서는 가능하면 일반 대중이 쉽게 이해할 수 있는 비전문적인 용이로 작성하도록 하고, 웹사이트의 눈에 잘 띄는 위치에 공개적으로 제시할 것을 요구하며, 백서에 포함될 정보[38]를 예시하고 있다(제8.2조).

또한, 라이선스 보유자는 스테이블코인 보유자에게 불만 처리 및 구제 절차에 관한 정보를 제공해야 하고, 스테이블코인 보유자 간의 이해 상충을 식별·예방·관리 및 공개하기 위한 위험관리 정책과 절차를 갖추고 이를 실행해야 한다(별표2 제13조 제2항, 제3항). 불만 처리 및 구제 절차는 스테이블코인 보유자에게 불합리한 비용을 부담하게 하거나 상환이 지연되지 않도록 해야 한다(별표2 제14조).

6) 이자 지급 금지

라이선스 보유자는 스테이블코인에 대해 (자신이) 이자를 지급하거나 (타인에 의해) 이자가 지급되도록 허용해서는 안 된다(별표2 제15

38) 라이선스 보유자에 대한 정보, 스테이블코인에 대한 상세 정보, 준비자산 관리방안, 발행·상환·유통 매커니즘, 스테이블코인 기반 기술, 스테이블코인 관련 위험 등이 포함되나 이에 한하지 않는다.

조 제1항). 여기서 이자란 ① 보유자가 해당 스테이블코인을 보유하는 기간, ② 해당 스테이블코인의 액면가, ③ 해당 스테이블코인의 시장 가치 중 하나 이상의 기준에 따라 그 보유로부터 발생하는 것으로 표시되는 이익, 수익, 기타 수입을 말한다(별표2 제15조 제2항). 이는 스테이블코인이 본래의 목적인 결제 수단으로만 활용되도록 하고, 예금이나 투자 자산으로 변질되는 것을 막기 위함이다.[39] 발행인 감독지침에서는 이자 지급에 해당하지 않는 마케팅 인센티브는 제공할 수 있으며, 라이선스 보유자는 준비자산 관리에서 발생하는 모든 수익 또는 손실(이자, 자본 이득 또는 손실 포함)이 라이선스 보유자에게 귀속되도록 해야 한다고 규정하고 있다(제2.6.1조).

7) 자금세탁방지 및 테러자금조달 방지 조치

라이선스 보유자는 스테이블코인 활동과 관련하여 자금세탁이나 테러자금조달 가능성을 방지하고 이를 근절하기 위한 적절하고 충분한 통제시스템을 마련하고 실행해야 한다(별표2 제10조). HKMA가 발표한 AML/CFT 지침[40]에서는 AML/CFT 체계, 고객확인, 지속적인 모니터링, 스테이블코인 이전 시 트레블룰의 적용, 의심거래보고 등에 관해 상세한 규정을 두고 있다.

3. 라이선스 발급, 조건 부가 및 취소

HKMA는 발행인에 대한 라이선스 부여 및 취소 권한을 가지며, 필요시 특정 발행인에 대해 추가 조건 부가(예: 더 높은 자본금 요건, 사업 범위 제한 등)도 가능하고, 취소사유가 있을 경우에는 라이선스를

39) 류샤오춘, 앞의 기사.

40) 이 지침은 홍콩 스테이블코인 조례 제171조와 자금세탁방지 및 테러자금조달금지 조례(AntiMoney Laundering and Counter-Terrorist Financing Ordinance, Cap. 615) 제15조를 근거로 하여 스테이블코인 발행인에게 적용되는 AML/CFT 의무를 구체화한 것이다(제1.1조).

취소할 수 있다.

(1) 라이선스의 발급 및 거부

HKMA는 신청자격과 요건을 심사하여 라이선스를 부여 또는 거부할 수 있다. 라이선스 발급 결정을 한 경우에는 라이선스 발급 결정을 명시한 서면 통지를 하여야 하고, 해당 통지에는 라이선스 번호와 라이선스 유효기간 및 효력 발생일을 기재하여야 한다. 라이선스 발급을 거부할 경우에는 거부 결정문과 거부 사유를 서면으로 통지하여야 한다(조례 제15조 제1항, 제4항, 제5항). 라이선스는 라이선스 발급 통지서에 명시된 날짜부터 효력이 발생하며, 라이선스가 취소될 때까지 유효하다(조례 제16조).

(2) 라이선스 조건 부가

HKMA는 조건 없이 라이선스를 발급할 수도 있고, 조건을 부가하여 발급할 수도 있으며, 라이선스 발급 후에도 새로운 조건을 부가할 수 있다(조례 제15조 제2항, 제17조 제1항). 부가할 수 있는 조건에는 사업 활동 제한, 준비자산의 보관·유지·관리 등에 관한 규정, 납입 자본금 등 재정에 관한 사항(납입 자본금이 법정 최소 기준보다 높을 수 있음), 회계에 관한 정보의 공개, 스테이블코인의 최대 가치 제한 등이 있다(조례 제17조 제2항). 라이선스 보유자가 부가된 조건을 위반하는 것은 범죄로 간주되며 벌금이 부과될 수 있다(조례 제17조 제3항).[41)]

41) 약식절차(경미하거나 신속한 조치가 필요한 경우 배심원 없이 단독판사가 심리하며 법이 정한 상한선인 6급 벌금과 징역 6개월 안에서만 형을 선고할 수 있음)에 따라 유죄가 인정될 경우 「홍콩형벌조례(Cap. 221, Criminal Procedure Ordinance)」의 제8부(Part IX) 벌금 수준(Fine Levels)에서 정한 6급 벌금(10만 HKD)에 처할 수 있으며, 범죄가 지속되는 경우 매 1일마다 추가로 1만 HKD의 벌금에 처할 수 있다. 공소절차에 따라 유죄가 인정될 경우 40만 HKD 이하의 벌금에 처할 수 있으며, 범죄가 지속되는 경우 매 1일마다 추가로 1만 HKD의 벌금에 처할 수 있다.

(3) 라이선스 취소

HKMA는 라이선스 취소 사유가 있다고 판단하는 경우 라이선스 보유자에게 취소 사유를 밝힌 서면 통지(취소 통지)를 발송하고, 라이선스 취소의 효력 발생에 관한 추가 서면 통지(취소일 통지)를 발송하여야 한다. 이 경우 해당 라이선스는 취소일 통지에 명시된 날짜 또는 사건 발생 시점에 취소된다(조례 제28조).

라이선스 취소 사유에는 라이선스 보유자가 하나 이상의 최소 기준을 충족하지 못한 경우, 지급불능 상태인 경우, 청산 절차가 진행 중인 경우, 라이선스 보유자의 의무를 이행할 수 없는 경우, 사업 활동을 중단한 경우, 중요한 정보를 제공하지 않은 경우, 라이선스 조건을 위반한 경우, 라이선스 수수료를 납부하지 않은 경우 등이 있다(별표4).

4. 라이선스 보유자의 지속적인 의무

(1) 라이선스 수수료 납부의무

라이선스 보유자는 라이선스 효력 발생일부터 14일 이내, 그리고 매년 해당하는 날짜에 라이선스 수수료 113,020 HKD를 납부하여야 한다. 이렇게 징수된 라이선스 수수료는 외환기금에 귀속된다(조례 제22조, 별표3).

(2) 라이선스 번호 표시의무

라이선스 보유자는 해당 스테이블코인 활동과 관련된 모든 홍보 자료(게시물, 애플리케이션의 사용자 인터페이스 등)에 라이선스 번호를 명확히 표시하여야 하며, 이를 위반한 경우 범죄로 간주하여 벌금형에 처할 수 있다.[42]

42) 유죄가 인정될 경우 6급 벌금에 처할 수 있고, 범죄가 지속되는 경우 매 1일마다 추가로 1만 HKD의 벌금에 처할 수 있다.

(3) 최소 기준 준수의무

라이선스 보유자는 자신에게 적용되는 모든 최소 기준을 충족하도록 해야 한다(조례 제24조).

(4) 보고의무

1) 지급불능 등 상황 보고의무

라이선스 보유자는 자신의 의무를 이행할 수 없게 될 가능성이 높다고 판단되거나 지급불능 상태에 빠지거나 지급 중단이 예상되는 경우에는 즉시 HKMA에 보고하고 관련 정보를 제공해야 한다. 정당한 이유 없이 이를 위반한 경우에는 범죄에 해당하며 유죄가 인정될 경우 징역이나 벌금에 처할 수 있다(조례 제25조).[43]

2) 주소 변경 보고의무

라이선스 보유자는 제출한 주소에 변경이 발생한 경우 그 변경이 발생한 날로부터 7일 이내에 HKMA에 주소 변경 사실을 서면으로 통지해야 한다. 정당한 이유 없이 이를 위반한 경우에는 범죄에 해당하며 벌금이 부과될 수 있다(조례 제26조).[44]

3) 상황 변경 보고의무

라이선스 보유자는 최소 기준 충족 여부, 라이선스에 부가된 조건의

---

43) 약식절차에 따라 유죄가 인정될 경우 6급 벌금 및 최대 6개월의 징역에 처할 수 있으며, 범죄가 지속되는 경우 매 1일마다 추가로 1만 HKD의 벌금에 처할 수 있다. 공소절차에 따라 유죄가 인정될 경우 40만 HKD 이하의 벌금 및 최대 2년의 징역에 처할 수 있으며, 범죄가 지속되는 경우 매 1일마다 추가로 1만 HKD의 벌금에 처할 수 있다.

44) 조례 제17조 제3항의 규정과 같다.

지속적인 준수 여부, 영위하는 사업의 수행 여부와 관련하여 중대한 변경이 발생하였거나 발생할 가능성이 높다고 판단한 경우에는 HKMA에 관련 내용을 통보해야 한다. 정당한 이유 없이 이를 위반한 경우에는 범죄에 해당하며 징역형이나 벌금형으로 처벌될 수 있다(조례 제27조).[45]

5. 스테이블코인 관련 활동 규제 - 금지행위와 처벌

(1) 규제 대상 스테이블코인 활동 금지

규제 대상 스테이블코인 활동과 관련하여 라이선스를 부여받은 자 또는 동 조례 제13조에 따라 면제를 받은 자[46]를 제외하고는 누구든지 규제 대상 스테이블코인 활동을 직접 수행하거나 자신이 그러한 활동을 하고 있다고 표시하는 행위를 해서는 안 된다(조례 제8조 제1항, 제2항). 정당한 사유 없이 이를 위반한 경우에는 범죄에 해당하며 징역이나 벌금에 처할 수 있다(조례 제8조 제3항).[47]

(2) 지정 스테이블코인 제공 금지

허가된 제공자(permitted offeror)[48]가 제공하고, 또 해당 스테이블코인의 발행이 (해당 제공자가 보유했는지 여부와 관계 없이) 라이선

45) 범죄가 지속되는 경우 매 1일마다 추가로 2만5천 HKD의 벌금에 처할 수 있다는 점을 제외하면 조례 제25조 규정과 같다.

46) HKMA는 관보에 공고함으로써 규제 대상 스테이블코인 활동에 대해 제8조, 제9조 및 제10조의 적용을 받지 않도록 면제할 수 있다(조례 제13조).

47) 약식절차에 따라 유죄가 인정될 경우 최대 50만 HKD의 벌금 및 최대 2년의 징역에 처할 수 있으며, 범죄가 지속되는 경우 매 1일마다 추가로 1만 HKD의 벌금에 처할 수 있다. 공소절차에 따라 유죄가 인정될 경우 최대 500만 HKD의 벌금 및 최대 7년의 징역에 처할 수 있으며, 범죄가 지속되는 경우 매 1일마다 추가로 10만 HKD의 벌금에 처할 수 있다.

48) 허가된 제공자란 라이선스 보유자, 가상자산 서비스 제공을 위한 인가를 받은 법인, 인가된 금융기관 등을 말한다(조례 제9조 제5호).

스에 의해 승인된 경우 등 조례가 정한 일정한 경우를 제외하고는, 누구든지 지정 스테이블코인을 제공하려는 제안을 하거나 자신이 지정 스테이블코인을 제공하겠다고 표시하는 행위를 해서는 안 된다(조례 제9조 제1항, 제2항, 제3항). 정당한 사유 없이 이를 위반한 경우에는 범죄에 해당하며 징역이나 벌금에 처할 수 있다(조례 제9조 제4항).[49]

(3) 규제 대상 스테이블코인 활동 및 지정 스테이블코인 제공에 관한 광고 금지

라이선스를 받지 않은 규제 대상 스테이블코인 활동이나 지정 스테이블코인 제공과 관련된 광고를 게시하거나 게시할 목적으로 보유한 경우 범죄로 간주되며 유죄 인정시 5만 HKD의 벌금이나 최대 6개월의 징역에 처할 수 있다(조례 제10조).

(4) 지정 스테이블코인 거래와 관련된 사기 및 기망 관련 범죄

누구든지 지정 스테이블코인 거래에 관해 사기 또는 기망행위를 한 경우 범죄에 해당하며 유죄로 인정되면 징역이나 벌금에 처할 수 있고,[50] 이에 더해 법원은 최대 5년의 기간 동안 법원의 허가 없이 홍콩 내에서 지정 스테이블코인을 취득, 양도, 제공, 청약, 인수할 수 없다는 명령을 내릴 수 있다(조례 제11조).[51]

---

49) 조례 제8조 제3항 규정과 같다.

50) 약식절차에 따라 유죄가 인정될 경우 최대 100만 HKD의 벌금 및 최대 3년의 징역에 처할 수 있다. 공소절차에 따라 유죄가 인정될 경우 최대 1,000만 HKD의 벌금 및 최대 10년의 징역에 처할 수 있다.

51) 법원의 명령을 위반한 자에 대해서는 약식절차에 따라 유죄가 인정될 경우 최대 10만 HKD의 벌금 및 최대 6개월의 징역에 처할 수 있고, 공소절차에 따라 유죄가 인정될 경우 최대 100만 HKD의 벌금 및 최대 2년의 징역에 처할 수 있다.

(5) 지정 스테이블코인 관련 계약 체결 유도 금지

누구든지 다른 사람에게 지정 스테이블코인의 취득, 처분, 청약 또는 인수를 목적으로 계약을 체결(또는 체결을 제안)하도록 유도하기 위해 허위 진술을 한 경우, 이는 범죄에 해당하며 처벌받을 수 있다(조례 제12조).[52]

6. HKMA의 감독 권한

조례는 HKMA에 광범위한 감독 권한을 부여하고 있다.

(1) 조사권한 및 제재 권한

HKMA는 의심되는 불법 행위를 조사하고 관련 문서 또는 정보의 제공을 요청할 수 있으며(조례 제116~129조), 규제 대상자가 조례의 규정을 위반한 경우에는 ① 과태료 1천만 HKD와 ② 위반으로 인해 규제 대상자가 얻은 이익 또는 회피한 손실 금액의 3배 가운데 큰 금액을 납부하도록 명령할 수 있고, 이 밖에 경고, 주의, 시정명령 등의 제재를 가할 수 있다(조례 제131조).

(2) 홍콩 외부 주체 지정과 지정된 주체에 대한 감독 권한

홍콩 외부에서 지정 스테이블코인을 발행하거나 스테이블코인 결제 시스템에 서비스를 제공하는 것이 홍콩의 통화 안정성 또는 금융 안정성과 중대한 관련이 있거나 홍콩이 국제 금융 중심지로서의 기능을 수행함에 있어 중대한 관련이 있는 경우, HKMA는 관보의 공고를 통해 해당 주체를 지정할 수 있고, 지정된 주체에 대해 일정한 정보[53]의 제

52) 약식절차에 따라 유죄가 인정될 경우 최대 10만 HKD의 벌금 및 최대 6개월의 징역에 처할 수 있다. 공소절차에 따라 유죄가 인정될 경우 최대 100만 HKD의 벌금 및 최대 7년의 징역에 처할 수 있다.

53) 이사 및 주주의 성명, 최고경영책임자의 성명, 이들과 관련한 기타 추가적인

출을 요구할 수 있다(조례 제101조, 제104조).[54] 또한, 지정된 주체는 HKMA가 조례 제172조 근거해 제정하는 별도의 규정을 준수해야 하고, 조례에 따라 운영되도록 해야 한다. 정당한 사유 없이 이를 위반한 경우 범죄에 해당하며 벌금에 처할 수 있다(107조).[55]

(3) 라이선스 보유자의 업무에 대한 개입

라이선스 보유자가 지급 불능 상태나 의무 이행 불능 상태 등에 처하거나 조례의 조항에 위반한 경우 HKMA는 라이선스 보유자에게 즉시 시행해야 할 조치를 요구할 수 있으며(조례 제77조, 제78조) 다음과 같이 고문이나 법정관리인을 임명할 권한이 있다.

1) 고문 임명

HKMA는 라이선스 보유자의 고문(자문위원)을 임명할 수 있고, 라이선스 보유자에게 서면 통지를 발송하여 임명된 고문으로부터 의견을 구하도록 지시할 수 있다(조례 제79조).

2) 법정관리인 임명

HKMA는 라이선스 보유자의 법정관리인을 임명할 수 있고, 라이선

정보

54) 지정된 주체가 정당한 사유 없이 이를 위반한 경우 범죄에 해당하며 처벌받을 수 있다. 약식절차에 따라 유죄가 인정될 경우 6급 벌금 및 최대 6개월의 징역에 처할 수 있으며 범죄가 지속되는 경우 매 1일마다 추가로 1만 HKD의 벌금에 처할 수 있다. 공소절차에 따라 유죄가 인정될 경우 최대 40만 HKD의 벌금 및 최대 2년의 징역에 처할 수 있으며 범죄가 지속되는 경우 매 1일마다 추가로 1만 HKD의 벌금에 처할 수 있다.

55) 약식절차에 따라 유죄가 인정될 경우 6급 벌금에 처할 수 있으며 범죄가 지속되는 경우 매 1일마다 추가로 1만 HKD의 벌금에 처할 수 있으며, 공소절차에 따라 유죄가 인정될 경우 최대 40만 HKD의 벌금에 처할 수 있으며 범죄가 지속되는 경우 매 1일마다 추가로 1만 HKD의 벌금에 처할 수 있다.

스 보유자에게 서면 통지를 발송하여 법정관리인이 업무와 자산을 관리할 수 있도록 지시할 수 있다(조례 제80조).

7. 분쟁해결

조례 제7부(제138조~제148조)와 별표6은 HKMA의 결정을 심사하는 '스테이블코인 심판원(穩定幣覆核審裁處; Stablecoin Review Tribunal)'의 설립과 운영에 관해 규정하고 있다.[56] 스테이블코인 심판원은 HKMA의 라이선스 결정(거부, 정지, 취소 등)이나 제재, 라이선스에 부가되는 조건 등에 관해 생긴 분쟁을 심사한다. 심판원은 HKMA의 결정을 확정, 수정 또는 철회할 수 있으며 지시사항을 덧붙여 다시 HKMA로 돌려보내 처리하게 할 수 있다(조례 제142조 제1항). 심판원이 내린 결정은 사실이나 재량행위 부분에 관해서는 최종적이며, 법률적 문제에 대해서만 항소가 허용된다(조례 제142조 제4항, 제147조).

8. 과도기적 조치(경과 규정)

홍콩 스테이블코인 조례는 조례 시행일 이전에 규제 대상 스테이블코인 사업을 영위하는 자에 대한 과도기적 조치를 규정하고 있다(별표7). 조례 시행 후 3개월 동안 홍콩에서 규제 대상 스테이블코인 활동을 이미 진행 중인 기관은 계속 운영할 수 있다(별표7 제2조 제1항). 조례 시행일 이전에 이미 홍콩에서 규제 대상 스테이블코인 사업을 영위하던 자가 시행일로부터 3개월 이내에 라이선스를 신청하고 그 신청이 접수된 경우에는 시행일로부터 6개월 동안 사업을 영위할 수 있으며(별표7 제2조 제2항), HKMA는 이 신청에 대해 6개월 이내에 임

56) 조례는 스테이블코인 심판원의 설립 및 구성원 임명(제139조), 스테이블코인 심판원에 대한 심사청구(제140조), 지정 결정의 집행정지 신청(제141조), 심사 결정(제142조), 심사 권한(제143조), 항소법원에 대한 항소제기(제147조) 등을 규정하고 있다.

시 라이선스를 부여할 수 있다(별표7 제3조).[57)]

3개월 이내에 라이선스 신청을 하지 않은 경우 3개월이 되는 다음 날로부터 폐쇄 기간(Closing Down Period)에 진입하고, 라이선스를 신청하였더라도 거절되거나 자진 철회한 경우에는 그날로부터 폐쇄 기간에 진입하며(별표7 제7조, 제8조), 폐쇄 기간은 진입일(기산일)로부터 1개월이 경과한 날에 종료된다(별표7 제10조 제2항).[58)]

Ⅳ. 한국 스테이블코인 관련 법률안과의 비교·분석

2025년 8월 31일 현재까지 국회에 발의된 스테이블코인 관련 법률안으로는 「디지털자산기본법안」(민병덕의원 대표발의, 이하 '민병덕안'이라 함), 「가치고정형 디지털자산을 활용한 지급 혁신에 관한 법률안」(김은혜의원 대표발의, 이하 '김은혜안'이라 함), 「가치안정형 디지털자산의 발행 및 유통에 관한 법률안」(안도걸의원 대표발의, 이하 '안도걸안'이라 함), 「가치안정형 디지털자산 발행업 등에 관한 법률안」(김현정의원 대표발의, 이하 '김현정안'이라 함)이 있다. 이하에서는 앞서 본 홍공 스테이블코인 소례와 한국에서 발의된 네 법률안의 주요 내용을 비교·분석한다.

1. 입법 방식

민병덕안은 EU의 MiCA[59)]와 같이 스테이블코인 뿐 아니라 다른 디

57) 임시 라이선스를 부여받은 경우 임시 라이선스의 효력이 유지되는 기간 동안 스테이블코인 사업을 수행할 수 있다(별표7 제3조 제4항).

58) 이 경우 HKMA에 폐쇄 기간의 연장을 신청할 수 있으며 HKMA는 적절하다고 판단되는 기간만큼 폐쇄기간을 연장할 수 있다(별표7 제10조 제3항~제5항).

59) EU의 MiCA는 가상자산 전반을 규제하면서 한 가지 법정화폐와 1:1 비율로 가치를 유지함으로써 안정적인 가치를 유지하는 토큰인 '전자화폐토큰

지털자산 전반을 포괄적으로 규율하는 기본법이나, 김은혜안·안도걸안·김현정안(이하 세 법안을 동시에 지칭할 경우 '3법안'이라 함)은 홍콩 스테이블코인 조례(이하 '홍콩 조례'라고 함)나 미국의 GENIUS ACT 처럼 스테이블코인에 초점을 맞춘 개별 법안이다.

기본법 형태는 모든 디지털자산(가상자산)을 통합하여 규율함으로써 체계적 일관성을 유지할 수 있고 중복 규제를 줄일 수 있다는 장점이 있다. 하지만, 개별 분야의 특수성을 충분히 반영하기 어려울 수 있다는 점이 한계로 작용할 수 있다. 스테이블코인은 다른 디지털자산과 달리 결제수단으로서의 기능, 통화제도와의 연계, 준비자산 관리 문제 등이 두드러지는데, 기본법의 틀에서는 이를 상세히 규율하기 쉽지 않다. 예컨대 3법안은 스테이블코인 준비금이나 상환에 대해 상세한 규정을 두고 있는 것과 달리 민병덕안에서는 원칙적인 규정만을 두고 있다. 물론 기본법 체계 내에서도 독립된 장을 설치하여 상세한 규정을 둘 수도 있을 것이나, 기본법에는 매매업, 중개업, 보관업 등 업권별 진입 규제와 행위 규제, 발행과 유통 규제, 공시규제, 불공정거래 규제 등 가상자산 전 분야에 걸친 규율이 필요하므로 다양한 관점에서의 검토가 필요할 것이고, 따라서 법안 통과에 오랜 시간이 소요될 수 있다. 이에 비해 스테이블코인만을 전문적으로 다루는 경우 그 범위가 좁아 합의 도출이 용이하고 결과적으로 입법이 보다 신속하게 이루어질 수 있다.

홍콩의 경우 가상자산에 대한 전반적인 규제는 SFC의 정책선언과 가이드라인 수준에 머무르고 있지만, 스테이블코인에 대해서는 별도의 조례를 신속히 통과시켰다. 2025년 8월 국정기획위원회가 발표한 '이재명정부 국정운영 5개년 계획(안)'에서는 123대 국정과제 가운데 스테이블코인의 발행·유통과 관련한 이용자 보호, 글로벌 정합성, 통화·외환정책에 미칠 영향 등을 고려하여 스테이블코인 규율체계를 신속하게 마련할 것을 포함하고 있다.[60] 스테이블코인 입법이 신속하게 이루

(EMT)'과 하나 이상의 공식 통화를 비롯해 다른 가치나 권리 또는 그 종합물을 준거함으로써 안정적인 가치를 유지하는 토큰인 '자산준거토큰(ART)'에 관한 규정을 포함하고 있다.

어지려면 기본법 형태보다는 스테이블코인을 전문적으로 규율하는 입법 방식이 적합할 것이라 생각된다.

2. 법안의 역외 적용

네 법안 모두 “국외에서 이루어진 행위로서 그 효과가 국내에 미치는 경우”에도 법이 적용된다고 하여 국내 이용자 보호를 위한 역외 적용의 원칙을 명시하고 있다.[61] 홍콩 조례는 홍콩 외의 지역에서 발행된 HKD 연동 스테이블코인을 규제 대상에 포함하고 있으며(제5조), 홍콩의 통화 안정성이나 금융 안정성에 중대한 관련이 있는 경우 등에는 HKMA가 외부 주체를 지정하여 감독할 수 있는 권한도 부여하고 있다(제101조, 제104조, 제107조). 한국 법안들은 역외 적용 조항을 두고 있지만, 외국에서 원화 스테이블코인을 발행하는 경우를 직접적인 규제 대상으로 하고 있지 않다는 점에서 홍콩 조례와 차이를 보인다. 즉, 원화 스테이블코인의 해외 발행을 규제할 수단이 홍콩 조례만큼 강력하지는 않다.

3. 법안별 스테이블코인의 정의

민병덕안은 “분산원장에 디지털 형태로 표시되는 경제적 가치를 지닌 자산으로서 거래 또는 이전될 수 있는 것”을 디지털자산으로 정의하고,[62] 디지털자산을 스테이블코인을 지칭하는 ‘자산연동형 디지털자산’과 스테이블코인 이외의 디지털자산인 ‘일반 디지털자산’으로 구분

60) 국정기획위원회, “이재명정부 국정운영 5개년 계획(안)”, 2025. 8, 86면.

61) 민병덕안 제2조, 김은혜안 제4조, 안도걸안 제3조, 김현정안 제44조.

62) 「가상자산 이용자 보호법」은 가상자산을 ‘경제적 가치를 지닌 것으로서 전자적으로 거래 또는 이전될 수 있는 전자적 증표’로 정의하였으나, 민병덕안은 가상자산을 디지털자산이라 명명하고 ‘분산원장에 디지털 형태로 표시’된다는 표현을 추가하여 블록체인 기술에 기반한 코인이나 토큰을 대상으로 한 법률임을 명확히 하였다.

하고 있다. 그리고, 자산연동형 디지털자산을 "원화 또는 외국 통화의 가치와 연동되면서, 환불이 보장되어 있는 것"이라고 정의하고 있다(제3조). 김은혜안은 「가상자산 이용자 보호법」상의 가상자산을 디지털자산이라 하고, 스테이블코인을 '가치고정형 디지털자산'이라고 부른다. 가치고정형 디지털자산이란 "법정통화 또는 가치가 안정적인 자산으로서 대통령령으로 정하는 자산의 가치에 연동되어 분산원장을 기반으로 발행되고 그 연동된 자산의 가치로 상환이 보장되는 디지털자산"을 말한다(제2조). 안도걸안은 '가치안정형 디지털자산'이라 하고, 이를 "분산원장에 디지털 형태로 표시되어 경제적 가치를 지니고 전자적으로 거래 또는 이전될 수 있는 것으로서, 대한민국 또는 외국의 단일한 종류의 법정통화에 가치가 연동되어 안정적 가치를 유지하고 불특정 다수인 간에 지급을 위하여 사용할 것을 목적으로 설계된 것"이라 정의한다(제2조). 김현정안 역시 안도걸안과 유사하게 정의하고 있다.[63)]

홍콩 조례는 현재 하나 이상, 즉 단일의 또는 복수의 법정통화에 연동한 스테이블코인을 규제 대상으로 하지만 시장의 상황에 따른 유연한 대처가 가능하도록 HKMA가 다른 자산에 연동하는 스테이블코인을 지정할 수 있는 권한을 부여하고 있다. 안도걸안과 김현정안은 연동될 수 있는 자산을 단일한 종류의 법정통화에 한정하고 있다는 점에서 복수의 법정통화 바스켓을 허용하는 홍콩 조례보다는 범위가 좁다. 다른 두 법안은 '단일한'이라는 제한이 없어 복수의 통화가 허용되는지 명확하지 않다. 그리고, 김은혜안은 다른 법안들과 달리 법정통화뿐 아니라 다른 자산에 연동된 스테이블코인을 포함하고 있다는 점에서 홍콩 조례의 스테이블코인 정의와 유사한 면이 있다.

---

63) 가치안정형 디지털자산이란 「가상자산 이용자 보호법」 상의 가상자산으로서 ① 분산원장을 기반으로 발행 및 이전될 것, ② 대한민국 또는 외국의 단일한 종류의 법정통화의 가치에 준거하여 해당 통화로 액면을 표시하여 발행될 것, ③ 발행인에 의하여 ②의 액면에 해당하는 통화와의 상환이 보장될 것, ④ 타 대통령령이 정하는 요건을 모두 충족하는 것을 말한다(김현정안 제2조 제1호).

4. 스테이블코인 발행 인가제도

네 법안 모두 스테이블코인의 발행에 금융위원회의 인가를 요구하고 있다.[64] 인가요건에 관해서도 인적·물적 요건, 보안기준 요건, 임원의 적격성, 대주주 또는 외국 법인의 출자능력·재무건전성·신용요건 충족 등의 요건을 갖추도록 하여 대동소이하게 규정하고 있다.

법인 요건에 대해서는 민병덕안과 3법안이 차이를 보인다. 민병덕안은 자본금 5억 원 이상의 국내 설립 법인일 것을 요하며,[65] 외국 발행인에 대한 규제는 마련하고 있지 않다. 이와 달리 3법안은 주식회사나 일정 금융기관 또는 국내에 지점이나 영업소를 설치한 외국 법인[66]으로서 자본금이 50억 원 이상일 것을 요한다.[67] 안도걸안은 인가 후에도 법정요건을 계속 유지하도록 의무화하고 정기 심사를 도입하였으며, 대주주 변경 시 승인 등 사후관리 규정을 두었고(제9조, 제10조), 김현정안도 인가요건 유지의무를 법정하였다(제8조). 홍콩 조례는 3법안과 유사하게 홍콩에서 설립된 회사이거나 홍콩 외에서 설립된 인가기관으로 홍콩에 사무소가 있어야 하고, 최저 자본금은 2,500만 HKD(한화 약 44억 5천만 원)일 것을 요구하며, HKMA가 발행 인가 시는 물론 인가 후에도 더 엄격한 조건을 부가할 수 있도록 하고 있다.

한국 법안들에서 가장 크게 쟁점이 되는 사항은 자본금 요건이다. 스

---

64) 민병덕안 제103조, 김은혜안 제7조, 안도걸안 제7조, 김현정안 제5조.

65) 4월에 발표한 초안에서는 자본금 기준이 50억 원 이상이었지만 최종 발의된 법안에서는 기준을 5억 원으로 대폭 낮추었다. 이는 투자자 보호를 전제로 핀테크 등 비은행에 대한 시장진입 규제를 완화한 것으로 평가된다(동아일보, “與, 스테이블코인 발행기준 ‘50억→5억’ 확 낮춰… 韓銀선 ‘신중론’”, 2025. 6. 11, https://www.donga.com/news/Economy/article/all/20250611/131781612/2(방문일: 2025. 8. 13)).

66) 김은혜안과 김현정안은 “외국 법령에 따라 외국에서 디지털자산(발행)업에 상당하는 영업”을 영위하는 외국 법인으로 규정한다(각각 제7조 제1항 제1호 나목, 제5조 제2항 제1호 나목).

67) 김은혜안 제7조 제1항 제2호, 안도걸안 제7조 제1항 제2호, 김현정안 제5조 제2항 제2호.

테이블코인은 지급결제수단으로서의 범용성을 고려해 「전자금융거래법」 상 전자화폐업의 최소 자본금인 50억 원 이상을 요구해야 한다는 의견이 있는 반면,[68] 지나치게 높은 자본금 요건은 중소 규모의 혁신 기업이 시장에 진입하는 것을 막는 장벽이 될 수 있다는 우려도 제기된다. 또한, 스테이블코인의 신뢰는 발행인의 자본금 규모보다는 준비자산의 확보와 관리에 의해 좌우된다는 점에서 논의의 초점을 자본금 규모에서 준비금의 투명성과 안전성 강화로 전환해야 한다는 견해도 제시된다.[69]

물론 준비자산 관리가 스테이블코인의 안정성을 담보하는 핵심임은 분명하지만, 발행인의 운영 손실, 법적 분쟁, 시스템 장애와 같은 위험은 준비자산만으로는 대응하기 어렵다. 이러한 점에서 자본금은 스테이블코인에 대한 신뢰를 유지하는 보완적 안전판(buffer)으로 기능할 수 있다.[70] 따라서, 혁신성과 안정성의 측면을 종합적으로 고려하여 필요 최소한의 자본금을 설정할 필요가 있으며, 나아가 스테이블코인 발행인가 시 최소 자본금을 얼마로 할 것이냐는 시장진입 단계의 문제일 뿐이므로 진입 이후의 자본금 요건에 관한 고려도 필요하다. 스테이블코인의 발행 규모가 커질수록 금융안정에 미치는 파급효과가 증대하는 만큼, 홍콩 조례와 같이 인가 이후에도 사업 규모와 위험 수준에 따라 자본금 요건을 탄력적으로 조정할 수 있는 장치를 마련할 필요가 있다.[71]

---

68) 김준철·박선종, "우리나라의 스테이블코인 규제 방안에 관한 연구 -주요국 규제제도의 시사점을 중심으로-", 선진상사법률연구 제107호, 법무부, 2024, 107면; 황황세운, "스테이블코인의 도입과 이용자 보호", 자본시장 포커스 2025-18호, 자본시장연구원, 2025, 3면.

69) 박혜진, "디지털 세계에서 원화를 어떻게 재설계할 것인가?", 나라경제 Vol.417, KDI 경제교육·정보센터, 2025, 21면.

70) FSB 보고서는 운영 리스크 등을 고려한 자본금 완충(buffer)의 필요성을 강조하며, 이러한 자본 완충은 유통 중인 스테이블코인의 규모 및 리스크에 비례하여 설정될 것을 요구한다(FSB, 앞의 보고서, p. 11).

71) 참고로 EU는 35만 유로의 최저 자본금과 스테이블코인 발행량 2%에 해당하는 금액 중 큰 금액을 자본으로 확보하도록 하여 발행량에 비례한 자본금을 요구하고, 미국과 일본도 사업계획의 수행에 충분한 자본금을 확보하도록 요구한다(이정두, "스테이블코인 제도화에 따른 규제 이슈", 금융브리프 34권 특별호(17호), 한국금융연구원, 2025, 7면).

5. 준비자산(준비금) 규제

네 법안 모두 발행된 스테이블코인에 상응하는 준비자산의 보유를 의무화하고 있지만 그 범위와 관리에 차이가 있다. 준비자산의 보유 비율에 관해 김은혜안은 스테이블코인 발행 잔액의 100% 이상(제13조 제3항), 안도걸안은 준비자산의 총 가치가 해당 스테이블코인의 미상환잔액 이상(제16조 제1항), 김현정안은 스테이블코인 총발행 금액 이상(제26조 제1항)을 보유할 것을 요구하고 있다. 반면, 민병덕안은 스테이블코인의 정의에 '환불 보장'을 넣고 있고 환불준비금 계획의 적정성을 인가요건으로 삼아 사실상 100% 준비금을 상정하고 있으나(제3조 제3항, 제103조 제2항 제5호), 법조문에 비율을 직접 적시하고 있지는 않다.

준비자산의 구성에 대해서는 3법안의 규정은 크게 차이나지 않는다. 안도걸안은 현금, 은행의 요구불예금, 만기 1년 이내의 범위에서 대통령령으로 정하는 기간 이내인 국채[72]·지방채·특수채 등의 안전자산으로 구성하도록 하고(제16조 제1항 제3호), 김현정안도 이와 유사하게 규정하면서 만기 3개월 이내의 금융투자상품(외국 금융투자상품 포함)을 추가하였다(제26조 제2항). 안도걸안은 일정 비율 이상을 반드시 현금이나 요구불예금으로 확보하도록 하여 유동성 위험을 최소화하고자 한다(제16조 제1항 제4호). 김은혜안은 준비자산에 외국채를 넣고 있고, 법정통화 외의 기타 자산에 연동되는 스테이블코인의 경우에는 위에서 본 안전자산을 준비자산으로 하거나 해당 자산 자체를 준비자산으로 할 수 있도록 하였다(제13조 제1항). 민병덕안은 환불준비금을 언급하고 있지만 구체적인 자산 종류를 규정하지는 않았다(제103조).

3법안은 준비자산의 관리에 있어서도 ① 발행인의 고유재산과 분리보관,[73] ② 준비자산에 대한 상계·압류·담보권 설정 금지,[74] ③ 준비자

---

72) 한국은 단기 국고채가 발행되지 않아 원화 스테이블코인 도입시 준비자산의 요건을 마련하는데 제약이 될 수 있다는 점을 지적하면서 제도 개선이 필요하다는 견해가 있다(김필규, "스테이블코인과 단기 국고채", 이슈보고서 25-13, 자본시장연구원, 2025, 1면 이하 참조).

73) 김은혜안 제13조 제2항, 안도걸안 제16조 제2항, 김현정안 제27조 제1항.

산을 스테이블코인 이용자의 상환청구에 대한 상환 재원으로 우선 사용할 것[75] 등을 공통적으로 규정하여 준비자산의 독립성과 이용자 우선권을 보장하고 있다. 또한, 정기공시 의무에 대해서도 유사한 규정을 두어 투명성을 제고하고자 한다. 즉, 발행인은 매월 발행 잔액과 준비자산의 구성 및 현황을 인터넷 홈페이지 등에 공개하고, 분기마다 회계감사인의 감사를 받아 결과를 금융위원회에 제출하고 인터넷 홈페이지 등에 공개해야 한다.[76] 홍콩 발행인 감독지침도 발행인에게 스테이블코인 액면가, 준비자산의 시가 등 내역서를 매주 웹사이트에 공개하도록 하고, 정기적으로 외부감사보고서를 HKMA에 제출하고 웹사이트에 공개하도록 하고 있다.

홍콩 조례는 스테이블코인 액면가 이상의 고품질·고유동성 준비자산을 보유하도록 하고 발행인 감독지침에서 현금, 만기 3개월 이내의 은행예금, 정부채 등을 세부적인 기준을 마련하고 있다. 또한, 발행인의 고유재산과의 준비자산의 분리보관, 채권자들의 청구로부터의 충분한 보호 등을 규정하여 한국 3법안의 규율과 크게 차이가 나지 않는다. 홍콩 발행인 감독지침은 스테이블코인 이용자의 상환을 위 준비자산 처분 지시권과 준비자산 부족시 발행인에 대한 부족액 청구권까지 부여하고 있다. 이러한 스테이블코인 이용자의 권리는 발행인의 파산 등 지급 불능시에도 인정된다. 한국의 3법안도 발행인의 파산 등 운영 실패 시 준비자산을 스테이블코인 이용자에게 우선하여 지급하도록 규정하지만,[77] 홍콩과 달리 이용자가 발행인을 상대로 직접 청구할 수 있는 권리를 명시하지는 않았다. 그리고, 홍콩 조례가 스테이블코인의 준비자산은 원칙적으로 기준 통화와 일치할 것을 요구하여 환율위험을 제거하고 있는데 반해, 한국 법안에서는 이를 직접적으로 언급하고 있

74) 김은혜안 제13조 제8항, 안도걸안 제16조 제8항, 김현정안 제27조 제4항·제5항. 민병덕안도 이에 대한 규정을 두고 있다(제103조 제3항).

75) 김은혜안 제13조 제7항, 안도걸안 제16조 제9항.

76) 김은혜안 제13조 제4항~제6항, 안도걸안 제16조 제4항~제7항, 김현정안 제32조~제33조.

77) 김은혜안 제21조 제2항, 안도걸안 제32조 제2항, 김현정안 제28조.

지 않다. 한국에서도 원화 스테이블코인의 준비자산은 원칙적으로 원화 표시 자산으로 규정하여 환율 변동으로 인한 가치의 불안정을 방지하고, 이를 통해 스테이블코인의 안정성을 제고할 필요가 있다.

6. 스테이블코인 보유자의 상환청구권

스테이블코인 보유자이 상환청구권 보장은 모든 법안 공통의 핵심 사항이다. 다만, 상환 기한에는 차이가 있다. 안도걸안이 가장 엄격하여 상환청구를 받은 날로부터 3영업일 내 상환을 원칙으로 하고(제18조 제2항), 김은혜안과 김현정안은 10일 내 상환을 원칙으로 하며,[78] 3법 모두 정당한 사유가 있는 경우 연장할 수 있다고 규정하고 있다. 민병덕안은 상환을 환불이라고 표현하고 스테이블코인 발행인의 자격요건에 환불방법에 관한 계획이 타당하고 적절할 것을 요구하고 있으나, 환불의 구체적인 절차에 대해서는 규정하고 있지 않다(제103조 제2항 제5호).

홍콩 조례는 한국 3법안과 달리 기한을 특정하지 않고 보유자의 상환청구 시 최대한 신속하게 이행하도록 하고 있으나, 발행인 감독지침에서 상환청구 후 1영업일 이내 상환을 원칙으로 하여 한국 3법안보다 엄격하게 규정하고 있다.

7. 이자 지급 제한

(1) 법안별 상반된 접근

스테이블코인 발행인이 보유자에게 이자를 지급할 수 있는지에 대해서는 법안 간 접근방식에 큰 차이가 있다. 안도걸안(제17조)과 김현정안(제31조)은 이자 지급을 명시적으로 금지한다. 이는 스테이블코인의 예금화가 초래할 수 있는 통화정책 교란·금융시장의 불안정을 방지하기 위함이다.[79] 반면, 김은혜안과 민병덕안에는 이자 지급 금지 조항

78) 김은혜안 제12조 제1항, 김현정안 제25조 제2항·제45조 제2항(외국 발행 스테이블코인의 경우).

을 두고 있지 않다.

(2) 이자 지급 금지의 필요성

1) 금융안정성 확보

스테이블코인의 발행인이 보유자에게 이자를 지급할 수 있도록 허용하면 발행인 간의 경쟁이 심화되어 이자를 제공하는 스테이블코인이 시장을 주도하게 되고, 그 결과 스테이블코인의 가치 유지 기능이 약화되어 디페깅(depegging) 위험이 높아진다.[80] 이는 단순히 개별 발행인의 문제를 넘어 전체 금융시스템의 신뢰성에 대한 위협이 될 수 있다.

2) 규제 불균형 방지

스테이블코인 발행인이 은행과 유사한 예금 기능을 수행하면서도 은행 수준의 엄격한 자본 규제나 건전성 감독을 받지 않는다면, 사실상 그림자 은행(Shadow Banking) 역할을 하게 되므로, 이자 지급 금지는 규제 불균형 방지를 위해서도 필요하다.

3) 국제적 정합성 확보

미국의 GENIUS Act는 결제용(Payment) 스테이블코인 발행인의 이자 지급을 불허하고 있다.[81] 홍콩 조례는 스테이블코인 발행인의 직접

---

79) 연합인포맥스, "與안도걸, 스테이블코인 법안 발의…"실물자산 준비금 보유해야"", 2025. 7. 28, https://news.einfomax.co.kr/news/ articleView.html?idxno=4366778(방문일: 2025. 8. 17)

80) 취리히 연방 공과대학교(ETH Zurich) 경영기술경제학과 강사인 세바스티안 젤츠너(Sebastian Zelzner)가 2025년 8월 18일 서울 코엑스에서 열린 '세계경제학자대회(ESWC)' 디지털화폐 세션에서 발언한 내용이다(조선일보, "코인런 방지하려면 스테이블코인 이자지급 제한해야", 2025. 8. 18, https://www.chosun.com/economy/economy_general/2025/08/18/HBLG5OEKDVB6SUJP75ING734AM/(방문일: 2025. 8. 20)).

적인 이자 지급은 물론 제3자에 의해 이자가 지급되도록 허용하는 것도 금지하고 있으며(별표2 제15조), EU의 MiCA 역시 자산준거토큰 및 전자화폐토큰의 발행인과 가상자산서비스제공자에게 이자[82] 제공 금지 의무를 부여하고 있다(제40조, 제50조). 한국 역시 이러한 국제적 흐름과 보조를 맞출 필요가 있다.

4) 법적 성격 변화에 따른 규제 문제

김은혜안이 이자의 지급을 금지하지 않은 이유에 대해 원화 스테이블코인이 해외에서도 널리 사용될 수 있도록 인센티브를 제공해 산업을 진흥시키기 위함이라는 관계자의 발언이 언론에 보도된 바 있다.[83] 스테이블코인에 대한 이자의 지급은 인센티브로 작용할 수 있다. 실제 미국에서 GENIUS Act가 통과한 뒤 이자 지급형 스테이블코인의 발행량이 급격히 늘고 있으며 그 원인은 GENIUS Act가 법정화폐 담보형 스테이블코인 발행인의 이자 지급만을 금지하면서 가상자산을 담보로 하는 스테이블코인이 규제 사각지대에 놓였기 때문이라고 한다.[84] 이는 이자 지급에 대한 스테이블코인 보유자의 수요와 시장의 반응을 단

81) GENIUS ACT는 스테이블코인 발행인 요건에 관한 Section4 (a) (11)에서 “승인받은 스테이블코인 발행인과 외국 스테이블코인 발행인은 해당 스테이블코인의 보유, 사용, 보관과 관련하여 어떠한 형태의 이자 또는 수익(현금·토큰·그 밖의 대가)도 해당 스테이블코인 보유자에게 지급해서는 안 된다”고 규정하고 있다.

82) EU의 MiCA 제40조 제3항과 제50조 제3항에서는 자산준거토큰 및 전자화폐토큰의 보유 기간과 관련된 보수 또는 그 밖의 편익 일체를 이자로 취급하고 있으며, 여기에는 직접 발행인으로부터 또는 제3자로부터 받은 이자에 상당하는 효과를 가진 보상이나 할인을 포함한다.

83) 뉴스1, “‘5억→10억→50억원’…여야, 자본 요건 높인 ‘스테이블코인 法’ 발의”, 2025. 7. 28, https://www.news1.kr/finance/blockchain-fintech/5860909(방문일: 2025. 8. 17)

84) 디센터, “美 지니어스법의 역설…‘이자 지급’ USDe 시총 100억달러 돌파”, 2025. 8. 11, https://www.decenter.kr/NewsView/ 2GWL3L90NR(방문일: 2025. 8. 17)

적으로 보여준다. 법정화폐는 시간이 경과할수록 인플레이션으로 인해 그 가치가 하락하며, 법정화폐에 연동된 스테이블코인 역시 가치가 하락하는 자산이다. 따라서 보유자가 이자 수익을 좇는 것이 오히려 자연스러울 수 있으며, 이 점에서 이자 지급은 강력한 인센티브로 기능할 수 있다. 하지만, 현재 스테이블코인을 규율하는 국가들은 스테이블코인을 투자수단이 아닌 결제수단으로 보아 제도권 내로 편입하고 있다. 따라서, 스테이블코인에 이자를 지급하게 되면 앞에서 본 통화정책 교란이나 금융안전성 리스크 외에도, 결제용 토큰이 예금이나 금융상품에 가까워지게 되어 은행 및 증권 규제 적용의 문제가 발생한다. 나아가 한국에서 이자 지급형 스테이블코인을 허용하더라도, 해외 진출 시 해당 국가의 규제를 준수해야 하므로 이자를 지급하는 것은 법적 리스크를 초래할 수 있다.

(3) 이자 지급의 주체에 관한 논의

미국의 GENIUS Act는 스테이블코인 발행인이 보유자에게 이자를 지급하는 것을 금지하고 있을 뿐, 가상자산 거래소나 제휴 업체를 통한 우회적인 이자 지급 가능성을 차단하고 있지는 않다. 이로 인해 발행인의 이자 지급 금지 요건은 쉽게 회피될 수 있으며, 결과적으로 은행 예금이 스테이블코인으로 이탈할 위험이 커져 금융시장의 안정성을 해할 수 있다는 지적이 제기된다.[85] 실제로 세계적인 가상자산거래소 코인베이스는 USDC를 발행하는 서클(Circle)의 주주이지만 직접적인 발행인이 아니라는 점을 이용해 USDC 보유자에 이자를 제공하고 있으며,[86] 바이낸스 등 해외 가상자산 거래소는 물론 국내의 가상자산거래소도 스테이블코인 예치 서비스를 통해 이자를 지급하고 있다.[87]

---

85) 미국 은행정책연구소는 예금의 이탈로 인해 신용 공급이 감소하면 금리 상승과 대출 감소를 초래하고, 따라서 일반 기업과 가계의 대출 비용이 증가하게 된다고 지적한다. BPI, “Closing the Payment of Interest Loophole for Stablecoins”, 2025. 8. 12, https://bpi.com/closing-the-payment-of-interest-loophole-for-stablecoins/(방문일: 2025. 8. 20)

86) 디센터, 앞의 기사.

미국 정부는 이러한 규제 회색지대를 인지하고 있으며, 현재 규제 대상으로 하고 있는 결제용 스테이블코인에 해당하지 않는 스테이블코인에 대해 재무부를 중심으로 연구를 수행하고 법 제정일로부터 1년 내에 보고서를 의회에 제출하도록 하였다(GENIUS Act 제14조).

앞서 본 바와 같이 홍콩 스테이블코인 조례와 EU의 MiCA는 미국과 달리 스테이블코인 발행인 뿐아니라 가상자산거래소 또는 제3자를 통한 이자 지급도 금지하고 있다. 실제로 코인베이스는 EU MiCA 규정을 준수하기 위해 2024년 12월 1일부터 유럽경제지역(EEA)에서 USDC 이자 지급을 중단하였다.[88] 한국의 안도걸안과 김현정안은 미국 GENIUS Act와 마찬가지로 스테이블코인 발행인의 보유자에 대한 이자 지급을 금지하고 있는데, 국제적 규제 동향을 면밀히 살펴 발행인 외의 제3자를 통한 이자 지급 허용 여부를 신중하게 검토할 필요가 있다.

8. 이용자 보호를 위한 공시 의무

민병덕안은 스테이블코인 발행신고서를 금융위원회에 제출하도록 하고, 신고서에는 발행 목적, 총 발행량, 이용자 보호 계획 등을 포함하도록 하였다(제104조). 김은혜안과 안도걸안은 앞서 언급한 정기공시(매월 준비자산 현황 공개 및 분기 감사보고) 외에, 발행 관련 정보 공개 측면에서 준비자산과 상환에 관한 정보 등을 포함한 백서를 금융위원회에 제출하도록 하고 상품설명서를 일반에 공시하도록 하였다.[89]

---

87) 바이낸스는 2025년 8월 25일 현재, USDC와 USDT를 예치할 경우 예상 연이자율을 각각 12.12%와 13.63%라고 공개하고 있다. 국내 가상자산거래소인 고팍스는 고파이라는 가상자산 예치 서비스를 제공하고 있는데, 여기에는 USDC의 예치도 포함된다. 과거 고율의 이자를 지급하기도 하였지만, 2025년 8월 25일 현재는 연 1.5%의 이자를 지급하는 자유 입출금형 예치 서비스만 제공하고 있다.

88) Digital Today, “EU 미카 규제 시행 임박…코인베이스, USDC 이자 지급 중단”, 2024. 11. 29, https://www.digitaltoday.co.kr/news/articleView.html?idxno=543727(방문일: 2025. 8. 25)

89) 김은혜안 제9조~제10조, 안도걸안 제14조~제15조.

김현정안도 준비자산과 상환에 관한 정보를 포함한 발행신고서와 설명서를 제출하고 공시하도록 하였다(제13조, 제17조, 제21조). 홍콩 조례 역시 이용자의 보호를 위해 백서를 발행하고 일반 대중에 공개하도록 하고 있으며, 이 외에도 불만 처리 및 구제 절차에 관한 정보를 제공하도록 하고 있는데 한국 법안에는 이러한 규정을 두고 있지 않다.[90]

9. 감독기관

네 법안은 모두 금융감독당국인 금융위원회에 스테이블코인 발행인을 감독하고 제재할 수 있는 권한을 부여하고 있다. 금융위원회 외의 관계기관으로는 통화당국인 한국은행과 외환당국인 기획재정부가 있으며, 각 법안은 이들 기관에 대해 서로 다른 수준의 감독 권한을 규정하고 있다.[91] 이 중 안도걸안은 다른 법안들과 달리 외환 및 통화신용정책에 영향을 미치는 사항에 관한 협의를 위해 금융위원회, 한국은행, 기획재정부가 참여하는 스테이블코인 위원회를 별도로 설치하도록 하고 있다.[92]

홍콩 조례는 HKMA에 라이선스 부여 및 광범위한 감독 권한을 부여하고 있어, 우리 법안이 금융위원회에 발행 인가 및 감독 권한을 부여한 것과 유사하다고 생각할 수 있지만, HKMA는 금융감독당국이면서 홍콩의 중앙은행 역할을 하고 있다는 점에서 큰 차이가 있다.[93]

---

90) 안도걸안은 외국발행 스테이블코인 거래지원 적격성 평가 항목에 '이용자 보호 및 분쟁해결 절차 구축 여부'를 포함하도록 하여(제19조 제2항 제4호) 간접적으로 관련 요소를 고려하고 있다.

91) 민병덕안 제139조 제2항, 김은혜안 제20조 제3항·제25조, 김현정안 제42조 제2항·제43조, 안도걸안 제36조~제38조.

92) 동 위원회는 스테이블코인의 총발행량 및 유통량의 관리에 관한 사항이나 준비자산 구성 기준에 관한 사항 등을 협의하여 금융위원회에 의견을 제시할 수 있고, 금융위원회는 정책 수립 및 집행 과정에서 이를 반영하도록 노력해야 한다(안도걸안 제35조).

93) HKMA는 홍콩의 통화안정, 외환관리, 은행건전성감독, 금융시장 발전을 목적으로 1993년 4월 1일 외환법령 및 은행법령에 따라 외환관리국과 은

HKMA는 스테이블코인과 관련한 금융·통화·외환의 안정을 위해 발행 인가부터 감독까지 아우르지만, 한국은 금융의 안정과 관련된 정책당국이 중앙은행(한국은행), 정부(기획재정부), 금융감독기구 등으로 분산되어 있어[94] 홍콩과 같은 일원화된 관리·감독은 어렵다. 스테이블코인의 발행과 유통은 금융안정과 밀접한 관련이 있다는 점에서 한국은행과 기획재정부의 정책과 전문적 판단이 적시에 반영될 수 있는 길을 마련할 필요가 있다.

V. 홍콩 스테이블코인 조례의 입법적 시사점

홍콩 스테이블코인 조례와 우리나라 법안들의 비교·분석을 토대로 다음과 같이 한국의 입법에 대한 시사점을 도출하였다.

첫째, 현재까지 한국에서 발의된 법률안은 디지털자산 전반을 규율하는 기본법과 스테이블코인을 전문적으로 규율하는 개별법으로 대별할 수 있다. 스테이블코인의 준비자산, 상환, 공시 등 지급결제수단으로의 특성을 고려한 정밀한 설계를 위해서는 스테이블코인을 전문으로 하는 개별법을 제정할 필요가 있다. 물론 기본법에서 스테이블코인에 관한 독립된 장을 설치하여 규율할 수도 있겠지만, 신속한 입법을 위해서는 기본법 형태보다는 개별법 형태가 적합할 것이다.

둘째, 홍콩은 조례와 감독지침으로 이자 지급 금지를 명확히 하여 스테이블코인이 예금이나 투자상품으로 변질되는 것을 막았는데, 이는 결제수단으로서의 기능을 명확히하고 통화정책이나 금융안정 리스크를 억제하는 핵심 장치라 할 수 있다. 한국 역시 이자 지급 금지를 명시하여 금융안정과 통화정책에 미칠 잠재적 위험을 차단할 필요가 있다.

셋째, 건전성 규제 측면에서 홍콩 조례는 준비자산의 구성과 운용·공

행감독국을 통합하여 정부기관으로 설립되었다(금융위원회 홈페이지, "홍콩", https://www.fsc.go.kr/no060107 참조).

94) 한국은행 홈페이지, "정책당국간 역할분담", https://www.bok.or.kr/portal/main/contents.do?menuNo=200323 참조.

시·감사 체계를 엄격히 규율하고 있다. 구체적으로 현금이나 단기 국채 등 유동성이 높고 신용위험이 낮은 자산으로 준비자산을 구성하고, 준비자산의 일일 내역 작성과 주간 보고 및 공시, 외부감사를 의무화하여 투명성을 담보하고 있다. 또한, 발행인에게 2,500만 HKD의 최소 자본금을 요구하고, 인가 후에도 사업 규모와 위험 수준에 따라 감독당국이 추가로 자본금을 적립하게 할 수 있는 권한을 부여하고 있다. 스테이블코인의 신뢰성은 준비자산의 투명성과 안정적 관리에 좌우되므로, 준비자산의 엄격한 관리와 공시가 제도 설계의 중심축이 되어야 한다. 이와 동시에 발행인에게 최소한도의 자기자본을 요구하여 운영상 리스크나 예상치 못한 손실에 대비토록 하고, 발행 규모나 위험성에 비례하여 자본을 추가 적립하도록 하는 장치를 마련할 필요가 있다.

넷째, 감독체계 측면에서 홍콩은 HKMA가 라이선스 발급·취소, 감독·제재에 대한 포괄적인 권한을 가지고 있다. HKMA는 금융감독당국이자 통화당국이라는 점에서 한국의 금융위원회와 차이가 있다. 한국의 경우 금융위원회를 스테이블코인의 발행 인가와 관리·감독의 주무부서로 하되 한국은행, 기획재정부 등 관련 당국과 긴밀히 협력할 수 있는 제도적 장치를 마련하여 통화·외환을 비롯한 금융안정 정책이 적시에 반영되도록 할 필요가 있다.

다섯째, 홍콩은 조례 제정 이전에 샌드박스를 운영하여 제한된 환경에서 사업모델과 기술을 실증하고, 그 경험을 제도 설계에 반영하였다. 한국도 신속한 입법을 추진하는 한편, 샌드박스 제도를 적극적으로 활용하여 원화 스테이블코인의 안전성이나 외환 관리에의 영향 등을 검증하고 실생활에서의 활용 방안을 모색할 필요가 있다.

여섯째, 국내 이용자를 보호하고 규제 차익을 줄이기 위해 외국 발행 스테이블코인에 대한 규제방안도 마련해야 할 것이다. 안도걸안은 가상자산거래소가 외국 발행 스테이블코인에 대한 상장심사를 할 때 적격성 평가[95]를 하도록 하는 간접적인 규제방안을 마련하고 있으며,

95) 평가항목에는 외국 발행인의 현지 인가 여부, 준비자산의 구성·보유 현황, AML/CFT 체계 구축, 이용자 보호·분쟁 해결 절차 구축, 외국법령 위반 사실 존부 등이 있다.

정기적으로 재평가하여 요건 미달 시 거래지원을 종료하도록 하고 있다(제19조). 이러한 규제 방식 외에도 외국 발행 스테이블코인의 준비자산을 국내에 예치하도록 하는 방안이나, 외국 발행 스테이블코인을 유통시키는 국내 가상자산거래소에게 손실보전책임을 부과하는 방안도 함께 검토할 필요가 있다.[96)]

일곱째, 한국의 입법은 홍콩, EU, 미국 등 주요국의 규제체계와의 정합성을 확부함으로써 국제 규제 협력의 기반을 마련하고, 글로벌 금융질서 속에서 원화 스테이블코인의 활용 가능성을 확대하는 방향으로 나아가야 할 것이다.

마지막으로, 스테이블코인의 제도화는 단순히 기술적·산업적 과제가 아니라 금융안정과 통화정책, 나아가 통화주권의 문제와 직결된다. 이 글에서 제시한 논의가 향후 한국이 스테이블코인 입법을 추진하는 과정에서 금융안정과 통화주권을 지키는 동시에 원화 스테이블코인의 실질적 활용 가능성을 모색하는 균형 잡힌 입법 선략을 마련하는 데 유용한 참고가 되기를 바란다.

96) 김갑래, "글로벌 스테이블코인 제도 및 사용 현황", 자본시장연구원, 2025, 33면.

▮참고문헌

Ⅰ. 국내문헌

김갑래, "글로벌 스테이블코인 제도 및 사용 현황", 자본시장연구원, 2025.

김수연, "홍콩 국가보안법 시행과 홍콩 경제 동향", Weekly KDB Report, KDB산업은행, 2020.

김준철·박선종, "우리나라의 스테이블코인 규제 방안에 관한 연구 -주요국 규제제도의 시사점을 중심으로-", 선진상사법률연구 제107호, 법무부, 2024.

김필규, "스테이블코인과 단기 국고채", 이슈보고서 25-13, 자본시장연구원, 2025.

박병광, "홍콩 국가안전법 제정의 파급영향과 정책시사점", INSS 전략보고 No.88, 국가안보전략연구원, 2020.

박혜진, "디지털 세계에서 원화를 어떻게 재설계할 것인가?", 나라경제 Vol.417, KDI 경제교육·정보센터, 2025.

백은비, "홍콩 스테이블코인에서 찾는 투자 기회", China Focus, 유진투자증권, 2025.

이정두, "스테이블코인 제도화에 따른 규제 이슈", 금융브리프 34권 특별호(17호), 한국금융연구원, 2025.

황세운, "스테이블코인의 도입과 이용자 보호", 자본시장포커스 2025-18호, 자본시장연구원, 2025.

Ⅱ. 인터넷 자료

국정기획위원회, "이재명정부 국정운영 5개년 계획(안)", 2025. 8.

금융위원회, "[보도참고] 금융위원회 김용재 상임위원 금융안정위원회(FSB) 총회 참석", 보도자료, 2024. 6. 18.

뉴스1, "'5억→10억→50억원'…여야, 자본 요건 높인 '스테이블코인 法' 발의", 2025. 7. 28.

동아일보, "與, 스테이블코인 발행기준 '50억→5억' 확 낮춰… 韓銀선 '신중론'", 2025. 6. 11.

디센터, "美 지니어스법의 역설…'이자 지급' USDe 시총 100억달러 돌파", 2025. 8. 11.

디지털타임스, "세미나만 수십회…성과 없는 디지털자산 제도화", 2025. 8. 24.

류샤오춘(刘晓春), "스테이블코인과 이해관계자 요구사항 분석", 중국전문가포럼, 2025. 6. 27.

연합뉴스, “[홍콩 반환 25주년] 시진핑 33분 연설서 ‘일국양제’ 20번 언급”, 2022. 7. 1.
연합인포맥스, “與안도걸, 스테이블코인 법안 발의…“실물자산 준비금 보유해야””, 2025. 7. 28.
예금보험연구소, “IMF-FSB의 가상자산 규제 로드맵 이행 현황”, 글로벌 예금보험 브리핑, 2024. 11. 25.
유은영, “홍콩, 포괄적 스테이블코인 규제로 웹3 금융허브 도약”, 중국전문가포럼, 2025. 6. 5.
조선일보, “코인런 방지하려면 스테이블코인 이자지급 제한해야”, 2025. 8. 18.
한국은행, “홍콩통화청(HKMA)의 「암호자산 및 스테이블코인 규제방안에 대한 의견수렴 결과보고서」 주요 내용 및 시사점”, 2023. 4. 28.
_____, “홍콩 스테이블코인 규제 관련 법안 통과(5.21일) 및 평가”, 2025. 5. 26.
홍콩금융관리국, “Discussion Paper on Crypto-Assets and Stablecoins”, 2022. 1. 12.
_____, “Conclusion of Discussion Paper on Crypto-Assets and Stablecoins”, 2023. 1. 31.
_____, “Consultation Conclusions for Legislative Proposal to Implement Regulatory Regime for Stablecoin Issuers in Hong Kong Released”, 2024. 7. 17.
_____, “HKMA Announces Stablecoin Issuer Sandbox Participants”, 2024. 7. 18.
_____, “Government Welcomes Passage of the Stablecoins Bill”, 2025. 5. 21.
홍콩특별행정구 정부 신문공보, “《穩定幣條例》 將於二〇二五年八月一日生效”, 2025. 6. 6.
홍콩특별행정구 정부 홈페이지, “Second Policy Statement on Development of Digital Assets Issued to Scale Hong Kong to New Heights of Global Digital Asset Leadership”, 2025. 6. 26.
BPI, “Closing the Payment of Interest Loophole for Stablecoins”, 2025. 8. 12.
Digital Today, “EU 미카 규제 시행 임박...코인베이스, USDC 이자 지급 중단”, 2024. 11. 29.
FSB, “High-Level Recommendations for the Regulation, Supervision and Oversight of Global Stablecoin Arrangements: Final Report”, 2023. 7. 17.

FSTB, "Policy Statement 2.0 on the Development of Digital Assets in Hong Kong", 2025. 6. 26.

GovUK, "Implementation of Regulatory Regime for Stablecoin Issuers", 2025. 7. 29.

HKMA, "Linked Exchange Rate System", 2024. 6. 27.

Ledger Insights, "After Passing Stablecoin Legislation, Hong Kong Consults on Rules", 2025. 5. 27.

姚平平·徐振梁·崔灏·康来, "香港《稳定币条例》正式生效: 发牌制度与市场影响全面解读", 中伦, 2025. 5. 27.

李慕乔·陈明杰, "香港《稳定币条例》解读: 监管框架、市场影响与合规展望", 中豪研究, 2025. 6. 20.

中国政府网, "习近平在庆祝香港回归祖国25周年大会暨香港特别行政区第六届政府就职典礼上的讲话(全文)", 2022. 7. 1.

제10장

Strategy for Defense and Evidence Presentation by Chinese Enterprises in Responding to U.S. Section 337 Intellectual Property Investigations

Wang Haiyan · Wu Yue · Wang Tao

Ⅰ. Introduction

To restrict the development and growth of Chinese enterprises, some foreign companies frequently initiate intellectual property (IP) infringement lawsuits against them. Even some countries repeatedly employ unfair means such as trade investigations and sanctions to set up IP barriers, creating numerous obstacles to the development of Chinese enterprises.[1] As one of the U.S. trade protection measures, Section 337 investigations aim to crack down on imported products that infringe IP rights, so as to protect the U.S. domestic industry. However, this measure is also often used by U.S. enterprises as an important strategy for overseas litigation. In the "Section 337 investigations" initiated by the U.S. International Trade Commission (hereinafter referred to as ITC) against Chinese enterprises, most cases end with Chinese enterprises losing the lawsuit or partially losing the lawsuit. Against the backdrop of escalating China-U.S. trade frictions, increasing efforts in IP protection, and an increasingly severe

1) Guo Yusa, Dong Xinyu, Ma Xiaoxue, et al. Research on the Optimization of the Overseas Intellectual Property Rights Protection Insurance System, Shanghai Insurance, No.10, 2024, p.28-347.

trade situation, the response strategies of Chinese enterprises when facing U.S. Section 337 investigations urgently need to be optimized. Especially for Chinese enterprises, responding to such lawsuits faces many challenges.

In June 2020, the Guiding Opinions on Further Strengthening the Work of Intellectual Property Rights (IPR) Protection and Assistance issued by China National Intellectual Property Administration (CNIPA) stated that it is necessary to strengthen guidance on addressing overseas IPR disputes, enhance the development of the National Center for Guidance on Addressing Overseas IPR Disputes, intensify early warning and prevention of overseas IPR disputes, promote the construction of overseas information service platforms, raise enterprises' awareness of overseas IPR risk prevention and control as well as their ability to handle disputes, and continuously improve overseas IPR protection and assistance services.[2] The promulgation and implementation of Private Sector Promotion Law of the People's Republic of China has provided a solid legal guarantee for the healthy development of China's private economy. This law explicitly emphasizes the importance of protecting the legitimate rights and interests of private enterprises, particularly in terms of intellectual property rights (IPR), and offers legal support for private enterprises to address international IPR disputes.[3] Building on this policy-legal

---

2) National Intellectual Property Administration of the People's Republic of China, http://www.cnipa.gov.cn, ,date of access: 2020.06.16. August 1, 2025.

3) Editorial Department of This Journal, "Opinions of the Communist Party of China Central Committee and the State Council on Promoting the Development and Growth of the Private Economy" Released, Emphasizing the Continuous Improvement of the Intellectual Property Protection System, China Trademark, No.7, 2023, p.24.

foundation, the question of how Chinese enterprises can conduct reasonable defenses and proactively respond to U.S. Section 337 investigations through effective response strategies and application of evidence rules is not only related to the survival and development of the enterprises themselves, but also bears on the international competitiveness of China's private economy and industrial security.

This paper focuses on the common defense paths and the application methods of evidence rules in U.S. "Section 337 Investigations". Through in-depth analysis and discussion, it strives to provide effective and practical response solutions for Chinese enterprises. This research is not only conducive to enhancing the response capabilities of Chinese enterprises in international intellectual property disputes, but also reflects the active implementation of the spirit of Private Sector Promotion Law of the People's Republic of China, demonstrating China's firm determination to advance the high-quality development of the private economy and safeguard the legitimate rights and interests of private enterprises.

II. The Origin and Operational Logic of U.S. Section 337 Investigations

The U.S. Section 337 Investigations have a long history.[4] For domestic innovators and technology enterprises in the United States, it serves as a solid barrier to safeguard their intellectual

4) Rogers R K. "Section 337 Investigations at the U.S. International Trade Commission", NTUT J. of Intell. Prop. L. & Mgmt., Vol.5, 2016.

property rights. From the perspective of Chinese enterprises, however, the existence of such investigations means enduring prolonged time consumption, high costs, market loss, and damage to reputation. Understanding the causes and operational logic of Section 337 Investigations is conducive for enterprises to accurately identify risks, proactively build defense systems, enhance response efficiency, and improve response strategies in lawsuits.

1. The Origin of U.S. Section 337 Investigations

A Section 337 Investigation refers to an investigation conducted by the U.S. International Trade Commission in accordance with the provisions of Section 337 of the U.S. Tariff Act of 1930. It targets intellectual property infringement and other unfair competitive practices in import trade. The purpose of this investigation is to determine whether an infringement has occurred and whether it is necessary to adopt corresponding remedial measures, and it can be classified as a quasi-judicial procedure.[5)] In accordance with the provisions set forth in Section 337 of the Tariff Act of 1930, "Section 337 Investigations" primarily target two categories of conduct: first, acts where imported products infringe upon U.S. intellectual property rights (IPR); and second, other unfair competitive practices occurring in the course of import trade. Such conduct includes, but is not limited to, whether imported products infringe patents, whether there are instances of unfair competition (in violation of other laws and regulations), and violations of other rights related to intellectual property.[6)]

---

5) Yu Yang. (2022)The Development Course, Characteristic Facts of U.S. Section 337 Investigations and China's Responses. Asia-Pacific Economic Review. (2) pp: 63-69.

For Chinese enterprises involved in the cases, Section 337 Investigations are flawed with low efficiency and high costs because they are not familiar with the relevant programs, essentially making them a loss-making endeavor. Such investigations consume substantial resources of the enterprises. For example, when Luxshare Precision responded to the investigation initiated by Amphenol Corporation, even though it eventually won the case, it had to invest in legal teams and technical resources for defense, and the whole process took nearly three years.[7] If an enterprise is found to have infringed, the ITC may issue a limited exclusion order[8] or a general exclusion order[9] to prohibit the relevant infringing products from entering the U.S. market, which will directly lead to a decline in the enterprise's sales volume and loss of market share.[10] For instance, if the Section 337 Investigation initiated by GoPro against Insta360 is ruled valid, Insta360's flagship products such as ONE X and X3 may face a sales ban. The uncertainty of investigation results may cause fluctuations in

6) Xu Chenqian, Zhu Xuezhong, U.S. Section 337 Investigations, Dynamic Capabilities and Enterprise Patent Internationalization, Studies in Science of Science, Vol.41, No.8, 2023, p.1474-1483.
7) Securities Times, The U.S. Section 337 Investigation involving the "Apple supply chain" leader with a market value of 260 billion yuan has concluded! No infringement found! Its stock price rose by 5% at one point. http://www.stcn.com, .date of access: 2022. 09.13. August 1, 2025.
8) United States Intellectual Property Enforcement Coordinator. Annual Intellectual Property Report To Congress. https://www.whitehouse.gov/omb/office-u-s-intellectual-property-enforcement-coordinator-ipec/.date of access: . 2020.03.August 1, 2025.
9) Hnath G M. "General exclusion orders under Section 337", Nw. J. Int'l L. & Bus., Vol.25, 2004, p.349.
10) Schliessler P M. "Patent litigation and firm performance: the role of the enforcement system", Industrial Corporate Change, Vol.24, 2015, pp.307-343.

stock prices. For example, there were rumors that OFILM was involved in a Section 337 Investigation, and its stock price once plummeted by more than 6% in a single day.[11] It is worth noting that even if an enterprise eventually wins the lawsuit successfully, it still has to bear high litigation costs.[12]

In the application of non-judicial intellectual property mechanisms, Section 337 Investigations demonstrate their unique advantages in administrative procedures. As a quasi-judicial institution, the U.S. ITC possesses independent investigation and adjudication authority, with a typical case-handling cycle of 12 to 18 months—far shorter than that of federal courts. Its remedial measures take effect at the import stage: a general exclusion order can prohibit all infringing products from entering the United States, rather than targeting only specific enterprises, and its coercive power and influence directly act on the enterprises involved. The ITC enforces its rulings with significant rigor, evidenced by its ability to directly utilize U.S. Customs for enforcement without relying on the court system. Due to these characteristics, enterprises not only use this mechanism as a competitive tool to attempt to reduce competitors' market positions, but it is also regarded as a trade protection measure by the United States.[13]

---

11) Securities Times, Breaking! The over-400 billion RMB "Apple supply chain" giant was hit with a U.S. Section 337 Investigation; shares across the sector had tumbled earlier… The company's latest response is in., http://www.stcn.com, date of access: 2021.01.23. August 1, 2025.

12) Qin Shunhua, Su Zhe, Insights from a Decade of Game Between China and the U.S. Over Section 337 Investigations, Practice in Foreign Economic Relations and Trade, No.4, 2012, p.41-44.

13) Somaya D, McDaniel C A. "Tribunal specialization and institutional targeting in patent enforcement", Organization Science, Vol.23,

2. The Operational Logic of U.S. Section 337 Investigations

The various stages of the U.S. Section 337 Investigation process are closely interconnected with rigorous logic. From initiation to remedy enforcement, and from investigation to ruling review, each stage links seamlessly to drive the case from filing toward final resolution. For the investigated party, only by accurately grasping the key points of each process stage and proactively addressing challenges at every phase can it safeguard its legitimate rights and interests amid the uncertainties of Section 337 Investigations, resolve trade and intellectual property disputes, and ensure the stable development of its business in the international market.

As outlined in the document, the process follows a standardized and time-bound workflow, with clear core tasks and deadlines for each stage, ensuring procedural rigor and efficiency. The specific stages, core steps, and timeframe requirements are detailed in the table below:

Stage	Core Steps	Timeframe
Initiation	Submission of application → Case filing review by the U.S. International Trade Commission→ Appointment of an administrative judge	The "target date" of the case (a key time benchmark for subsequent procedures) is determined within 45 days after case filing
Investigation	Discovery of evidence (exchange of case-related evidence such as research and development records and technical documents b	Evidence collection takes approximately 5 months; the hearing is held 6 months after case filing

No.3, 2012, pp.869-887.

	etween the two parties) → Hearing → Initial ruling by the administrative judge	
Adjudication	Review of the initial ruling by the ITC → Issuance of the final ruling → Submission to the President for review if infringement is involved	The ITC completes the review of the initial ruling within 45 days; the President completes the review within 60 days after the final ruling
Remedy Enforcement	Entry into force of the exclusion order/cease-and-desist order → Enforcement of the order by U.S. Customs and Border Protection (CBP)	The final ruling takes official effect after being published in the Federal Register
Key Points for Responding to U.S. Section 337 Investigations	Submission of the response brief → Retention of a professional legal team → Formulation of a defense strategy → Filing of a judicial appeal if dissatisfied with the final ruling	The deadline for submitting the response brief is 20 days after case filing; the deadline for filing an appeal is 60 days after the final ruling

Table 1: U.S. Section 337 Investigation Process

Ⅲ. Current Situation and Challenges of Chinese Enterprises Facing U.S. Section 337 Investigations

1. Current Situation and Challenges of Chinese Enterprises Facing U.S. Section 337 Investigations

According to the 2024 Survey on Overseas Intellectual Property Disputes of Chinese Enterprises released by the China

Intellectual Property Society, the total number of intellectual property lawsuits filed against Chinese enterprises in the United States reached 1,227 in 2024. Specifically, there were 587 patent lawsuit cases, 668 trademark lawsuit cases, and 16 trade secret lawsuit cases. Among these, 1,707 Chinese enterprises were involved in patent lawsuits, 10,865 in trademark lawsuits, and 19 in trade secret lawsuits.[14] In the field of patent lawsuits, the involved enterprises are mainly distributed in the manufacturing, wholesale, and retail industries; while trademark lawsuits are concentrated in the wholesale and retail sectors geographically, with cases mainly occurring in provinces such as Guangdong, Zhejiang, and Fujian—enterprises in Guangdong account for nearly 30% of the total. From the perspective of lawsuit outcomes, 66.60% of patent lawsuits were concluded through settlement and case withdrawal; in trademark lawsuits, 64.12% of defendants were ruled to have lost due to failure to appear in court. In terms of compensation, the average amount awarded in patent lawsuits was $2.803 million, while that in trademark lawsuits was $251,000.

In addition, in 2024, there were 24 U.S. "Section 337 Investigation" cases involving 94 Chinese mainland enterprises. Regarding the basis of the cases, 95.83% were related to patent infringement. These enterprises are mainly engaged in industries such as the electronics industry, electrical machinery, and equipment manufacturing, and geographically concentrated in regions like Guangdong and Jiangsu. Notably,

14) China Intellectual Property Society, The 2024 Survey on Overseas Intellectual Property Disputes of Chinese Enterprises, http://www.cnips.org.cn/a19514.html, ,date of access: 2025.06.04. August 15, 2025.

among the cases that have completed the investigation process, the proportion of Chinese enterprises obtaining positive final rulings has increased compared with the previous year.

Data on the number of U.S. Section 337 Investigations filed by the ITC over the past decade shows fluctuations: the number was 39 in the early stage and rose to 48 in 2024. This trend reflects both the expansion of Chinese enterprises' overseas markets and the growing competitive pressure in the U.S. market.[15] On one hand, Chinese enterprises are accelerating their global layout in fields such as technology, electronics, and manufacturing including 5G, new energy, and smart home appliances, and their increasing market share has prompted U.S. local enterprises to set up technical trade barriers through Section 337 Investigations such as patent challenges in industries like semiconductors and communication components—a sign of the rising international influence of Chinese enterprises. On the other hand, Section 337 Investigations, through measures like general exclusion orders, directly restrict Chinese enterprises' products from entering the United States market, for instance, home appliance and consumer electronics enterprises have faced export disruptions due to patent disputes, increasing enterprises' litigation costs and market risks, and forcing them to strengthen their intellectual property compliance and litigation response capabilities.[16]

15) Su Zhe, Qin Shunhua, A Decade of Game Between Chinese and U.S. Industries Centered on Section 337 Investigations, Modern Finance and Economics (Journal of Tianjin University of Finance and Economics), No.4, 2012, p.106-112.

16) Jin Zhenye, Analysis of U.S. Non-Tariff Trade Barriers Against

Figure 1:The Total Number of Global Section 337 Investigations Initiated by the US ITC in the Past Ten Years[17)]

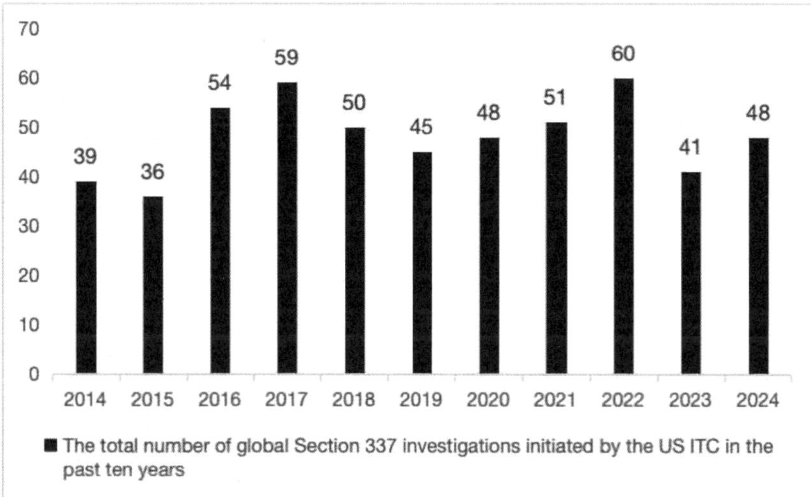

Overall, the number of Section 337 Investigations filed by the ITC against Chinese enterprises has fluctuated significantly over the past decade. There are multiple reasons for this, including the expansion of Chinese enterprises' trade scale in the United States, the intensification of international trade frictions, and the impact of U.S. trade protectionist policies. The frequent initiation of Section 337 Investigations against Chinese enterprises by the United States reflects that Chinese enterprises are facing increasingly severe challenges from intellectual property competition pressure and trade

China and Countermeasures: A Case Study of Section 337 Investigations, Industrial Innovation Research, No.23, 2022, p.105-107.

17) Data source: United States International Trade Commission (USITC): https://pubapps2.usitc.gow/337externaL. Compiled in this article

barriers in the international market. This has a profound impact on China-U.S. trade relations and the international development of Chinese enterprises.[18)]

Year	Global Total	Number of Investi gations Involving Chinese Enterprises	Enterprises Percentage of Investigations Involving Chinese Enterprises
2014	39	13	33.30%
2015	36	8	22.90%
2016	54	18	33.30%
2017	59	22	37.30%
2018	50	19	38.00%
2019	45	22	48.80%
2020	48	19	39.60%
2021	51	13	25.50%
2022	60	22	36.60%
2023	41	20	48.70%
2024	48	24	50.50%

Table 2:Number of U.S. Section 337 Investigations Involving Chinese Enterprises in the Past Decade[19)]

As can be seen from Table 2, Chinese enterprises account for a relatively high proportion of global entities accused by the United States, indicating the immense pressure they are facing. Such measures by the United States, from a side perspective, reflect the intensity of its trade crackdown on China.[20)] For a long time,

18) Wu Beijun, Analysis of the Current Situation of U.S. Section 337 Investigations Against China and Discussion on Countermeasures, China Invention & Patent, Vol.21, No.201, 2024, p.113-118.
19) Data source: United States International Trade Commission (USITC): https://pubapps2.usitc.gow/337externaL. Compiled in this article.
20) See Zhang Huanzhao, Xu Jiansheng, Peng Chunyan. (2014). A Study on

the United States has employed a variety of means to contain China in the trade field. Raising tariffs was once its common tactic—by setting up high tariff barriers, it has attempted to hinder Chinese goods from entering the U.S. market and undermine the price competitiveness of Chinese products. Nowadays, Section 337 Investigations have become its new "tool". Under the so-called name of "intellectual property protection", it essentially serves the purpose of trade protection. It imposes "strict" supervision on China's intellectual property rights, but this "strictness" is not based on fair and impartial market rules; instead, it carries obvious selectivity and discrimination. As can be clearly observed from number of U.S. Section 337 Investigations involving Chinese enterprises in the past decade, Chinese enterprises account for a notably prominent proportion in Section 337 Investigations. Their share has remained persistently high in many years, and even reached more than half of the global total in 2024. This data intuitively indicates that Chinese enterprises have become key targets of U.S. Section 337 Investigations, and Chinese enterprises are confronted with immense challenges and pressures in foreign trade. The United States leverages the procedural characteristics of Section 337 Investigations to frequently initiate investigations against Chinese enterprises, which increases the operating costs and overseas market expansion risks of Chinese enterprises, and restricts the development space of Chinese enterprises in the U.S. market. This series of actions demonstrates a strong tendency of trade protectionism and seriously undermines the international trade order and the environment for fair competition.[21]

U.S. Section 337 Investigations Against China and Countermeasures. Forum on Science and Technology in China, (9), pp. 139-142.

2. Chinese Enterprises Facing the Challenges of Section 337 Investigations

The U.S. "Section 337 Investigations" have become one of the most effective legal weapons for American enterprises to block competitors' products from entering the U.S. market. As China has evolved into a global manufacturing hub and its "Going Global" strategy deepens, Chinese enterprises have increasingly become the "top target" of Section 337 Investigations.[22] However, when responding to such investigations, Chinese enterprises have exposed systemic shortcomings and challenges in aspects like intellectual property strategy, talent reserves, practical experience, and the application of evidence rules—these issues have seriously restricted their ability to effectively protect their rights and expand overseas markets.

(1) Lack of Systematic Planning in Intellectual Property Management and Severe Shortage of Professional Talent Reserves

Intellectual property is the core and foundation of Section 337 Investigations. .Whether an enterprise can gain the initiative in this 'war without smoke' fundamentally depends on the quantity and quality of its own IP, as well as its ability to manage and

21) Sun Lianbin, Reflections on the Complete Victory of Chinese Iron and Steel Enterprises in U.S. Section 337 Investigations, Practice in Foreign Economic Relations and Trade, No.8, 2018, p.71-73.

22) Han Liangqiu, Qian Zhenhua, Current Situation, Causes and Impacts of U.S. "Section 337 Investigations" Initiated Against China, Foreign Economic Relations & Trade, No.8, 2019, p.17-19.

apply IP systematically and strategically.However, the current situation shows that a large number of Chinese enterprises have significant deficiencies in the forward-looking layout of IP and the construction of IP risk prevention and control systems.

Multiple authoritative surveys have revealed a worrying current situation: approximately 25% of the surveyed enterprises have not formulated any form of intellectual property (IP) management system, leaving their IP management in a random and disorganized state. More than 54% of enterprises have never made any overseas IP layout—which means when their products enter overseas markets, especially the U.S. market, they are like "running naked": they lack a shield to protect their own innovations, and are also highly likely to step on the "patent landmines" set by others. What is more severe is that 57% of enterprises only have a "very limited understanding" of the methods and pathways for overseas IP rights protection. When disputes actually arise, merely 8% of enterprises have direct experience in handling overseas IP disputes. [23]Most enterprises have not taken IP risk control as a core function and integrated it deeply into the entire process of overseas operations, such as product research and development, market access, and sales promotion. Instead, they regard it as a "firefighter" role for post-event remedies.

The lack of such systematic planning directly leaves enterprises in a passive and vulnerable position when facing Section 337 Investigations. Without a professional talent team,

23) Dong Xinkai, On the Construction of a Full-Chain and Systematic Mechanism for Preventing and Responding to Overseas Intellectual Property Disputes, Science and Technology Management Research, Vol.42, No.11, 2022, p.135-144.

all plans will remain nothing but castles in the air. Talents are the executors who turn strategies into practice and the frontline fighters who handle complex legal procedures. However, at present, the reserve of foreign-related intellectual property (IP) talents in Chinese enterprises is far from sufficient—indeed, it can be described as "stretched thin". Data shows that only 38% of enterprises have dedicated personnel responsible for overseas IP management. More than 54% of enterprises have never organized or participated in professional training on overseas IP, which prevents their teams from keeping abreast of the latest developments in international IP rules and potential risks.[24)]

From a broader perspective of the legal industry, the talent bottleneck is equally prominent. As of the start of 2024, the total number of licensed lawyers in China had exceeded approximately 800,000. However, among them, only over 12,000 were foreign-related lawyers, accounting for about 1.5%.[25)]

Among these 12,000 foreign-related lawyers, only a small number are proficient in the common law system—especially the Section 337 investigation procedures of the ITC. Moreover, "foreign-related IP lawyers" with compound capabilities, who possess both technical backgrounds and practical legal experience, are extremely rare. This severe shortage of talents means that when enterprises face investigations, they often

24) Dong Xinkai, On the Construction of a Full-Chain and Systematic Mechanism for Preventing and Responding to Overseas Intellectual Property Disputes, Science and Technology Management Research, Vol.42, No.11, 2022, p.135-144.

25) Ministry of Justice of the People's Republic of China, https://www.moj.gov.cn/pub/sfbgw/gwxw/xwyw/202403/t20240319_496316.html, date of access: 2024.03.19. August 18,2025

struggle to build an effective response team internally, nor can they quickly find local legal service institutions that are reasonably priced and experienced. As a result, they fall behind their competitors right from the starting line.[26)]

Faced with such a predicament, the Provisions of the State Council on the Handling of Foreign-related Intellectual Property Disputes (hereinafter referred to as the Provisions on Handling Foreign-Related Disputes), which came into force on May 1, 2025, has provided institutional support for enterprises. For instance, it establishes a database of guidelines for responding to Section 337 Investigations, includes defense strategies and evidence standards from typical cases in the past five years, sets up a special fund for rights protection assistance, and offers subsidies of up to 30% for the litigation costs of small and medium-sized enterprises. However, it still takes time for these institutional arrangements to be fully implemented.

(2) Lack of Practical Experience in Responding to Section 337 Investigations and High-Quality Legal Service Teams

Section 337 Investigations represent a unique legal procedure that is completely different from domestic intellectual property litigation,[27)] and this difference stems from the disparities between the two countries' intellectual property legal systems.[28)]

---

26) Zhu Xuezhong, Xu Chenqian, U.S. Section 337 Investigations Against China Under Great Power Competition and China's Countermeasures, Studies in Science of Science, Vol.39, No.5, 2021, p.805-813.

27) Feng Weiye, Wei Ping, A Study on Sino-U.S. Trade Frictions Related to Intellectual Property Rights: A Case Study of "Section 337 Investigations", China Economic Issues, No.2, 2017, p.118-124.

28) Robert F. "Intellectual property disputes in the 1990s between the

It combines the efficiency of administrative procedures—typically concluding cases within 12 to 18 months—with the complexity and adversarial nature of judicial procedures. Chinese enterprises have long been accustomed to the domestic legal environment and dispute resolution models. Once they step into the jurisdiction of the ITC, they often feel "unaccustomed to the new environment" and at a loss. This sense of "unfamiliarity" first stems from the huge differences between legal systems. Section 337 Investigations apply U.S. federal laws and the ITC's own procedural rules; procedures such as discovery, protective orders, motions, and expert testimony are all extremely unfamiliar to Chinese enterprises. Furthermore, Section 337 Investigations cover a wide range of IP types, including patents, trademarks, copyrights, trade secrets, and trade dress. For different types of cases, the defense strategies, evidence requirements, and areas of expertise required of legal teams vary significantly. For enterprises lacking experience, navigating such investigations is like groping through a maze—they struggle to accurately identify the key points of the case and find the most appropriate response path.

The core challenge lies in enterprises' difficulty in independently finding and retaining a highly specialized legal service team. As of the end of 2023, although the number of intellectual property service institutions in China had reached 89,000, their development was highly unbalanced—and teams with actual experience in winning Section 337 Investigations were extremely scarce. A large number of these service institutions focus on traditional domestic patent agency

---

People's Republic of China and the United States", Tulane Journal of International and Comparative Law, Vol.32, 1995, pp.119-135.

services.[29] Among them, only 13,000 IP service institutions (less than 15% of the national total) were located in 15 provinces (autonomous regions and municipalities) including those in the west, northeast, and Hainan, which are covered by national support programs; the number of patent agency institutions in these regions was merely 553, accounting for just 10% of the national total.[30] Many enterprises tend to entrust domestic law firms or IP agency institutions due to cost considerations or trust factors. However, as these institutions generally lack practical experience in confronting cases directly at the ITC and have no network of overseas legal resources, they can usually only play a supporting role or act as intermediaries for re-entrustment. This may eventually lead to improper response strategies, poor process control, and unsatisfactory outcomes. The high response costs (usually reaching millions or even tens of millions of US dollars) and uncertain case results have deterred many enterprises—especially small and micro enterprises[31]—from taking action. This is because they tend to adopt defensive strategies and leveraged strategies.[32]Ultimately,

29) Zhu Xuezhong, Xu Chenqian, Game Analysis of Enterprises' Patent Litigation Strategies Under Section 337 Investigations, Science Research Management, Vol.42, No.6, 2021, p.112-119.

30) Property Administration, Live Text: National Intellectual Property Administration's Regular Press Conference in March 2025, http://www.cnipa.gov.cn/col/col3505/index.html, date of access: 2025.03.28. August 18, 2025

31) He Yunyan, Ji Yu, Yu Kefeng, et al., Dilemmas and Countermeasures of China's Small and Micro Enterprises Facing U.S. Section 337 Investigations: A Case Study of the Section 337 Investigation on Pickup Truck Folding Covers, China Invention & Patent, Vol.21, No.11, 2024, p.56-62.

32) Hall B, Helmers C, Rogers M, et al. "The choice between formal and informal intellectual property: A review", Journal of Economic

they choose to default on the ruling, thus losing access to the market.

Article 8 of the Provisions on Handling Foreign-Related Disputes points out the direction to break the deadlock. The core of this policy lies in systematically enhancing the foreign-related service capabilities of service institutions by supporting them in establishing overseas branches or conducting joint operations. Its fundamental purpose is to build a high-quality and efficient overseas intellectual property service system supported by local professional forces for China's market entities. The implementation of this policy will foster a powerful legal service force that is more aligned with Chinese corporate culture, enables smoother communication, and enjoys cost advantages. The joint operation model will accelerate Chinese lawyers' in-depth understanding of Western laws and regulations as well as their accumulation of practical experience in handling complex cases. The flourishing development of various law firms will also contribute to healthy competition in the legal industry.

(3) Superficial Understanding of ITC Evidence Rules and Particularly Weak Ability to Apply Them

If legal procedures and teams are the "skeleton", then evidence is the "flesh and blood" that determines the success or failure of a Section 337 Investigation. The investigation and ruling of the ITC rely heavily on the evidence provided by both parties, and its requirements for evidence rules—both in terms of strictness and scope—far exceed the imagination and daily practice of many

---

Literature, Vol.52, No.2, 2014, pp.375-423.

Chinese enterprises. The core link of a Section 337 Investigation is "Discovery" (the evidence discovery process).[33] This is a mandatory procedure conducted in the early stage of a case (usually within 3 to 6 months after filing), which requires both parties to the litigation to fully and unreservedly exchange all documents and information related to the case within strict time limits. Its scope is surprisingly broad: it includes, but is not limited to, research and development experiment records, product design drawings, software source codes, production process details, full supply chain information, sales data, financial accounts, marketing plans, as well as all internal emails, meeting minutes, and instant messaging records related to the case.

Chinese enterprises face multifaceted challenges in the evidence discovery phase of Section 337 Investigations. Firstly, weak awareness of evidence preservation. The internal document management standards of many domestic enterprises fail to meet the requirements of international litigation. In daily operations, it is common for employees to randomly delete emails or overwrite old documents out of habit. Some enterprises even adhere to the domestic mindset that "normal document deletion is permissible before formally receiving a complaint." However, in ITC proceedings, such actions can easily be traced by opposing counsel through metadata. Once identified as "evidence spoliation" by the administrative law judge, this may lead to severe consequences—such as the judge drawing adverse inferences against the enterprise, or even imposing heavy fines.

33) Wang Jiabin, Liu Yongquan, How Chinese Enterprises Respond to the Discovery Process in Section 337 Investigations, Electronics Intellectual Property, No.7, 2008, p.64-65.

Secondly, inadequate grasp of the presentation logic for technical evidence. Section 337 Investigations, especially patent-related cases, essentially involve the legal presentation of technical facts. Enterprises not only need to prove "what happened" but also, in a manner compliant with ITC rules, clearly and logically demonstrate "why" an act constitutes infringement or non-infringement. For example, when submitting a technical comparison and analysis report, it requires not only technical explanations from in-house engineers but also supporting evidence such as authentication opinions from third-party authoritative experts, a detailed chain of experimental data verification, and legally compliant affidavits. The evidence submitted by Chinese enterprises often suffers from the issue of being "technically self-consistent but legally inconsistent": it appears weak and unpersuasive. Even if the volume of evidence is large, it can easily be challenged by the opposing party on procedural grounds or rejected by the judge.

Last but not least, inability to adapt to the adversarial nature of evidence discovery. Evidence discovery is not merely about submitting one's own evidence; it also involves demanding evidence from the opposing party, as well as reviewing and challenging (cross-examining) the massive amount of evidence provided by the opponent. Chinese enterprises often lack the ability to leverage this rule to attack the opponent's weaknesses and uncover evidence that invalidates or renders the opponent's patent unenforceable. For instance, they may fail to file a request to access the plaintiff's research and development records to prove that the plaintiff's patent is plagued by "obviousness" issues.

To overcome this challenge, the Provisions on Handling

Foreign-Related Disputes provides enterprises with crucial legal support and a bottom line for risk prevention and control. This article explicitly requires that when providing evidence or materials to overseas parties, enterprises "shall comply with the provisions of laws and administrative regulations on safeguarding state secrets, data security, personal information protection, technology export management, and judicial assistance". It not only endows enterprises with grounds for reasonable defense but also standardizes their evidence management practices, thus offering key policy support to Chinese enterprises during the evidence confrontation stage.

In summary, the three major challenges faced by Chinese enterprises in responding to U.S. Section 337 Investigations—the lack of systematic planning and talent shortage, the scarcity of practical experience and professional teams, and the unfamiliarity with applying evidence rules—are interconnected, progressive, and systemic problems. Addressing these issues cannot be achieved overnight. It requires the government to continuously optimize institutional support and public services, industry organizations to strengthen resource sharing and experience exchange, and more importantly, enterprises themselves to adopt a strategic perspective: increase investment, enhance their internal capabilities, and deeply embed the concept of intellectual property risk management into the entire lifecycle of their global operations. Only by doing so can enterprises turn passivity into initiative and gain respect and market share in this international competition that concerns their core competitiveness.

IV. Defense Paths for Chinese Enterprises in Section 337 Investigations

1. Paths for Substantive Intellectual Property Defense in U.S. Section 337 Investigations

When the investigating authority decides whether to initiate a Section 337 Investigation against an imported product, it must first determine whether the respondent product infringes U.S. intellectual property rights (IPR). Under U.S. law, a patent owner may file an application with the U.S. International Trade Commission to initiate a Section 337 Investigation regarding the patent in question; alternatively, the respondent enterprise may also file such an application with the ITC. Regardless of the application method adopted, a written claim for relief must be submitted to the ITC before the ITC initiates the Section 337 Investigation into the patent in question. Additionally, the applicant must submit a claim for infringement damages and provide a security deposit. Additionally, if the respondent enterprise fails to submit a written claim for relief, or fails to file the claim for infringement damages and provide the security deposit to the ITC before the ITC initiates the Section 337 Investigation, it will be deemed to have waived its claim for relief, and the ITC will no longer provide relief to it.

Therefore, there are mainly three types of intellectual property defense paths in Section 337 Investigations: first, filing a petition for patent invalidation based on the patent in question; second, raising an infringement defense based on defects of the respondent product; third, raising a defense based on the reasonableness of the intellectual property. A patent invalidity defense requires adducing evidence to negate the validity of the patent. For example, evidence can be provided to prove that the patent lacks novelty, has insufficient inventiveness, or has defects in its documentation—such as unclear claim limitations or insufficient disclosure in the specification. The defense party submits this argument to the ITC to claim the patent's invalidity; if successful, the petitioner's infringement allegations will be unsupported. The core of an infringement defense is to prove that there is no infringing connection between the product and the patent. For a literal infringement defense, evidence must be provided to show that the product lacks the essential technical features of the patent or has different features. For a doctrine of equivalents (DOE) defense, it is necessary to prove that although the product's technology differs from the patent's, the means, functions, and effects are essentially the same, and the alternative solution is commonly known to the public. Additionally, evidence of independent research and development can be used to supplement and strengthen the persuasiveness of the defense. A reasonableness defense focuses on balancing interests. For a public interest defense, evidence must be provided to prove that an exclusion order (a key remedy in Section 337 Investigations) would harm public interests—such as disrupting the supply of products in fields like healthcare or energy. If the petitioner is a "patent troll" (a entity that abuses patent rights for profit without producing or commercializing technology) or if its patent application was filed in bad faith, the defense party can also adduce evidence of the petitioner's abuse of intellectual property rights. Alternatively, the defense party may rely on a valid license agreement to argue against the allegations, thereby avoiding unreasonable sanctions.

2. Procedural Defense Paths for Intellectual Property in U.S. Section 337 Investigations

Pursuant to Section 337 of the U.S. Tariff Act of 1930, any U.S. enterprise that files an application for a "Section 337 Investigation" with the ITC (U.S. International Trade Commission) must submit a written application and rely on oral statements to substantiate its claims. After receiving the written application from the petitioner, the ITC will conduct a review. If the petitioner fails to submit the written application within a reasonable time frame, the ITC will not initiate any investigation. If there is evidence showing that the petitioner's actions violate Section 337 of the U.S. Tariff Act of 1930, the ITC will launch an investigation into such actions. During the "Section 337 Investigation" initiated by the ITC, if the product under investigation falls within the scope of protection under Section 337, the ITC may take actions against the product, such as blocking its import or imposing additional tariffs. If the respondent makes unsubstantiated arguments or provides false information during the investigation, the ITC has the authority to dismiss the investigation and close the case. Although the ITC has broad discretion in deciding whether to initiate a "Section 337 Investigation" and what measures to take, during the "Section 337 Investigation" phase, the accused party may defend itself through the following two channels:[34] first, by

34) Gugliuzza P R. "The procedure of patent eligibility", Texas Law Review, Vol.97, No.3, 2019, pp.571-643.

adopting a substantive defense[35)]—that is, filing an appeal either before or after the ITC issues a ruling unfavorable to the petitioner; second, by using a procedural objection channel—exercising specific procedural objections to safeguard its own rights and interests before a ruling is made.

Pursuant to Section 337 of the U.S. Tariff Act of 1930, investigations by the ITC (U.S. International Trade Commission) are handled by two judges: one chief judge and one permanent judge. Under normal circumstances, one of these two judges is jointly appointed by both parties, while the other is appointed by the ITC. In certain unusual or special circumstances—for instance, if one party is unable to act on behalf of the other—both parties may also jointly appoint a single judge to conduct the investigation and make rulings on the case. If neither party involved in the dispute appoints their respective judge, the ITC will select its own judge to handle the case. The chief judge will generally take charge of the investigation and ruling for a case under the following two scenarios: (1) if neither party to the dispute appoints their respective judge; (2) if one party to the dispute fails to appoint their respective judge, in which case the ITC will appoint a chief judge to oversee the case. The ITC's investigation and ruling on a case are both based on decisions jointly made by the two parties. The selection of judges is similar to the procedure under arbitration law, where each party selects one arbitrator for themselves. This reflects a crucial procedural right granted to parties under the ITC investigation process; if a party fails to exercise this right effectively, they will forfeit a favorable procedural right before

35) Chen Fan, Defense Strategies for Enterprises Facing Section 337 Investigations, Foreign Investment in China, No.24, 2022, p.15-17.

an adverse ruling is issued.

If the accused party holds the same status as other parties in the case, they may appeal to the court in accordance with Section 337 of the U.S. Tariff Act of 1930.[36] In a Section 337 Investigation, the respondent typically raises substantive defenses to lawfully protect their rights and interests, including defenses of non-infringement, patent invalidity, absence of domestic industry, antitrust, and false origin. Procedural objections, meanwhile, are a commonly used defense strategy, mainly covering the following aspects: objections to jurisdiction, objections to the case filing procedure, objections to the evidence discovery procedure, objections to the investigation timeline, and objections to the actions of administrative judges.[37]

Once the petitioner addresses these two defense paths, it means the accused party has the right to defend against the infringement allegation in court during the Section 337 Investigation. Whether such a defense is valid shall be determined by the court. These two defense paths provide Chinese enterprises with a strategy of "procedures first, substance as the foundation" for responding to U.S. Section 337 Investigations. Procedural objections serve as a "defensive shield," while substantive defenses act as an "offensive spear." By dynamically adjusting their strategy combination based on the specific characteristics of each case, Chinese enterprises

---

36) Caplen. "Recent Trends Underscoring International Trade Commission Review of Initial Determinations and Federal Circuit Appeals from Final Commission Determinations under Section 337 of the Tariff Act of 1930", Fordham Intellectual Property, Media and Entertainment Law Journal, Vol.17, 2007.

37) Rogers R K. "Section 337 Investigations at the U.S. International Trade Commission", NTUT J. of Intell. Prop. L. & Mgmt., Vol.5, 2016.

can minimize costs and maximize interests.

3. Burden of Proof on Respondents in U.S. Section 337 Investigations

Section 337 of the U.S. Tariff Act of 1930 stipulates that the defendant in a "Section 337 Investigation" has the obligation to prove that its actions do not infringe U.S. intellectual property rights or other relevant rights.[38] In other words, the respondent must provide evidence to prove that it has not committed infringement. The collection and submission of evidence require the respondent to fulfill a certain burden of proof—specifically, the respondent shall prove that there is a relevance between the facts it alleges and the claims it asserts. In U.S. judicial practice, there is a crucial principle known as "he who asserts must prove". Notably, this principle is distinct from "reverse burden of proof" (a scenario where the burden shifts to the opposing party), and the original text may have conflated the two concepts; the correct application here is the "he who asserts must prove" principle.

For defendants not accused of infringing others' intellectual property rights, their burden of proof is the same: to prove the relevance between the facts they present in the litigation and the claims they assert. It is important to note that as a defendant, the respondent must not only prove the relevance between the facts it presents and the claims it asserts but also prove that its actions do not infringe others' intellectual

38) Fan Jiani, Hua Xiuping (CA), Wang Miao, et al., The Impacts of U.S. Section 337 Investigations on Chinese Technology Firms, Research Policy, Vol.54, No.5, 2025, p.1052.

property rights or other relevant rights. However, in a Section 337 Investigation, the respondent does not bear the burden of proving the existence of these facts or the validity of their relevance.

V. Application of Evidence Rules by Chinese Enterprises in Section 337 Investigations

1. Successful Cases of Chinese Enterprises in Responding to U.S. Section 337 Investigations

In U.S. Section 337 Investigations, respondents may prove that their actions do not infringe other companies' intellectual property rights by adducing evidence to show that: the technical features of the accused products differ from those of the patented products in question; or the accused products have flaws or defects.[39] In practice, Section 337 Investigations involve a long time span, and each case presents unique circumstances. Therefore, when facing such investigations, Chinese enterprises should make full use of the evidence rules of U.S. Section 337 Investigations and proactively respond based on their own situations. Taking JK Sucralose Inc.'s response to a U.S. Section 337 Investigation as an example,[40] this article will conduct an in-depth analysis of

---

39) Brunsvold Brian G, Schill, et al., Injury Standards in Section 337 Investigations, Northwestern Journal of International Law & Business, 2013.

40) 337 Investigations and Responses: Case Analysis and Insights of Beijing Enterprises Involved, Intellectual Property Publishing House,

the strategies employed by Chinese enterprises that have won Section 337 cases in applying evidence rules.

(1) The Successful Case of JK Sucralose Inc.'s Initiative to Apply for a 337 Investigation

In April 2007, Tate & Lyle—the global heavyweight in the sugar industry—filed an application for a Section 337 Investigation with the ITC. The company accused 3 Chinese sucralose manufacturers and 22 Chinese traders of infringing 5 of its patents, in a clear bid to corner the global sweetener market.[41] Back then, sucralose[42] stood as the safest high-intensity sweetener around, with a global market value topping RMB 20 billion. Meanwhile, China's production capacity in this field was surging at a remarkable pace. Though JK Sucralose Inc. wasn't named on the respondent list, the company had a sharp eye for the stakes: if its fellow Chinese enterprises lost the case, JK's own products would be shut out of not just the U.S. market, but the entire global

---

2017, p.59-64.

41) See 337-TA-604, Certain Sucralose, Sweeteners Containing Sucralose, and Related Intermediate Compounds Thereof; Notice of Commission Determination To Review in Part and, on Review, Affirm a Final Initial Determination Finding No Violation of Section 337; Termination of Investigation.

42) Sucralose is an artificially synthesized sweetener produced from sucrose as the raw material through a chlorination reaction. It is extremely sweet, approximately 400 to 800 times sweeter than sucrose, and possesses characteristics such as low calorie content, good stability, and high safety. It is widely used in beverages, dairy products, baked goods, candied fruits, canned foods, condiments, and pickled products, among others. It can also be used as a sweetener in the production of medicines to improve the taste of the medicines.

market down the line.

After three months of thorough deliberation, JK made an industry-stunning decision on July 5, 2007—it proactively applied to join the Section 337 Investigation as a respondent. This strategy was built on two critical judgments: firstly, a technical comparison had confirmed that its production process was fundamentally different from Tate & Lyle's patented technology; secondly, it predicted that winning the case would unlock enormous market dividends. An Lijun, JK's general manager, defined this move as a "strategic investment to advance market goals through legal means." The company then spent 3 million U.S. dollars to hire top-tier U.S. patent attorneys and chemical experts, forming a dedicated response team. Tate & Lyle spared no effort to oppose JK's entry into the litigation, but on August 15, 2007, the ITC administrative law judge ruled to admit JK—citing that JK's production process held crucial reference value for the case's adjudication.

Over the next two years, the two sides locked horns in a fierce, intricate battle—one that wove together legal maneuvering and technical showdowns—centered on three core pieces of evidence. First, when it came to the validity of the "sucralose preparation method" patent that Tate & Lyle touted as its core intellectual property, JK's legal team launched a global patent search and analysis. What they uncovered blew the lid off Tate & Lyle's claim: the so-called "core patent" was nothing more than a "repackaged" rehash of someone else's expired patent, with zero genuine innovation. And JK had the judicial weight to back this up. The company submitted a rock-solid evidence chain, including a patent invalidation ruling from Japan's Patent Office and a judgment from the

European Court declaring the relevant patent null and void. These documents proved that Tate & Lyle's patent had already been struck down as invalid in multiple jurisdictions—dealing a heavy blow to its claims.

Second, when it came to whether JK's technology fell within the scope of the patent's protection, the two sides dug deep into a technical comparison. JK took the initiative to disclose the full set of its production process parameters and reaction procedures, and even commissioned an internationally recognized independent third-party laboratory to conduct a comparative analysis. The lab results told a clear story: JK's "enzyme-chemical synthesis" route was fundamentally different from the "all-chemical synthesis" method covered by Tate & Lyle's patent. The differences were particularly striking in the molecular structure of key intermediates and the reaction mechanism—leaving no room to claim patent infringement.

Third, regarding Tate & Lyle's claim of trade secret infringement—where it accused JK of obtaining its technical secrets through improper means— JK fought back with a comprehensive trove of its own research and development records spanning from 2002 to 2006. This collection included original experiment logs, in-process quality inspection reports, mid-stage evaluation materials, and early patent application documents—all of which painted a clear picture of JK's technical development journey, from the laboratory research phase right through to large-scale industrial production. These records served as irrefutable proof that JK's production process was the fruit of its independent research and development, with no reliance on any of Tate & Lyle's technical information.

On September 22, 2008, an administrative law judge at the

U.S. International Trade Commission (ITC) issued an initial ruling, finding that "JK's production process did not infringe Tate & Lyle's patents, and that Tate & Lyle's relevant patents were invalid." Then, on April 6 of the following year, the ITC upheld this initial ruling in its final decision—and Tate & Lyle ultimately withdrew its lawsuit. JK's victory in this cross-border intellectual property dispute did more than just safeguard the approximately RMB 2 billion annual U.S.-bound export market for China's sucralose industry. It also significantly boosted JK's international competitiveness, propelling the company to leap into the ranks of the world's second-largest sucralose suppliers.

(2) The "Far-Ahead" Strategy Case of Huawei's Response to the Section 337 Investigation

As a national brand of China, Huawei is a leading enterprise in China's technology industry and has made groundbreaking achievements in 5G communications, artificial intelligence, and other fields.As the latest generation of communication technology at present, 5G communication technology is one of the biggest technological battlefields between China and the United States in the future.[43] In 2011, InterDigital filed a complaint with the U.S. International Trade Commission (ITC), accusing Huawei of infringing seven of its key patents through the 3G wireless communication devices, including mobile phones, tablets, and mobile hotspots, produced by Huawei and imported

43) Centre for Strategic and International Studies. “The U.S.-China race and the fate of transatlantic relations”. https://www.csis.or.id/.,date of access: October , 2025.

into the United States. As a well-known "patent licensing entity", InterDigital's business model relies on generating royalty income by licensing its patent portfolio.[44] This case is a typical example of a "Non-Practicing Entity" (NPE) using the Section 337 Investigation procedure to exert pressure on a rapidly emerging Chinese technology company, with the aim of obtaining high licensing fees.

In response to the allegations, Huawei adopted a three-dimensional "systematic confrontation" strategy that went far beyond the scope of a single Section 337 Investigation. This strategy included conducting active legal defenses, initiating antitrust lawsuits, and proactively filing for patent invalidation. After several years of legal negotiations, this series of disputes ultimately concluded with the two parties reaching a global, confidential settlement and cross-licensing agreement.

2. Winning Strategies

JK Sucralose Inc. victory in the U.S. Section 337 Investigation stands as a classic example of how Chinese enterprises can flexibly apply international litigation evidence rules and systematically defend their legitimate rights and interests. From the perspectives of industry development and Chinese enterprises' cross-border rights protection, this case reveals a crucial strategic path: when confronted with foreign-related intellectual property disputes, enterprises must move beyond the

44) See No. 337-TA-800, Certain Wireless Devices with 3G Capabilities and Components Thereof: Notice of Commission Determination To Review in Part and, on Review, Affirm a Final Initial Determination Finding No Violation of Section 337; Termination of Investigation.

traditional mindset of passive defense. Instead, they should shift toward a litigation strategy that combines proactive offense and defense, guided by a strategic awareness of "adapting to circumstances."[45)]

In terms of evidence preparation, JK built a multi-dimensional evidence chain covering the entire cycle of research and development, production, and sales. In response to Tate & Lyle's core allegation of "patent infringement," JK's technical team systematically organized original experiment logs, pilot test reports, and patent application documents from 2002 to 2006—proving that its original "enzyme-chemical synthesis" route was fundamentally different from the "all-chemical synthesis" method in Tate & Lyle's patent. Particularly crucial was the evidence regarding molecular structure: through comparative analysis by a third-party laboratory, it was confirmed that the crystalline form of "sucrose-6-acetate" (a key intermediate produced by JK's process) had a 0.3-nanometer structural deviation from the description in Tate & Lyle's patent. This microscopic difference served as the scientific cornerstone for rejecting the infringement finding. When Tate & Lyle shifted its accusation to trade secret theft, JK immediately submitted counter-evidence—including R&D team meeting minutes, equipment purchase invoices, and government science and technology project approval documents—forming a 2,000-page evidence package of independent innovation. This package completely undermined the credibility of the trade secret theft allegation.

In terms of evidence offensive and defensive tactics, JK

45) Lee Y H. "Section 337 Investigations Trade Secret Misappropriation Cases", J. APEC Studies, Vol.12, No.2, December 2020, pp.21-36.

innovatively implemented a "two-pronged attack" strategy. On one hand, it focused on proving the legitimacy of its own production process: it proactively disclosed real-time surveillance videos of its production lines to the ITC and allowed chemical experts appointed by the judge to enter its workshops for sampling. In a dramatic twist, when Tate & Lyle demanded tests on residues in the reaction kettles and even dust in the workshops, the results instead confirmed that JK's production environment had no connection whatsoever to the patented process. On the other hand, it targeted the weakness in the validity of the opponent's patents. Through a global search, JK discovered that Tate & Lyle's patents had already been ruled invalid in Japan and Europe. JK's legal team promptly submitted the invalidation ruling from the Japan Patent Office and the reexamination decision from the European Patent Office. They also retrieved a 1985 paper on sucrose chlorination technology published in the Journal of Food Chemistry, proving that Tate & Lyle's so-called "innovation" was actually a piece of common knowledge technology from two decades earlier. This cross-verification between overseas evidence and academic literature ultimately led the ITC to rule in its initial decision that Tate & Lyle's patents were invalid.

The strategic shift of the burden of proof was the core key to winning this case. JK invoked the "domestic industry requirement" rule under Section 337 to challenge Tate & Lyle's failure to actually implement the at-issue patents in the U.S. This move forced Tate & Lyle to submit additional operational data from its domestic factories, and JK immediately presented evidence showing that the capacity utilization rate of Tate &

Lyle's Texas production base was less than 30%—exposing the true nature of Tate & Lyle as a Patent Assertion Entity (PAE). Of greater strategic significance was JK's simultaneous initiation of patent invalidation proceedings: it filed three patent reexamination petitions with the U.S. Patent and Trademark Office (PTO), trapping Tate & Lyle in a predicament of fighting on three fronts. The overlapping of proceedings led to nine extensions of the ITC investigation, and Tate & Lyle ultimately withdrew its lawsuit due to exhaustion of litigation resources. This "using procedures to counter procedures" tactic skillfully turned the inherently strict burden of proof pressure in Section 337 Investigations back onto the plaintiff.

The leverage effect of expert testimony was brought into full play in this case. JK spent $500,000 to retain the former president of the American Chemical Society (ACS) as an expert witness. The Report on Differences in Synthetic Routes issued by this expert explained the fundamental distinction between the two processes from the perspective of quantum chemistry: Tate & Lyle's patent relied on the nucleophilic substitution reaction of chlorine atoms, while JK's process formed a steric hindrance effect through enzyme-directed catalysis—resulting in a 12.7-degree difference in the bond angle of the final product molecules. During the court cross-examination session, the expert completely dismantled Tate & Lyle's technical arguments by pointing out its "fundamental confusion between esterification and etherification reactions." When the opposing party presented a former employee as a key witness to accuse JK of technology leakage, JK's lawyers exposed the confidentiality compensation agreement signed between the witness and Tate & Lyle through cross-examination, leading to the witness's testimony being discredited in court on the spot. This combination of authoritative testimony and cross-examination techniques greatly enhanced the persuasiveness of JK's evidence system.

The victory of Yancheng JK was essentially a triumph of its evidence management system. This case reveals three profound insights: First, a daily evidence preservation mechanism is the foundation for responding to sudden litigation. JK established a complete experimental data deposition system as early as the R&D phase, and any modification to process parameters required triple-signature confirmation. This rigorous management ensured that the trajectory of its technological evolution over five years was traceable and verifiable. Second, the creative application of procedural rules can alter the course of litigation. By adopting tactics such as counterattacking with patent invalidation declarations and challenging the domestic industry requirement, Chinese enterprises can transform the strict rules of Section 337 Investigations into weapons for countermeasures. Third, expert testimony has the effect of "moving a thousand pounds with four ounces" (exerting a disproportionate impact). Independent reports from authoritative experts not only elevate the professional height of technical arguments but also influence the fact-finder's free evaluation of evidence at the fact-finding stage. This case proves that on the "evidence battlefield" of Section 337 Investigations, Chinese enterprises must not only gather sufficient evidence but also master the rules, skillfully use procedures, and cleverly leverage authority. Only by converting evidence into bargaining chips for rule-based games can they reverse disadvantages in cross-border intellectual property litigation and turn legal victories into market passes.

Unlike JK's case-focused model, Huawei's case demonstrates a more advanced "systematic confrontation" model. Its success did not merely rely on proving non-infringement in a single case, but rather on leveraging procedural rules and mobilizing its own strategic resources to reshape the landscape of the game on a broader battlefield.[46] The use of evidence in this model exhibits distinct strategic and outward-oriented characteristics: First, it proactively used administrative procedures to launch "patent invalidation" attacks. Beyond actively defending itself after being sued, Huawei took the initiative to file inter partes review proceedings with the United States Patent and Trademark Office against the patents in question. It challenged the validity of these patents by using its prior patent examination files and identified prior art as evidence. This strategy forced the complainant into a passive position of fighting on multiple fronts, significantly dispersing and consuming the complainant's litigation resources.

Second, it treated "patent counterclaims" and "cross-licensing" as core strategic evidence. Relying on its vast global patent portfolio, Huawei immediately filed counterclaims for infringement against the opposing party in U.S. federal courts after being sued. At this point, its entire patent portfolio was transformed into the most powerful "strategic deterrent evidence," shifting the scenario from pure defense to a game of both offense and defense. Its ultimate goal was often to promote the two parties to reach a cross-licensing agreement,

46) Smith K G, Grimm C M, Gannon M J. "The Dynamics of Competitive Strategy", Administrative Science Quarterly, Vol.39, No.3, 1994, pp.523-526.

resolving conflicts amicably.

Third, it accurately used the "domestic industry" requirement as a procedural evidence tool. Huawei would rigorously examine whether the complainant met the statutory prerequisite for a Section 337 Investigation—i.e., the existence of a "domestic industry" in the United States. By requiring the complainant to provide conclusive evidence of substantial investment and patent implementation, Huawei challenged the complainant's standing to sue from a procedural perspective.

This model is suitable for enterprises with a certain accumulation of patents and abundant resources, and it marks the evolution of Chinese enterprises' response strategies from "case-by-case defense" to "ecosystem-based game." Chinese enterprises' response strategies have also advanced from a single "evidence presentation" to a diversified "evidence-based game." For most small and medium-sized enterprises, they should first draw lessons from JK's approach: focus on internal capabilities, prioritize technology development, and build a solid internal evidence management system. For technology enterprises with a certain scale, they should learn from Huawei's macro perspective: conduct global intellectual property layout in advance, and be adept at transforming procedural rules and strategic assets into winning chips during disputes.[47)]

Of note, the institutional support provided by the Provisions on Handling Foreign-Related Disputes—such as information early warning, rights protection assistance, and the cultivation of service institutions—exactly offers comprehensive guarantees from information, funds to professional services for the

---

47) Lee Y H. "Section 337 Investigations Trade Secret Misappropriation Cases", J. APEC Studies, Vol.12, No.2, December 2020, pp.21-36.

implementation of these two strategies. Enterprises should proactively incorporate this institutional support into their own strategic planning.

VI. Conclusions and Prospects

Against the complex background of Sino-U.S. trade frictions and profound transformations in the global intellectual property governance system, U.S. Section 337 Investigations have transcended mere individual legal disputes. Instead, they have evolved into long-term, systemic challenges and market access barriers that Chinese enterprises must confront head-on in their internationalization journey. By systematically deconstructing the unique procedural logic and evidence rule framework of Section 337 Investigations, this paper points out that while such investigations are ostensibly conducted in the name of protecting intellectual property rights, they are often wielded as a market tool to suppress competitors in practice. The study confirms that Chinese enterprises are by no means confined to passively enduring pressure; instead, they are fully capable of turning the tide by building systematic defense strategies and refined evidence management systems. Strategic defense not only encompasses traditional approaches such as proving patent invalidity or the absence of infringement, but also requires adeptly leveraging legal principles—such as abuse of patent rights and public interest exemptions—to launch offensive arguments.48) Furthermore, evidence preparation is

48) He R H, Yuan H L. "Characteristics of Section 337 Investigations and Chinese Enterprises: A Case Study of Anhui Foreign Trade

not a simple accumulation of facts. Rather, it is a professional endeavor that demands the in-depth integration of technical expertise, legal acumen, and international perspectives.

The classic case of JK Sucralose Inc. in Jiangsu Province provides a highly insightful "Chinese model" for this. Rather than scrambling to respond after being hit with an investigation, JK proactively chose to defend itself and ultimately secured a complete victory—all thanks to its forward-looking global intellectual property layout and systematic risk management system. This case highlights three key factors behind its success: First, the company elevated IP management from a supporting function to a strategic level, implementing full-cycle compliance management that spans R&D, production, and sales. Second, it developed a creative understanding and application of ITC procedural rules, transforming legal proceedings into a stage for business negotiations and contests. Third, leveraging the international experience of its professional team, JK achieved seamless alignment between technical facts, legal arguments, and litigation strategies.

The case of JK Sucralose Inc. shows that systematic intellectual property management, creative application of procedural rules, and support from professional teams are the keys to breaking through trade protection barriers. What's more, Huawei's "systematic confrontation"-based three-dimensional legal-business model in responding to U.S. Section 337 Investigations further demonstrates China's proactive engagement in the intellectual property rules governing international trade. This case highlights three key factors behind its success: First, the company elevated

Enterprises", BioTechnology: An Indian Journal, Vol.10, No.21, 2014.

IP management from a supporting function to a strategic level, implementing full-cycle compliance management that spans research and development, production, and sales. Second, it developed a creative understanding and application of ITC procedural rules, transforming legal proceedings into a stage for business negotiations and contests. Third, Proactively connect with and make full use of the national overseas intellectual property rights protection and assistance system established by the Provisions of the State Council on the Handling of Foreign-Related Intellectual Property Disputes, so as to form a coordinated response force featuring "enterprise leadership, professional support, and policy empowerment".

Looking ahead, as China's innovation-driven strategy advances further and enterprises' overall IP capabilities improve, Chinese enterprises' response strategies should not be limited to winning individual cases. Instead, they should actively participate in the reform of the global IP governance system.[49)] Institutions and enterprises with rich practical case experience should put forward Chinese propositions on issues such as ITC rule revisions, standard-essential patent (SEP) licensing practices, and the construction of a global trade order.[50)] This will help promote the formation of a more fair, reasonable, and transparent new pattern of global IP governance.

49) Czebiniak T M. When Congress Gives Two Hats, Which Do You Wear? Choosing BetweenDomestic Industry Protection and IP Enforcement in § 337 Investigations. BerkeleyTechnology Law Journal, 2011, 26(1): 93-134.

50) Bao Zhenyu, A Study on U.S. Section 337 Investigations and Their Countermeasures from a Multi-Dimensional Perspective, International Business Research, Vol.35, No.1, 2014, p.65-75.

This matters not only for protecting enterprises' own interests, but also serves as a crucial manifestation of China—acting as a responsible major country—participating in global governance and contributing Chinese solutions.

■ Reference

Brunsvold, Brian G., Schill, et al, Injury Standards in Section 337 Investigations, Northwestern Journal of International Law & Business, No.2013.

Bao Zhenyu, A Study on U.S. Section 337 Investigations and Their Countermeasures from a Multi-Dimensional Perspective. International Business Research, Vol.35, No.1, 2014.

Caplen. "Recent Trends Underscoring International Trade Commission Review of Initial Determinations and Federal Circuit Appeals from Final Commission Determinations under Section 337 of the Tariff Act of 1930", Fordham Intellectual Property, Media and Entertainment Law Journal, Vol.17, 2007.

Chen Fan, Defense Strategies for Enterprises Facing Section 337 Investigations, Foreign Investment in China, No.24, 2022.

Czebiniak T M. When Congress Gives Two Hats, Which Do You Wear? Choosing BetweenDomestic Industry Protection and IP Enforcement in § 337 Investigations. BerkeleyTechnology Law Journal, Vol.26, No.1, 2011.

Dong Xinkai, On the Construction of a Full-Chain and Systematic Prevention and Response Mechanism for Overseas Intellectual Property Dispute,. Science and Technology Management Research, Vol.42, No.11, 2022.

Gugliuzza P R. "The procedure of patent eligibility", Texas Law Review, Vol.97, No.3, 2019.

Guo Yusa, Dong Xinyu, Ma Xiaoxue, et al:Research on the Optimization of the Overseas Intellectual Property Rights

Protection Insurance System, Shanghai Insurance,No.10, 2024.

He Yunyan, Ji Yu, Yu Kefeng, et al, Dilemmas and Countermeasures of China's Small and Micro Enterprises Facing U.S. Section 337 Investigations: A Case Study of the Section 337 Investigation on Pickup Truck Folding Covers. China Invention & Patent, Vol.21, No.11, 2024.

Hall B, Helmers C, Rogers M, et al. "The choice between formal and informal intellectual property: A review", Journal of Economic Literature, Vol.52, No.2, 2014, pp.375-423.

Han Liangqiu, Qian Zhenhua, Current Situation, Causes and Impacts of U.S. "Section 337 Investigations" Initiated Against China, Foreign Economic Relations & Trade, No.8, 2019.

Jiani Fan, Xiuping Hua, Miao Wang, et al, The Impacts of U.S. Section 337 Investigations on Chinese Technology Firms, Research Policy, No,54, 2025.

Jin Zhenye, Analysis of U.S. Non-Tariff Trade Barriers Against China and Countermeasures: A Case Study of Section 337 Investigations, Industrial Innovation Research, No.23, 2022.

Lee Y H. "Section 337 Investigations Trade Secret Misappropriation Cases", J. APEC Studies, Vol.12, No.2, 2020..

Qin Shunhua, Su Zhe, Insights from a Decade of Game Between China and the U.S. Over Section 337 Investigations, Practice in Foreign Economic Relations and Trade, No.4, 2012.

Robert F. "Intellectual property disputes in the 1990s between the People's Republic of China and the United States", Tulane Journal of International and Comparative Law, Vol.32, 1995, pp.119-135.

Rogers R K. "Section 337 Investigations at the U.S. International Trade Commission", NTUT J. of Intell. Prop. L. & Mgmt., Vol.5, 2016.

Rogers R K. "Section 337 Investigations at the U.S. International Trade Commission", NTUT J. of Intell. Prop. L. & Mgmt., Vol.5, 2016.

Smith K G, Grimm C M, Gannon M J. "The Dynamics of Competitive Strategy", Administrative Science Quarterly, Vol.39, No.3, 1994.

Sun Lianbin, Reflections on the Full Victory of Chinese Iron and Steel Enterprises in U.S. Section 337 Investigations, Practice in Foreign Economic Relations and Trade, No.8, 2018.

Wu Beijun, Analysis of the Current Situation of U.S. Section 337 Investigations Against China and Discussion on Countermeasures, China Invention & Patent, No.21, 2014.

Xu Chenqian, Zhu Xuezhong, U.S. Section 337 Investigations, Dynamic Capabilities and Enterprise Patent Internationalization, Studies in Science of Science, No.41, 2023.

Yu Yang, The Development Course, Characteristic Facts of U.S. Section 337 Investigations and China's Responses, Asia-Pacific Economic Review, No.2, 2022.

Zhu Xuezhong, Xu Chenqian, Game Analysis of Enterprises' Patent Litigation Strategies Under Section 337 Investigations, Science Research Management, No.42, 2021.

제11장

Modernising Access to Justice through the Application of Virtual Hearing in India; Focusing on e-Lok Adalat in India

Yonghwan Choung · Saatvika Reddy Sathi

I. INTRODUCTION

Despite being one of the oldest judiciaries in the world, the Indian Judiciary has long struggled with massive case backlogs.[1] This persistent problem of case pendency continues to hinder access to justice, which undermines the public's confidence in its legal system. Despite being well-established, the legal processes have not sufficiently addressed the volume of cases and disputes in India. As of August 2025, the Indian Judiciary has now had over 44,500,000 cases backlogged in its judicial system.[2]

Due to the pendency problem, various government and

1) Sukhsimranjit Singh, International Dispatch: Dispute Resolution Developments in India, DISPUTE RESOLUTION MAGAZINE, 2014, Vol.21, p. 35; Yonghwan Choung, Study of Legal Corruption in Indian Courts and Reforming Civil Court System to Reduce Pendency, 2021, THE KOREAN ASSOCIATION FOR CORRUPTION STUDIES Vol. 26, Issue 2 pp. 201-03.

2) National Judicial Data Grid, available at https://doj.gov.in/the-national-judicial-data-grid-njdg/ (last visited Aug. 11, 2025).; See also: https://www.thehindu.com/data/justice-on-hold-indias-courts-are-clogged/article69868953.ece

judicial agents have understood that expediting the resolution of cases can only be solved through methods other than litigation.[3] Based on *Afcons Infrastructure Ltd v. Cherian Valley*, the Indian Supreme Court provided that some numbers of Alternative Dispute Resolution programs (ADRs) could be applicable in the civil procedures based on the section 89 of the Indian Civil Procedures.[4] Yet despite adopting Alternative Dispute Resolution, the problem of case backlog continued to persist. It was only in the late 2010s that the Judiciary began to integrate technology into the Indian court system. However, technology was only used on a small scale.[5] It was only due to the unexpected COVID-19 lockdown that courts were forced to implement the use of technology, in greater magnitude, to resolve disputes during this period.[6]

The Indian Judiciary introduced many initiatives towards implementing technology in the legal process. The most prominent initiative taken was e-Lok Adalat.[7] It was a process

Year	Number of pending cases
Nov. 2019	About 31,400,000
July 2020	About 33,400,000
Nov. 2021	39,566,362
July 2023	44,566,215
July 2025	46,514,576
Sept 22, 2025	46,940,845

Authors gradually gathered these for several years. Based on the table above, it can be easily identified that the number of pending cases in the Indian Judiciary dramatically increased during the Pandemic period and has continuously increasing until today.

3) Singh, supra note 1, at 35.
4) Fali S. Nariman, India's Legal System: Can it be saved?, Penguin Random House, 2017, p. 48.
5) NITI Aayog Expert Comm. On ODR, Designing the Future Of Dispute Resolution: THE ODR POLICY PLAN FOR INDIA 13 (2021).
6) Yonghwan Choung, Application of AI in Online Dispute Resolution in India, 2023, KOREAN LEGAL STUDIES LAW REVIEW, Vol. 23, Issue 3, pp. 57-59.

of solving disputes with smaller subject matter at a pre-litigative stage using videoconferencing technology. Similarly, other alternative dispute resolution forums began to operationalize videoconferencing for dispute resolution. Even the Indian government pondered and implemented policy plans and various legislations that demonstrated the potential of technology to deliver faster and more accessible justice. However, despite such efforts, current reliance on technology raises serious concerns. These technologies may pose risks when applied to fundamental legal principles in the dispute resolution process. Even though some introduced that there are some successful stories of e-Lok Adalat during the Pandemic period, they do not carefully consider the process of online virtual hearings while applying for the ODR as the non-face-to-face method.

Thus, this paper thus reconsiders the application of technology in the legal process in India. Despite numerous successful initiatives undertaken by the Indian government and the Judiciary to address the pendency problem, several concerns persist at the backend. First, it is notably difficult to apply different legislations that recognize the application of technology in the law. Secondly, when applying technology to the law, there is no clear instruction on how it should be applied in accordance with the legal process. Because the legal process not only involves hearing the parties, but also analyzing and admitting evidence, conducting cross-examination, it is difficult to apply technology to unify the process. Lastly, while technology can ensure that disputes are resolved without

7) Shubham Srivastav, Role of E-Lok Adalat in Providing Legal Aid and Speedy Justice at Litigant's Doorstep during Pandemic, INDIAN JOURNAL OF LAW & LEGAL RESEARCH, 2021, Vol 2, p. 2.

barriers to jurisdiction, the lack of digital infrastructure still remains a barrier to deploying technology in the legal process in India. This paper thus spots the issue of implementing technology with the law through the example of the e-lok adalats and the application of Online Dispute Resolution (ODR) in India. Through these examples, the paper emphasizes that reconsidering the application of technology can strike a balance between the old-fashioned law and the modern approach that technology facilitates in dispute resolution.

II. THE EXISTING STATE OF DISPUTE RESOLUTION IN INDIA

This section highlights the background of the Dispute Resolution forum in India. It highlights the impact of COVID-19 in driving the Indian Judiciary into integrating technology for dispute resolution and litigation.

For years, case pendency has emerged as a significant problem pervading judicial systems. Even India—despite having one of the oldest judicial systems—grapples with the clogged number of pending cases in its judicial system.[8] Matters persisting since the 90s still plague the judiciary to date,[9] without any consideration for alternatives to ensure speedy access to justice. When the COVID-19 pandemic lockdown

8) Singh, supra note 1, at 35. As please see the table in footnote 2.
9) Nearly 62000 of cases pending in High Courts are over 30 years old, the Hindu available at https://www.thehindu.com/news/national/nearly-62000-of-cases-pending-in-high-courts-are-over-30-years-old/article68616991.ece (Sep. 7, 2024) (last visited Nov. 26, 2024).

began to enforce the principle of social distancing, the country's judicial system finally considered a shift towards the electronic method for dispute resolution to avoid an imminent rise in the case pendency problem due to the social distancing rules without resisting an application of technology even the Judiciary forced to adopt these methods. Courts were compelled to look for alternatives other than litigation to ensure that parties were provided access to justice.[10]

While COVID-19 prompted the judicial system to integrate technology into dispute resolution immediately, their first efforts notably began in the 2010s with the use of technology in litigation procedures of Indian Courts. Later, due to the unexpected COVID-19 lockdown, courts began to implement technology on an amplified scale to resolve disputes during this period.[11] Because of the pressing pendency and case delay problems in India, it was time for the Indian Government and the Judiciary to reconsider the deployment of technology in dispute resolution.

Traditional dispute resolution involved methods of litigation, arbitration, conciliation, and mediation.[12] But because of the pandemic, technology now had to be adopted through all methods of dispute resolution. Notably, the Indian government established several initiatives for enhancing traditional dispute resolution and litigation with the use of technology. While the shift towards virtual courts was imminent, even methods like arbitration, mediation, and conciliation evolved through online dispute resolution (ODR). Technology became a fourth-party[13]

10) Singh, *supra note* 1, at 35.
11) NITI Aayog Expert Committee on ODR, *supra note* 4, at 13.
12) Nariman, supra note 4, at 48.
13) Ethan Katsh & Janet Rifkin, Online Dispute Resolution: Resolving

intervention for the speedy resolution of disputes.

The Lok-Adalat is one of the traditional and indigenous dispute resolution methods in India, officially established by the Legal Services Authorities Act, 1987, and the Civil Procedure Code, 1908, Section 89,[14] which allows Courts to refer cases to alternative methods of dispute resolution. Essentially, the meaning of Lok Adalat is "people's court." It was recommended by the committee to implement Legal Aid Schemes in 1980.[15] In a Lok Adalat, the Adjudicator would encourage and facilitate the parties to reach a settlement. Even this is an indigenous Indian process, like mediation or settlement, this has some legal issues, such as qualification of adjudicators and transparent process of program.[16] Without resolving these legal issues, it will face further legal issues while the Indian Judiciary adopt online virtual hearings in Lok Adalat because these program could be held in the remote areas in India.

In 2020, the Chhattisgarh High Court and the State Legal Services Authority conducted its first online Lok Adalat—popularly known as the "e-Lok Adalat."[17] E-Lok Adalat essentially became the only way to ensure speedy disposal of cases with the consent of both parties to the matters. It also

---

Conflicts In Cyberspace, WILEY, 2001, p. 91.

14) Sriram Panchu, Mediation Practice and Law: The Path to Successful Dispute Resolution, LexisNexis, 2021, pp. 18-19.

15) Nariman, *supra note* 4, at 43.

16) Yonghwan Choung, Indian Mediation and Applicational Problems of Civil Procedure Code, THE JOURNAL OF EURASIAN STUDIES, 2022, Vol.19, Issue 2, p.111.

17) Ejaz Kaiser, Chattisgarh organises India's first E-Lok Adalat, New Indian Express *available at* https://www.newindianexpress.com/nation/2020/Jul/11/chhattisgarh-organises-indias-first-e-lok-adalat-2168331.html (Jul. 11, 2020) (last visited on July 26, 2025).

disposed of such matters that could be decided at a pre-litigative stage.

Essentially, to first apply to an e-Lok Adalat, parties must make an application for the resolution of their dispute by submitting their dispute application at the website of their respective State or District Legal Services Authority. Subsequently, for adjudication of their dispute, the parties would then be directed to use a videoconferencing platform wherein the adjudicator facilitates them to reach a settlement or compromise.[18] While the process is very similar to that of a mediator, the adjudicator is usually an ex-retired judge or someone with a special background in resolving such disputes, either by experience or by their expertise in dealing with the subject matter of such a dispute. However, the award or settlement reached is binding on the parties as if it were decreed by a civil court. The Ministry of Law and Justice of India, through a press release, praised the efforts of e-lok adalats in the speedy resolution of pending cases. Accordingly, 3.836 million pre-litigation cases and 834,000 pending cases in Courts have been disposed of by e-Lok Adalats during June, 2020 to June, 2022.[19]

Not only were e-Lok Adalats using videoconferencing as a technology for dispute resolution, but even the e-courts Mission Mode Project ("e-Courts project")[20] introduced during the pandemic encouraged the use of videoconferencing

---

18) National Legal Services Authority, available at https://nalsa.gov.in/lok-adalats/ (last visited on Sept 22, 2025).

19) Ministry of Law and Justice, U.Q. 3908 (Answered on March 25, 2022) (India).

20) E-courts services, available at https://ecourts.gov.in/ecourts_home/index1.php .

technology during the adjudication stage for disputes.[21] Courts switched to online modes of litigation through a set of model rules introduced by the e-committee of the Supreme Court of India's Information and Communication Technology departmen t.[22] Subsequently, various High Courts across the country also established a set of rules for video conferencing.

Another notable initiative taken by the Indian government during the pandemic was the establishment of a NITI Aayog Expert Committee on ODR to establish a policy for adopting the widespread use and application of ODR in India.[23] The committee was chaired by the retired Justice AK Sikri, under whose chairmanship, the committee finally released an ODR policy plan for India. The plan recommended a phased implementation of ODR in India. The policy emphasized efforts that the government must take to provide digital access to the major stakeholders in the dispute resolution process— the disputing parties and online dispute resolution fora. In addition, recognized the use of a mobile phone and videoconferencing as a tool for dispute resolution. Furthermore, the policy also recognized the potential of exploiting emerging technologies such as AI and Blockchain by embedding them into the legal process.[24] Integration of such technologies can help create new and customized models of ODR processes, which may fit certain classes of disputes having common subject matter. They can also ensure seamless use of ODR by governing the whole ODR

21) NITI Aayog Expert Committee on ODR, *supra note* 4, at 53.
22) Supreme Court of India, Guidelines for court functioning through video conferencing during COVID-19 pandemic, Suo motu writ (civil) No.5/2020 (Issued on April 6, 2020).
23) *Id.*
24) NITI Aayog Expert Committee on ODR, *supra note* 4, at 6.

process from the beginning to the end, thereby guaranteeing the complete end-to-end ODR process without the parties having to be there in person.

The ODR policy plan recommended measures at 3 levels to tackle challenges in adopting the ODR framework in India.[25] At the basic structural level, the report suggests actions to enhance and expand digital literacy and access to digital infrastructure.[26] It also suggests actions to train professionals for ODR services. At the behavioral level, the report recommends adopting ODR to address disputes involving Government departments and Ministries.[27]

At the regulatory level, the report suggests a soft-touch approach to regulate ODR platforms and services.[28] This approach requires a design with ethical principles to guide ODR service providers to self-regulate while fostering growth and innovations in the ecosystem.[29] However, since the introduction of the policy plan in 2021, there have not been significant efforts made towards adopting online dispute resolution under the plan. Despite this, the Government has continued to remain optimistic about the use of technology in the legal system. Various legislations like the Consumer Act, 2019,[30] the Arbitration and Conciliation Act, 1996,[31] and even section 30[32] of the Mediation Act, 2023, recognize the use of technology in dispute resolution. Yet, even in these legislations,

25) *Id.*, at 13.
26) *Id.*, at 66.
27) *Id.*, at 77.
28) *Id.*
29) Id., at 93.
30) The Consumer Act (2019).
31) The Arbitration and Conciliation Act (1996).
32) The Mediation Act, § 30(2023).

videoconferencing remains the primary mode for the resolution of disputes. For example, there is no clear guidance on online mediation programs to integrate the entire application of technology and virtual hearings in mediation under Section 30[33] of the Mediation Act, 2023. This legal provision does not provide for a procedure to apply videoconferencing in the practice of the mediation proceeding. Hence, the absence of a proper guideline for the procedure of implementation, even in legislation, makes it difficult to ascertain the implementation of technology in the law.

In practice, it is this optimism towards the application of technology that demonstrates a lack of consideration for small concerns that have far-reaching implications, especially when applying technology to the law and its legal processes. Because of this, the application of technology to the law requires further deliberation over how it should be implemented with legal processes.

III. TECHNOLOGY IN DISPUTE RESOLUTION

During the Pandemic period, it was stated that the Indian judiciary severely suffered the social lockdown including courthouses, and successfully launched the application of high-technology, including online platforms, such as e-Lok Adalat.[34] This Pandemic was a unique challenge because our societies did not expect to operate the current legal system.[35] However,

33) *Id.*
34) Srivastav, *supra note* 7, at, 1-2.
35) V. S. Gigimon & Shruti Nandwana, Clinical Legal Education: A Virtual Mode of Access to Justice, INTERNATIONAL JOURNAL OF CLINICAL LEGAL EDUCATION, 2020, p. 64.

it is necessary to carefully discuss the legal application, such as civil proceedings, privacy, and confidentiality issues during virtual and video conferencing for resolving disputes in applying technology because the civil procedures could be widely and deeply influenced by the application of virtual hearing.[36)]

In traditional dispute resolution, the principle of confidentiality remains the essence of the procedure. At all times, all parties must maintain the confidentiality of all the information acquired during the dispute resolution process unless the parties explicitly agree otherwise.[37)]

In order to apply for the hybrid system of hearing in the Indian judicial procedures, there are definite difficulties and practical limitations of adopting the technology of virtual hearings .[38)]

Virtual hearings could be cost-saving and convenient because all of participants do not join in a single place, such as courtroom, to figure out the dispute. They can even expedite dispute adjudication and resolution much faster than traditional dispute resolution. In addition, they are highly accessible for parties, making it easy for parties to approach such forums without delay in the reporting for the hearing and even helping parties approach the forum from other jurisdictions.[39)] However, there is a lack of proper infrastructure

36) Yonghwan Choung, Application of AI in Online Dispute Resolution in India, 23(3) Korean Legal Studies Law Review 57, 67-68 (2023); 조기영, 코로나 시대 형사정책의 과제, , 東北亞法研究, 2021, Vol 15, Issue 2, pp. 254-55.

37) Susan Nauss Exon, Ethics and Online Dispute Resolution: From Evolution to Revolution, OHIO STATE JOURNAL ON DISPUTE RESOLUTION, 2017, Vol. 32, p. 607.

38) NITI Aayog Expert Committee on ODR, *supra note* 4, at 60.

to implement the use of technology in virtual hearings.[40] It stated that e-Court was the beginning step of integration with ICT because it was simple e-filing and paperless supporting, providing a limited role for the proceedings.[41] Virtual hearings cannot compensate for paper-based procedures where the Court may have to review physical evidence. Hence, when applying legal rules with technology, there is no clear process on the process of implementing the use of technology vis-à-vis court procedures.

For example, in practice, confidentiality prevents the mediator/adjudicator from being liable for the admissibility of their statements. At the careful consideration of this principle during a mediation or arbitration proceeding, all parties to the dispute may be able to protect themselves from liability—either to each other or against a third party. Legislators in India have recently recognized the importance of this principle under Section 22[42] of the Mediation Act, 2023. However, while parties may be able to exercise careful consideration towards maintaining confidentiality, technology may not be able to exercise this principle.[43] For example, where Section 22 recognizes the importance of confidentiality, it also states that no video recordings or audio recordings shall be made or maintained by the parties of the mediation proceedings. Further, the tribunal or court cannot rely on any evidence

39) *Id.*, at 53.
40) *Id.*, at 60.
41) *Id.*, at 53.
42) The Mediation Act § 22(2023).
43) Stephen B. Goldberg, Frank E.A. Sander, Nancy H. Rogers, & Sarah R. Cole, Dispute Resolution: Negotiation, Mediation, Arbitration, and Other Processes, ASPEN PUBLISHING, 2012, pp. 417-418.

provided from the mediation proceeding by a party to the dispute, even if such evidence is electronic or physical evidence. This places a significant liability on the mediator as the court or tribunal will have to rely on and admit the mediator's statements as evidence of the party's contention.

In India, the use of videoconferencing remains relevant in order to facilitate a hybrid system of court procedure and dispute resolution. The implementation of videoconferencing technology first traces its roots in the case of *State of Maharashtra v. Praful Desai.*[44] It was through this case that the Supreme Court of India recognized videoconferencing as a valid mode for recording evidence and testimony of witnesses. But since the case was only decreed in 2004, videoconferencing was still not implemented in the adjudicatory stage of the dispute until the impact of COVID-19.

In January 2024, a note was placed before the Supreme Court bench led by the former Chief Justice DY Chandrachud. The note, prepared by two Senior Advocates who were appointed by the bench as amici curiae, pointed out that many High Courts in India did not have proper videoconferencing facilities for conducting seamless hybrid hearings. The note was prepared based on a questionnaire that the amici had sent to all High Courts, and a set of interactions held between the amici with the High Courts. During a hearing on 19th January 2024, the Bench was informed that ten of the High Courts use Zoom, eight use Cisco Webex, four use Google Meet, two of them used Jitsi and BlueJeans (which have now shut down in 2024), and one each use platform VConsol and Microsoft Teams. Only one High Court used the platform Bharat VC, a

44) *State of Maharashtra v. Praful B. Desai* 4 SCC 601 (2004).

videoconferencing platform developed by the National Informatics Center under the Ministry of Electronics and Information Technology (MeitY) used for both government and official videoconferencing purposes in India.[45)]

The above account demonstrates the fragmented use of videoconferencing technologies by High Courts in India. It also suggests that High Courts have extensively used only licensed platforms for the conduct of virtual hearings. The platforms serve as a form of convenient technology for videoconferencing as they provide open access to their users, making it easy to use by all parties to the dispute. Videoconferencing technology is not only implemented in litigation but also in traditional dispute resolution, through online dispute resolution. After all, it is equally convenient for parties to use such platforms for the conduct of arbitration and mediation proceedings. The use of breakout rooms provides added privacy for the parties to freely interact and implement the statutory procedure of arbitration and mediation. In addition, the use of AI integrated into these platforms enhances the user interface of the platform's technology, making the platform more user-friendly, flexible for use, and accessible.[46)]

By implementing technology even in traditional dispute resolution, the courts may ensure the speedy redressal of cases and reduce the problem of case pendency at the pre-litigative stage, similar to the Chhattisgarh High Court and the State Legal Services Authority's e-lok adalat which single-handedly

45) Tushar Kohli, Supreme Court takes stock of virtual hearing systems in High Courts, Supreme Court Observer https://www.scobserver.in/journal/supreme-court-takes-stock-of-virtual-hearing-systems-in-high-courts/

46) Srivastav, *supra note* 27, at 3.

heard 2,270 cases in one day through video conferencing. This demonstrates the strength of videoconferencing technologies in reducing the case pendency problem in India.[47)]

While the impact of videoconferencing technologies is notable, the integration of artificial intelligence (AI) and Blockchain technologies has a far superior impact on dispute resolution. Blockchain may be able to protect the submissions of the parties through the use of smart contracts. AI, on the other hand, can play the role of a mediator, arbitrator, or even an adjudicator to help parties reach a settlement or award. Due to their implications towards reducing the case pendency problem, the India Judiciary and government have encouraged a positive attitude towards the use of these platforms.[48)]

However, there are some concerns about adopting high-tech into the judicial procedures and mediation process because it might violate the principles of confidentiality and data privacy. While the Indian judiciary continues to enjoy the benefits of videoconferencing technologies in dispute resolution, it remains uncertain as to when such technologies may compromise the principle of confidentiality because videoconferencing platforms like MS Teams and Zoom are privately owned and corporate-managed tools.

Moreover, when technology cannot protect the principle of confidentiality in the same manner as human parties, the question of who will be liable for the technology arises.[49)] In addition, a class action suit against companies Microsoft and Zoom will not be enough to compensate for the damages caused

47) Gigimon & Nandwana, *supra note* 28, at 64.
48) Choung, *supra note* 29, at 68.
49) Goldberg, Sander, Rogers & Cole, *supra note*, 43, at 417-18.

to the parties to the dispute. This may lead one to question which party shall be liable for the breach of confidentiality—whether it is the parties themselves, the adjudicator, the relevant forum for dispute resolution, or companies like Microsoft and Zoom.[50] Thus, it is not certain who will take liability and responsibility for the breach of confidentiality.

With the problem of liability, it may even be far-fetched to fathom the implementation of AI and Blockchain into dispute resolution for end-to-end implementation of ODR, for these carry far more issues of their own. The use of AI may not be easily adopted for application in the legal system because there are a number of barriers, such as privacy and confidentiality issues because these legal principles might impede the learning process of AI.[51] Additionally, in blockchain, it may be difficult to reverse a decision once enforced through a smart contract, even if its immutable feature guarantees trust and transparency in the process.[52]

These issues underscore that technology is not very legally compatible. Even where the law and the legal process are archaic, the modernity of technology does not seem to assimilate law, its principles, rules, regulations, and statutes into itself to play a role as an adept mediator, arbitrator, or litigator.[53] The Supreme Court of India in *Garware Walls Ropes*

---

50) Juliet M. Moringiello, & William L. Reynolds, From Lord Coke to Internet Privacy: The Past, Present, and Future of the Law of Electronic Contracting, 2013, MARYLAND LAW REVIEW, Vol. 72, pp. 485-486 .

51) *Id.* at 485-486.

52) Vitalik Buterin, A next-generation smart contract and decentralized application platform, Whitepaper, 2013, p. 22.

53) Arthur Cockfield & Jason Pridmore, A Synthetic Theory of Law and Technology, MINNESOTA JOURNAL OF LAW, SCIENCE, &

Ltd. v Coastal Marine Constructions & Engineering Ltd.,[54) ruled that arbitration agreements will only be given effect if stamp duty is paid. However, despite the presence of e-stamping, parties will still have to attach a copy of the e-stamp certificate to the original agreement. This is a physical process and does not require the use of technology.[55)

In essence, technology cannot be expected to govern itself as per the law to be legally compatible. Similarly, the law may also not accommodate the use of technology. After all, it is difficult for old-fashioned legal processes to account for the role technology plays in delivering justice.

Hence, this section highlights the issue of implementing technology in legal dispute resolution and how technology may not be able to adequately interpret the law and implement it in practice. The authors suggest implementing a more tailored technological platform suitable for addressing the issues presented under the law can contribute to ensuring a more secure and trustworthy dispute resolution process.

IV. ESTABLISHING A SECURE PLATFORM FOR TECHNOLOGY DISPUTE RESOLUTION PROGRAMS

In the previous section, it was noted that technology cannot govern itself with the law. Where technology is treated neutrally, its social, legal, cultural, and political impacts are

---

TECHNOLOGY, 2007, Vol. 8, p. 476.

54) *Garware Walls Ropes Ltd. v Coastal Marine Constructions & Engineering Ltd.* 2019 SCC Online SC 515.

55) NITI Aayog Expert Committee on ODR, *supra note* 4, at 63.

not examined. On the other hand, if it is treated substantively, the focus shifts towards emphasizing the various ways in which technological systems can exert 'control' over individuals, often without their knowledge.[56)]

However, in times of technological change, where traditional interests protected by law are threatened, legal analysis should become more contextual and forward-looking. This can paradoxically ensure that traditional interests are also protected.

Herein, this paper proposes that to create a forward-looking analysis of the law in the context of technology, while protecting legitimate traditional aspects of the law itself. Essentially, technology must remain more relevant and substantive in dispute resolution to ensure that legitimate traditional interests—such as principles of confidentiality—are protected. After all, videoconferencing technologies like Zoom and MS Teams are not only private, but rather, they cater towards a wide range of interests where there is a requirement for videoconferencing to overcome distance barriers. This demonstrates that determining whether they can protect the principle of confidentiality is still uncertain. Hence, one must ask—when does such technology drive a significant amount of legal change? When is technology so novel that the law, as established, cannot account for it?[57)]

Essentially, the integration with laws and technology is linear: a new technology is presented to society, and the law must

---

56) Cockfield and Pridmore, *supra note* 45, at 476.

57) Meg Leta Jones, Does Technology Drive Law? The Dilemma of Technological Exceptionalism in Cyberlaw, UNIVERSITY OF ILLINOIS JOURNAL OF LAW, TECHNOLOGY & POLICY, 2018, p. 251.

move quickly to respond to the changes in the technology.[58)]

However, the problem remains that the law cannot always keep up with technology. The application of electronic means was recognized by the Legal Service Authorities Act, section 2(1)[59)] and 22A,[60)] including e-Lok Adalat, because Lok Adalat could be operated through electronic means using ICT.[61)] But India's data privacy laws, such as the Information Technology Act, 2000,[62)] and its rules, or even the latest data protection legislation, the Digital Data Protection Act, 2023,[63)] cannot adequately address the problems of breaching confidentiality and data privacy in dispute resolution. Instead, it remains overlooked that there is essentially no real necessity for the law to keep up with technological change. Hence, establishing a modified and tailored platform, one that does not drive significant legal changes towards technology but enables technology to govern itself with the law, must remain an essential priority in the discourse surrounding Online Dispute Resolution.

It is important to establish a secure platform. More importantly, the platform must tailor to the procedure as established under the law, which can ensure that the extent of change that is required by the law remains relevant and minimal. This can ensure that the archaic nature of the law is not threatened by the use of technology. Furthermore, it paradoxically ensures that the law still caters to the future and keeps up with technological changes. A secure and private

58) *Id.*
59) The Legal Services Authority Act § 2(1)(1987).
60) *Id.*
61) NITI Aayog Expert Committee on ODR, *supra note* 4, at 73.
62) Information Technology Act, 2000.
63) The Digital Data Protection Act, 2023.

platform can also protect the principle of confidentiality in the dispute resolution process.[64] Furthermore, when such a platform is used specifically for the objectives that the government departments and the judiciary require for the resolution, there also emerges the need to take accountability for the technology. This can ensure that, in the event of a breach of confidentiality due to technology, such regulatory entities may take liability towards ensuring a confidential dispute resolution process under the law.

While a government or judiciary-managed secure platform drives minimal technological change, it may come with certain risks, which in practice may threaten its implementation. First, establishing a platform is too expensive. Through an interview with one of the practitioners in Singapore by the authors, it was noted that it costs more for the judiciary to establish its own platform. Moreover, because the privately owned platform could be more secure and less expensive in the current circumstances, the judiciary might be hesitant to establish its own platform.

It requires a significant number of resources, such as legal analysts and even technical experts, which can make creating such a platform a costly affair. Furthermore, it has always been the case that technology cannot ensure seamless use in the same manner as Zoom or Microsoft Teams. These platforms have experienced programmers who are always present to fix relevant bugs in technology. For the government and the judiciary, this may simply be a costly and tedious process.

64) Leah Wing, Janet Martinez, Ethan Katsh, and Colin Rule, Designing Ethical Online Dispute Resolution Systems: The Rise of the Fourth Party, NEGOTIATION JOURNAL, 2021, Vol. 37, Issue 1, p. 60.

Additionally, they may not understand technology in the same manner as a programmer. Hence, technology may not even develop to meet the very objectives it was created for.

Despite the above risk, it is still imperative to advocate for the use of personalized secure platforms, as these may address not just confidentiality but also data privacy.[65] Since technologies like Zoom and Microsoft Teams are private, no one can be sure about unauthorized third-party intervention or even data hacks in these technologies during the dispute resolution process. When such a significant amount of ambiguity exists, there is a serious problem of who will take liability for breach of confidentiality. Data privacy in the dispute resolution process directly threatens the principle of confidentiality, and the process of not just seeking who is to blame, but also how to compensate the parties, emerges as a result of the legal consequences. Hence, this underscores the importance of a more personalized videoconferencing platform in preventing such issues.

It may be difficult to comment on the technicalities of how such a platform can be created; however, it is important to ensure that a tailored platform that exclusively follows legal due process and procedure can further aid in resolving problems of implementing technology with law. Moreover, to improve its implementation, it is relevant to draft a set of guidelines for the use of these platforms, all while ensuring that the use of the platform is in accordance with the legal procedure. If necessary, it is also important to personalize the platform to

---

65) Zbynek Loebl, Davide Carneiro, Ciprian Ciubotariu, & Tereza Rezabkova, Personalized e-Justice ODR Forms, 2007, INTERNATIONAL JOURNAL OF ONLINE DISPUTE RESOLUTION, 2007, Vol. 10, Issue 1, p. 98.

maintain the confidentiality of the subject matter of the dispute or even to protect the identities of the parties involved in the dispute.

In essence, because technology is exceptional, the law may not always be able to keep up with rapid technological changes. Technology's impact on the legal landscape remains far difficult as the law struggles to harmonize between antiquated processes and a forward-looking approach.[66] Hence, technology must also adapt to the law to ensure that traditional legal interests are also protected in the context of modern legal analysis. In using technology in the dispute resolution process, only a more tailored, personalized platform can help achieve the above objective.[67]

In India, scholarly research has shown that e-Lok Adalats have brought promising results. While they have brought speedy justice, there is no clarity on the procedure for conducting the e-Lok Adalat. It is not clear how the parties should refer the dispute for online adjudication. Moreover, there are no clear rules and procedures under the Legal Services Authorities Act, 1987, on how evidence shall be admitted or how documentary evidence must be presented in the e-Lok Adalat. Thus, the use of videoconferencing may also hinder the procedure of adjudication, since it blurs the lines between how Lok Adalats are physically practiced in comparison to how they are practiced online.

In Korea, during the Pandemic period, the Korean Judiciary also rapidly adopted virtual hearings based on the related regulations and brought relatively successful outcomes. Based

66) Jones, *supra note* 49, at 249.
67) Loebl, Carneiro, Ciubotariu, & Rezabkova, *supra note* 52, at 98.

on the special courtrooms for virtual hearing being established, and necessary participants do not need to attend in the courtroom, it is stated that the virtual hearing might be an appropriate process due to the applicable technology and related regulations. However, it is necessary to carefully consider the unlawful filming or assisting, and regulating the online platform.

Furthermore, it is important for such platforms to follow proper legal due diligence procedures. Majority of platform service providers who provide such online platforms avoid being liable for any damage as they can incur financial costs and data loss. In India, platform service providers must adhere to certain government-prescribed rules under the Information Technology Act, 2000,[68] to process information about their parties and the subject matter of their disputes. The rules specify procedures for the collection, disclosure, and transfer of information. Moreover, the providers must follow international security standards (IEC/ISO 27001). Platform service providers must also ensure data privacy specified under the Digital Personal Data Protection Act, 2023 (DPDPA).[69] This Act was enacted in was enacted on August 11th, 2023 and prior to this Act, there was no data protection legislation. Under this Act, Platform service providers will be treated as data fiduciaries, who are obligated to maintain the data accuracy, ensure that any data is secure, and delete the data if its purpose is served. Furthermore, any data collection must be done only by obtaining the valid explicit consent of the disputing parties, who will be treated as data principals.

68) Information Technology (Reasonable Security Practices and Procedures and Sensitive Personal Data or Information) Rules, 2011.

69) The Digital Personal Data Protection Act, 2023.

In case the service providers violate such due diligence, they are subject to the penalties under the Schedule of the Act.

For best practice, the duty of the Platform service provider is also to inform the disputing parties about the rules, risks, and procedures of using their Online Platforms.

V. CONCLUSION

The Indian legal system continues to grapple with a longstanding problem of case pendency, with matters dating back decades. The COVID-19 lockdown aggravated this crisis, compelling the Judiciary to swiftly integrate technology into dispute resolution and litigation, most notably through Online Dispute Resolution (ODR). Initiatives such as the "e-Lok Adalat" demonstrated that technology can expedite access to justice and ease the backlog, restoring public trust in the legal system. Alongside, policy efforts like the NITI Aayog's ODR plan proposed a phased national framework. On the legislative front, the Indian Government encouraged the use of technology in various dispute resolution and data protection legislations, yet progress since its introduction has been minimal.

However, even if the initiatives are optimistic, the adoption of technology into the full legal process is not easy. Even while emerging technologies like AI and Blockchain promise efficiency in the dispute resolution process, they are not legally compatible. The law cannot always keep pace with such rapid advancements, and technology itself cannot be expected to fully interpret or adapt to complex legal processes.

Moreover, the laws are not prepared to incorporate technology in the dispute resolution process. For example, while the Mediation Act emphasizes confidentiality in the traditional mediation process to a certain level, there is no procedure for protecting confidentiality in the Online Mediation process. In addition, as under the act and in practice, the government must utilize significant resources through extensive consultations to determine a process for conducting online mediation through a body called the "Mediation Council of India." Presently, it has not yet appointed the members of the Council. This mounts into a stronger concern for protecting confidentiality due to the presence of technology given the existing prominence of ODR in India. The presence of technology makes it easier for third-party access to confidential information and sealed agreement of the participants to online mediation or perhaps online dispute resolution process as a whole. Technology blurs the lines of confidentiality and data privacy. Going forward, this may become a vexing problem in Indian dispute resolution, given the prevalent concern for data privacy in India.

Hence, to preserve traditional legal safeguards while ensuring modern efficiency, it is imperative to reconsider the application of technology to law. It is important to develop a secure, tailored dispute resolution platform aligned with statutory procedures and managed by accountable public institutions. Such a platform can address confidentiality, data privacy, and liability concerns without forcing turbulent changes upon the legal framework. This approach offers the most balanced path—one that harmonizes the permanence of established legal principles with the adaptability of technology.

▮ Reference

[Books and Journal Articles]

Vitalik Buterin, A next-generation smart contract and decentralized application platform, White paper (2014).

Yonghwan Choung, Application of AI in Online Dispute Resolution in India 23(3) Korean Legal Studies Law Review, 57-75 (2023).

Yonghwan Choung, Indian Mediation and Applicational Problems of Civil Procedure Code 19-2 The J. of Eurasian Studies 105 (2022).

Arthur Cockfield and Jason Pridmore, A Synthetic Theory of Law and Technology," Minnesota Journal of Law 8(2), 475-513 (2007).

Susan N. Exon, Ethics and Online Dispute Resolution: From Evolution to Revolution, 32(4) Ohio State Journal on Dispute Resolution, 609-664 (2017).

V. S. Gigimon, and Shruti Nandwana, Clinical Legal Education: A Virtual Mode of Access to Justice, International Journal of Clinical Legal Education, 27(4), 62-82 (2020).

Juliet M. Moringiello, & William L. Reynolds, From Lord Coke to Internet Privacy: The Past, Present, and Future of the Law of Electronic Contracting, 72 Md. L. Rev. 452 (2013).

Leah Wing, Janet Martinez, Ethan Katsh, and Colin Rule, Designing Ethical Online Dispute Resolution Systems: The Rise of the Fourth Party, 37 Neg. J. 49-69 (2021).

NITI Aayog Expert Committee On ODR (2021), Designing the Future Of Dispute Resolution: THE ODR POLICY PLAN FOR INDIA..

Meg Leta Jones, (2018). Does Technology Drive Law? The Dilemma of Technological Exceptionalism in Cyberlaw, University of Illinois Journal of Law, Technology & Policy 2018(2), 249-284 (2018).

Katsh, Ethan, and Rifkin, Janet, Online Dispute Resolution: Resolving Conflicts In Cyberspace, (Wiley 1st ed., 2001).

Zbynek Loebl, Davide Carneiro, Ciprian Ciubotariu, & Tereza Rezabkova, Personalized e-Justice ODR Forms, International

Journal of Online Dispute Resolution, 97-123 (2023).

Sriram Panchu, Mediation Practice and Law: The Path to Successful Dispute Resolution, (LexisNexis 3rd ed. 2021).

Sukhsimranjit Singh, International Dispatch: Dispute Resolution Developments in India, 21 Dispute Resolution Magazine, 34-36 (2014).

Shubham Srivastav, Role of E-Lok Adalats in Providing Legal Aid and Speedy Justice at Litigant's Door Step during Pandemic, 2 Indian Journal of Law and Legal Research, 1-9.

Stephen B. Goldberg, Stephen B. and Sander, Frank E.A. et al. (2012), DISPUTE RESOLUTION: Negotiation, Mediation, Arbitration, and Other Processes, 6th Ed., Aspen Publishing.

Internet Resources

e-Committee, Supreme Court of India (N.d.), https://ecommitteesci.gov.in/document/model-rules-for-video-conferencing-for-courts-2/

E-courts services (N.d.), https://ecourts.gov.in/ecourts_home/index1.php

National Legal Services Authority (N.d.), https://nalsa.gov.in/lok-adalats/

National Judicial Data Grid(N.d.), https://doj.gov.in/the-national-judicial-data-grid-njdg/

Table of Cases

Garware Walls Ropes Ltd. v Coastal Marine Constructions & Engineering Ltd. 2019 SCC Online SC 515.

State of Maharashtra v. Praful B. Desai 4 SCC 601 (2004).

Legislations

Arbitration and Conciliation Act, 1996.

Civil Procedure Code, 1908.

Consumer Act, 2019.

Legal Services Authority Act, 1987.
Mediation Act, 2023.

송 문 호 전북대학교 법학전문대학원 교수, 동북아법연구소장 (가상재화법센터장),
독일 프라이부르크대학교 법학박사
박 수 영 전북대학교 법학전문대학원 교수, 전북대학교 법학박사
신 봉 근 전북대학교 동북아법연구소 가상재화법센터 전임연구원,
전북대학교 법학박사
서 창 배 전북대학교 동북아법연구소 가상재화법센터 전임연구원,
독일 예나대학교 법학박사
이 웅 영 전북대학교 동북아법연구소 가상재화법센터 전임연구원,
중국 정법대학 법학박사
楊 晧 媛 중국 중앙민족대학교 법학원
王 海 燕 중국 사천경화공대학 법학원 전임강사 외 吴越, 汪涛 공저
정 용 환 인도 진달 글로벌대학교 로스쿨 교수 외
Saatvika Reddy Sathi 인도 VNS법무법인 변호사 공저

피지컬AI와 가상자산법

초판 1쇄 발행 2025년 12월 22일

지 은 이 전북대학교 동북아법연구소
펴 낸 이 안미경
펴 낸 곳 (주)인포피아
주 소 전주시 완산구 아중로 33, 멀티미디어지원센터 307호
등록번호 제2005-000001호
등 록 일 2005년 1월 13일
연 락 처 2531004@hanmail.net

ISBN 978-89-94512-48-8 93360